交通建设与道路桥梁养护

任永杰　郑志龙　王　波　著

吉林科学技术出版社

图书在版编目（CIP）数据

交通建设与道路桥梁养护 / 任永杰 , 郑志龙 , 王波
著 . -- 长春 : 吉林科学技术出版社 , 2023.10
ISBN 978-7-5744-0916-3

Ⅰ . ①交… Ⅱ . ①任… ②郑… ③王… Ⅲ . ①交通工
程—工程施工—安全管理—研究②公路养护—研究③桥—
保养—研究 Ⅳ . ① U415 ② U445.7 ③ U418

中国国家版本馆 CIP 数据核字 (2023) 第 197969 号

交通建设与道路桥梁养护

著	任永杰　郑志龙　王　波	
出 版 人	宛　霞	
责任编辑	王凌宇	
封面设计	周　凡	
制 版	周　凡	
幅面尺寸	185mm×260mm	
开 本	16	
字 数	280 千字	
印 张	20.75	
印 数	1-1500 册	
版 次	2023年10月第1版	
印 次	2024年2月第1次印刷	

出　　版　吉林科学技术出版社
发　　行　吉林科学技术出版社
地　　址　长春市福祉大路5788号
邮　　编　130118
发行部电话/传真　0431-81629529 81629530 81629531
　　　　　　　　　　81629532 81629533 81629534
储运部电话　0431-86059116
编辑部电话　0431-81629518
印　　刷　三河市嵩川印刷有限公司

书　　号　ISBN 978-7-5744-0916-3
定　　价　75.00元

前　言

随着城市化进程的不断推进，公路桥梁工程建设数量和范围逐渐增加，而我国地质地形条件复杂，在桥梁工程建设中，容易受到各类客观因素的影响，因此，必须优化公路桥梁设计与施工。作为我国一项基础设施建设工程，道路桥梁的施工技术已日趋成熟。随着科学技术的进步，越来越多的新设备投入道路桥梁的施工中，道路桥梁的施工技术得到进一步发展。但是由于道路与桥梁工程施工空间具有不确定性，外界影响因素较多，并且工程施工比较复杂，注意事项较多，因此，施工单位必须精确把握道路及桥梁工程的施工技术。道路桥梁工程具体运行过程，在多种因素影响及制约下，就会导致道路桥梁逐渐产生断头路和跳车等现象，因而社会各界和相关部门开始广泛关注道路桥梁工程施工及养护。

本书是公路工程方面的书籍，主要研究交通建设与道路桥梁养护，其从交通安全概述入手，针对交通安全管理、道路桥梁施工安全技术、公路隧道施工安全技术进行了分析研究；并对高速公路改扩建工程交通组织设计、改扩建公路桥梁综合优化技术、高速公路改扩建工程关键技术、高速公路改扩建路基路面检测技术做了一定的介绍；还对路基路面养护、桥梁养护与维修、公路其他养护工程提出了一些建议，旨在摸索出一条适合现代交通建设与道路桥梁养护工作的科学道路，帮助其他工作者在应用中少走弯路，运用科学方法，提高效率。

本书由任永杰、郑志龙、王波所著，具体分工如下：任永杰（河南省交通规划设计研究院股份有限公司）负责第一章至第四章内容的撰写，共计10万字；郑志龙（陕西省交通规划设计研究院有限公司）负责第五章至第八章内容的撰写，共计10万字；王波（山西省太原南郊公路管理段）负责第九章至第十一章内容的撰写，共计8万字。

在本书的撰写过程中，作者参阅并引用了国内外学者的有关著作和论述，并从中受到了启迪，在此特向他们表示诚挚的敬意。由于交通建设与道路桥梁养护技术日新月异，加之作者水平有限，书中谬误和疏漏之处在所难免，敬请广大读者批评指正。

目 录

第一章　交通安全概述

第一节　交通安全工程概述

一、安全工程学科的形成

在和自然做斗争的过程中，人类的生命和健康不断地受到环境条件的威胁，从而本能地要对这些威胁进行预防和斗争。在原始时代，人类只是从自然界获取必要的食物，他们所使用的工具非常简单，因而这一时期内，威胁人类生命和健康的主要因素来自自然界，如雷击、水淹、冻饿及与野兽的搏斗等。随着生产力的发展，人类逐渐开始学会使用较为复杂的工具，这就使威胁人类生命和健康的因素由单纯地来自自然界转化为来自从事生产活动时人与工具之间了。因此，可以说，自从人类使用工具进行生产活动时起，就存在一个在生产活动中不仅要更多地获取人类生存所必需的物质需要，同时还必须保护自己不受危险因素损害的问题。这被称为"劳动保护"或"生产安全"，以至于后来发展为"安全工程"这一学科在历史上产生的根源。所以，生产劳动中的安全问题有着同人类进行生产劳动活动同样悠久的历史，也就是说，它主要用来研究人类在生产活动中怎样才能保护自身的生命与安全不受各种危险因素危害的"安全工程"这一学科，其历史根源是非常古老的。

二、安全工程学科的研究对象

安全工程是以人类生产、生活活动中发生的各种事故为主要研究对象，在总结、分析已经发生的事故经验的基础上，综合运用自然科学、技术科学和管理科学等方面的有关知识，识别和预测生产、生活活动中存在的不安全因素，并采取有效的控制措施防止事故发生的安全技术理论及专业技术手段的综合学科。

安全工程的研究对象最初主要是生产过程中发生的事故。工业生产与其他生产活动一样，是人类改造自然、征服自然、创造物质文明的过程。在这一过程中，人类会遇到而且必须克服许多来自自然界的或人类活动带来的不安全因素。人类一旦忽略了对不安全因素的控制或者控制不力，则可能发生事故，其结果不仅妨碍工业生产的正常进行，而且可能造成设施、设备的破坏，甚至危害人类自身安全。自工业革命以来，几乎工业技术的每一项进步都带来新的事故危险性。防止工业事故，是顺利进行工业生产的前提和保证；保护劳动者在生产过程中的生命、健康不受伤害，是工业安全的基本任务。

随着新材料、新能源、新技术的应用，工业产品的科技含量越来越高，产品越来越复杂，其中的不安全因素导致事故的危险性也越来越大。如果不能有效地消除和控制产品中的不安全因素，用户在使用产品时就可能发生事故而受到伤害。到20世纪70年代，产品的安全性问题引起了人们的普遍关注，安全工程研究对象又从工业生产过程安全扩展到工业产品安全。

除了生产活动，人类的生活活动中也时而发生事故，例如，交通事故、火灾事故、学校事故、家庭事故等。特别是随着城市人口密度越来越大、社会生活方式越来越多样化，生活活动中发生的"群死群伤"事故时有发生，越来越受到人们的关注，安全工程中关于生活事故预防的研究也越来越广泛深入。

三、安全工程学科的研究内容

安全工程的基本内容是根据对伤亡事故发生机理的认识，应用系统工程的原理和方法，在工业规划、设计、建设、生产直到废除的整个过程中，预测、分析、评价其中存在的各种不安全因素，根据有关法规，综合运用各种安全技术措施和组织管理措施，消除和控制危险因素，创造一种安全的生产作业条件。

安全技术是预防事故的基本措施，是实现工业安全的技术手段，包括安全检测技术和安全控制技术两个方面。前者是发现、识别各种不安全因素及其危险性的技术；后者是消除或控制不安全因素，防止工业事故发生及避免人员受到伤害、财产受到损失的技术。

在工业安全领域，安全技术是工业生产技术的重要组成部分。一方面，安全技术是伴随着工业生产的出现而出现的，又随着工业生产技术的发展而不断发展。工业革命以后，工业生产中广泛使用机械、电力及烈性炸药等新技术、新设备、新能源，使工业生产效率大幅提高。另一方面，采用新技术、新设备、新能源也带来了新的不安全因素，导致工业事故频繁发生、事故伤害和职业病人数急剧增加、工业伤亡事故严重的局面，迫使人们努力开发新的工业安全技术。

现代科学技术的进步，彻底改变了工业生产面貌，安全技术也不断发展、更新，极大增强了人类控制不安全因素的能力。如今，已经形成了包括机械安全、电气安全、锅炉压力容器安全、起重运输安全、防火防爆等一系列专门安全技术在内的工业安全技术体系。在安全检测技术方面，先进的科学技术手段逐渐取代人的感官和经验，其可以灵敏、可靠地发现不安全因素，从而使人们可以及早采取控制措施，把事故消灭在萌芽状态之中。

现代工业生产系统是个非常复杂的系统。工业生产是由众多相互依存、相互制约的不同种类的生产作业综合组成的整体；每种生产作业又包含许多设备、物质、人员和作业环境等要素。一起工业事故的发生，往往是许多要素相互复杂作用的结果。尽管每一种专门安全技术在解决相应领域的安全问题方面十分有效，但是在保证整个工业生产系统安全方面却非常困难，必须综合运用各种安全技术。

在工业伤亡事故的发生和预防方面，作为系统要素的人占有特殊的位置。一方面，人是工业事故中的受害者，保护人是工业安全的主要目的；另一方面，人往往是工业事故的肇事者，也是预防事故、搞好工业安全生产的生力军。于是，安全工程的一个重要内容，是关于人的行为的研究。根据与工业安全密切相关的人的生理、心理特征及行为规律，设计适合于人员操作的工艺、设备、工具，创造适合人的特点的生产作业条件。在加强安全法规和组织机构建设及利用安全技术措施消除、控制不安全因素的同时，还必须运用安全管理手段来规范、控制人的行为，激发广大职工搞好安全生产的积极性，提高工业企业抵御工业事故及灾害的能力。

四、交通安全工程学科

交通安全工程学科是指运用系统论、控制论、信息论等现代科学技术理论，从安全的角度，对交通运输系统寿命期的各个阶段（开发研制、方案设计、详细设计、建造施工、日常运行、改建扩建、事故调查等）进行科学研究，以查明事故发生的原因和经过，找出灾害的本质和规律，寻求消灭、减少交通运输事故或减轻事故损失，保障交通安全、畅通的措施和办法。换句话说，交通安全工程主要解决这样一些问题：分析和研究交通事故的发生机理；总结出普遍适用的交通事故理论；提出事故预防的方法设计。

(一) 从研究对象出发交通安全工程学科的研究内容

交通运输系统是由陆路、水路和航空三种运输方式组成的一个综合系统，交通安全工程学科以交通运输系统的安全问题作为其研究对象，因此从研究对象出发，可将该学科的研究内容归为以下四类：道路交通安全工程、铁路运输安全工程、水上交通安全工程、航空运输安全工程。

1. 道路交通安全工程

道路交通是由人、车、道路与环境控制等要素组成的复合动态系统。道路交通事故就是由构成道路交通的诸要素在某一时空范围内的劣性组合造成的。导致道路交通诸要素劣性组合的原因有道路条件、车辆安全性能、驾驶员安全素质、参与交通者的安全意识及交通安全管理的水平等。此外，缺乏对道路交通事故发生规律及预防对策的深入研究，也是导致道路交通事故形势严峻的重要原因。因此，道路交通安全工程通过对道路状况（包括道路路面、道路线形、道路横纵断面、交叉路口及事故多发地段等）、车辆的结构性能（包括驾驶视野、报警装置、碰撞保护装置、仪表、照明和信号装置、驾驶员工作环境、制动性能、操纵稳定性、车辆类型等）、驾驶适应性及其影响因素、交通环境（如交通量、特殊气候等）、交通控制（包括交通安全法规、交通执法设备系统等），以及道路交通事故发生原因等的深入研究，提出预防和减少道路交通事故的有效措施。

2. 铁路运输安全工程

铁路运输作为运送旅客和货物的直接生产系统是一个高速运转的复杂动态系统，其安全问题尤为突出。铁路运输生产大联动机的特点决定了铁路运输作业过程是由许多子系统相互作用而完成的，要求车务、机务、工务、电务、车辆、供电、客运、货运工程等部门联合作业、协同动作。它使用的设备数量庞大、种类繁多，此外，自然环境、社会环境等环境因素的影响也不容忽视。可见，铁路运输系统是一个庞大的人—机—环境动态系统。在这个系统中，任何一点疏漏都可能会诱发列车冲突、脱轨、火灾或爆炸等铁路交通事故。

铁路交通安全工程主要通过对铁路运输有关人员（包括铁路运输系统内人员、旅客、货主、铁路沿线居民、机动车驾驶人员等）、设备（包括铁路线路、机车、车辆、通信信号、供电供水等铁路运输基础设备和安全监测、监控、事故救援、自然灾害预报与防治等运输安全技术设备）、环境（包括作业环境、自然环境和社会环境）、管理（包括安全组织管理、安全法制管理、安全技术管理、安全教育管理、安全信息管理和安全资金管理）的深入研究，发现安全的薄弱环节，进而提出预防和减少事故的有效措施。此外，为了确保列车运行及调车作业安全，还必须对铁路运输作业过程进行深入研究，包括行车调度指挥安全、接发列车作业安全、调车作业安全、中间站作业安全、铁路装卸作业安全、旅客运输安全、机务作业安全、车辆作业安全、工务作业安全、电务作业安全、非正常情况下（如恶劣气候、设备故障、电话中断等）的作业安全，以及应急处理作业安全（如列车火灾应急处理、列车冒进信号应急处理等）。

3. 水上交通安全工程

水上交通事故按性质可划分为火灾和爆炸、碰撞、搁浅和风暴三大类，其后果轻则船只破损，重则船只沉没。因此，水上交通安全工程主要通过对船舶性能与结构、船员行为、港口保障设施、水上交通管理等水上交通安全影响因素，以及水上交通事故发生的原因进行深入研究，提出确保水上运输安全、减少污染水域的有效措施。

水上交通安全工程的研究内容还包括完善的船舶消防系统研究、特殊场所的防火防爆研究、灾害险情应急技术研究、海底地貌测量、遇难船舶的救助和打捞技术的研究、船舶安全停泊系统研究、船运政策研究及船舶避碰研究等。

4. 航空运输安全工程

航空运输是一个具有特定功能的系统，由人（机组人员、乘客）、飞机、航线、机场、航空交通管制等要素组成。各要素之间必须相互协调，若其中一个要素不能与其他要素协调，系统就会失去平衡，可能发生失控、碰撞、失火等空难事故。

航空运输安全工程主要通过对上述影响因素以及空难事故的深入调查研究，提出确保航空运输安全的有效措施。此外，研究内容还包括驾驶员操作可靠性研究，空中交通预警防碰管理系统研究，飞行人员培训理论与方法研究，空中导航系统研究，飞行紧急情况（包括起火、劫机事件、客舱减压等）对策研究，克服飞机维修失误对策研究，飞机定期检修和维护的快速、可靠技术及机场应急救援系统研究等。

（二）从安全工程学科的研究对象和内容来考虑

从安全工程学科的研究对象和内容来考虑，交通安全工程学科至少应该包含以下四个方面内容。

1. 交通安全理论

交通安全理论是揭示交通安全的本质和运动规律的学科知识体系，是交通安全研究的基础，主要内容包括安全科学基本理论、可靠性理论、事故致因理论、事故预防理论等。

2. 交通安全技术

交通安全技术主要研究交通运输中所发生的安全技术问题，亦即研究各种交通运输设备（包括线路、港站、信号等运输基础设施及汽车、船舶、航空器、列车等载运工具）安全化和无害化，以及以保障交通安全为目的的运用各种安全设备和装置的问题。它是在交通运输设备的设计、选材、制造（建设）、安装、养护、维修、使用（运营）、评价等一系列工程领域中，使交通运输设备实现本质安全化、无害化，以及研制和运用各类专用安全设备和安全装置的科学理论、方法、工程技术和安全控制手段的总和。

借助于设计消除和控制交通系统中的不安全因素，这是交通安全工程的重要原则和组成部分。除交通安全设计外，交通安全技术的研究内容还包括基于事故预防和避免的安全监控和检测技术、基于设备维修养护的安全检测和诊断技术及事故救援技术等。

3. 交通安全(分析和评价)方法

交通安全(分析和评价)方法主要研究如何运用系统工程的原理和方法,对交通系统中的安全问题进行定性、定量的分析和评价,并采用综合安全措施予以控制,使系统产生交通事故的可能性降到最低,从而达到系统最佳安全状态。

4. 交通安全管理

交通安全管理主要研究交通安全管理体制、政策、交通安全立法及各种交通安全法规的制定和执行,以及研究交通安全教育与培训等,旨在通过先进的职业安全卫生管理体制的建立和事故预防、应急措施和保险补偿三种手段的有机结合,力争达到在时间、成本、效率、技术水平等条件的约束下实现系统的最佳安全水平的目的。

第二节 安全系统工程相关概念

一、系统

(一)系统概念

系统就是由相互作用和相互依赖的若干组成部分结合成的具有特定功能的有机整体。

由上述定义可以分析得出,系统概念含有五个基本要素:功能、组元或组成、结构、运行与环境。

1. 功能

所谓功能是指系统将一定的输入(外界对系统的作用)转换为一定的输出(系统对外界的作用)的能力,且这种输入不等于输出。例如,交通运输系统,输入的是客流、货流,输出的是人和物的位移(人公里和吨公里)。

2. 组元或组成

组元是指组成系统的成分;作为系统概念要素的"组成"一词,是指系统组元的集合,每个系统都有两个以上的组元。通常人们将组元理解为相对独立、具有特定功能的部件或要素。系统的组元依相对运动的特性可以分为三类:固定组元、运转组元和流动组元。交通运输系统中的基础设施(线路、港、站等)为固定组元;载运工具(飞机、轮船、汽车、列车等)为运转组元;运输计划、统计报表等为流动组元。

3. 结构

系统的组元之间总以某种方式相互联系和作用着。某些组元之间往往存在着较为紧密而稳固的联系，而与其他组元相互作用时呈现出一定的整体特性——系统性。系统之内存在着较为紧密而稳固的组元团体，称为子系统。所谓结构，是指系统内子系统的划分及子系统功能的分配，自然包含子系统间的联系。系统的整体功能，是其子系统功能的综合。子系统具有下述两个性质：

① 每个子系统的功能都影响系统的整体功能，也就是说系统的整体功能是所有子系统共同作用的结果；

② 每个子系统功能的发挥都依赖其他（至少一个）子系统的功能。

系统与子系统之间、子系统与子系统之间的联系，本质上都是物质、能量、信息在它们之间的流通。这种流通是有方向的，相互联系的事物之间的流通是不等价的。系统的功能是通过与外界进行（关于物质、能量和信息）不等价交换体现的。子系统构成及子系统间流通成分的质和流动方向的规定，形成了子系统在空间上的有序性，这就是系统结构。

4. 运行

无生命的物理系统，含各种人造机器与设备，结构完全决定了子系统间的联系，从而在组成固定情况下完全决定了系统的功能。但是有人参与的系统，由于具有能动性的组元存在，结构并不能唯一确定各子系统间的联系。在系统结构，即对流动组元流通的质及其方向规定的情况下，系统能动部分还可以对流通的具体内容、数量及其在时间上的分布进行控制。比如铁路运输系统中的调度员，结构（职能）赋予他向车站下达接发列车的调度命令，但是命令的具体内容及其是否符合车站的实际、何时下达并不确定。再如驾驶员与汽车固然是操纵与被操纵的关系（这是结构赋予的），但驾驶员可以有不同的操纵方式，或者安全行驶，或者发生交通事故。这种在结构的基础上决定了运转组元的实际运动，从而决定了流动组元的实际变换与流通的机制称为运行。显然，依托于一定结构上的运行最终决定了系统的实际功能。

5. 环境

有系统功能的定义，必然有与它相互作用（有输入、输出关系）的外界，这个客观存在的与系统有着较密切联系的外界就是系统的环境。不存在没有环境的系统。许多系统，特别是生物系统和社会系统，离开环境便无法生存，更不用说发展了。

组元之间的有序联系形成事物的结构和事物变化的实际运行过程，事物与外界的有序联系形成事物的环境和功能，组成、结构、运行、环境与功能的统一，就是科学的系统概念。

（二）系统特性

系统有自然系统与人造系统、封闭系统与开放系统、静态系统与动态系统、实体系统与概念系统、宏观系统与微观系统、软件系统与硬件系统之分。不管系统如何划分，凡是能称为系统的，都具有如下特性。

1. 整体性

系统是由两个或两个以上相互区别的要素（元件或子系统）组成的整体。构成系统的各要素虽然具有不同的性能，但它们通过综合、统一（而不是简单拼凑）形成的整体就具备了新的特定功能，就是说，系统只有作为一个整体才能发挥其应有功能。所以，系统的观点是一种整体的观点，一种综合的思想方法。

2. 相关性

构成系统的各要素之间、要素与子系统之间、系统与环境之间都存在着相互联系、相互依赖、相互作用的特殊关系，通过这些关系，使系统有机地联系在一起，发挥其特定功能。

3. 目的性

任何系统都是为完成某种任务或达到某种目的而发挥其特定功能的。要达到系统的既定目的，就必须赋予系统规定的功能，这就需要在系统的整个生命周期，即系统的规划、设计、试验、制造和使用等阶段，对系统采取最优规划、最优设计、最优控制、最优管理等优化措施。

4. 层次性

系统有序性主要表现在系统空间结构的层次性和系统发展的时间顺序性。系统可分成若干子系统和更小的子系统，而该系统又是其所属系统的子系统。这种系统的分割形式表现为系统空间结构的层次性。

5. 环境适应性

系统是由许多特定部分组成的有机集合体，而这个集合体以外的部分就是系统的环境。一方面，系统从环境中获取必要的物质、能量和信息，经过系统的加工、处理和转化，产生新的物质、能量和信息，然后再提供给环境；另一方面，环境也会对系统产生干扰或限制，即约束条件。环境特性的变化往往能够引起系统特性的变化，系统要实现预定的目标或功能，必须能够适应外部环境的变化。因此研究系统时，必须重视环境对系统的影响。

（三）系统方法的基本原则

系统方法是指按照事物的系统性把对象放在系统形式中加以考察的方法。系统方法的基本原则如下。

1. 整体性原则

整体性原则是指把对象作为由各个组成部分构成的整体，研究整体的构成及其发展规律，即把系统当作整体来对待，从整体与部分相互依赖、相互结合、相互制约的关系中揭示系统的特征和运动规律。整体功能不等于部分功能的总合，整体将产生部分所没有的功能。

2. 综合性原则

要求对系统从时间上、空间上进行综合考察，在综合考察的基础上进行分析，再回到综合，每一层次分析的结果都要反馈到上一层次的综合中去；与整体进行比较，并进行修正，使之部分与整体达到统一。

3. 联系性原则

构成系统的元素之间，元素与环境之间，有着特定的联系，物质与能量之间的相互转换及不同物质形态之间的信息交换，都体现着联系性。

4. 有序性原则

系统都是有序的，因此系统必然是有层次的，系统的发展一般是由较低级的有序状态走向较高级的有序状态的定向演化，在这一发展的过程中，系统必然是开放的，与外界环境之间存在着物质、能量和信息交换，系统内部各子系统将按照一定的目标协同运动，以达到系统总的目的。

5. 动态性原则

任何系统内部都存在着矛盾运动，推动着系统的发展，因此研究系统时，应在动态中协调各部分的关系，才能准确地掌握系统的规律，取得综合的动态平衡，使系统不断得以优化。

6. 结构性原则

系统的整体性功能是由系统的结构决定的，同样的元素，组成不同的结构，将会产生不同的功能。系统优化的一个重要方面就是取得最优的结构。

7. 模型化原则

模型化是使系统方法从定性到定量的重要途径，通过对真实模型的实验，可以具体分析系统的运行状况，也可以建立数学模型对系统进行定量描述。

二、系统工程

系统工程是组织管理系统的规划、设计、制造、试验和使用的科学方法，是一种对所有系统都具有普遍意义的科学方法。这个定义表示：系统工程属工程技术范畴，主要是组织管理各类工程的方法论，即组织管理工程；系统工程是解决系统整体及其全过程优化问题的工程技术；系统工程对所有系统都具有普遍适用性。

系统工程是运筹学、系统论、控制论、信息论、计算技术和现代管理科学等相互渗透发展起来的一门以大规模复杂系统为研究对象的应用学科。它把自然科学和社会科学中某些思想、理论、方法、策略和手段等根据总体协调的需要，有机地联系起来应用于实践，以实现系统整体优化为目的。

系统工程打破了各学科之间的界限，沟通了自然科学和社会科学的联系，使人们能够摆脱传统方法的束缚，为综合运用现代科技成就提供了最有效的方法和思路，为解决庞大复杂的系统性问题开辟了新的途径。其特点可归纳为以下三点。

（一）研究方法的整体性

把研究对象看作一个整体，同时，把研究过程也看作一个整体，按系统工程的三维结构，即时间维（工作阶段）、逻辑维（思维步骤）和知识维整体配合研究解决问题。

（二）应用学科的综合性

综合运用多学科理论和管理工程技术，揭示并协调系统各要素之间及系统与外部环境之间的关系，为实现系统整体功能最优化提供决策、计划、方案和方法。

（三）组织管理科学化

运用数学方法和计算机技术定量（或定量与定性相结合）分析、评价系统构成和状态，以达到最优设计、最优控制和最优管理的目标。

三、人—机—环境系统工程

（一）人—机—环境系统工程的含义

人—机—环境系统工程是运用系统科学理论和系统工程方法，正确处理人、机、环境三大要素的关系，并深入研究人—机—环境系统最优组合的一门科学，其研究对象为人—机—环境系统。系统中的"人"，是指作为工作主体的人（操作人员或决策人员）及作为服务对象的人（旅客、货主等）；"机"是指人所控制的一切对象的总称（飞机、汽车、船舶、列车、生产过程等）；"环境"是指人、机共处的特定的工作条件（作业环境、自然环境、政治环境、经济环境等）。

人—机—环境系统工程的最大特点是，把人、机、环境看作一个系统的三大要素，在深入研究三者各自性能的基础上，着重强调从全系统的总体性能出发，通过三者间的信息传递、加工和控制，形成一个相互关联的复杂系统，并运用系统工程方法，使系统具有"安全、高效、经济"等综合性能。所谓"安全"，是指不出现人体的生理危害或伤害，并尽量减少事故的发生；所谓"高效"，是指令系统具有最好的工作性能或最高的工作效率；所谓"经济"，就是指在满足系统技术要求的前提下，系统的建立要花钱最少，亦即保证系统的经济性。此外，人—机—环境系统工程还抛弃以往把环境作为干扰因素的消极观点，积极主张把环境作为系统的一个环节，并按系统的总体要求对其进行全面的规划和控制。这样一来，人—机—环境系统工程不仅把人的因素、人体工程学、工程心理学、工效学、人的因素工程、人—机系统等学科纳入一个统一的科学框架，避免概念和术语的混乱，而且从系统的总体高度研究人—机—环境系统各种组合方案的优劣，改变以往分散、孤立的研究局面，把人们设计和研制人—机—环境系统的实践活动推向一个崭新阶段。应该强调的是，人—机—环境系统工程的提出，不是对上述各学科的否定或取代，而是把这些大致相近或相辅相成的研究范畴提到一个更高的层次、更广的视野去分解和综合，从而把该领域的研究水平提高到一个新的水平。

1. 人是一种安全因素和防护对象

在人—机—环境系统中，只有人向安全问题提出了具体的挑战。人—机—环境结合的目的，就是充分利用人体科学的发现，使技术和机器在更大程度上适合人，从而提高人—机—环境系统的安全性。

在人—机—环境系统的规划过程中，应综合考虑以下因素：

（1）要把人体解剖学资料及人体生理过程和生理功能作为必要条件考虑在内，就像设计机器必须考虑其所用材料的应力特性一样。

（2）发生在人体中的主要生理过程必须像能量在机器中传递一样来考虑。当用于人—机环境系统时，人体的心理—神经效能条件之种种特性要像机器中保证其控制功能的技术组元（部件）一样看待。

（3）应把人的天赋及一些特殊心理、生理功能和对这些功能进行补偿的可能性一并加以考虑。在必要情况下，还要制定补偿的最低值。

人在现代化技术系统中最大的贡献是他能起一个信息处理机的作用。因此很有必要研究人是怎样获取、选择、处理和传递信息（包括人体本身的信息）的基本规律。此外，为了使人的生理和心理神经活动控制、保持在正常的安全值范围内，对于人承受的并最终使人疲倦的应力和应变后果必须加以考虑；甚至连人体的各器官和人的整体都应加以关注。可用计划的工间休息和娱乐活动来抵消那些会降低工作效率的受力状态和紧张的影响。而且，必须分清一个正常工人的工作器官与维持必要工作效率之间的差别。必要情况下还需要对他们进行特殊训练，以保证工人实行安全操作，避免不安全行为的出现。

那些导致事故的冒险和不安全操作，往往是已作为正面经验接受而且根深蒂固的不良习惯行为。一旦在班组或个人中偶尔养成了不安全习惯，就必须采取"再培训"和恢复正确习惯的措施。

2. 机器是一种安全因素

机器是人—机—环境系统中三个主要子系统之一，仅仅由于机器与人及其环境的相互作用，它才成为一个安全因素。实际上，在机器的规划阶段，即在确定机器的功能及应用模式和对机器的形式及有效性作必要的论证时，人—机关系就已开始形成。从机器制造到运行的各个阶段，人与机器之间的相互关系一直保持着。在上述各阶段，人作为一种安全因素，对另一安全因素——机器的性质及特点，可以有广泛的影响。

纵观历史，可以发现，新技术方法的引进和新机器的应用，常常需要一个痛苦的、耗时的和昂贵的学习过程。这个过程的结果最后以肯定的方式予以评价，然后转为"经验"。然而，随着人们生活水平的提高，用试错法从事故中获得"经验"，毫无疑问具有较大的风险和代价。因此，对于作为安全因素之一的机器，在其规划、制造和应用的所有阶段，细心而费时地预定检查是非常必要的。同时，还必须对机器的运行状态作大量的观察，确定和评价使规划目标与运行数据相匹配的应力状态，限制应力因素，使设计结构与使用结构在运行条件下相匹配。

3. 环境是一种安全因素和应予保护的财富

人和机器都被置于一定的环境中。后者在人—机—环境系统中是第三个重要的基石。一方面，人的操作可能引起机器方面的事故和损失，从而对环境产生有害影响；另一方面，环境中有许多自然过程，如地震和灾难性暴风雨、洪水等，以及源于技术的灾害（比如火灾和爆炸），都会对机器产生危害。为此必须首先确定机器是否影响和怎样影响环境，或者环境是否危及机器。只有通过对人与机器、人与环境的各种相互关系进行透彻的分析，才能避免在人—机—环境系统的构建中出现错误。低估环境的重要性可能会对技术系统的运行安全带来严重后果。

在人—机—环境系统中，人们使用机器，同时也暴露在机器的危险之中。人的行为和机器的状态依赖所处的环境条件，人和机器也常常以不同的方式影响环境。在这个人—机—环境交互作用的系统中，由于事故、事变或局部环境的持久应力，人或财产可能遭受损害。事故或事变可能源于技术，亦即由于制造缺陷、大气中的有害物质或气候条件等其他干扰因素的影响，尽管使用和操作是正确的，但是技术装备仍然可能不像预期的那样运转。另一个可能的原因是人和机器的相互作用缺乏协调。一方面，应该根据人机工程学原理，通过适合操作者的装备设计，将这样的缺陷减到最低限度，这就意味着要尽量使机器设计适合于人；另一方面，经过合适的选择、培训和诱导，可以促使人正确地动作，并有意识地保护自己。但必须考虑到：人的行为绝不是一致的或一成不变的，而是因人而异并且因时而异的。此外，人的行为还受周围环境的影响。因而，环境的任何改变也要适应人的要求。

然而，技术装备中的事故不可能通过预防措施而完全排除，因此使事故影响最小的补充措施必不可少。一旦技术装备内部的潜在危险超过一定限度，则事故预防措施的系统规划就必须强制执行。

因此，为了控制事故损失，必须及早识别事故、报警、警告信号，并采取相应的积极对策。为了识别事故，最重要的是及时得到有关事故程度的确切信息。这就要求对技术装备进行连续监测。此外，为了监视环境，需要有报警中心，也要有通过实际观测或者通过估计而确定灾害危及的敏感区的能力。

(二) 人—机—环境系统工程的研究内容和方法

1. 研究内容

人—机—环境系统工程的研究内容包括七个方面：人的特性的研究、机器特性的研究、环境特性的研究、人—机关系的研究、人—环境关系的研究、机—环境关系的研究、人—机—环境系统总体性能的研究。

(1) 人的特性的研究，主要包括人的工作能力研究，人的基本素质的测试与评价，人的体力负荷、脑力负荷和心理负荷研究，人的可靠性研究，人的数学模型 (控制模型和决策模型) 研究，人体测量技术研究，人员的选拔和训练研究等。

(2) 机器特性的研究，主要包括被控对象动力学的建模技术，机器的防错设计研究，机器特性对系统性能影响的研究等。

(3) 环境特性的研究，主要包括环境检测技术的研究，环境控制技术的研究，环境建模技术的研究等。

(4) 人—机关系的研究，主要包括静态人—机关系研究、动态人—机关系研究等。静态人—机关系研究主要是指作业域的布局与设计研究；动态人—机关系研究主要有人—机功能分配研究 (人—机功能比较研究，人—机功能分配方法研究，人工智能研究) 和人—机界面研究 (显示和控制技术研究，人—机界面设计及评价技术研究) 等。

(5) 人—环境关系的研究，主要包括环境因素对人的影响，个体防护技术的研究等。

(6) 机—环境关系的研究，主要包括环境因素对机器性能的影响，机器对环境的影响等。

(7) 人—机—环境系统总体性能的研究，主要包括人—机—环境系统总体数学模型的研究，人—机—环境系统全数学模拟、半物理模拟和全物理模拟技术的研究，人—机—环境系统总体性能（安全、高效、经济）的分析、设计和评价等。

2. 研究方法

人—机—环境系统工程的研究方法可以概括为四句话，二十四个字：基于三个理论（控制论、模型论，优化论）、分析三个要素（人、机、环境）、历经三个步骤（方案决策、研制生产、实际使用）、实现三个目标（安全、高效、经济）。

（1）基于三个理论

人—机—环境系统工程是一门综合性边缘技术学科，为了形成其理论体系，它从一系列基础学科中吸取了丰富营养，并奠定了自身的基础理论。人—机—环境系统工程的基础理论可以概括为控制论、模型论和优化论。

①控制论。控制论的根本贡献在于，它用系统、信息、反馈等一般概念和术语，打破了有生命与无生命的界限，使人们能用统一的观点和尺度来研究人、机、环境。这三个物质属性本是截然不同、互不相关的对象，控制论使其成为一个密不可分的有机整体。

②模型论。模型论能为人—机—环境系统工程研究提供一套完整的数学分析工具。很显然，人—机—环境系统工程不仅要求定性，而且要求定量地刻画全系统的运动规律。为此，就必须针对不同客观对象，引入适当数学模型，并通过建模、参数辨识、模拟和检验等步骤，用数学语言来阐明真实世界的客观规律。

③优化论。优化论的基本出发点是，在人—机—环境系统的最优组合中，一般总有多种互不相同的方法和途径，而其中必有一种或几种最好或较好的，这样一种寻求最优途径的观点和思路，正是人—机—环境系统工程的精髓。优化论正是体现这一精髓的数学手段。

（2）分析三个要素

主要是研究如何运用人、机、环境这三个要素来构成所需要的、具有特定功能的人—机—环境系统。通常，根据各种系统的性能特点及复杂程度，又可将人—机—环境系统分为三种类型：简单（或单人、单机）人—机—环境系统，复杂（或多人、多机）人—机—环境系统及广义（或大规模）人—机—环境系统。很显然，无论是简单的、复杂的，还是广义的人—机—环境系统，都是一个复杂的巨系统。这是因为，人体本身是一个巨系统，机器（或计算机）也是巨系统，再加上各种环境因素的作用和影响，所以形成人—机—环境这个复杂巨系统。实践证明，对任何一个系统来说，系统的总体性能不仅取决于各组成要素的单独性能，更重要的还取决于各要素的关联形式，亦即信息的传递、加工和控制方式。因此，要实现人、机、环境的最优组合，其难度是相当大的。而且，人们对人、机、环境这三种因素的研究，原先都是隶属于不同的学科领域，其研究方法和研究思想也大不相同。现在，为了将它们组合成一个复杂巨系统，首先就必须有一个能够统一描述人、机、环境各自能力及相互关系的理论，没有这样一个理论作指导，就根本谈不上对整个系统作深入研究，也更谈不上实现全系统的最优化设计。所以，人—机—环境系统工程正是针对这种现实应运而生的。

（3）历经三个步骤

为了将人—机—环境系统工程理论应用于各个领域，一般都应经历方案决策、研制生产和实际使用三个阶段。

① 方案决策阶段

方案决策属于理论分析范畴，也是最关键步骤。在这个阶段，人—机—环境系统工程能为人—机—环境系统的总体方案设计提供一套完整的决策理论，其中最主要的任务是建立人、机、环境的各自数学模型和系统的总体模型，并借助计算机进行全系统的数学模拟和优化计算，以确定人、机、环境的最优参数和系统的最优组合方案。

② 研制生产阶段

在研制生产阶段，人—机—环境系统工程的任务是确定实现最优方案的最佳途径。在这个阶段，人们始终强调把作为工作主体的人参与到系统中去，并通过半物理模拟或全物理模拟不断分析和检验人—机—环境系统的整体性能和局部性能，并协调各分系统的技术指标，使总体性能达最佳状态。

③ 实际使用阶段

在实际使用阶段，人—机—环境系统工程的任务是通过实际使用的验证，提出充分发挥现存系统性能的意见（如选拔操作人员的标准和训练操作人员的方案和计划），全面做到物尽其用、人尽其才，并为进一步改善和提高系统性能提出新的建议。

（4）实现三个目标

一般而言，要同时满足安全、高效、经济这三个目标是困难的，而且有时是矛盾的。因此，为了用系统工程方法来使所建造的人—机—环境系统实现安全、高效、经济这三个目标，首先需假设几种设计方案，然后针对每种方案用全数学模拟、半物理模拟或全物理模拟方法，获得人、机、环境各种参数对系统性能影响的关系曲线。

第三节　安全的内涵和特性

一、安全科学基本概念及相互关系

安全科学仍处于发展的初期，它必须使用的许多基本概念既未完全确定，也没有获得普遍赞同。下面是现阶段人们对安全科学基本概念比较一致的认识。

(一)基本概念

1. 安全

关于安全的概念，可归纳为两种，即绝对安全观和相对安全观。

绝对安全观是人们较早时期对安全的认识。绝对安全观认为，安全指没有危险、不受威胁、不出事故，即消除能导致人员伤害，发生疾病、死亡或造成设备财产破坏、损失以及危害环境的条件。无危则安，无损则全。

与绝对安全观相对应的就是人们现在普遍接受的相对安全观。相对安全观认为，安全是相对的，绝对安全是不存在的。安全就是被判断为不超过允许极限的危险性，也就是指没有受到损害的危险或损害概率低的通用术语；在《英汉安全专业术语词典》中将安全定义为"安全意味着可以容许的风险程度，比较地无受损害之忧和损害概率低的通用术语"。

由相对安全的定义可知，安全是在具有一定危险性条件下的状态，其并非绝对无事故。事故与安全是对立的，但事故并不是不安全的全部内容，而只是在安全与不安全这一对矛盾斗争过程中某些瞬间突变结果的外在表现。安全依附于生产过程，伴随生产过程而存在。但安全不是瞬间的结果，而是对系统在某一时期、某一阶段过程状态的描述，换言之，安全是一个动态过程，它是关于时间的连续函数。但在现有理论和技术条件下，确定某一生产系统的具体安全函数形式是非常困难的，通常采用概率法来估算系统处于安全状态的可能性，或者利用模糊数学来说明在非概率情形下的不精确性。

因此，安全是指在生产、生活活动过程中，能将人或物的损害控制在可接受水平的状态，换言之，安全意味着人或物遭受损害的可能性是可以接受的，若这种可能性超过了可接受的水平，即为不安全。该定义具有下述含义：

(1)这里所讨论的安全是指生产领域中的安全问题，既不涉及军事或社会意义的安全与保安，也不涉及与疾病有关的安全。

(2)安全不是瞬间的结果，而是对于某种过程状态的描述。

(3)安全是相对的，绝对安全是不存在的。

（4）构成安全问题的矛盾双方是安全与危险，而非安全与事故。因此，衡量一个生产系统是否安全，不应仅仅依靠事故指标。

（5）不同的时代，不同的生产领域，可接受的损害水平是不同的，因而衡量系统是否安全的标准也是不同的。

2. 危险

关于什么是危险，从文献上看，目前还没有十分统一的定义。作为安全的对立面，可以将危险定义为：危险是指在生产活动过程中，人或物遭受损害的可能性超出了可接受范围的一种状态。危险与安全一样，也是与生产过程共存的过程，是一种连续型的过程状态。危险包含了尚未为人所认识的以及虽为人们所认识但尚未为人所控制的各种隐患。同时，危险还包含了安全与不安全矛盾斗争过程中某些瞬间突变发生外在表现出来的事故结果。

3. 风险（危险性）

"风险"一词在不同场合含义有所不同。就安全而言，风险是描述系统危险程度的客观量，这主要有两种考虑：一是把风险看成一个系统内有害事件或非正常事件出现可能性的量度；二是把风险定义为特定不安全事件发生的可能性与后果严重程度的综合度量。

4. 安全性

从系统的安全性能讲，安全性为衡量系统安全程度的客观量。与安全性对立的概念是描述系统危险程度的指标风险（又称为危险性）。假定系统的安全性为 S，危险性为 R，则有：$S=1-R$。显然，R 越小，S 越大；反之亦然。若在一定程度上消减了危险因素，就等于创造了安全条件。

由于安全性与可靠性的联系十分密切，在实际应用中存在着将可靠性与安全性混用的现象，因此有必要明确二者之间的差别。可靠性是指系统或元件在规定条件下，规定时间内，完成规定功能的能力；而安全性是指系统的安全程度。可靠性与安全性有共同之处，从某种程度上讲，可靠性高的系统，其安全性通常也较高，许多事故之所以发生，就是由于系统可靠性较低。但是，可靠性不同于安全性，可靠性要求的是系统完成规定的功能，只要系统能够完成规定功能，它就是可靠的，而不管其是否会带来安全问题。安全性要求识别系统的危险所在，并将它从系统中排除。此外，事故的发生不一定导致损失，而且，也存在这样的情形，即系统所有元件均正常工作时，也可能伴有事故发生。

5. 事故

"事故"一词极为通俗，事故现象也屡见不鲜，但对于事故的确切内涵，至今尚无一致的认识。现概括如下。

（1）事故是违背人们意愿的一种现象。

（2）事故是不确定事件，其发生形式虽受必然性的支配，但也不可避免地受到偶然性的影响。

（3）事故发生的原因，可归结为三类：①目前尚未认识到的原因；②已经认识，但目前尚不可控制的原因；③已经认识，目前可以控制而未能有效控制的原因。

（4）事故一旦发生，会造成以下几种后果：①人受到伤害，物受到损失；②人受到伤害，物未受到损失；③人未受到伤害，物受到损失；④人、物均未受到伤害或损失。许多工业领域如铁路运输系统，将凡是造成系统运行中断的事件均归入事故的范畴，虽然系统运行中断不一定会造成直接的财产损失或人员伤害，但干扰了系统的正常运行秩序，给系统带来了间接损失。

（5）事故的内涵相当复杂。从宏观的生产过程看，事故是安全与危险矛盾斗争过程中某些瞬间突变结果的外在表现形式，是时间轴上一系列离散的点；从微观而言，每一个事故均可看作在极短时间内相继出现的事件序列，是一个动态过程，可以表达为如下形式：

危险触发→以一定的逻辑顺序出现的一系列事件→产生不良后果。

综上所述，事故是指在生产活动过程中，由于人们受到科学知识和技术力量的限制，或者由于认识上的局限，当前还不能防止，或能防止而未有效控制所发生的违背人们意愿的事件序列。它的发生，可能迫使系统暂时或较长期地中断运行，也可能造成人员伤亡、财产损失或者环境破坏，或者其中二者或三者同时出现。

事故的特征主要包括：事故的因果性，事故的偶然性、必然性和规律性，事故的潜在性、再现性、预测性和复杂性。

①事故的因果性

因果，即原因和结果。因果性即事物之间，一事物是另一事物发生的根据，这是一种关联性。事故是许多因素互为因果连续发生的结果，一个因素既是前一个因素的结果，又是后一个因素的原因。也就是说，因果关系有继承性，是多层次的。

事故的因果性决定了事故的必然性。事故是一系列因素互为因果，连续发生的结果。事故因素及其因果关系的存在决定事故或迟或早必然会发生。其随机性仅表现在何时、何地、何原因意外事件触发产生而已。

掌握事故的因果关系，采取措施中断事故因素的因果连锁，就消除了事故发生的必然性，从而可能防止事故的发生。

②事故的偶然性、必然性和规律性

从本质上讲，伤亡事故属于在一定条件下可能发生，也可能不发生的随机事件。就一特定事故而言，其发生的时间、地点、状况等均无法预测。

事故是由于客观存在不安全因素，随着时间的推移，出现某些意外情况而发生的，这些意外情况往往是难以预知的。因此，掌握事故的原因，可降低事故发生的概率；掌握事故的原因是防止事故发生的必要条件。但是，即使完全掌握了事故原因，也不能绝对保证不发生。

事故的偶然性还表现在事故是否产生后果（人员伤亡、物质损失）及后果的大小如何都是难以预测的。反复发生的同类事故并不一定产生相同的后果。事故的偶然性决定了要完全杜绝事故发生是困难的，甚至是不可能的。

事故的必然性中包含着规律性。既为必然，就有规律可循。必然性来自因果性，深入探查、了解事故因果关系，就可以发现事故发生的客观规律，从而为防止事故发生提供依据。应用概率理论，搜集尽可能多的事故案例进行统计分析，就可以从总体上找出带有根本性的问题，为宏观安全决策奠定基础，为改进安全工作指明方向，从而做到"预防为主"，达到安全生产的目的。

由于事故或多或少地含有偶然性，因而要完全掌握它的规律非常困难。但在一定范畴内，用一定的科学仪器或手段却可以找出它的近似规律。

从偶然性中找出必然性，认识事故发生的规律性，变不安全条件为安全条件，把事故消除在萌芽状态之中，这就是防患于未然，预防为主的科学根据。

③事故的潜在性、再现性、预测性和复杂性

事故往往是突然发生的。然而导致事故发生的因素，即"隐患或潜在危险"早就存在，只是未被发现或未受到重视而已。随着时间的推移，一旦条件成熟，就会显现而酿成事故，这就是事故的潜在性。

事故一经发生，就成为过去。时间一去不复返，完全相同的事故不会再次显现。然而没有真正地了解事故发生的原因，并采取有效措施去消除这些原因，就会再次出现类似的事故。因此，人们应致力于消除这种事故的再现性，这是能够做到的。

人们根据对过去事故所积累的经验和知识及对事故规律的认识，使用科学的方法和手段，可以对未来可能发生的事故进行预测。

事故预测就是在认识事故发生规律的基础上，充分了解、掌握各种可能导致事故发生的危险因素及它们的因果关系，推断它们发展演变的状况和可能产生的后果。事故预测的目的在于识别和控制危险，预先采取对策，最大限度地减少事故发生的可能性。

事故的发生取决于人、物和环境的关系，具有极大的复杂性。

6. 事故隐患

在我国长期的事故预防工作中经常使用事故隐患一词。所谓隐患是指隐藏的祸患，事故隐患即隐藏的、可能导致事故的祸患；这是一个在长期工作实践中大家形成的共识用语，一般是指那些有明显缺陷、毛病的事物，亦即人的不安全行为和物的不安全状态。

从系统安全的角度来看，通常人们所说的事故隐患包括一切可能对人—机—环境系统带来损害的不安全因素。事故隐患可定义为：在生产活动过程中，由于人们受到科学知识和技术力量的限制，或者由于认识上的局限，而未能有效控制的有可能引起事故的一种行为（一些行为）或一种状态（一些状态）或二者的结合。隐患是事故发生的必要条件，隐患一旦被识别，就要予以消除。对于受客观条件所限不能立即消除的隐患，要采取措施降低其危险性或延缓危险性增长的速度，减少其被触发的"概率"。

7. 危险源

在系统安全研究中，认为危险源的存在是事故发生的根本原因，防止事故就是消除、控制系统中的危险源。

危险源一词译自英文单词 Hazard，按英文词典的解释，"Hazard–a source of danger"，即危险的根源的意思。哈默（Willie Hammer）定义危险源为可能导致人员伤害或财物损失事故的、潜在的不安全因素。按此定义，生产、生活中的许多不安全因素都是危险源。危险源是指一个系统中具有潜在能量和物质释放危险的、可造成人员伤害、在一定的触发因素作用下可转化为事故的部位、区域、场所、空间、岗位、设备及其位置。它的实质是具有潜在危险的源点或部位，是爆发事故的源头，是能量、危险物质集中的核心，是能量从那里传出来或爆发的地方。

危险源由三个要素构成：潜在危险性、存在条件和触发因素。危险源的潜在危险性是指一旦触发事故，可能带来的危害程度或损失大小，或者说危险源可能释放的能量强度或危险物质量的大小。危险源的存在条件是指危险源所处的物理、化学状态和约束条件状态。例如，物质的压力、温度、化学稳定性，盛装压力容器的坚固性，周围环境障碍物等情况。触发因素虽然不属于危险源的固有属性，但它是危险源转化为事故的外因，而且每一类型的危险源都有相应的敏感触发因素。如易燃、易爆物质，热能是其敏感的触发因素，又如压力容器，压力升高是其敏感触发因素。因此，一定的危险源总是与相应的触发因素相关联。在触发因素的作用下，危险源转化为危险状态，继而转化为事故。

根据危险源在事故发生、发展中的作用，我们把危险源划分为两大类，即第一类危险源和第二类危险源。

第一类危险源是指系统中存在的、可能发生意外释放的能量或危险物质，实际工作中往往把产生能量的能量源或拥有能量的能量载体作为第一类危险源来处理。第一类危险源具有的能量越多，一旦发生事故其后果越严重；相反，第一类危险源处于低能量状态时比较安全。同样，第一类危险源包含的危险物质的量越多，干扰人的新陈代谢越严重，其危险性越大。

第二类危险源是指导致约束、限制能量措施失效或破坏的各种不安全因素，包括人、物、环境三个方面的问题。人的失误可能直接破坏对第一类危险源的控制，造成能量或危险物质的意外释放；同时，人的失误也可能造成物的故障，进而导致事故发生。物的故障可能直接使约束、限制能量或危险物质的措施失效而发生事故；有时一种物的故障可能导致另一种物的故障，最终造成能量或危险物质的意外释放；物的故障有时会诱发人的失误；人的失误会造成物的故障，实际情况比较复杂。环境因素主要指系统运行的环境，包括温度、湿度、照明、粉尘、通风换气、噪声和振动等物理环境及企业和社会的软环境。不良的物理环境会引起物的故障或人的失误；企业的管理制度、人际关系或社会环境影响人的心理进而可能引起人的失误。

第二类危险源往往是一些围绕第一类危险源随机发生的现象，它们出现的情况决定事故发生的可能性，第二类危险源出现得越频繁，发生事故的可能性越大。

(二) 相互关系

1. 安全与危险

安全与危险是一对矛盾，它们具有矛盾的所有特性。一方面双方互相排斥、互相否定；另一方面安全与危险两者互相依存，共同处于一个统一体中，存在着向对方转化的趋势。安全与危险这对矛盾的运动、变化和发展推动着安全科学的发展和人类安全意识的提高。

描述安全与危险的指标分别是安全性与危险性，安全性越高危险性就越低，安全性越低危险性就越高，即二者存在如下关系：

$$安全性 = 1 - 危险性$$

2. 安全与事故

事故与安全是对立的，但事故并非不安全的全部内容，而只是在安全与不安全矛盾斗争过程中某些瞬间突变结果的外在表现。

系统处于安全状态并不一定不发生事故，系统处于不安全状态，也未必完全由事故引起。

3. 危险与事故

危险不仅包含了作为潜在事故条件的各种隐患，同时还包含了安全与不安全的矛盾激化后表现出来的事故结果。

事故发生，系统不一定处于危险状态，事故不发生，也不能否认系统不处于危险状态，事故不能作为判别系统危险与安全状态的唯一标准。

4.事故与隐患

事故总是发生在操作的现场，总是伴随隐患的发展而发生在生产过程之中，事故是隐患发展的必然结果，而隐患是事故发生的必要条件。

5.危险源与事故

一起事故的发生是两类危险源共同作用的结果。一方面，第一类危险源的存在是事故发生的前提，没有第一类危险源就谈不上能量或危险物质的意外释放，也就无所谓事故；另一方面，如果没有第二类危险源破坏对第一类危险源的控制，也不会发生能量或危险物质的意外释放。第二类危险源的出现是第一类危险源导致事故的必要条件。

在事故的发生、发展过程中，两类危险源相互依存、相辅相成。第一类危险源在事故时释放出的能量是导致人员伤害或财物损坏的能量主体，决定事故后果的严重程度；第二类危险源出现的难易决定事故发生的可能性的大小。两类危险源共同决定危险源的危险性。

二、安全问题的基本特性

作为伴随生产而存在的安全问题，对于所有的技术系统都具有普遍的意义，交通运输系统也不例外。安全问题的基本特性主要表现在以下方面。

(一) 安全的系统性

安全涉及技术系统的各个方面，包括人员、设备、环境等因素，而这些因素又涉及经济、政治、科技、教育和管理等许多方面。特别对于像铁路运输这样的开放系统，安全既受到系统内部因素的制约，也受到系统外部环境的干扰。而安全的恶化状态，即事故，不仅可能造成系统内部的损害，而且可能造成系统外部环境的损害。因此，研究和解决安全问题应从系统观点出发，运用系统工程的方法，进行综合治理。

(二) 安全的相对性

凡是人类从事的生产活动，都有安全问题，所不同的只是发生事故的可能性有大有小，危害程度有轻有重而已。安全的相对性表现在三个方面，首先，绝对安全的状态是不存在的，系统的安全是相对于危险而言的；其次，安全标准是相对于人的认识和社会经济的承受能力而言，抛开社会环境讨论安全是不现实的；最后，人的认识是无限发展的，对安全机理和运行机制的认识也在不断深化，即安全对于人的认识而言具有相对性。由安全的相对性可知，各种生产和生活活动过程中事故或危害事件是可以避免的，但难以完全避免；各种事故或危害事件的不良作用、后果及影响可能避免，但难以完全避免。但是，事故是可以预防的，可以利用安全系统工程的原理和技术，预先发现、鉴别、判明各种隐患，并采取安全对策，从而防患于未然。

（三）安全的依附性

安全是依附于生产而存在的，它不可能脱离具体的生产过程而独立存在，只要存在生产活动，就会出现安全问题。另外，安全是生产的前提和保障，安全工作搞得不好，生产便无法顺利进行。因此，需要经常、持久地抓好安全工作。

（四）安全的间接效益性

要保证生产安全必须在人员、设备、环境和管理方面有相应适时的安全投入，但安全投入所产生的经济和社会效益却是间接的、无形的，难以定量计算。因此，安全投入往往被忽视，只有发生了事故造成了损失之后人们才会意识到安全投入的必要性和重要性。事实上，安全的效益除了减少事故的直接和间接经济损失，更重要的是在提高人员素质、改进设备性能、改善环境质量和加强生产管理等方面所创造的积极的经济和社会效益。

（五）安全的长期性和艰巨性

人对安全的认识在时间上往往是滞后的，很难预先完全认识到系统存在和面临的各种危险，而且即使认识到了，有时也会由于受到当时技术条件的限制而无法予以控制。随着技术进步和社会发展，旧的安全问题解决了，新的安全问题又会产生。所以，安全工作是一个长期的过程，必须坚持不懈，始终如一地努力才行。

此外，高技术总是伴随着高风险，随着现代科学技术的发展，各种技术系统的复杂化程度增加了。以现代交通运输系统为例，无论从规模、速度、设备和管理上都发生了极大的飞跃，一旦发生事故，其影响之大、伤亡之多、损失之重、补救之难，都是传统运输方式不可比拟的。而且，事故是一种小概率的随机偶发事件，仅仅利用已有的事故资料不足以及时、深入地对系统的危险性进行分析，而现代社会的文明进步又不容许通过事故重演来深化对安全的研究。因此，认识事故机理，不断揭示系统安全的各种隐患，确实是艰巨的任务。

第四节　交通安全与交通事故

一、铁路交通事故

《铁路交通事故调查处理规则》是调查和处理铁路交通事故的基本依据，对铁路交通事故的调查处理、定性、定责和统计分析具有鲜明的法规性和权威性。国家铁路、合资铁路、地方铁路及专用铁路、铁路专用线等发生事故的调查处理，适用本规则。

（一）铁路交通事故的定义

铁路机车车辆在运行过程中发生冲突、脱轨、火灾、爆炸等影响铁路正常行车的事故，包括在影响铁路正常行车的相关作业过程中发生的事故；或者铁路机车车辆在运行过程中与行人、机动车、非机动车、牲畜及其他障碍物相撞的事故，均为铁路交通事故。

（二）铁路交通事故的分类

1. 铁路交通事故分类的原则和依据

（1）依据事故性质的严重程度。客运列车事故比其他列车事故性质严重，列车事故比调车事故性质严重。冲突、脱轨、火灾和爆炸事故比构成设备事故和一般违章、违纪的条件要求严格。

（2）依据事故损失的大小。事故损失主要指人员伤亡多少和机车、车辆、线路、桥梁、供电、信号等设备的损坏程度和经济损失。

（3）依据事故对行车造成的影响的大小。繁忙干线和其他线路发生事故、双线行车中断和单线行车中断、延误本列时间所构成的事故种类不同。

2. 按事故性质、损失和对行车所造成的影响分类

按事故性质、损失和对行车所造成的影响，铁路交通事故分为特别重大事故、重大事故、较大事故和一般事故四个等级。

3. 按事故内容分类

按事故内容可分为列车事故、调车事故和因铁路技术设备破损或货物装载不良造成的事故。

(三) 铁路交通事故构成条件

1. 特别重大事故构成条件

(1) 造成 30 人以上死亡。

(2) 造成 100 人以上重伤 (包括急性工业中毒, 下同)。

(3) 造成 1 亿元以上直接经济损失。

(4) 繁忙干线客运列车脱轨 18 辆以上, 并中断铁路行车 48 h 以上。

(5) 繁忙干线货运列车脱轨 60 辆以上, 并中断铁路行车 48 h 以上。

2. 重大事故构成条件

(1) 造成 10 人以上 30 人以下死亡。

(2) 造成 50 人以上 100 人以下重伤。

(3) 造成 5000 万元以上 1 亿元以下直接经济损失。

(4) 客运列车脱轨 18 辆以上。

(5) 货运列车脱轨 60 辆以上。

(6) 客运列车脱轨 2 辆以上 18 辆以下, 并中断繁忙干线铁路行车 24 h 以上或者中断其他线路铁路行车 48 h 以上。

(7) 货运列车脱轨 6 辆以上 60 辆以下, 并中断繁忙干线铁路行车 24h 以上或者中断其他线路铁路行车 48 h 以上。

3. 较大事故构成条件

(1) 造成 3 人以上 10 人以下死亡。

(2) 造成 10 人以上 50 人以下重伤。

(3) 造成 1000 万元以上 5000 万元以下直接经济损失。

(4) 客运列车脱轨 2 辆以上 18 辆以下。

(5) 货运列车脱轨 6 辆以上 60 辆以下。

(6) 中断繁忙干线铁路行车 6 h 以上。

(7) 中断其他线路铁路行车 10 h 以上。

4. 一般事故构成条件

一般事故分为: 一般 A 类事故、一般 B 类事故、一般 C 类事故、一般 D 类事故。

(1) 有下列情形之一, 未构成较大以上事故的, 为一般 A 类事故。

A1. 造成 2 人死亡。

A2. 造成 5 人以上 10 人以下重伤。

A3. 造成 500 万元以上 1000 万元以下直接经济损失。

A4. 列车及调车作业中发生冲突、脱轨、火灾、爆炸、相撞,造成下列后果之一的:

A4.1 繁忙干线双线之一线或单线行车中断 3 h 以上 6 h 以下,双线行车中断 2 h 以上 6 h 以下。

A4.2 其他线路双线之一线或单线行车中断 6 h 以上 10 h 以下,双线行车中断 3 h 以上 10 h 以下。

A4.3 客运列车耽误本列 4 h 以上。

A4.4 客运列车脱轨 1 辆。

A4.5 客运列车中途摘车 2 辆以上。

A4.6 客车报废 1 辆或大破 2 辆以上。

A4.7 机车大破 1 台以上。

A4.8 动车组中破 1 辆以上。

A4.9 货运列车脱轨 4 辆以上 6 辆以下。

(2) 有下列情形之一,未构成一般 A 类以上事故的,为一般 B 类事故。

B1. 造成 1 人死亡。

B2. 造成 5 人以下重伤。

B3. 造成 100 万元以上 500 万元以下直接经济损失。

B4. 列车及调车作业中发生冲突、脱轨、火灾、爆炸、相撞,造成下列后果之一的:

B4.1 繁忙干线行车中断 1 h 以上。

B4.2 其他线路行车中断 2 h 以上。

B4.3 客运列车耽误本列 1 h 以上。

B4.4 客运列车中途摘车 1 辆。

B4.5 客车大破 1 辆。

B4.6 机车中破 1 台。

B4.7 货运列车脱轨 2 辆以上 4 辆以下。

(3) 有下列情形之一,未构成一般 B 类以上事故的,为一般 C 类事故。

C1. 列车冲突。

C2. 货运列车脱轨。

C3. 列车火灾。

C4. 列车爆炸。

C5. 列车相撞。

C6. 向占用区间发出列车。

C7. 向占用线接入列车。

C8. 未准备好进路接、发列车。

C9. 未办或错办闭塞发出列车。

C10. 列车冒进信号或越过警冲标。

C11. 机车车辆溜入区间或站内。

C12. 列车中机车车辆断轴，车轮崩裂，制动梁、下拉杆、交叉杆等部件脱落。

C13. 列车运行中碰撞轻型车辆、小车、施工机械、机具、防护栅栏等设备设施或路料、坍体、落石。

C14. 接触网接触线断线、倒杆或塌网。

C15. 关闭折角塞门发出列车或运行中关闭折角塞门。

C16. 列车运行中刮坏行车设备设施。

C17. 列车运行中设备设施、装载货物（包括行包、邮件）、装载加固材料（或装置）超限（含按超限货物办理超过电报批准尺寸的）或坠落。

C18. 装载超限货物的车辆按装载普通货物的车辆编入列车。

C19. 电力机车、动车组带电进入停电区。

C20. 错误向停电区段的接触网供电。

C21. 电化区段攀爬车顶耽误列车。

C22. 客运列车分离。

C23. 发生冲突、脱轨的机车车辆未按规定检查鉴定编入列车。

C24. 无调度命令施工，超范围施工，超范围维修作业。

C25. 漏发、错发、漏传、错传调度命令导致列车超速运行。

(4) 有下列情形之一，未构成一般 C 类以上事故的，为一般 D 类事故。

D1. 调车冲突。

D2. 调车脱轨。

D3. 挤道岔。

D4. 调车相撞。

D5. 错办或未及时办理信号致使列车停车。

D6. 错办行车凭证发车或耽误列车。

D7. 调车作业碰轧脱轨器、防护信号，或未撤防护信号动车。

D8. 货运列车分离。

D9. 施工、检修、清扫设备耽误列车。

D10. 作业人员违反劳动纪律、作业纪律耽误列车。

D11. 滥用紧急制动阀耽误列车。

D12. 擅自发车、开车、停车、错办通过（或在区间乘降所错误通过）。

D13. 列车拉铁鞋开车。

D14. 漏发、错发、漏传、错传调度命令耽误列车。

D15. 错误操纵、使用行车设备耽误列车。

D16. 使用轻型车辆、小车及施工机械耽误列车。

D17. 应安装列尾装置而未安装发出列车。

D18. 行包、邮件装卸作业耽误列车。

D19. 电力机车、动车组错误进入无接触网线路。

D20. 列车上工作人员往外抛掷物体造成人员伤害或设备损坏。

D21. 行车设备故障耽误本列客运列车 1 h 以上，或耽误本列货运列车 2 h 以上；固定设备故障延时影响正常行车 2 h 以上（仅指正线）。

（四）铁路交通安全指标

铁路安全的主要指标包括铁路交通事故死亡人数、铁路交通事故 10 亿吨公里死亡率、铁路从业人员万人生产安全事故死亡率等。

1. 铁路交通（责任）事故数量、伤亡人数及 10 亿吨公里死亡率

铁路交通事故 10 亿吨公里死亡率 = 铁路交通事故死亡人数 / 换算周转量（10 亿吨公里）

2. 铁路从业人员（责任）事故数量、伤亡人数及万人生产安全事故死亡率

铁路从业人员万人生产安全事故死亡率 = 铁路从业人员生产安全事故死亡人数 / 铁路从业人员总数（万人）

3. 铁路旅客（责任）事故数量、伤亡人数及 10 亿人公里死亡率

铁路旅客 10 亿人公里死亡率 = 铁路旅客死亡人数 / 旅客周转量（10 亿人公里）

4. 各等级、类别的铁路交通（责任）事故数量及伤亡人数

主要包括分等级的铁路交通事故 [一般事故（A、B、C、D）、较大事故、重大事故、特别重大事故] 数量、伤亡人数及分别类（冲突、脱轨、火灾、爆炸、相撞等）的铁路交通事故数量、伤亡人数。

5. 其他生产安全（责任）事故数量及伤亡人数

主要包括不属于铁路交通事故的火灾、车辆伤害、食品安全、特种设备、触电、坠落等事故数量及伤亡人数。

6. 设备故障率

某类型设备故障率 = 某类型故障设备数量 / 某类型设备总数

二、城市轨道交通事故

城市轨道交通事故，也称为城市轨道交通突发事件，目前尚无统一规定。

(一) 城市轨道交通事故含义

凡在城市轨道交通运营范围内，由于轨道交通运营单位自身原因、乘客自身原因、不可抗力、社会治安等非运营单位原因，在运营生产活动中造成人员伤亡、设备损坏、财产损失、中断行车、火灾及其他危及运营安全的情况，均可以构成城市轨道交通事故。

(二) 城市轨道交通事故分类

根据美国联邦公共交通管理局（FTA）颁布的城市轨道交通安全统计报告，满足事故报告门槛的事故应按照事故类型、人员类别和事故原因进行分类。

1. 按事故类型分类

(1) 碰撞，包括列车与列车、列车与物体和列车与人员 (不含自杀等) 相撞。

(2) 平交路口碰撞，包括与公交车、人员或其他车辆。

(3) 脱轨，所有的正线脱轨。

(4) 火灾，包括造成 25000 美元以上的财产损失，或进行了车辆 (或站台) 的人员疏散。

(5) 其他，包括自杀、非法进入发生死亡、杀人事件、非火灾进行的疏散、其他死亡或多人受伤事故 (非前几种事故)。

2. 按人员类别分类

(1) 乘客，是指在车厢内或正在上下车的旅客。

(2) 进出站乘客，包括进站、候车、离站以及在城市轨道交通管理区内的旅客。

(3) 工作人员，包括轨道交通系统的雇员和合同商。

(4) 无关人员，非乘客且与轨道交通系统发生关系的人员，包括步行路过者、机动车司机、非法进入者、自杀者等。

3. 按事故原因分类

(1) 设备故障，包括设备配件损害，如电缆、信号、继电器损害等。

(2) 工作人员行为，包括工作人员未按照规程操作 (如信号、速度控制、车门开关等)，或人为因素 (如注意力不集中、疲劳等)，此外还包括设备设施维修保养不当引起的故障。

(3) 乘客行为，包括乘客和进、出站乘客的错误行为 (如不小心、不注意、醉酒、挤车、攀爬或跳入轨道拾取物品等)。

(4) 无关人员行为,包括各种不安全的举止。

(三)城市轨道交通事故分级标准

依据轨道交通运营突发事件可能造成的危害程度、波及范围、影响力大小、人员伤亡及财产损失等情况,由高到低划分为特别重大、重大、较大、一般四个级别。

1. 出现下列情形之一时为特别重大轨道交通运营突发事件

(1) 造成轨道交通运营中断 6 h 以上。

(2) 造成 30 人以上死亡(含失踪),或者危及 50 人以上生命安全,或者 100 人以上重伤(中毒)。

(3) 造成被困人数 3000 人以上。

(4) 造成 1 亿元以上直接经济损失。

(5) 造成需要紧急转移安置 10 万人以上。

2. 出现下列情形之一时为重大轨道交通运营突发事件

(1) 造成轨道交通运营中断 3h 以上 6 h 以下。

(2) 造成 10 人以上 30 人以下死亡(含失踪),或者危及 30 人以上 50 人以下生命安全,或者 50 人以上 100 人以下重伤(中毒)。

(3) 造成被困人数 1000 人以上 3000 人以下。

(4) 造成 5000 万元以上 1 亿元以下直接经济损失。

(5) 造成需要紧急转移安置 5 万人以上 10 万人以下。

3. 出现下列情形之一时为较大轨道交通运营突发事件

(1) 造成轨道交通运营中断 0.5h 以上 3h 以下。

(2) 造成 3 人以上 10 人以下死亡(含失踪),或者危及 10 人以上 30 人以下生命安全,或者 10 人以上 50 人以下重伤(中毒)。

(3) 造成被困人数 500 人以上 1000 人以下。

(4) 造成 1000 万元以上 5000 万元以下直接经济损失。

(5) 造成需要紧急转移安置 1 万人以上 5 万人以下。

4. 出现下列情形之一时为一般轨道交通运营突发事件

(1) 造成轨道交通运营中断 0.5h 以下。

(2) 造成 3 人以下死亡(含失踪),或者危及 10 人以下生命安全,或者 10 人以下重伤(中毒)。

(3) 造成被困人数 500 人以下。

(4) 造成 1000 万元以下直接经济损失。

（5）造成需要紧急转移安置1万人以下。

（四）城市轨道交通事故统计指标

城市轨道交通事故统计指标主要包括绝对指标和相对指标。

1. 绝对指标

绝对指标主要包括行车无事故天数、事故次数、伤亡人数、行车责任事故伤亡人数、直接经济损失、中断行车时间等。

2. 相对指标

（1）年度百万车公里等效事故率，按下式计算：

$$年度百万车公里等效事故率 = \frac{\sum（事故件数 \times 事故折算因子）}{百万车公里}$$

（2）事件间平均里程，即运营线路总运营里程/运营事故次数。

（3）事故死亡率，即运营责任事故死亡人数/客运量（百万人次）。

（4）事故误工率，即事故引发员工误工工时/总工时。

（5）行车责任事故频率，即列车每发生一次行车责任事故平均行驶的万车公里数，单位为万车公里/次。

（6）5 min以上延误事件间平均车公里，即总运营车公里/5 min以上延误事件件数。

（7）5 min以上延误事件间平均车小时，即总运营车小时/5 min以上延误事件件数。

三、道路交通事故

（一）道路交通事故定义

根据《中华人民共和国道路交通安全法》，道路交通事故是指车辆在道路上因过错或者意外造成的人身伤亡或者财产损失的事件。

（二）构成道路交通事故的条件

1. 车辆条件

必须是车辆造成的，这是交通事故的前提条件，即事故当事方中，至少有一方使用车辆。没有车辆参与的道路事故，不算交通事故。车辆包括机动车和非机动车。机动车是指以动力装置驱动或者牵引，上道路行驶的供人员乘用或者用于运送物品以及进行工程专项作业的轮式车辆。非机动车是指以人力或者畜力为驱动，上道路行驶的交通工具，以及虽有动力装置驱动但设计最高时速、空车质量、外形尺寸符合有关国家标准的残疾人机动轮椅车、电动自行车等交通工具。

2. 道路条件

道路条件是指交通事故是在规定的道路上（特定道路上）发生的。这是道路交通事故的特征，是指事故发生的空间。根据《中华人民共和国道路交通安全法》，道路是指公路、城市道路和虽在单位管辖范围但允许社会机动车通行的地方，包括广场、公共停车场等用于公众通行的场所。其中供车通行的地方为车行道，供人通行的地方为人行道。在非道路上行车发生的事故不属于交通事故。判断是否在道路上应以事故发生时车辆所在的位置，而不是事故发生后的最后停止位置。

交通事故只要发生在上述特定的道路上，即应认为是道路交通事故。发生在厂矿、企业、机关、学校、住宅区、施工现场、田野等不具有公共使用性质的道路上的事故不在此列。

3. 人员条件

人是发生交通事故的主体，是指与交通有关的、从事交通活动的自然人。包括驾驶人员、行人、乘车人及其他人员。其中驾驶人员包括没有驾驶证而驾驶机动车辆或驾驶与驾驶执照不相符车辆的人员。

4. 损害后果条件

损害后果条件是指事故的发生必然会造成人身伤亡或财产损失的后果。如果没有损害后果或损害后果是轻微的，并在规定的尺度以下，则不能构成交通事故。

5. 过错或者意外条件

当事人主观心理状态可以是过错，也可以是没有任何过错，但不能是故意。在道路上发生的危害后果，如果是当事人故意造成的，则适用《中华人民共和国刑法》或《治安管理处罚法》去解决。这里须指出，当事人的交通违法行为可能是故意，但是交通事故一定是过错或者意外。

道路交通事故是偶然发生的，是出于人的意料之外的事件，当事人的心理状态是过错。这些事故包括碰撞、碾轧、刮擦、翻车、坠车、爆炸、失火等。如果事故发生时，当事人的心理状态出于故意，则不属于交通事故。凡利用交通工具自杀或故意制造车辆事故的，都不属于交通事故。所谓故意，是指行为人明知自己的行为会发生危害的结果，并且希望或者有意识地放任这种结果发生。交通事故既可以是由于特定的人员违反交通管理法规造成，也可以是由于地震、台风、山洪、雷击等不可抗拒的自然灾害造成。

以上的几种要素，可以作为鉴别道路交通事故的必要条件和依据，在实际工作中应加以利用，对确定事故的管辖权和保护当事人的合法权益具有十分重要的意义。

(三) 道路交通事故的分类

对道路交通事故进行分类，目的在于对交通事故进行分析研究和处理，便于确定交通事故处理标准、进行档案管理和事故统计、找出交通事故的发生规律和原因，以便制定有针对性的预防措施。因分析的角度、方法不同，分类方法也不相同。主要分类方法如下。

1. 根据损害后果的程度分类

各级公安机关交通管理部门应当对下列在道路上发生的交通事故进行信息采集，并录入信息系统进行统计和分析：

(1) 造成人员死亡的事故。

(2) 造成人员重伤或者轻伤的事故。

(3) 适用一般程序处理的财产损失事故。

2. 根据交通事故的责任分类

(1) 机动车事故：是指在事故当事方中机动车负主要以上责任的事故。但在机动车与非机动车或行人发生的事故中，机动车负同等责任的，也应视为机动车事故，因为在道路上行驶，机动车相对为交通强者。

(2) 非机动车事故：是指畜力车、三轮车、自行车等非机动车负主要以上责任的事故。在非机动车与行人发生的事故中，非机动车负同等责任的应视为非机动车事故，因为在道路上行驶，两者比较非机动车为交通强者。

(3) 行人事故：是指行人一方负主要以上责任的事故。

3. 按发生交通事故的原因分类

任何交通事故的发生都有其必然的原因。因此可以把交通事故分为两大类，即主观原因和客观原因。

(1) 主观原因

主观原因是指造成道路交通事故的当事人本身内在的因素，即主观故意或过失。主要包括：违反规定、疏忽大意、操作不当等方面的错误行为。在很多交通事故中，绝大多数都是当事人的主观原因造成的。

① 违反规定，是指当事人由于思想方面的原因，不遵守交通法规和其他交通安全规定，导致交通秩序紊乱，发生事故。如酒后开车、非司机开车、超速行驶、争道抢行、故意不让车、违章超车、违章超载、非机动车走快车道、行人走快车道等原因造成的交通事故。

② 疏忽大意，是指当事人由于心理或生理方面的原因，没有正确地观察和判断

外界事物而造成的失误。如心里烦恼、情绪急躁、疲劳驾驶等都可能引起精力分散、反应迟钝、采取措施不当或不及时；也有的当事人凭主观想象判断事物，或过高地估计自己的技术，引起行为不当而造成事故。

③操作不当，是指驾驶车辆的人员技术生疏，经验不足，对车辆、道路情况不熟悉，遇到突然情况惊慌失措，从而发生操作错误。

（2）客观原因

客观原因是指由于道路条件（包括气候环境、自然灾害）等不利因素导致的交通事故。这类事故虽然没有因驾驶人员主观原因发生的事故所占比例高，但在某种情况下，都是导致交通事故的诱因。

4. 按交通事故第一当事者或主要责任者的内在原因分类

按此标准可分为三类，即由于交通事故第一当事者和主要责任人的观察错误、判断错误及操作错误所引起的交通事故。

（1）观察错误

由于心理方面的原因对外界环境的客观信息没有正确地观察，或者由于心理方面的原因比如家庭或事务纠纷引起的烦恼，或急于赶时间而产生急躁情绪等原因影响思想集中而常常产生观察错误。生理（或身体）方面的原因包括过度疲劳、睡眠不足和身体有病（如心脏病）等，因此对道路交通环境、交通秩序状况以及其他交通动向的观察失误。除此之外，由于道路条件不好，交通标志和路面交通标示不清楚以及交叉路口冲突区域太大等，也常常引起观察错误。根据国内外经验，在交通事故中由于观察错误所引起的事故占大多数，据统计，这类事故约占全部事故的60%。

（2）判断错误

判断错误包括对对方车辆的行动、对道路的形状和线形、对对方车辆的速度及自己车辆与对方车辆的距离、过分相信自己的技术以致对自己车辆的性能和速度及车身安全空间的大小等的判断有误。这个判断过程往往发生在极短的时间内，一般只有几分之一秒。因此，驾驶人员要有相当熟练的驾驶技术，以减少判断错误。根据国内外经验，由于判断错误所引起的交通事故仅次于由于观察错误所引起的交通事故。

（3）操作错误

操作错误主要是技术不熟练，特别是初学驾驶的人员，由于对车辆和道路都还不十分熟悉，遇到紧急情况时不能应付自如，发生操作错误而引起的交通事故。除此之外，由于车辆本身制动系统和转向系统不灵，驾驶人员的训练不够正规和车辆检验制度不严等原因造成的事故也不少。但总的来说，由操作错误所引起的交通事故比观察错误和判断错误所引起的要少得多。

5. 按交通事故的对象分类

(1) 车辆间事故

即车辆与车辆碰撞的事故。又可分为正面碰撞型、追尾碰撞型、大转弯时侧面碰撞型、超车时的接触性碰撞型及右转弯时的侧面碰撞型等。这类事故在发达的工业化国家(如美国、日本和西欧国家)特别多,约占事故总数的70%以上,这是因为在这些国家里机动车多,行人与自行车较少。这类事故在我国和其他发展中国家比例不是太大。

(2) 车辆对行人的交通事故

这主要是由于机动车冲上人行道所发生的轧死、轧伤行人的交通事故及行人在人行横道内横过马路时被机动车辆轧死、轧伤的交通事故,还有个别行人不遵守交通法规而乱穿马路被机动车辆轧死、轧伤的交通事故。这类事故在我国约占事故总数的25%,而在发达的工业化国家里,这类事故约占事故总数的10%~20%不等。研究这类事故可以为制定有关行人的交通政策以及保护行人的措施提供依据。

(3) 汽车对自行车的事故

这类事故在我国特别多,约占事故总数的30%以上,甚至有的城市高达50%。在有些摩托车比较多的国家里,特别是当摩托车与汽车在同一车道上行驶时,常常发生汽车与摩托车的碰撞事故。在工业发达国家里,将自行车用作交通工具的不多,因此,相对其他类型的事故来说,汽车对自行车的事故较少。

(4) 汽车单独事故

汽车单独事故包括汽车在下坡时由于行驶速度太快、汽车左右转弯或掉头时所发生的翻车事故及在桥上因大雾天气或因机械失灵而产生的汽车坠入江河的事故等。这类事故一般来说比较少,但大都是恶性交通事故。

(5) 汽车与固定物碰撞事故

这里所指的固定物包括道路上的作用结构物、路肩上的水泥杆(灯杆、交通标志以及广告牌杆、建筑物以及路旁的树木等)。

(6) 铁路、公路平交道口事故

由于铁路、公路平交道口多数分布在农村地区,缺乏自动控制设备或专人管理,加上农用车辆驾驶人员缺乏训练,技术上不够熟练等,致使这类事故在我国较为严重。

6. 其他分类

(1) 按事故现象分为:碰撞事故、碾轧事故、刮擦事故及翻车、坠车事故等。

(2) 按事故发生地点分为:平直路事故、交叉口事故、坡路事故等。

(3) 按车辆所属单位分为:专业运输车辆事故、公共交通车辆事故、军车事故、个体车辆事故等。

(4) 按人员伤害程度分为：死亡事故、重伤事故、轻伤事故等。

为了对交通事故进行分析和研究，还可以按当事人的年龄、性别、职业、人员类型、驾驶证种类、驾龄等标准分类。

(四) 道路交通事故统计指标

道路交通事故统计指标包括绝对指标和相对指标。绝对指标包括事故件数、死亡人数、受伤人数、经济损失四项指标。相对指标主要指交通事故率，一般按三种方法计算：人口事故率、车辆事故率和运行事故率。

第二章　交通安全管理

第一节　人员安全管理

一、人员心理与生理的管理

在人—机—环境系统中，人的心理现象及其规律性与交通安全密切相关。因此，研究和揭示运输生产过程中人的心理现象及其规律性，已越来越受到国内外交通安全管理部门和专家学者的高度重视。

(一) 交通安全与心理现象的关系

按照心理学原理，心理现象是人的大脑对客观现实的反映，它包括心理过程和个性心理特征两个相互联系又相互制约的方面，且各自都包含一些复杂的心理要素和具体表现形式。影响交通安全的心理要素主要有感觉、知觉、记忆、思维、注意、情绪、能力、疲劳、需要、动机、意识、气质和性格等。

在运输生产活动中，人的操作过程主要有三个环节，即辨认接收信息、操纵控制设备和观察调整运作，所有这些行为均受心理现象影响。人的心理现象处于积极状态时，感知快速，思维敏捷，动作可靠，能保证系统正常运转。否则，人的感知觉、思维和反应机能就不能正常发挥，差错增多，导致事故发生的可能性就很大。因此，积极的心理现象是保证交通安全的内在依据，消极的心理现象及由此产生的侥幸、麻痹、惰性、烦闷、自满和好奇等心理倾向，是人的差错(辨认不清、主观臆测、理解不当、判断失误等)引发事故的深层次原因。人的心理现象状态及其转变程度，成为运输生产中事故与安全相互转化的制约因素，交通安全的心理保障关键就在于采取各种有效的手段和措施提高人的心理素质。

(二) 心理要素与交通安全

1.感觉和知觉与交通安全

感觉是人通过感觉器官对客观事物个别属性的直接反映。知觉是客观事物的各种表面现象和诸多属性通过人的各种感官在大脑中的综合反映。知觉不仅依赖现实的感觉，而且也依赖以往感觉经验的积累。感觉和知觉二者密不可分，通常将这两种心理现象称为感知或感知觉。

在运输生产过程中，有些事故是由于人的感知觉发生错误（如误认信号、误听或误传命令等）而造成的。引起错觉的原因很复杂，既有心理因素，也有生理因素。错觉现象也很多，其中，以视觉错误对交通安全的影响较大。

2. 记忆和思维与交通安全

记忆是人脑对所经历过的人和事的识记、保持和重现。思维是大脑在感知和记忆基础上，对客观信息进行分析、综合、判断和推理的心理过程。如在运输工作中，运输指挥人员忘记将计划变更内容及时准确地通知作业人员，或因情况变化，不能立即分析判断，采取对策，就会因贻误时机而直接危及交通安全。

记忆和思维是铁路员工重要的心理要素，没有较好的记忆能力，就不能很好地按章办事，执行计划。没有较强的思维能力就难以对非正常情况下的各种作业进行妥善处理。

3. 注意力与交通安全

注意力是一种心理活动状态，按其作用或功能分为三种情况：一是注意力集中，即把心理活动重点指向特定对象，对其他无关的心理活动进行抑制，不因无关刺激源的干扰而分散精力；二是注意力分配，即在同时进行两种及其以上活动时，把注意力有目的地指向不同对象；三是注意力转移，即根据活动需要，主动、有序地把注意力从一个对象转移到另一个对象上。

注意力是保证交通安全的基本心理条件。任何一项工作都是由多个作业环节组成的，如果作业人员的注意力不集中，或过分集中而不能及时转移，或注意力分配不当等，都有可能导致交通事故发生。

4. 情绪与交通安全

情绪是人对客观事物是否满足自身需要，或是否符合自己的愿望和观点而表现出来的肯定（满意、愉快、高兴等）或否定（不满、不快、憎恨等）的态度体验。按其程度不同，情绪可分为心境、激情和热情三种状态。心境是一种比较平静而持久的情感体验；激情是一种迅速、强烈爆发出的短暂情感状态；热情是属于富有理性、稳定而深厚的情感表现。情绪和情感状态有积极和消极之分，良好的情绪和情感是保证交通安全的充分必要条件；情绪不稳、心境不佳则是发生事故的重要原因。

5. 气质和性格与交通安全

气质系指人的心理过程在强度、速度、灵活性和稳定性等方面的心理动力特征；性格是人对周围人和事的稳定态度和行为方式的心理特征。二者互相渗透、相互影响。

因为气质和性格的外在表现都是围绕着"做什么"（表现为对现实的态度），"怎样做"（表现为行为方式）展开的，所以，从事运输生产人员的性格和气质与交通安全直接相关。良好的气质和性格是作业人员实现自控的心理保证。而气质较差、性格有缺陷的职工，因客观存在的心理障碍而导致自控能力较差的问题，应通过各种安全管理手段促使矛盾向有利于安全的方面转化。

6. 能力与交通安全

能力是完成某种活动所必需的并直接影响活动效率的身心发展基本品质，是个性心理重要特征之一。能力可分为一般能力和特殊能力，观察力、记忆力、注意力、思维力和想象力等属于一般能力范畴，为人们认识客观事物、掌握科学文化知识提供了智力保证。诸如色彩鉴别力、音响辨别力、图像识别力等均系特殊能力，只能在特定范围和条件下发生作用。例如，在列车技术作业过程中，列检所车辆检修人员通过锤敲、耳听就能探测出车辆部件或零件的故障或隐患所在，这就是一种特殊能力。

运输职工能力强弱直接关系到运输生产的安危，如细心观察、牢靠记忆、沉着应变、敏捷思维、准确判断及清楚表达等能力是广大职工安全高效地完成运输生产任务的重要保证；反之，观察不细、记忆不好、判断不准、表达不清和反应迟缓等，就会使运输事故发生的可能性增加。

7. 疲劳与交通安全

疲劳是人在连续工作一定时间后，体力和精力消耗超过正常限度所出现的生理、心理机能衰退的现象，其表现是：生理机能下降，肌肉酸痛，身体困乏，头痛头晕，视觉模糊，呼吸急促，心率加快，血压升高等；心理机能下降，注意力分散，感知觉失调，记忆和思维减退，反应迟缓等。疲劳在生理上"不能再干下去"和心理上"不想再干下去"的综合影响，轻则使工作效率降低，重则因判断失误或操作不当而导致事故发生。

铁路运输工作中，客货列车运行速度快，噪声大，露天作业自然环境条件差，职工连续工作时间长，加之安全正点要求高，使生产和管理人员心理压力大，耗费的身心能量多。因此，研究和减轻疲劳，对保证交通安全有重要意义。

8. 需要和动机与交通安全

需要是人为了生存发展而产生的生理需求和对社会的需求在大脑中的反映；动机是人由于某种需要或愿望而引起的一种心理活动，是激励人们以行为达到目的的内因和动力。按照心理学揭示的一般规律，需要产生动机，动机支配行为。

人对安全的需要是马斯洛（Abraham H. Maslow）"需要层次理论"的重要组成部分。来自安全需要的安全动机有两方面的含义：一方面是保护自身不受伤害的动机；另一方面是保护他人、财产和设备等不被伤害和损坏的动机。前者是人的本能，一般情况下人不可能做出有意伤害自身的事情，这种自卫的动机基本上不需要培养和激励，但应经常告诫和提醒。而后者涉及他人、集体和国家利益，需要加强培养和激励。

人的安全行为是在一定条件下，受安全动机指使的主观努力的结果，交通安全心理保障所要研究解决的核心问题，就是如何强化人的安全意识和动机，助长遵章守纪、按标准化作业的安全行为，最大限度地减少消极心态对安全生产的不良影响。

（三）交通安全心理的保障条件

1. 增强安全意识

意识是人对客观事物的认识、思维和需求等心理活动发展到高级阶段时的心理沉淀，人的意识来自实践，并在实践中得到发展。意识的自觉性和能动性，具有改变客观现实的作用。

牢固的安全意识是交通安全的重要前提和保证，它是广大干部和职工对交通安全的认识、情感和态度发展到严于律己时的思维定式，是形成安全动机和行为的先决条件。增强个人安全意识可确保安全自控；增强群体安全意识可实现安全互控和联控。其主要途径有以下几点：

（1）坚持正面教育

不断进行安全教育和定期培训，使广大职工正确认识并处理好安全与效率、效益的关系；安全与国家、集体、个人之间的关系；安全与自控、互控、联控之间的关系，使安全意识的能动性得到充分发挥。

（2）强化三种安全管理意识

一是人本意识，人是安全生产中最富有主观能动性、创造性和积极性的要素。二是长远意识，应警钟长鸣。长治久安是安全运输的根本所在，来不得半点松懈和麻痹。三是辩证意识，硬性制度、严格检查和加大奖惩力度是必要的，但更需要在提高职工队伍综合素质及促进安全习惯行为的养成上下功夫。

（3）通过典型示范

使班组成员学比有榜样，赶超有对象，牢固树立"安全生产光荣，违章违纪可耻"的观念，自觉为安全生产多作贡献。

（4）利用从众心理

充分发挥班组优良作风和集体荣誉的作用，加大制度和纪律的约束力，增强群体一致向上的凝聚力，形成"要我安全变成我要安全"的氛围。

2. 激励安全动机

激励是指运用精神和物质手段去激发人的动机的心理过程。一个人有多种多样的动机，各种动机因强度不同，对人的行为所起的支配作用也不同，交通安全管理必须通过强有力的激励措施，使安全动机在职工心理上占有主导地位。

对安全生产进行激励的目的是通过激励引导职工的安全需要，强化安全动机，促成安全行为。在职工角色定位（职责、任务等）和一定思想业务素质条件下，运用激励手段，鼓励他们忠于职守，努力工作，在安全生产上取得成绩，并获得应有的奖励，从而使他们在精神和物质上得到暂时的满足。如果因违章违纪造成事故损失受到惩罚后，要认真总结经验教训，避免事故再次发生。然而，无论是暂时满足还是吸取教训，都会使职工面对新的机遇和挑战，调整自己的行为。

随着经济和社会发展，激励的手段和方法呈现多元化趋势，主要有奖励与惩罚，竞赛与升级，职工参加民主管理和对管理行为实施监督等。交通安全生产的长期实践证明，竞赛与奖励相结合的方法是激励广大干部和职工安全生产积极性的有效途径。

应该指出的是，在激励安全动机的同时，还要注意遏制不安全的动机。如少数职工为图省事而简化作业程序，为逞强好胜而故意违章违纪，为逃避事故惩罚而推卸责任或隐瞒事故等。消除这些消极心态，对防患于未然是十分重要的。

3. 提高技术业务能力

能力是一个人比较稳定的心理特征，与知识、技能关系密切。知识是人类历史经验的总结和概括，对一个人来说是其学习的结果；技能是实际的操作技术，是训练的结果。知识和技能是人的能力形成的基础，并能促进能力的发展。为了提高职工的技术业务能力，必须坚持教育和实践。

（1）持续开展全员业务知识、安全知识和安全技能教育，尤其要将新职工、班组长作为培训重点，强化非正常情况下的作业应变能力，进行系统超前培训，严格落实"先培训、后上岗"制度。

（2）对职工教育应坚持重现场需要、重实际操作、重实际成效的原则，大力改进培训方式、方法。

（3）经常性地开展学标、对标、达标活动。本着干什么学什么的原则，组织各工种所有在岗职工按照作业标准，反复学、反复教、反复练，直到熟知熟练为止。

4. 改善交通安全环境

（1）交通安全的工作环境

一定的工作环境会使人们产生一定的心理状态，而心理状态决定人们工作的竞技状态。良好的工作环境，能使人们以饱满的热情、充沛的精力投入安全生产。如果室温不宜、噪声严重超标，照明太亮或过暗，就会使人感到烦躁，或因疲劳导致操作失误。因此，应根据人的感知、注意、记忆、思维、反应能力在不同环境因素下的变化规律，对不同作业场所的照明、色彩、温度、湿度、粉尘、布局等，从对人的心理产生积极影响的效果出发进行设计和安排。

（2）交通安全的内部社会环境

在运输生产过程中，除了人与自然的关系即工作环境，还有人与人之间的关系或称为人际关系，即运输系统内部的社会环境问题。不同的人际关系会引起不同的情绪体验，产生不同的安全生产效果。融洽的人际关系，良好的内部社会环境是保证交通安全的重要条件。这除了与职工个人修养有直接关系，主要取决于领导的管理行为所营造的宽松环境。

在运输生产过程中，各级组织对安全工作的领导必须坚持严字当头、严格要求、严肃管理，但同时也要正确处理好人与人之间的关系，包括领导、干部与职工之间的关系。协调干群关系的关键在于要树立廉洁奉公的干部形象，切实转变干部作风，重点解决好作风不实、工作漂浮、官僚主义、形式主义和好人主义的问题，真心实意地关心职工生活，满腔热情地体察职工的思想、情感和困难，尽最大努力满足他们多层次的需要，帮助他们解除后顾之忧，使广大职工身体健壮、精力充沛、情绪饱满地投身运输生产。

二、团队合作

（一）团队合作的意义

在现代的交通管理中团队合作是十分重要的问题。良好的团队合作对组织的每位成员都有激励和约束作用。在交通运输的各个系统中，都要求团队发挥整体的工作效能，由此形成了各种作业"班组"的概念。随着交通运输系统变得越来越复杂，自动化程度越来越高，分工越来越细，反倒抑制了团队工作和交流信息。交通作业本身涉及多方面的知识和技能，例如，在航空运输中，完成起落架维修可能涉及多个专业，包括液压、电气和装配技能，班组正是适应这种要求建立的。一个作业班组（如航空器维修班组）具有为完成某个工作目标包含的大量任务所必需的各种技能，小组成员间需要不断相互支持和信息沟通，从而激发思考和创新。

通常在小组成员间还存在一定的竞争以获得领导地位，这可成为改善小组表现的积极动力。在团队合作中，强调信息沟通、领导能力、判断和决策及应急管理等，这对改善工作质量，调动小组成员的主观能动性、积极性和创造性，使他们认识到工作的重要性和价值，并参与决策，想方设法完成工作具有重要的作用。

(二) 班组管理

1. 班组成员的搭配

人是万物之灵，但又有千差万别。任何两名工作人员，无论个人性格、工作经验、业务技能、调配习惯、工作作风都是不尽相同的。每名工作人员都有自身的优点，也有各自的缺点。人们在工作实践中发现，好的班组能分工合作、协调配合、相互提醒、相互弥补，从而使班组形成多层次安全防护系统；而不好的班组互相冲突、互相制约，即使每个人员都极其优秀，班组依然十分脆弱。加强对班组成员的合理搭配，可从以下方面入手。

(1) 性格互补

每名工作人员都有自己不同的个性，气质不同，性格也不同。有的性格粗犷，有的温和雅致；有的内向，有的外向；有的急躁冲动、性情激烈，有的处事冷静、不温不火。假如班组成员都是急性子，躁脾气，必然很难相处；同样，如果班组成员都性格内向，则很难沟通，久而久之势必难以配合。班组中，各成员的性格会相互作用，相互影响，有的相互促进，有的相互妨碍，互补搭配应是一种较好的配置。

(2) 能力互补

不同的人员在能力上有各自的特点。有的理论知识扎实，有的对特殊情况处置经验丰富。建立一个智能互补型的班组，有利于人员之间的知识互用，优势能力互补，扬长避短，从而有利于整个班组发挥整体效能。

(3) 能形成团结的班组气氛

两名工作人员在生活中有了矛盾，在矛盾化解之前，如果安排他们搭配工作，结果势必是 $1+1 < 1$。这就是说，对班组成员的搭配，必须事先做出调查分析，了解人员之间的人际关系，考虑到人员搭配在一起是互相猜测、挑剔、妒忌、怨恨、拆台，还是互相帮助、体贴、关心，以及能否形成和谐、融洽、宽松、团结、谦和的工作环境。

(4) 年龄、性别互补

年龄、性别不同的成员，不仅身体状况、心理状况、工作资历、人生经历不同，而且智力、体力、能力、作用也不一样。而同一年龄段、同一性别的人员又常常表现出相同的特点。班组的组建以老、中、青相互搭配的年龄结构比较理想。

(5) 职位、资历、能力成梯度搭配

对于职位、资历、能力而言，有的人员高，有的人员低。当高者与低者落差相当大时，即使高者的指令不当，低者慑于高者的威望，一般也不敢提出自己的主张，起不到交叉监视和检查的目的。而低者在被指挥过程中，往往畏畏缩缩，没有自信心，时刻担心出错，心理压力很大。过于平坦的搭配，有可能互相挑剔，谁也不服谁，产生逆反心理，反其道而行之。不合理的梯度使工作人员产生微妙的心理效应，干扰班组成员正常的交流协作。合理的匹配梯度是指工作人员之间有一定的梯度，但不能过于陡峭或平坦，班组长应是资历和能力综合素质的最高者。

2. 班组管理的实施

班组管理体现了集体的智慧和力量。避免和减少人员差错最有效的办法就是组建一个协调、默契的班组。虽然个人会犯错误，但集体的力量、团队和班组的行为可以弥补个人的失误。

职工的个人素质是交通安全管理的基础，也是班组资源的基础。班组的建设和班组资源是降低交通事故率和保证安全的关键。不同的职工，其知识和技能不尽相同，且对信息的获取及情况的判断难免有偏差失误，长时间的工作难免有疏漏，处置特殊情况也难免顾此失彼。只有班组分工合作、协调配合、相互提醒、取长补短、相互弥补，才能发挥班组整体强有力的安全堡垒作用。

沟通是班组成员之间的交流和联络，也是配合协作的先决条件。沟通对于班组无异于血液循环对于生命有机体，沟通能确保班组成员获得的信息得到共享，增进合作。沟通应注意时效问题（例如，空中交通管制、铁路行车调度指挥等工作具有较强的时效性），信息的发出一定要及时，并与对方接收的信息在内容上完全一致。如果不能达到正确的理解，则意味着信息沟通发生了障碍。工作人员之间的沟通包括态度、情感、思想、观念、意图的交流。

（1）切忌固执己见。交通管理工作虽然有分工，但目标是一致的，即保证交通安全。我们必须明确在具体交通管理工作中，有的人员不愿意接纳他人正确的意见，这不仅会造成管理失误，还会影响班组的团结。

（2）大胆陈述自己的观点和疑问。交通管理过程中，我们对交通动态和组员的调配存在疑问或者有好的建议时，应坦诚、公开、及时地提出来，供大家商讨和参考。

（3）先接受补救措施，再追究个人失误原因。对于其他人员提出的安全隐患、事故苗头，主管应无条件、不带半点情绪和侥幸心理，立刻作出反应，挽回局面，至于查找个人失误原因则在其次。

（4）不过分干涉组员力所能及的工作，多建议，少命令和指责。鼓励组员公开讲明自己的意图，形成透明的工作环境，以便于组内监督和配合。

三、安全教育与培训

（一）安全教育的意义

安全教育是事故预防与控制的重要手段之一。根据事故致因理论，要想控制事故，首先是通过技术手段（如报警装置等）、某种信息交流方式告知人们危险的存在或发生；其次是要求人在感知到有关信息后，正确理解信息的意义，即何种危险发生或存在，该危险对人会有何种伤害，以及有无必要采取措施和应采取何种应对措施等。而上述过程中有关人对信息的理解认识和反应的部分均是通过安全教育的手段实现的。通过接受安全教育，人们会逐渐提高安全素质，使得其在面对新环境、新条件时，仍有一定的保证安全的能力和手段。

所谓安全教育，实际上包括安全教育和安全培训两大部分。安全教育是通过各种形式，包括学校的教育、媒体宣传、政策导向等，努力增强人的安全意识和素质，学会从安全的角度观察和理解要从事的活动和面临的形势，用安全的观点解释和处理自己遇到的新问题。安全教育主要是一种意识的培养，是长时期的甚至贯穿于人的一生的，并在人的所有行为中体现出来，而与其所从事的职业并无直接关系。

安全培训，亦称安全生产教育，主要是指企业为提高职工安全技术水平和防范事故能力而进行的教育培训工作，也是企业安全管理的主要内容。它与消除事故隐患、创造良好的劳动条件相辅相成，二者缺一不可。

（二）安全教育的内容

安全教育的内容可概括为三个方面，即安全态度教育、安全技术知识教育和安全技能教育。

1. 安全态度教育

要想增强人的安全意识，首先应使之对安全有一个正确的态度。安全态度教育包括两个方面，即思想教育和态度教育。

思想教育包括安全意识教育、安全生产方针政策教育和法纪教育。

安全意识是人们在长期生产、生活等各项活动中逐渐形成的。由于人们实践活动经验的不同和自身素质的差异，对安全的认识程度不同，安全意识就会出现差别。安全意识的高低将直接影响着安全效果。因此，在生产和社会活动中，要通过实践活动加强对安全问题的认识并使其逐步深化，形成科学的安全观。这就是安全意识教育的主要目的。

安全生产方针政策教育是指对企业的各级领导和广大职工进行党和政府有关安

全生产的方针、政策的宣传教育。党和政府有关安全生产的方针、政策是适应生产发展的需要，结合我国的具体情况而制定的，是安全生产的先进经验的总结。不论是实施安全生产的技术措施，还是组织措施，都是在贯彻安全生产的方针、政策。只有安全生产的方针、政策被各级领导和工人群众理解和掌握，并得到贯彻执行，安全生产才有保证。在此项教育中要特别认真开展的是"安全第一，预防为主，综合治理"这一安全生产方针的教育。只有充分认识、深刻理解其含义，才能在实践中处理好安全与生产的关系。特别是安全与生产发生矛盾时，要首先解决好安全问题，切实把安全工作提高到关系全局及稳定的高度来认识，把安全视作企业头等大事，从而提高安全生产的责任感与自觉性。

法纪教育的内容包括安全法规、安全规章制度、劳动纪律等。安全生产法律、法规是方针、政策的具体化和法律化。通过法纪教育，使人们懂得安全法规和安全规章制度是实践经验的总结，它们反映安全生产的客观规律；只要自觉地遵章守法，安全生产就有了基本保证。同时，通过法纪教育还要使人们懂得，法律带有强制性，如果违章违法，造成了严重的事故后果，就要受到法律的制裁。企业的安全规章制度和劳动纪律是劳动者进行共同劳动时必须遵守的规则和程序，遵守劳动纪律是劳动者的义务，也是国家法律对劳动者的基本要求。加强劳动纪律教育，不仅是提高企业管理水平，合理组织劳动，提高劳动生产率的主要保证，也是减少或避免伤亡事故和职业危害，保证安全生产的必要前提。据统计，我国因职工违反操作规程、不遵守劳动纪律而造成的工伤事故占事故总数的60%～70%。为此，全国总工会提出要贯彻"一遵二反三落实"，即教育职工要遵守劳动纪律，反对违章指挥、违章作业，一方面监督与协助企业行政部门落实各级安全生产责任制；另一方面监督与协助企业行政部门落实预防伤亡事故的各种措施，组织落实"人人为安全生产和劳动保护做一件好事"活动。这些，对于加强劳动纪律教育，认真执行安全生产规章制度，确保安全生产具有重大意义。

2. 安全技术知识教育

安全技术知识教育的内容主要包括一般生产技术知识、一般安全技术知识和专业安全技术知识教育。

一般生产技术知识教育主要包括：企业的基本生产概况，生产技术过程，作业方式或工艺流程，与生产过程和作业方法相适应的各种机器设备的性能及有关知识，工人在生产中积累的生产操作技能和经验及产品的构造、性能、质量和规格等。

一般安全技术知识是企业所有职工都必须具备的安全技术知识，主要包括：企业内危险设备所在的区域及其安全防护的基本知识和注意事项，有关电气设备（动力及照明）的基本安全知识，起重机械和厂内运输的有关安全知识，生产中使用的有毒、有害原材料或可能散发的有毒有害物质的安全防护基本知识，企业中一般消防制度和规划，个人防护用品的正确使用以及伤亡事故报告方法等。

专业安全技术知识是指从事某一作业的职工必须具备的安全技术知识。专业安全技术知识比较专门和深入，其中包括安全技术知识、工业卫生技术知识及根据这些技术知识和经验制定的各种安全操作技术规程等。其内容涉及锅炉、受压容器、起重机械、电气、焊接、防爆、防尘、防毒和噪声控制等。

3. 安全技能教育

仅有了安全技术知识，并不等于能够安全地从事操作，还必须把安全技术知识变成进行安全操作的本领，才能取得预期的安全效果。要实现从"知道"到"会做"的过程，就要借助于安全技能培训。

安全技能培训包括正常作业的安全技能培训和异常情况的处理技能培训。

安全技能培训应按照标准化作业要求来进行，预先制定作业标准或异常情况时的处理标准，有计划、有步骤地进行培训。

在安全教育中，第一阶段为安全知识教育，使操作者了解生产操作过程中潜在的危险因素及防范措施等，即解决"知"的问题；第二阶段为安全技能训练，掌握和提高熟练程度，即解决"会"的问题；第三阶段为安全态度教育，使操作者尽可能地实行安全技能。三个阶段相辅相成，缺一不可。只有将这三种教育有机地结合在一起，才能取得较好的安全教育效果。只有在思想上有了强烈的安全要求，又具备了必要的安全技术知识，掌握了熟练的安全操作技能，才能取得安全的结果，避免事故和伤害的发生。

(三) 生产经营单位安全培训的内容和形式

生产经营单位负责本单位从业人员安全培训工作；生产经营单位应当按照安全生产法和有关法律、行政法规和本规定，建立健全安全培训工作制度。

生产经营单位应当进行安全培训的从业人员包括主要负责人、安全生产管理人员、特种作业人员和其他从业人员。

1. 主要负责人、安全生产管理人员的安全培训

生产经营单位主要负责人和安全生产管理人员应当接受安全培训，具备与所从事的生产经营活动相适应的安全生产知识和管理能力。

生产经营单位主要负责人安全培训应当包括下列内容：国家安全生产方针、政策和有关安全生产的法律、法规、规章及标准；安全生产管理基本知识、安全生产技术、安全生产专业知识；重大危险源管理、重大事故防范、应急管理和救援组织及事故调查处理的有关规定；职业危害及其预防措施；国内外先进的安全生产管理

经验；典型事故和应急救援案例分析；其他需要培训的内容。

生产经营单位安全生产管理人员安全培训应当包括下列内容：国家安全生产方针、政策和有关安全生产的法律、法规、规章及标准；安全生产管理、安全生产技术、职业卫生等知识；伤亡事故统计、报告及职业危害的调查处理方法；应急管理、应急预案编制及应急处置的内容和要求；国内外先进的安全生产管理经验；典型事故和应急救援案例分析；其他需要培训的内容。

2. 其他从业人员的安全培训

生产经营单位应当根据工作性质对其从业人员进行安全培训，保证其具备本岗位安全操作、应急处置等知识和技能。生产经营单位从业人员安全培训一般有三级安全培训教育、特种作业人员安全培训教育、经常性安全培训教育、"五新"作业安全教育等。

（1）三级安全培训教育

三级安全教育制度是生产经营单位必须坚持的基本安全教育制度和主要构成，包括厂（矿）级教育、车间（工段、区、队）级教育、班组级教育。

厂级安全教育由厂级负责人组织实施，内容主要包括：本单位安全生产情况及安全生产基本知识；本单位安全生产规章制度和劳动纪律；从业人员安全生产权利和义务；有关事故案例；事故应急救援、事故应急预案演练及防范措施等内容。

车间级教育是新工人或调动工作的工人被分配到车间后所进行的车间一级安全教育，由车间负责人组织实施。培训教育内容主要包括：工作环境及危险因素；所从事工种可能遭受的职业伤害和伤亡事故；所从事工种的安全职责、操作技能及强制性标准；自救互救、急救方法、疏散和现场紧急情况的处理；安全设备设施、个人防护用品的使用和维护；本车间（工段、区、队）安全生产状况及规章制度；预防事故和职业危害的措施及应注意的安全事项；有关事故案例；其他需要培训的内容。

班组级安全教育是新工作或调动工作的人到达生产班组之前的安全教育，由班组长组织实施。班组安全教育内容应包括：岗位安全操作规程；岗位之间工作衔接配合的安全与职业卫生事项；有关事故案例；劳动防护用品的性能及正确使用方法；其他需要培训的内容。

生产经营单位新入职从业人员应按规定通过"三级安全教育"并考核合格后方可上岗。考核情况要记录在案。

从业人员在本生产经营单位内调整工作岗位或离岗一年以上重新上岗时，应当重新接受车间（工段、区、队）和班组级的安全培训。

（2）特种作业人员安全培训教育

特种作业是指容易发生事故，对操作者本人、他人的安全健康及设备、设施的安全可能造成重大危害的作业。直接从事特种作业的从业人员为特种作业人员。

特种作业包括：电工作业、焊接与热切割作业、高处作业、制冷与空调作业、煤矿安全作业、金属非金属矿山安全作业、石油天然气安全作业、冶金（有色）生产安全作业、危险化学品安全作业、烟花爆竹安全作业及原国家安全生产监督管理局认定的其他作业。

特种作业人员应当接受与其所从事的特种作业相应的安全技术理论培训和实际操作培训，经专门的安全技术培训并考核合格，取得"中华人民共和国特种作业操作证"后，方可上岗作业。

特种作业人员的安全技术培训、考核、发证、复审工作实行统一监管、分级实施、教考分离的原则。

（3）经常性安全培训教育

生产经营单位的生产方法、环境、机械设备的使用状态及人的心理状态都处于变化之中，因此安全教育不可能一劳永逸。对于人来说，由于其大部分安全技术知识与技能均为短期记忆，必然随时间而衰减，因此必须开展经常性的安全教育，进一步强化人的安全意识与知识技能。经常性安全教育的形式多种多样，如班前班后会、安全活动月、安全会议、安全技术交流、安全水平考试、安全知识竞赛、安全演讲等。不论采取哪种形式，我们都应该切实结合生产经营单位安全生产情况，有的放矢，以加强教育效果。

（4）"五新"作业安全教育

"五新"作业安全教育是指凡采用新技术、新工艺、新材料、新产品、新设备，即进行"五新"作业时，由于其未知因素较多，变化较大，且根据变化分析的观点，与变化相关联的失误是导致事故的原因，"五新"作业中极可能潜藏着不为人知的危险性，并且操作者失误的可能性也要比通常进行的作业更大。因此，在作业前，应尽可能应用危险分析、风险评价等方法找出存在的危险，应用人机工程学等方法研究操作者失误的可能性和预防方法，并在试验研究的基础之上制定出安全操作规程，对操作者及有关人员进行专门的教育和培训，包括安全操作知识和技能培训及应急措施的应用等。

3.安全教育的形式

安全教育应利用各种教育形式和教育手段，以生动活泼的方式，来实现安全生产这一严肃的课题。

安全教育形式大体可分为以下七种：

（1）广告式，包括安全广告、标语、宣传画、标志、展览、黑板报等形式，它以精练的语言、醒目的方式，在醒目的地方展示，提醒人们注意安全和怎样才能安全。

（2）演讲式，包括教学、讲座的讲演，经验介绍，现身说法，演讲比赛等。这种教育形式可以是系统教学，也可以是专题论证、讨论，用以丰富人们的安全知识，提高对安全生产的重视程度。

（3）会议讨论式，包括事故现场分析会、班前班后会、专题研讨会等，以集体讨论的形式，使与会者在参与过程中进行自我教育。

（4）竞赛式，包括口头、笔头知识竞赛，安全、消防技能竞赛，以及其他各种安全教育活动评比等，以激发人们学安全、懂安全、会安全的积极性，促进职工在竞赛活动中树立安全第一的思想，丰富安全知识，掌握安全技能。

（5）声像式，即用声像等现代艺术手段，使安全教育寓教于乐，主要有安全宣传广播、电影、电视、录像等。

（6）文艺演出式，即以安全为题材编写和演出的相声、小品、话剧等文艺演出的教育形式。

（7）学校正规教学，即利用国家或企业办的大学、中专、技校，开办安全工程专业，或穿插渗透于其他专业的安全课程。

第二节　交通安全应急管理

一、主要术语

交通事故及其他突发事件的发生具有偶然性，一旦发生会给人们的生命财产及交通运输系统的正常运营造成巨大影响，甚至会导致二次事故的发生。因此，如何实施有效的管理，尽量预防和减少事故和突发事件的负面影响，是交通安全管理的一个重要内容。

（一）应急管理

应急管理是针对灾害和危机等突发事件进行预防监测、应急处置和恢复重建的全过程管理。其是指对即将出现或者已经出现的灾害而采取的一系列必要救援措施，包括灾害发生前的各种备灾措施、灾害期间的具体行动、灾害发生后的救灾工作，防止避免和减少可能由于自然灾害和社会相互作用而导致灾害出现的减灾措施等。其目的是尽最大可能通过科学有效的组织协调，来保护人民生命及财产安全，将经济财产损失降到最低程度。

(二) 突发事件

突发事件也称紧急事件。其是指突然发生，造成或者可能造成严重社会危害，需要采取应急处置措施予以应对的自然灾害、事故灾难、公共卫生事件和社会安全事件。按照社会危害程度、影响范围等因素，自然灾害、事故灾难、公共卫生事件和社会安全事件分为特别重大、重大、较大和一般四级。

突发事件具有突发性、紧迫性、复杂性、不确定性、危害性等特点。突发事件的发生突然，其发展也非常迅速，随着突发事件的发展、演变，它所造成的损失可能会越来越大。因此，需要通过建立和发展应急管理体系，提高应急管理能力，实现快速应对突发事件。

(三) 应急预案

应急预案又称应急计划，是针对可能发生的突发事件和重大事故，为保证迅速、有序、有效地开展应急与救援行动，降低突发事件 (重大事故) 损失而预先制订的计划或方案。它是在辨识和评估潜在的突发事件 (重大事故) 发生可能性、发生过程、发生后果及影响严重程度的基础上，对应急机构与职责、人员、技术、装备、设施 (备)、物资、救援行动、指挥与协调等方面预先做出的具体安排。

应急预案明确了在突发事件或重大事故发生之前、发生过程中及刚刚结束之后，谁负责做什么、何时做及相应的策略和资源准备等。

二、应急管理的主要内容

根据《中华人民共和国突发事件应对法》，国家建立了"统一领导、综合协调、分类管理、分级负责、属地管理为主"的应急管理体制。国务院统一领导全国的生产安全事故应急工作，县级以上地方人民政府统一领导本行政区域内的生产安全事故应急工作。突发事件应对工作实行"预防为主、预防与应急相结合"的原则，国家建立重大突发事件风险评估体系，对可能发生的突发事件进行综合性评估，减少重大突发事件的发生，最大限度地减轻重大突发事件的影响。《生产安全事故应急条例》规定，生产经营单位应当加强生产安全事故应急工作，建立、健全生产安全事故应急工作责任制，其主要负责人对本单位的生产安全事故应急工作全面负责。

应急管理包括预防与应急准备、监测与预警、应急处置与救援、事后恢复与重建等应对活动。

（一）预防与应急准备

1. 建立健全突发事件应急预案体系

突发事件应急预案体系主要包括国家突发事件总体应急预案、国家突发事件专项应急预案、国家突发事件部门应急预案、地方突发事件应急预案及生产经营单位应急预案等。

县级以上人民政府及其负有安全生产监督管理职责的部门和乡、镇人民政府及街道办事处等地方人民政府派出机关，应当针对可能发生的生产安全事故的特点和危害，进行风险辨识和评估，制定相应的生产安全事故应急救援预案，并依法向社会公布。

生产经营单位应当针对本单位可能发生的生产安全事故的特点和危害，进行风险辨识和评估，制定相应的生产安全事故应急救援预案，并向本单位从业人员公布。

各级各类应急预案应当根据相关法律、法规的规定，针对突发事件的性质、特点和可能造成的社会危害，具体规定突发事件应急管理工作的组织指挥体系与职责和突发事件的预防与预警机制、处置程序、应急保障措施及事后恢复与重建措施等内容。

2. 事件预防

各级人民政府应针对容易引发自然灾害、事故灾难和公共卫生事件的危险源、危险区域进行调查、登记、风险评估，定期进行检查、监控，并责令相关单位采取安全防范措施。

生产经营单位应当建立健全安全管理制度，定期检查本单位各项安全防范措施的落实情况，及时消除事故隐患；掌握并及时处理本单位存在的可能引发社会安全事故的问题，防止矛盾激化和事态扩大。

有关单位应当定期检测、维护其报警装置和应急救援设备、设施，使其处于良好状态，并确保正常使用。

3. 应急准备

主要包括应急救援队伍组建、应急救援人员培训、应急救援预案演练、应急物资保障、应急通信保障、应急知识教育等。

（二）监测与预警

1. 建立全国统一的突发事件信息系统

通过建立全国统一的突发事件信息系统，汇集、储存、分析、传输有关突发事件的信息。突发事件信息实行逐级报告制度，有关单位和人员报送、报告突发事件信息，应当做到及时、客观、真实，不得迟报、谎报、瞒报、漏报。

县级以上地方各级人民政府应当及时汇总分析突发事件隐患和预警信息，必要时组织相关部门、专业技术人员、专家学者进行会商，对发生突发事件的可能性及其可能造成的影响进行评估；认为可能发生重大或者特别重大突发事件的，应当立即向上级人民政府报告，并向上级人民政府有关部门、当地驻军和可能受到危害的毗邻或者相关地区的人民政府通报。

2. 建立健全突发事件监测制度

县级以上人民政府及其有关部门应当根据自然灾害、事故灾难和公共卫生事件的种类和特点，建立健全基础信息数据库，完善监测网络，划分监测区域，确定监测点，明确监测项目，并提供必要的设备、设施，配备专职或者兼职人员，对可能发生的突发事件进行监测。

3. 建立健全突发事件预警制度

根据可以预警的自然灾害、事故灾难和公共卫生事件的预警级别，按照突发事件发生的紧急程度、发展势态和可能造成的危害程度分为一级、二级、三级和四级，分别用红色、橙色、黄色和蓝色标示，一级为最高级别。

（三）应急处置与救援

根据《生产安全事故应急条例》，发生生产安全事故后，生产经营单位应当立即启动生产安全事故应急救援预案，采取下列一项或者多项应急救援措施，并按照国家有关规定报告事故情况：

（1）迅速控制危险源，组织抢救遇险人员。

（2）根据事故危害程度，组织现场人员撤离或者采取可能的应急措施后撤离。

（3）及时通知可能受到事故影响的单位和人员。

（4）采取必要措施，防止事故危害扩大和次生、衍生灾害发生。

（5）根据需要请求邻近的应急救援队伍参加救援，并向参加救援的应急救援队伍提供相关技术资料、信息和处置方法。

（6）维护事故现场秩序，保护事故现场和相关证据。

（7）法律、法规规定的其他应急救援措施。

有关地方人民政府及其部门接到生产安全事故报告后，应当按照国家有关规定上报事故情况，启动相应的生产安全事故应急救援预案，并按照应急救援预案的规定采取下列一项或者多项应急救援措施：

①组织抢救遇险人员，救治受伤人员，研判事故发展趋势及可能造成的危害。

②通知可能受到事故影响的单位和人员，隔离事故现场，划定警戒区域，疏散

受到威胁的人员，实施交通管制。

③采取必要措施，防止事故危害扩大和次生、衍生灾害发生，避免或者减少事故对环境造成的危害。

④依法发布调用和征用应急资源的决定。

⑤依法向应急救援队伍下达救援命令。

⑥维护事故现场秩序，组织安抚遇险人员和遇险遇难人员亲属。

⑦依法发布有关事故情况和应急救援工作的信息。

⑧法律、法规规定的其他应急救援措施。

发生生产安全事故后，有关人民政府认为有必要的，可以设立由本级人民政府及其有关部门负责人、应急救援专家、应急救援队伍负责人、事故发生单位负责人等人员组成的应急救援现场指挥部，并指定现场指挥部总指挥协调、指挥有关单位和个人参加现场应急救援。

生产安全事故发生地人民政府应当为应急救援人员提供必需的后勤保障，并组织通信、交通运输、医疗卫生、气象、水文、地质、电力、供水等单位协助应急救援。

（四）事后恢复与重建

突发事件的威胁和危害得到控制或者消除后，履行统一领导职责或者组织处置突发事件的人民政府应当采取必要措施，防止发生自然灾害，事故灾难，公共卫生事件的次生、衍生事件或者重新引发社会安全事件；立即组织对突发事件造成的损失进行评估，组织受影响地区尽快恢复生产、生活、工作和社会秩序，制订恢复重建计划；及时查明突发事件的发生经过和原因，总结突发事件应急处置工作的经验教训，制定改进措施。

受突发事件影响地区的人民政府应当及时组织和协调公安、交通、铁路、民航、邮电、建设等有关部门恢复社会治安秩序，尽快修复被损坏的交通、通信、供水、排水、供电、供气、供暖等公共设施；根据本地区遭受损失的情况，制订救助、补偿、抚慰、抚恤、安置等善后工作计划并组织实施，妥善解决因处置突发事件引发的矛盾和纠纷。

三、交通运输突发事件应急管理

根据《交通运输突发事件应急管理规定》，交通运输突发事件是指突然发生，造成或者可能造成交通运输设施毁损，交通运输中断、阻塞，重大船舶污染及海上溢油应急处置等，需要采取应急处置措施，疏散或者救援人员，提供应急运输保障的自然灾害、事故灾难、公共卫生事件和社会安全事件。

（一）应急准备

1. 编制应急保障体系建设规划

国务院、各省、自治区、直辖市交通运输主管部门分别负责编制并发布国家及地方交通运输应急保障体系建设规划，统筹规划、建设国家及地方交通运输突发事件应急队伍、应急装备和应急物资保障基地，储备应急运力。

2. 制订应急预案

国务院交通运输主管部门应当根据国家突发事件总体应急预案和相关专项应急预案，制订交通运输突发事件部门应急预案；县级以上各级交通运输主管部门应当根据本级地方人民政府和上级交通运输主管部门制订的相关突发事件应急预案，制订本部门交通运输突发事件应急预案；交通运输企业应当按照所在地交通运输主管部门制订的交通运输突发事件应急预案，制订本单位交通运输突发事件应急预案。应急预案应当根据实际需要、情势变化和演练验证，适时修订。

此外，应急预案还应当根据有关法律、法规的规定，针对交通运输突发事件的性质、特点、社会危害程度及可能需要提供的交通运输应急保障措施，明确应急管理的组织指挥体系与职责、监测与预警、处置程序、应急保障措施、恢复与重建、培训与演练等具体内容。

《交通运输综合应急预案》与《公路交通突发事件应急预案》《水路交通突发事件应急预案》《道路运输突发事件应急预案》《城市公共汽电车突发事件应急预案》《公路水运工程生产安全事故应急预案》《交通运输部网络安全事件应急预案》共同构成了交通运输部的应急预案体系。

3. 应急物资准备

交通运输主管部门、交通运输企业应当按照有关规划和应急预案的要求，根据应急工作的实际需要，建立健全应急装备和应急物资储备、维护、管理和调拨制度，储备必需的应急物资和运力，配备必要的专用应急指挥交通工具和应急通信装备，并确保应急物资装备处于正常使用状态。

4. 应急培训与演练

交通运输主管部门可以根据交通运输突发事件应急处置的实际需要，统筹规划、建设交通运输专业应急队伍。交通运输企业应当根据实际需要，建立由本单位职工组成的专职或者兼职应急队伍。

交通运输主管部门应当加强应急队伍应急能力和人员素质建设，加强专业应急队伍与非专业应急队伍的合作、联合培训及演练，提高协同应急能力。交通运输主管部门、交通运输企业应当根据本地区、本单位交通运输突发事件的类型和特点，制订应急演练计划，定期组织开展交通运输突发事件应急演练。

（二）监测与预警

交通运输主管部门应当建立并完善交通运输突发事件信息管理制度，及时收集、统计、分析、报告交通运输突发事件信息。

1. 危险源管理

交通运输主管部门应当建立交通运输突发事件风险评估机制，对影响或者可能影响交通运输的相关信息及时进行汇总分析，必要时同相关部门进行会商，评估突发事件发生的可能性及可能造成的损害，研究确定应对措施，制订应对方案。对可能发生重大或者特别重大突发事件的，应当立即向本级人民政府及上一级交通运输主管部门报告相关信息。

交通运输主管部门负责本辖区内交通运输突发事件危险源管理工作。对危险源、危险区域进行调查、登记、风险评估，组织检查、监控，并责令有关单位采取安全防范措施；交通运输企业应当组织开展企业内交通运输突发事件危险源辨识、评估工作，采取相应安全防范措施，加强危险源监控与管理，并按规定及时向交通运输主管部门报告。

2. 突发事件监测

交通运输主管部门应当建立交通运输突发事件应急指挥通信系统；根据自然灾害、事故灾难、公共卫生事件和社会安全事件的种类和特点，建立健全的交通运输突发事件基础信息数据库，配备必要的监测设备、设施和人员，对突发事件易发区域加强监测。交通运输主管部门、交通运输企业应当建立应急值班制度，根据交通运输突发事件的种类、特点和实际需要，配备必要值班设施和人员。

3. 应对准备

县级以上地方人民政府宣布进入预警期后，交通运输主管部门应当根据预警级别和可能发生的交通运输突发事件的特点，采取下列措施：启动相应的交通运输突发事件应急预案；根据需要启动应急协作机制，加强与相关部门的协调沟通；按照所属地方人民政府和上级交通运输主管部门的要求，指导交通运输企业采取相关预防措施；加强对突发事件发生、发展情况的跟踪监测，加强值班和信息报告；按照地方人民政府的授权，发布相关信息，宣传避免或者减轻危害的常识，提出采取特定措施避免或者减轻危害的建议、劝告；组织应急救援队伍和相关人员进入待命状态，调集应急处置所需的运力和装备，检测用于疏运转移的交通运输工具和应急通信设备，确保其处于良好状态；加强对交通运输枢纽、重点通航建筑物、重点场站、重点港口、码头、重点运输线路及航道的巡查维护；法律、法规或者所属地方人民政府提出的其他应急措施。

(三) 应急处置

交通运输突发事件的应急处置应当在各级人民政府的统一领导下进行。突发事件发生后，发生地交通运输主管部门应当立即启动相应的应急预案，在本级人民政府的领导下，组织、部署交通运输突发事件的应急处置工作。

交通运输突发事件发生后，负责或者参与应急处置的交通运输主管部门应当根据有关规定和实际需要，采取以下措施：组织运力疏散、撤离受困人员，组织搜救突发事件中的遇险人员，组织应急物资运输；调集人员、物资、设备、工具，对受损的交通基础设施进行抢修、抢通或搭建临时性设施；对危险源和危险区域进行控制，设立警示标志；采取必要措施，防止次生、衍生灾害发生；必要时请求本级人民政府和上级交通运输主管部门协调有关部门，启动联合机制，开展联合应急行动；按照应急预案规定的程序报告突发事件信息以及应急处置的进展情况；建立新闻发言人制度，按照本级人民政府的委托或者授权及相关规定，统一、及时、准确地向社会和媒体发布应急处置信息；其他有利于控制、减轻和消除危害的必要措施。

交通运输突发事件超出本级交通运输主管部门处置能力或管辖范围的，交通运输主管部门可以采取以下措施：根据应急处置需要请求上级交通运输主管部门在资金、物资、设备设施、应急队伍等方面给予支持；请求上级交通运输主管部门协调突发事件发生地周边交通运输主管部门给予支持；请求上级交通运输主管部门派出现场工作组及有关专业技术人员给予指导；按照建立的应急协作机制，协调有关部门参与应急处置。

需要组织开展大规模人员疏散、物资疏运的情况下，交通运输主管部门应当根据本级人民政府或者上级交通运输主管部门的指令，及时组织运力参与应急运输。

交通运输企业应当加强对本单位应急设备、设施、队伍的日常管理，以保证应急处置工作及时、有效地开展。在交通运输突发事件应急处置过程中，交通运输企业还应当接受交通运输主管部门的组织、调度和指挥。

(四) 终止与善后

交通运输突发事件的威胁和危害得到控制或者消除后，负责应急处置的交通运输主管部门应当按照相关人民政府的决定停止执行应急处置措施，并按照有关要求采取必要措施，防止发生次生、衍生事件；对应急处置工作进行评估，并向上级交通运输主管部门和本级人民政府报告。

交通运输突发事件应急处置结束后，交通运输主管部门应当根据国家有关扶持遭受突发事件影响行业和地区发展的政策规定以及本级人民政府的恢复重建规划，制订相应的交通运输恢复重建计划，并组织实施重建受损的交通基础设施，消除突发事件造成的破坏及影响。

（五）监督检查

交通运输主管部门应当建立健全交通运输突发事件应急管理监督检查和考核机制。监督检查应当包含：应急组织机构建立情况；应急预案制订及实施情况；应急物资储备情况；应急队伍建设情况；危险源监测情况；信息管理、报送、发布及宣传情况；应急培训及演练情况；应急专项资金和经费落实情况；突发事件应急处置评估情况。

第三节　交通事故调查处理

一、事故调查的准备

俗话说"有备无患"，由于事故是小概率事件，所以在一般情况下，事故调查并不是一项日常性工作，但若不做好充分的准备，事故调查工作就不能取得良好的收效。对于突然发生的事故，如果在没有充分准备的条件下，极有可能发生取样不及时、不准确，调查者受到伤害，当事者或目击者受到他人影响等不良后果，而且这些后果又是无法弥补的。

事故调查准备工作包括调查计划、人员组成及培训和调查工具的准备等。

（一）事故调查计划

做好事故调查的准备工作，首要的一条就是要有详细、严谨、全面的计划，对由谁来进行调查，怎样进行调查作出详尽的安排。计划中至少应包括：及时报告有关部门，抢救人的生命，保护人的生命和财产免遭进一步的损失，以及保证调查工作的及时执行。

当事故发生后，首先要做的事情不是手忙脚乱地赶赴现场，而是及时通知下列有关人员及部门：

（1）事故直接影响区域内工作的人员或其他人员。这是避免进一步造成损失或及时施救的最关键的措施。

（2）从事生命抢救、财产保护的人员，如消防、医疗、抢险人员等。

（3）上层管理部门的有关人员。最尴尬的情况就是新闻媒介或上级工会监督部门、检察院、劳动管理部门等都已来到现场，而本单位领导或上级主管部门领导仍被蒙在鼓里。

（4）专业调查人员。有些事故，比如特别重大事故或专业性很强的事故（如飞机失事），是需要专业调查人员实施调查的。他们来得越早，证据搜集就会越及时、越充分。

（5）公共事务人员。这些人员负责对外接待及有关善后事宜的处理，以保证专业人员能够集中力量投入事故调查之中。

（6）安全管理人员。这些人员参与事故调查或保证现场安全。

计划中应按照重要度次序列出上述人员的地址及联系方式等，同时也应选择合适的通知方式，既要保证信息的准确交流，也要避免非有关人员受到不必要的影响。

（二）事故调查人员

事故调查人员是事故调查的主体。不同的事故，调查人员的组成会有所不同。《生产安全事故报告和调查处理条例》明确指出：

（1）特别重大事故由国务院或者国务院授权有关部门组织事故调查组进行调查。

（2）重大事故、较大事故、一般事故分别由事故发生地省级人民政府、设区的市级人民政府、县级人民政府负责调查。省级人民政府、设区的市级人民政府、县级人民政府可以直接组织事故调查组进行调查，也可以授权或者委托有关部门组织事故调查组进行调查。

（3）未造成人员伤亡的一般事故，县级人民政府也可以委托事故发生单位组织事故调查组进行调查。

（4）上级人民政府认为必要时，可以由下级人民政府负责调查。

（5）特别重大事故以下等级事故，事故发生地与事故发生单位不在同一个县级以上行政区域的，由事故发生地人民政府负责调查，事故发生单位所在地人民政府应当派人参加。

事故调查组的组成应当遵循精简、效能的原则。根据事故的具体情况，事故调查组由有关人民政府、安全生产监督管理部门、负有安全生产监督管理职责的有关部门、监察机关、公安机关及工会派人组成，并应当邀请人民检察院派人参加。此外事故调查组还可以聘请有关专家参与调查。

事故调查组成员应当具有事故调查所需要的知识和专长，并与所调查的事故没有直接利害关系。事故调查组组长由负责事故调查的人民政府指定。事故调查组组长主持事故调查组的工作。

（三）事故调查的物质准备

在事故调查准备工作中，除了事故调查计划及人员素质要求，另一个主要的工作就是物质上的准备。

1. 身体上的准备

除了保证一个良好的身体状态，由于事故发生地点的多样性，如飞机、火车等运输工具的事故可能在荒无人烟处，事故现场有害物质的多样性，如辐射、有毒物质、细菌、病毒等，因此在服装及防护装备上也应根据具体情况加以考虑。

2. 调查工具

调查工具因被调查对象的性质而异。通常来讲，专业调查人员必备的调查工具有：

（1）摄像机、照相机和胶卷。用于现场摄像、照相取证。对于火灾事故，彩色胶卷是必需的，因为火焰的颜色是鉴别燃烧温度的关键。

（2）纸、笔、文件夹等。

（3）有关规则、标准等参考资料。

（4）放大镜，用于样品鉴定。

（5）手套，用于收集样品使用。

（6）录音机、录音带，用于与目击证人等交谈或记录调查过程。

（7）急救包，用于抢救人员或自救。

（8）绘图纸，用于现场地形图绘制等。

（9）标签，采样时标记采样地点及物品。

（10）样品容器，用于采集液体样品等。

（11）罗盘，用于确定方向。

常用的仪器包括噪声、辐射、气体等的采样或测量设备及与被调查对象直接相关的测量仪器等。

二、事故调查的基本步骤

实施事故调查过程是事故调查工作的主要内容。一般的事故调查的基本步骤包括现场处理、现场勘察、物证搜集与保护、人证保护与问询等主要工作。由于这些工作时间性极强，有些信息、证据是随时间的推移而逐步消亡的，有些信息有着极大的不可重复性，因此对于事故调查人员来讲，实施调查过程的速度和准确性显得尤为重要。只有把握住每一个调查环节的中心工作，才能使事故调查过程进展顺利。

(一) 事故现场处理

事故现场处理是事故调查的初期工作。对于事故调查人员来说，由于事故的性质不同及事故调查人员在事故调查中的角色的差异，事故现场处理工作会有所不同，但通常现场处理应进行如下工作。

1. 安全抵达现场

无论准备如何充分，事故的发生几乎对任何人来说都是一个意外事件，因而要顺利地完成事故调查任务，首先要使自己能够在携带了必要调查工具及装备的情况下，安全地抵达事故现场。越是手忙脚乱，越容易出现意外。在抵达现场的同时，应保持与上级有关部门的联系，及时沟通。

2. 现场危险分析

这是现场处理工作的中心环节。只有做出准确的分析与判断，才能够防止进一步的伤害和破坏，同时做好现场保护工作。现场危险分析工作主要有观察现场全貌、分析是否有进一步危害产生的可能性及可能的控制措施、计划调查的实施过程、确定行动次序及考虑与有关人员合作，控制围观者，指挥志愿者等。

3. 现场营救

最先赶到事故现场的人员的主要工作就是尽可能地营救幸存者和保护财产。作为一个事故调查人员，如果有关抢救人员 (如医疗、消防等) 已经到位且人手并不紧张，则应及时记录事故遇难者尸体的状态和位置并用照相和绘草图的方式标明位置，同时告诫救护人员必须尽早记下他们最初看到的情况，包括幸存者的位置、移动过的物体的原位置等。如需要调查者本人也参加营救工作，也应尽可能地做好上述工作。

4. 防止进一步危害

在现场危险分析的基础上，应对现场可能产生的进一步的伤害和破坏采取及时的行动，使二次事故造成的损失尽可能减少。这类工作包括防止有毒有害气体的生成或蔓延，防止有毒有害物质的生成或释放，防止易燃易爆物质或气体的生成与燃烧爆炸，防止由火灾引起的爆炸等。

许多事故现场都很容易发生火灾，故应严加防护，以保证所有在场人员的安全和保护现场免遭进一步的破坏。当存在严重的火灾危险时，应准备好随时可用的消防装置，并尽快转移易燃易爆物质，同时严格制止任何可能引起明火的行为。即使是使用抢救设备等都应在保证绝对安全的情况下才可使用。

应尽快查明现场是否有危险品存在并采取相应措施。这类危险品包括放射性物质，爆炸物，腐蚀性液体、气体，液体或固体有毒物质，细菌培养物质等。

5. 保护现场

这是下一步物证搜集与人证问询工作的基础。其主要目的就是使与事故有关的物体痕迹、状态尽可能不遭到破坏，人证得到保护。

完成了抢险、抢救任务，保护了生命和财产之后，现场处理的主要工作就转移到了现场保护方面。这时事故调查人员将成为主角，并应承担起主要的责任。

由于首先到达事故现场的有可能是企业职工、附近居民、抢救人员或警方人员，因此为保证调查组抵达现场之前不致因对现场进行不必要的干预而丢失重要的证据，争取企业职工，特别是厂长等基层干部及当地警察或抢救人员的合作是非常重要的。调查人员应充分认识到，事故调查不仅需要进行技术调查，而且需要服从某种司法程序，而国家法律也许更重视后者。所以应通过合适的方式，使上述人员了解到，除必要的抢救等工作外，还应使现场尽可能地原封不动。事故中遇难者的尸体及人体残留物应尽可能留在原处，私人的物品也应保持不动，因为这些东西的位置有助于辨别遇难者的身份。此外，还应通过照相等手段记下像冰、烟灰之类短时间内会消失的迹象及记下所有在场目击者的姓名和地址，以便于调查者取得相应的证词。从中我们可以看出，对上述人员进行适当的保护现场的培训也是十分重要的。

在调查者抵达现场后，首先应建立一个中心，并以标志、通知等方式使有关人员知道该中心的设立及主要负责人员。其次通过该中心与新闻媒体及时沟通，保证现场各方面的信息交换及控制好现场保护工作。最后对目击者的保护还必须注意既要与他们保持联系或尽可能使他们滞留在现场，也要尽可能地避免目击者之间及与其他有关人员的沟通。这是因为对于任何一个人来说，事故的发生都是没有任何心理准备的意外事件，所以对其本人听到、看到、感觉到的东西大多数是模糊的、不确定的。一旦受到外人的干扰，他都会自觉或不自觉地改变原来的模糊印象而逐步"清晰"起来，而这种"清晰"是我们最不希望看到的。特别当一些别有用心的人采用暗示的手段后，通过人证对事故了解的难度就更大了。

有些物证(如痕迹、液体和碎片等)极容易消失，因而要事先计划好这类证据的搜集，准备好样品袋、瓶、标签等，并及时搜集保存。

因需要清理现场或移动现场物品时，例如，车祸发生后会阻塞通道，应在移动或清理前对重要痕迹照相或画出草图，并测量各项有关数据。

值得指出的是，现场保护工作不是少数人就能完成的。事故调查人员应主动与在现场工作的其他人员沟通联系，多方合作，同时协调好保护现场与其他工作的矛盾，以合作的方式达到目的。

(二) 事故现场勘察

事故现场勘察是事故现场调查的中心环节。其主要目的是查明当事各方在事故之前和事发之时的情节、过程及造成的后果。通过对现场痕迹、物证的搜集和检验分析，可以判明发生事故的主、客观原因，为正确处理事故提供客观依据。因而全面、细致地勘察现场是获取现场证据的关键。无论什么类型的事故现场，勘察人员都要力争把现场的一切痕迹、物证甚至微量物证搜集、记录下来，对变动的现场更要认真细致地勘察，弄清痕迹形成的原因及与其他物证和痕迹的关系，去伪存真，还原现场的本来面目。

现场勘察的顺序和范围，应根据不同类型的事故现场来确定。因此，勘察人员到达现场后，首先要向事故当事人和目击者了解事故发生的情况和现场是否有变动。如有变动，应先弄清变动的原因和过程，必要时可根据当事人和证人提供的事故发生时的情景恢复现场原状以利实地勘察。在勘察前，应巡视现场周围情况，对现场全貌有了概括的了解后，再确定现场勘察的范围和勘察的顺序。

事故现场勘察工作是一种信息处理技术。由于其主要关注四个方面的信息，即人 (People)、部件 (Part)、位置 (Position) 和文件 (Paper)。表述这四个方面的英文单词均以字母 P 开头，故也称为 4P 技术。

(1) 人，应以事故的当事人和目击者为主，但也应考虑维修、医疗、基层管理、技术人员、朋友、亲属或任何能够为事故调查工作提供帮助的人员。

(2) 部件，指失效的机器设备、通信系统、不适用的保障设备、燃料和润滑剂、现场各类碎片等。

(3) 位置，指事故发生时的位置、天气、道路、操作位置、运行方向、残骸位置等。

(4) 文件，指有关记录、公告、指令、磁带、图纸、计划、报告等。

(三) 人证的保护与问询

在事故调查中，证人的询问工作相当重要，大约 50% 的事故信息是由证人提供的，而事故信息中大约有 50% 能够起作用，另外 50% 的事故信息的效果取决于调查者怎样评价分析和利用它们。

所谓证人，通常是指看到事故发生或事故发生后最快抵达事故现场且具有调查者所需信息的人。广义上是指所有能为了解事故提供信息的人，甚至有些人不知事故发生，却有价值的信息。证人信息收集的关键之处在于迅速果断，这样就会最大限度地保证信息的完整性。有些调查工作耗时费力，收效甚微，主要原因就是没有做到这一点。

1. 人证保护与询问工作应注意的问题

（1）证人之间会强烈地互相影响。

（2）证人会强烈地受到新闻媒介的影响。

（3）不了解他所看到的事，不能以自己的知识、想法去解释的证人，容易改变他们掌握的事实去附和别人。

（4）证人会因为记不住、不自信或自认为不重要等原因而忘却某些信息。如一个人10年后才讲出他看到的事情，因为当时他认为没有价值。

（5）问询开始的时间越晚，细节会越少。

（6）问询开始的时间越晚，内容越可能改变。

（7）最好画出草图，结合草图讲解其所见所闻。

从上述问题可以看出，在人证保护工作中，应当避免其互相接触及其与外界的接触，并最好使其不离开现场，使问询工作能尽快开始，以期获得尽可能多的信息。

2. 证人的确定

证人的确定工作是人证保护与问询工作的第一步。因为几乎不存在没有证人的事故现场，所以事故调查人员应尽快赶到现场，为确定目击者创造良好的机遇。在搜集证据时首先要收集证人的信息（如姓名、地址、电话号码等），以便与证人保持联系。

在一些特殊情况下，也可采用广告、电视、报纸等形式征集有关事故信息，获得证人的支持。

3. 证词的可信度

由于证人背景的差异及其在该事件中所处的地位，都可能产生证词可信度上的差异。而不同可信度的证词其重要性是有很大差异的。例如，熟悉发生事故的系统或环境的人能提供更可信的信息，但也有可能把自己的经验与事实相混淆，加上了自己的主观臆断；而与肇事者或受害者有特殊关系的人，或与事故有某种特定关系的人，其证词的可信度和事故与其工作的关系、个人的卷入程度、与肇事者或受害者的关系等密切相关。可信度最高的证人是那些与事故发生没有关联，且可以根据其经验与水平做出准确判断者，一般称为专家证人。我国各级政府聘请的安全专家组的专家实际上就属于这类人，他们的经验和判断对于事故结论的认定具有极其重要的意义。

4. 证人的问询方式

（1）审讯式。调查者与证人之间是一种类似警察与疑犯之间的对手关系，问询过程高度严谨，逻辑性强，且刨根问底，不放过任何细节。问询者一般多于一人。这种问询方式效率较高，但有可能造成证人的反感从而影响双方之间的交流。

（2）问询式。这种方法首先认为证人在大多数情况下没有义务为你描述事故，做证主要依赖于自愿。因而应创造轻松的环境，让对方感到你是需要他们帮助的朋友。这种方式花费时间较多，但可使证人更愿意讲话。问询中应鼓励其用自己的语言讲，尽量不打断其叙述过程，而是用点头、仔细聆听的方式，做记录或录音最好不引人注意。

无论采用何种方法，都应首先使证人了解，问询的目的是了解事故真相，防止事故再发生。好的调查者，一般都采用两者结合，以后者为主的问询方式，并结合一些问询技巧进行工作。

（3）问询中应注意的问题。在问询中，应注意以下七个问题：

① 情绪激动的人容易产生事实的扭曲或夸大，特别在口头叙述时更是如此。

② 被调查者本人的信仰及先入为主的观点也会对其的叙述产生影响，比如反对酗酒者对酒精与肇事间的关系特别敏感。

③ 小孩子做证人则各有利弊。8～10岁的孩子一般会毫不隐瞒，实事求是地讲述自己的所见所闻，但再小一些的孩子就会加上自己的一些想象。

④ 证人的性别与证词的可信度没有关系，但智力型证人似乎可靠性比其他人稍高一些。

⑤ 如果有两个以上的证人，我们可采用列表的方式来进行证词一致性的比较与判断。

⑥ 在可能的情况下，应对事故发生时处于不同位置的人员进行调查，以获得不同的细节。

⑦ 当多人的证词显示出矛盾时，则应通过进一步的问询获得更详细的信息。

（四）物证的搜集与保护

物证的搜集与保护是现场调查的另一重要工作，前面提到的4P技术中的3P，即部件（Part）、位置（Position）、文件（Paper）属于物证的范畴。保护现场工作的很主要的一个目的也是保护物证。几乎每个物证在加以分析后都能用以确定其与事故的关系，而在有些情况下，确认某物与事故无关也一样非常重要。

由于相当一部分物证存留时间比较短，有些甚至稍纵即逝，所以必须事先制订好计划，按次序有目标地选择那些应尽快搜集的物证，并为搜集这类物证做好物质上的准备。如液体会随时间流逝而逐渐渗入地下，因此应用袋、瓶等取样装入；如已渗入地下，则应连土取样，以供分析。物体表面的漆皮也是很重要的物证，因其与其他物质相接触后一般会带走一些，有时肉眼看不见，但借助专门的仪器即可发现。有关文件资料、各类票据、记录等也是一类很重要的物证，即使不在事故现场，也应注意及时封存。

数据记录装置是另一类物证。它是为满足事故调查的需要而事先设置的记录事故前后有关数据的仪器装置，其主要目的是在缺乏目击者和可调查的硬件（如已损坏）的条件下，保证调查者能准确地找出事故的原因。设备上的运行记录仪，公交道口、公共设施、金融机构的摄像装置，是较为简单的数据记录装置；而飞机上的"黑匣子"是较高档次的数据记录装置。前者不断录制最后某段时间的情景，提供有关信息；后者是由于空难事故中大部分物证被破坏极为严重而成为空难事故调查的最主要的物证。

（五）事故现场照相

事故现场照相的主要目的是获取和固定证据，为事故分析和处理提供可视性证据。通过拍照的手段记录现场的画面，包括事故现场与事故有关的人与物、遗留的痕迹、物证及其他一些现象，特别是对于那些肉眼看不到的物证、当进行现场调查时很难注意到的细节或证据、那些容易随时间逝去的证据及现场工作中需移动位置的物证，现场照相的手段更为重要。在一些事故现场中，当事人为逃避责任，会千方百计地破坏和伪造现场。无论是伪造还是没有伪造过的，现场上的一切现象都反映现场的实际情况。通过这些现象能辨别事件的真伪。把它们准确地拍照下来，使之成为一套完整现场记录的一部分，在审理和调查的工作中具有重要的作用。它为研究事故性质、分析事故进程、进行现场实验提供资料，为技术检验、鉴定提供条件，为审理提供证据，所以现场照相是现场勘察工作中的重要组成部分和不可缺少的技术手段。

（六）事故现场图与表格

现场绘图也是一种记录现场的重要手段。现场绘图与现场笔录、现场照相均有各自特点，相辅相成，不能互相取代。现场绘图是运用制图学的原理和方法，通过几何图形来表示现场活动的空间形态，是记录事故现场的重要形式，能比较精确地反映现场上重要物品的位置和比例关系。

（七）机动车辆事故的现场勘察

机动车辆事故现场是指发生事故的车辆、伤亡人员及同事故有关的遗留物、痕迹所在的路段和地点。

机动车辆事故的最显著的特点就是现场均能见到明显的痕迹、物证，如刹车痕迹、碰撞痕迹、遗落的物质（灯罩、玻璃、碎片、油漆片等）。

1.现场勘察的基本方法、步骤

（1）范围较小的现场，肇事车辆和痕迹相对集中的现场，可以以肇事车辆和痕迹集中的地点为中心，采取由内向外勘察的方法。

（2）范围较大的现场，肇事车辆和痕迹物证相对分散，为防止远处的痕迹被破坏，可由外向内勘察。

（3）对车辆、痕迹比较分散的重大事故现场，可以从事故发生的起点向终点分段推进或从痕迹、物证容易受到破坏的路段开始勘察。

2.现场勘察的重点

（1）现场道路、地形、地貌。勘察现场道路、地形、地貌，以发现道路状况、天气状况以及路面自然损坏状况及其对车辆的影响。

（2）现场路面上的痕迹、物证。勘察现场路面上的痕迹、物证，如车辆上的机件，玻璃碎片，制动拖印和轮胎挫划痕迹，以判断车辆在肇事过程中双方接触点的位置及车辆行驶路线、速度和驾驶员采取措施的情况。

（3）肇事车辆和伤亡人员身体。勘察肇事车辆和伤亡人员身体，以分析出事故当时车辆和行人的方向、速度、接触状况，为最终判断事故原因提供重要依据。

三、事故结案类型

在事故处理过程中，无论事故大小都要查清责任，严肃处理，并注意区分责任事故、非责任事故和破坏事故。

（1）责任事故。因有关人员的过失而造成的事故为责任事故。

（2）非责任事故。由于自然因素而造成的不可抗拒的事故，或由于未知领域的技术问题而造成的事故为非责任事故。

（3）破坏事故。为达到一定目的而蓄意制造的事故为破坏事故。

四、责任事故的处理

对于责任事故，应区分事故的直接责任者、领导责任者和主要责任者。其行为与事故的发生有直接因果关系的，为直接责任者；对事故的发生负有领导责任的，为领导责任者；在直接责任者和领导责任者中，对事故的发生起主要作用的，为主要责任者。

有关机关应当按照人民政府的批复，依照法律、行政法规规定的权限和程序，对事故发生单位和有关人员进行行政处罚，并对负有事故责任的国家工作人员进行处分；事故发生单位应当按照负责事故调查的人民政府的批复，对本单位负有事故责任的人员进行处理；负有事故责任的人员涉嫌犯罪的，依法追究刑事责任。

（1）有下列情形之一时，应当追究事故发生单位主要负责人的责任，属于国家工作人员的，并依法给予处分；构成犯罪的，依法追究刑事责任：

① 未依法履行安全生产管理职责，导致事故发生的。

② 不立即组织事故抢救的。

③ 迟报或者漏报事故的。

④ 在事故调查处理期间擅离职守的。

（2）事故发生单位及其有关人员有下列行为之一的，应当追究主要负责人、直接负责的主管人员和其他直接责任人员的责任，属于国家工作人员的，并依法给予处分；构成违反治安管理行为的，由公安机关依法给予治安管理处罚；构成犯罪的，依法追究刑事责任：

① 谎报或者瞒报事故的。

② 伪造或者故意破坏事故现场的。

③ 转移、隐匿资金、财产，或者销毁有关证据、资料的。

④ 拒绝接受调查或者拒绝提供有关情况和资料的。

⑤ 在事故调查中作伪证或者指使他人作伪证的。

⑥ 事故发生后逃匿的。

（3）有关地方人民政府、安全生产监督管理部门和负有安全生产监督管理职责的有关部门有下列行为之一的，对直接负责的主管人员和其他直接责任人员依法给予处分；构成犯罪的，依法追究刑事责任：

① 不立即组织事故抢救的。

② 迟报、漏报、谎报或者瞒报事故的。

③ 阻碍、干涉事故调查工作的。

④ 在事故调查中作伪证或者指使他人作伪证的。

（4）参与事故调查的人员在事故调查中有下列行为之一的，依法给予处分；构成犯罪的，依法追究刑事责任：

① 对事故调查工作不负责任，致使事故调查工作有重大疏漏的。

② 包庇、袒护负有事故责任的人员或者借机打击报复的。

（5）地方人民政府主要领导人和政府有关部门正职负责人对下列特大安全事故的防范、发生，有失职、渎职情形或者负有领导责任的，给予行政处分；构成玩忽职守罪或者其他罪的，依法追究刑事责任：

① 特大火灾事故。

② 特大交通安全事故。

③ 特大建筑质量安全事故。

④ 民用爆炸物品和化学危险品特大安全事故。

⑤ 煤矿和其他矿山特大安全事故。

⑥ 锅炉、压力容器、压力管道和特种设备特大安全事故。

⑦ 其他特大安全事故。

地方人民政府和政府有关部门对特大安全事故的防范、发生直接负责的主管人员和其他直接责任人员，比照本规定给予行政处分；构成玩忽职守罪或者其他罪的，依法追究刑事责任。

五、道路交通事故处理范例

(一) 道路交通事故处理原则

道路交通事故分为财产损失事故、伤人事故和死亡事故。财产损失事故是指造成财产损失，尚未造成人员伤亡的道路交通事故；伤人事故是指造成人员受伤，尚未造成人员死亡的道路交通事故；死亡事故是指造成人员死亡的道路交通事故。

根据《道路交通事故处理程序规定》，处理道路交通事故，首先应当遵循合法、公正、公开、便民、效率的原则，尊重和保障人权，保护公民的人格尊严；其次道路交通事故的调查处理应当由公安机关交通管理部门负责；再次应当使用全国统一的交通管理信息系统；最后交通警察处理道路交通事故，应当按照规定使用执法记录设备。

(二) 道路交通事故处理工作程序

工作程序分为报警和受案、自行协商、简易程序和普通程序。《道路交通事故处理程序规定》还就管辖、回避、时限等作出了明确具体的规定。

1. 管辖、回避和时限

(1) 管辖

管辖是指公安交通管理机关管理处理交通事故案件的权限分工。《道路交通事故处理程序规定》中规定，道路交通事故由事故发生地的县级公安机关交通管理部门管辖。未设立县级公安机关交通管理部门的，由设区的市公安机关交通管理部门管辖。道路交通事故发生在两个以上管辖区域的，由事故起始点所在地公安机关交通管理部门管辖。对管辖权有争议的，由共同的上一级公安机关交通管理部门指定管辖。上级公安机关交通管理部门在必要的时候，可以处理下级公安机关交通管理部门管辖的道路交通事故，或者指定下级公安机关交通管理部门限时将案件移送其他下级公安机关交通管理部门处理。

（2）回避

在调查处理道路交通事故时，交通警察或者公安机关检验、鉴定人员有下列情形之一的，应当回避：① 是本案的当事人或者是当事人的近亲属的；② 本人或者其近亲属与本案有利害关系的；③ 与本案当事人有其他关系，可能影响案件公正处理的。

交通警察或者公安机关检验、鉴定人员需要回避的，由本级公安机关交通管理部门负责人或者检验、鉴定人员所属的公安机关决定。公安机关交通管理部门负责人需要回避的，由公安机关或者上一级公安机关交通管理部门负责人决定。

（3）时限

对于时限要作出具体规定的目的：一是有利于保护当事人的正当权益，二是有利于提高公安交通管理机关的办案效率，三是有利于维护法律、法规的权威性。

根据《中华人民共和国道路交通安全法实施条例》，公安机关交通管理部门对经过勘验、检查现场的交通事故应当在勘查现场之日起 10 d 内制作交通事故认定书。对需要进行检验、鉴定的，应当在检验、鉴定结果确定之日起 5 d 内制作交通事故认定书。此外公安机关交通管理部门调解交通事故损害赔偿争议的期限为 10 d。

2. 报警和受案

（1）报警

根据《道路交通事故处理程序规定》，发生死亡事故、伤人事故的，或者发生财产损失事故且有下列情形之一的，当事人应当保护现场并立即报警：① 驾驶人无有效机动车驾驶证或者驾驶的机动车与驾驶证载明的准驾车型不符的；② 驾驶人有饮酒、服用国家管制的精神药品或者麻醉药品嫌疑的；③ 驾驶人有从事校车业务或者旅客运输，严重超过额定乘员载客，或者严重超过规定时速行驶嫌疑的；④ 机动车无号牌或者使用伪造、变造的号牌的；⑤ 当事人不能自行移动车辆的；⑥ 一方当事人离开现场的；⑦ 有证据证明事故是由一方故意造成的。

发生财产损失事故且有下列情形之一，车辆可以移动的，当事人应当组织车上人员疏散到路外安全地点，在确保安全的原则下，采取现场拍照或者标画事故车辆现场位置等方式固定证据，将车辆移至不妨碍交通的地点后报警：① 机动车无检验合格标志或者无保险标志的；② 碰撞建筑物、公共设施或者其他设施的。

此外，载运爆炸性、易燃性、毒害性、放射性、腐蚀性、传染病病原体等危险物品车辆发生事故的，当事人应当立即报警。

（2）受案

公安机关及其交通管理部门接到报警的，应当受理，制作受案登记表并记录下列内容：① 报警方式、时间，报警人姓名、联系方式，电话报警的，还应当记录报警电话；② 发生或者发现道路交通事故的时间、地点；③ 人员伤亡情况；④ 车辆类型、车辆号牌号码，是否载有危险物品以及危险物品的种类、是否发生泄漏等；⑤ 涉嫌交通肇事逃逸的，还应当询问并记录肇事车辆的车型、颜色、特征及其逃逸方向、逃逸驾驶人的体貌特征等有关情况。接到道路交通事故报警后，需要派人员到现场处置，或者接到出警指令的，公安机关交通管理部门应当立即派交通警察赶赴现场。发生道路交通事故后当事人未报警，在事故现场撤除后，当事人又报警请求公安机关交通管理部门处理的，经核查道路交通事故事实存在的，公安机关交通管理部门应当受理，制作受案登记表。

3. 自行协商

当机动车与机动车、机动车与非机动车发生不需要报警的财产损失事故，或者非机动车与非机动车或者行人发生财产损失事故时，可自行协商处理。

发生可以自行协商处理的财产损失事故，当事人应当在确保安全的原则下，采取现场拍照或者标画事故车辆现场位置等方式固定证据后，立即撤离现场，将车辆移至不妨碍交通的地点，再协商处理损害赔偿事宜；对于不涉及机动车的事故，当事人应当先撤离现场，再协商处理损害赔偿事宜。

当事人可以通过互联网在线自行协商处理。对事实及成因有争议的，可以通过互联网共同申请公安机关交通管理部门在线确定当事人的责任。

当事人报警的，交通警察、警务辅助人员可以指导当事人自行协商处理。当事人要求交通警察到场处理的，应当指派交通警察到现场调查处理。

当事人自行协商达成协议的，制作道路交通事故自行协商协议书，并共同签名。道路交通事故自行协商协议书应当载明事故发生的时间、地点、天气、当事人姓名、驾驶证号或者身份证号、联系方式、机动车种类和号牌号码、保险公司、保险凭证号、事故形态、碰撞部位、当事人的责任等内容。

当事人自行协商达成协议的，可以按照当事人自行赔偿或者到投保的保险公司或者到道路交通事故保险理赔服务场所办理损害赔偿事宜两种方式履行道路交通事故损害赔偿。当事人自行协商达成协议后未履行的，可以申请人民调解委员会调解或者向人民法院提起民事诉讼。

4. 简易程序

对于案情简单、因果关系明确、当事人争议不大的财产损失事故及受伤当事人伤势轻微、各方当事人一致同意适用简易程序处理的伤人事故，可由一名交通警察处理，但有交通肇事、危险驾驶犯罪嫌疑的除外。

交通警察应当在固定现场证据后，责令当事人撤离现场，恢复交通，同时根据现场固定的证据和当事人、证人陈述等，认定并记录道路交通事故发生的时间、地点、天气、当事人姓名、驾驶证号或者身份证号、联系方式、机动车种类和号牌号码、保险公司、保险凭证号、道路交通事故形态、碰撞部位等，确定当事人的责任，当场制作道路交通事故认定书。不具备当场制作条件的，交通警察应当在3d内制作道路交通事故认定书。此外，道路交通事故认定书应当由当事人签名，并现场送达当事人。当事人拒绝签名或者接收的，交通警察应当在道路交通事故认定书上注明情况。

当事人共同请求调解的，交通警察应当当场进行调解，并在道路交通事故认定书上记录调解结果，由当事人签名，送达当事人。

有下列情形之一的，不适用调解，交通警察可以在道路交通事故认定书上注明有关情况后，将道路交通事故认定书送达当事人：① 当事人对道路交通事故认定有异议的；② 当事人拒绝在道路交通事故认定书上签名的；③ 当事人不同意调解的。

5. 普通程序

适用简易程序处理以外的交通事故，亦即对造成人员轻微伤害或者财产损失事故以外的交通事故，适用普通程序处理。

(1) 调查人员

除简易程序外，公安机关交通管理部门对道路交通事故进行调查时，交通警察不得少于2人。交通警察调查时应当向被调查人员出示"人民警察证"，告知被调查人依法享有的权利和义务，向当事人发送联系卡。联系卡注明交通警察姓名、办公地址、联系方式、监督电话等内容。

(2) 现场处置

交通警察到达事故现场后，应当立即进行下列工作：① 按照事故现场安全防护有关标准和规范的要求划定警戒区域，在安全距离位置放置发光或者反光锥筒和警告标志，确定专人负责现场交通指挥和疏导。因道路交通事故导致交通中断或者现场处置、勘查需要采取封闭道路等交通管制措施的，还应当视情在事故现场来车方向提前组织分流，放置绕行提示标志。② 组织抢救受伤人员。③ 指挥救护、勘查等车辆停放在安全和便于抢救、勘查的位置，开启警灯，夜间还应当开启危险报警闪光灯和示廓灯。④ 查找道路交通事故当事人和证人，控制肇事嫌疑人。⑤ 其他需要立即开展的工作。

(3) 现场调查

交通警察应当对事故现场开展下列调查工作：① 勘查事故现场，查明事故车辆、当事人、道路及其空间关系和事故发生时的天气情况；② 固定、提取或者保全现场证据材料；③ 询问当事人、证人并制作询问笔录，现场不具备制作询问笔录条件的，可以通过录音、录像记录询问过程；④ 其他调查工作。

对发生一次死亡3人以上道路交通事故的，以及造成其他严重后果或者存在严重安全问题的道路交通事故，可以开展深度调查。

（4）交通肇事逃逸查缉

公安机关交通管理部门应当根据管辖区域和道路情况，制订交通肇事逃逸案件查缉预案，并组织专门力量办理交通肇事逃逸案件。发生交通肇事逃逸案件后，应当立即启动查缉预案，布置警力堵截，并通过全国机动车缉查布控系统查缉。查获交通肇事逃逸车辆或者交通肇事逃逸嫌疑人后，应当按原范围撤销协查通报，并通过全国机动车缉查布控系统撤销布控。

（5）检验、鉴定

需要进行检验、鉴定的，公安机关交通管理部门应当按照有关规定，自事故现场调查结束之日起3d内委托具备资质的鉴定机构进行检验、鉴定。检验、鉴定费用由公安机关交通管理部门承担，但法律、法规另有规定或者当事人自行委托伤残评定、财产损失评估的除外。

公安机关交通管理部门应当与鉴定机构确定检验、鉴定完成的期限，确定的期限不得超过30 d。超过30 d的，应当报经上一级公安机关交通管理部门批准，但最长不得超过60 d。

自检验报告、鉴定意见确定之日起5 d内，公安机关交通管理部门应当通知当事人领取扣留的事故车辆。因扣留车辆发生的费用由作出决定的公安机关交通管理部门承担，但公安机关交通管理部门通知当事人领取，当事人逾期未领取产生的停车费用则由当事人自行承担。

（三）道路交通事故责任认定

根据《道路交通事故处理程序规定》，道路交通事故认定应当做到事实清楚、证据确实充分、适用法律正确、责任划分公正、程序合法。

公安机关交通管理部门应当根据当事人的行为对发生道路交通事故所起的作用以及过错的严重程度，确定当事人的责任：① 因一方当事人的过错导致道路交通事故的，承担全部责任；② 因两方或者两方以上当事人的过错发生道路交通事故的，根据其行为对事故发生的作用以及过错的严重程度，分别承担主要责任、同等责任和次要责任；③ 各方均无导致道路交通事故的过错，属于交通意外事故的，各方均无责任；④ 一方当事人故意造成道路交通事故的，他方无责任。

当事人有下列情形之一的，承担全部责任：① 发生道路交通事故后逃逸的；② 故意破坏、伪造现场、毁灭证据的。为逃避法律责任追究，当事人弃车逃逸以及潜逃藏匿的，如有证据证明其他当事人也有过错，可以适当减轻责任，但同时有证据证明逃逸当事人有过错的，不予减轻。

第三章 道路桥梁施工安全技术

第一节 道路施工安全技术

一、路基工程施工安全技术

(一) 路基的定义、分类

(1) 路基是路面的基础，是道路结构层的重要组成部分，是公路工程的主体，其质量的好坏直接影响到结构物的排水稳定性以及公路的使用品质。

(2) 高于原地面的填方路基称为路堤，低于原地面的挖方路基称为路堑。路面底面以下 80cm 范围内的路基部分称为路床。路基的主要形式包括：填方路基、挖方路基以及半填半挖路基。路基通过的地带类型多，技术条件复杂，受地形和气候等条件的影响，施工过程中，要经常进行挡土墙等施工，为避免事故的发生，应进行严格的安全控制和管理。

(二) 路基工程

(1) 砍伐树木需用刀、锯子等工具截断树木，清除树根的作业过程，如果施工范围内有影响施工的杂草、树木就要进行清除杂草、砍伐树木的工作，清除的草丛、树木严禁放火焚烧，以防引起火灾。

(2) 砍伐树木必须遵守下列规定：

① 伐树前，应将周围有碍砍伐作业的灌木和藤条砍除，并选好安全躲避的退路；

② 伐树范围内应布置警戒，非工作人员不得逗留、接近；

③ 为使树木按预定方向倾倒，要先在树木下部倒树方向砍一刹口，其深度为树干直径的 1/4，然后再从刹口上边缘的对面开锯，最后应留 2～3cm 安全距离；

④ 在陡坡悬岩处砍伐树木，应有防止树木伐倒后顺坡溜滑和撞落石块伤人的安全措施，在山坡上严禁在同一地段的上下方同时作业；

⑤ 截锯木料时，三叉马和树干垫撑必须稳固；

⑥ 大风、大雾和雨天不得进行伐树作业。

（3）拆除建（构）筑物前，应制订安全可靠的拆除方案。先将与拆除物有连通的电线、水、气管道切断，并在四周危险区域内围设安全护栏，非工作人员不得进入。拆除工序应由上而下，先外后里，严禁数层同时作业。操作人员应站在脚手架或稳固的结构部位上作业。对有倒坍危险的结构物应予以临时支撑加固。拆除某部位时要防止其他部位发生坍塌。拆除梁柱之前应先拆除其承托的全部结构物，严禁采用掏空、挖切和大面积推倒的拆除方法。

当采用控爆法拆除大型建（构）筑物时，必须有经批准的控制爆破设计文件。

（4）清除淤泥时，应先排除积水，并制定出相应的安全措施后方可清淤。

（三）土方工程

（1）人工挖掘土方必须遵守下列规定：

① 开挖土方的操作人员之间，必须保持足够的安全距离：横向间距不小于2m，纵向间距不小于3m；

② 土方开挖时必须按自上而下的顺序放坡进行，严禁采用挖空底脚的操作方法。

（2）在靠近建筑物、设备基础、电杆及各种脚手架附近挖土时，必须采取安全防护措施。

（3）高陡边坡处施工必须遵守下列规定：

① 作业人员必须绑系安全带；

② 边坡开挖中如遇地下水涌出，应先排水，后开挖；

③ 开挖工作应与装运作业面相互错开，严禁上、下双重作业；

④ 弃土下方和有滚石危及范围内的道路，应设警告标志，作业时坡下严禁通行；

⑤ 坡面上的操作人员对松动的土、石块必须及时清除，严禁在危石下方作业、休息和存放机具。

（4）设有支挡工程的地质不良地段，在考虑分段开挖的同时，应分段修建支挡工程。

（5）施工中如发现山体有滑动、崩坍迹象危及施工安全时，应暂停施工，撤出人员和机具，并报上级处理。

（6）滑坡地段的开挖，应从滑坡体两侧向中部自上而下进行，严禁全面拉槽开挖，弃土不得堆在主滑区内。开挖挡墙基槽也应从滑坡体两侧向中部分段跳槽进行，并加强支撑，及时砌筑和回填墙背，施工中应设专人观察，严防塌方。

（7）在落石与岩堆地段施工，应先清理危石和设置拦截设施后再进行开挖。其开挖面坡度应按设计进行，坡面上松动石块应边挖边清除。

（8）岩溶地区施工，应认真处理岩溶水的涌出，以免导致突发性的塌陷。泥沼地段施工，应有必要的防范措施，避免人、机下陷。挖出的废土应堆置在合适的地方，以防汛期造成人为的泥石流。

（9）采用人工挑、抬、运土，应检查箩筐、土箕、抬杠、扁担、绳索等的牢固程度。

（10）会车时应轻车让重车。通过窄路、十字路口、交通繁忙地段及转弯时，应注意来往行人及车辆。重车运行，前后两车间距必须大于 5m；下坡时，间距不小于 10m，并严禁车上乘人。车道应有专人维修，悬崖陡壁处应设防护栏杆。

（11）轨道翻斗车运土时，轨道应铺设平顺，防止死弯，坡度不应大于 3%。双线的净间距不得小于 1m，平交道两侧的轨道应设长度不小于 20m 的直线，卸车地段应有 10～15m 的反坡，并在尽头设车挡。

操作时必须遵守下列规定：

① 斗车及制动装置必须完好，装车前应先插牢锁销；装车不得超载、偏载；

② 车辆宜在平道上装土，如在坡道上装土时，必须在下坡方向车轮下加楔，以防车辆滑溜；

③ 推车人员必须掌好车闸，车速不宜过快，前方有人时应鸣号示意避让；多车同行时，前后间距不得小于 20m；

④ 卸土时，在下方的作业人员应避开，并应防止车辆倾覆，严禁在行走中卸土，卸土后应将锁销插好；

⑤ 数车同时卸土，应设专人指挥，两车间距不得小于 2m，其间严禁站人。

（12）电动蛙式打夯机的电源线必须完好无损，并应安装漏电保护器。操作时应戴绝缘手套，一人操作、一人扶持电缆进行辅助。辅助与操作人员必须紧密配合，严禁在夯机前方隔机扔电缆和背线拖拉前进。电缆线不应扭结或缠绕，不得夯及电源线，也不得在斜坡上夯打。停用或搬运打夯机时应切断电源。

（13）大型机械进场前，应查清所通过道路、桥梁的净宽和承载力是否足够，否则应先予拓宽和加固。

（14）施工单位应为进场机械提供临时机棚或停机场地。机械在停机棚内启动时，必须保持通风；棚内严禁烟火，机械人员必须掌握所备灭火器材的使用方法。

（15）在电杆附近挖土时，对于不能取消的拉线地垄及杆身，应留出土台。电杆为 1～1.5m，拉线为 1.5～2.5 m，并视土质决定边坡坡度。土台周围应插标杆示警。

（16）机械在危险地段作业时，必须设立明显的安全警告标志，并应设专人站在操作人员能看清的地方指挥。驾机人员只能接受指挥人员发出的规定信号。

（17）机械在边坡、边沟作业时，应与边缘保持必要的安全距离，使轮胎（履带）压在坚实的地面上。

（18）配合机械作业的清底、平地、修坡等辅助工作应与机械作业交替进行。机上、机下人员必须密切配合，协同作业。当必须在机械作业范围内同时进行辅助工作时，应停止机械运转后，辅助人员方可进入。

（19）施工中遇有土体不稳、发生坍塌、水位暴涨、山洪暴发或在爆破警戒区内听到爆破信号时，应立即停工，人、机撤至安全地点。当工作场地发生交通堵塞，地面出现陷车（机），机械运行道路发生打滑，防护设施毁坏失效，或工作面不足以保证安全作业时，亦应暂停施工，待恢复正常后方可继续施工。

二、基层施工安全技术

（一）基层

基层材料必须具有足够的强度、水稳定性、扩散荷载的性能，按照现行规范基层可分为无机结构料稳定类和粒料类。无机结构料稳定类包括：水泥稳定土、石灰稳定土、石灰工业废渣稳定土以及综合稳定土；粒料类包括：分级配型和嵌锁型、改配型有级配碎石（砾石）、嵌锁型有填隙碎石等。

（二）基本要求

（1）消解石灰，不得在浸水的同时边投料、边翻拌，人员应远避，以防烫伤。

（2）装卸、晒铺及翻动粉状材料时，操作人员应站在上风侧，轻拌轻翻减少粉尘。散装粉状材料宜使用粉料运输车运输，否则车厢上应采用篷布遮盖。装卸尽量避免在大风天气下进行。

（3）碎石机作业

①进料要均匀，不得过大，严防金属块等混入。出料口上方应有挡板。

②不得从上方向碎石机口内窥视。

③若石料卡住进口，应用铁钩翻动，严禁用手搬动。

（4）稳定土拌和机作业

①应根据不同的拌和材料，选用合适的拌和齿。

②拌和作业时，应先将转子提起离开地面空转，然后再慢慢下降至拌和深度。

③在拌和过程中，不能急转弯或原地转向，严禁使用倒挡进行拌和作业。遇到底层有障碍物时，应及时提起转子，进行检查处理。

④拌和机在行走和作业过程中，必须采用低速，保持匀速。液压油的温度不得超过规定值。

⑤停车时应拉上制动，将转子置于地面。

(5) 场拌稳定土机械作业

①皮带运输机应尽量降低供料高度，以减轻物料冲击。在停机前必须将料卸尽。

②拌和机仓壁振动器在作业中铁芯和衔铁不得碰撞，如发生碰撞应立即调整振动体的振幅和工作间隙。仓内不出料时，严禁使用振动器。

③拌和结束后，给料斗、储料仓中不得有存料。

④搅拌壁及叶桨的紧固状况应经常检查，如有松动应立即拧紧。

(6) 碎石撒布机作业

①自卸汽车与撒布机联合作业，应紧密配合，以防碰撞。

②撒布碎石，车速要稳定，不应在撒布过程中换挡。严禁撒布机长途自行转移。

③在工地作短距离转移，必须停止拨料辊及皮带运输机的传动，并注意道路状况以防碰坏机件。

④作业时无关人员不得进入现场，以防碎石伤人。

⑤石料的最大粒径不得超过说明书中的规定。

(7) 洒水车作业

①洒水车在公路上抽水时，不得妨碍交通。

②在有水草和杂物的水道中抽水时，吸水管端应加设过滤网罩。

③洒水车在上下坡及弯道运行中，不得高速行驶，并避免紧急制动。

④洒水车驾驶室外不得载人。

三、水泥混凝土路面施工安全技术

水泥混凝土路面是一种高级路面，其是以水泥、碎石、砂、水，按一定比例，经拌和、摊铺、振捣、成型和养护的路面，也称为刚性路面，具有强度高、耐久性能好等特点，所以应用广泛，常用于城市道路、机场、码头等。

(一) 混凝土拌和及运送

(1) 水泥混凝土的拌和，应按有关规定办理：

①人工手推车上料时，手推车不得松手撒把。运输斜道上，应设有防滑设施。

②机械上料时，在铲斗（或拉铲）移动范围内不得站人。铲斗下方严禁有人停留和通过。

③向搅拌机内倾倒水泥，宜采用封闭式加料斗。为减少进出料口的粉尘飞扬应

加设防护板。

④ 作业结束时，应将料斗放下，落入斗坑或平台上。

(2) 手推车或小型翻斗车装运混凝土时，车辆之间应保持一定的安全距离。

(3) 水泥混凝土运输车运送混凝土拌和物时，应遵守下列规定：

① 液压泵、液压马达、阀件应紧固，并与管道连接牢固，密封良好。各泵旋转时应无卡阻和异常声响。

② 当传动系统出现故障，液压油输出中断而导致滚筒停转，并一时无法修复时，要利用紧急排出系统快速排出混凝土拌和物。

③ 严禁用手触摸旋转中的搅拌筒和随动轮。

(4) 自卸汽车运送混凝土拌和物，不得超载和超速行驶。车停稳后方准顶升车厢卸料。车厢尚未放下时，操作人员不得上车清除残料。

(二) 人工摊铺

(1) 装卸钢模时，必须逐片轻抬轻放，不得随意抛掷。

(2) 使用振动器时，应遵守下列规定：

① 操作人员要佩戴安全防护用品，配电盘（箱）的接线宜使用电缆线；

② 在大体积混凝土中作业时，电源总开关应放置在干燥处；多台振捣器同时作业，应设集中开关箱，并由专人负责看管；

③ 风动振捣器的连接软管不得有破损或漏气，使用时要逐渐开大通气阀门；

(3) 使用木模时，拆下的木模应及时起钉，堆放整齐。

(三) 机械摊铺

轨模式水泥混凝土摊铺机摊铺时，应遵守下列规定：

① 布料机与振平机之间应保持 5～8m 的安全距离。

② 布料机传动钢丝的松紧要适度。不得将刮板置于运行方向垂直的位置，也不得借助整机的惯性冲击料堆。

③ 作业中严禁驾驶员擅自离开驾驶台。无关人员不得在驾驶台上停留或上下摊铺机。在弯道上作业时，要注意防止摊铺机脱轨。

④ 滑模式水泥混凝土摊铺机摊铺时，应遵守下列规定：

a. 停机处应平坦、坚实，并用支垫牢固的木块垫起机体。履带垫离地面后方可进行调整、安装工作。

b. 调整机器高度时，工作踏板及扶梯等处不得站人。作业期间严禁碰撞引导线。

c. 摊铺机应避免紧急转向，防止与预置钢筋、路机缘石等碰撞。

d. 摊铺机不得牵引其他机械。其他机械牵引摊铺机时应用刚性拖杆。

e. 摊铺机停放在通车道路上时，周围必须设置明显的安全标志。夜间应以红灯示警，其能见度不得小于150m。

f. 真空吸水作业时，严禁操作人员在吸垫上行走或将物件置压在吸垫上。

g. 使用水泥混凝土抹平机时，应确保抹平机的叶片光洁平整，并处于同一水平面，其连接螺栓应紧固不松动，并在无负荷状态下起动。电缆要由专人收放，确保不打结，不砸压，如发现有异常现象应立即停机检查。

（四）切缝、养生

（1）切缝机锯缝时，刀片夹板的螺母应紧固，各连接部位和安全防护罩应完好正常。切缝前应先打开冷却水，冷却水中断时应停止切缝。切缝时刀片要缓缓切入，并注意割切深度指示器，当遇有较大切割阻力时，应立即升起刀片检查。停止切缝时应先将刀片提离板面后才可停止运转。

（2）薄膜养护的溶剂，一般具有毒性和易燃等特性，应做好储运装卸的安全工作。喷洒时应站在上风，穿戴安全防护用品。

（五）机械碾压

压路机作业时应遵守下列规定：

① 严禁在压路机没有熄火，下无支垫、三角木的情况下，进行机下检修。

② 压路机应停放在平坦、坚实并对交通及施工作业无妨碍的地方。停放在坡道上时，前后轮应置垫三角木。

③ 压路机前后轮的刮板，应保持平整良好。碾轮刷油或洒水的人员应与司机密切配合，必须跟在碾轮行走的后方，且要注意压路机转向。

（六）旧路面凿除

（1）旧路面凿除宜分小段进行，以免妨碍交通。

（2）用镐开挖旧路面时，应并排前进，左右间距应不少于2m，不得面对面使镐。

（3）大锤砸碎旧路面时，周围不得有人站立或通行。锤击钢钎，使锤人应站在扶钎人的侧面，使锤者不得戴手套，锤柄端头应有防滑措施。

（4）风动工具凿除旧路面，应遵守下列规定：

① 各部分管道接头必须紧固，不漏气，胶皮管不得缠绕打结，并不得用折弯风管的办法作断气之用，也不得将风管置于胯下；

② 风管通过过道，须挖沟将风管下埋；

③风管连接风包后要试送气，检查风管内有无杂物堵塞，送气时，要缓慢旋开阀门，不得猛开；

④风镐操作人员应与空压机司机紧密配合，及时送气或闭气；

⑤钎子插入风动工具后不得空打。

（5）利用机械破碎旧路面时，应由专人统一指挥，操作范围内不得有人，铲刀切入地面不宜过深，推刀速度应缓慢。

四、沥青混凝土路面施工安全技术

（一）沥青路面

路面是由各种不同的材料，按一定的厚度与宽度分层铺筑在路基顶面上的层状构造物。沥青路面指的是用沥青做结合料铺筑面层的路面系统，是在柔性基础、半刚性基础上，铺筑一定厚度的沥青混合料面层的路面结构。沥青路面分为沥青混合料、乳化沥青碎石、沥青贯入式、沥青表面处治4种类型，由于沥青具有很强的黏结性，所以施工过程要特别注意安全。

（二）基本要求

（1）沥青操作人员均应进行体检。凡患有结膜炎、皮肤病及对沥青过敏反应者，不宜从事沥青作业。

（2）从事沥青作业人员，皮肤外露部分均须涂抹防护药膏。工地上应配有医务人员。

（3）沥青操作工的工作服及防护用品，应集中存放，严禁穿戴回家和进入集体宿舍。

（4）沥青的加热及混合料拌制，宜设在人员较少、场地空旷的地段。产量较大的拌和设备，有条件的应增设防尘设施。

（5）块状沥青搬运一般宜在夜间和阴天进行，尤其应避免炎热季节。搬运时宜采用小型机械装卸，不宜用手直接装运。

（6）液态沥青宜采用液态沥青车运送，使用时应遵守下列规定：

①用泵抽送热沥青进出油罐时，工作人员应避让；

②向储油罐注入沥青时，当浮标指标达到允许最大容量时，要及时停止注入；

③满载运行时，遇有弯道、下坡时要提前减速，避免紧急制动。油罐装载不满时要始终保持中速行驶。

（7）采用吊车吊装桶装沥青时，应遵守下列规定：

①吊装作业应由专人指挥，沥青桶的吊索应绑扎牢固；

②吊起的沥青桶不得从运输车辆的驾驶室上空越过，并应稍高于车厢板，以防

碰撞；

③ 吊臂旋转半径范围内不得站人；

④ 沥青桶未稳妥落地前，严禁卸、取吊绳。

(8) 人工装卸桶装沥青时，应遵守下列规定：

① 运输车辆应停放在平坡地段，并拉上手闸；

② 跳板应有足够的强度，坡度不应过陡；

③ 沥青桶不得漏油，否则应先堵漏，后搬运；

④ 放倒的沥青桶经跳板向上（下）挪动装（卸）车时，要在露出跳板两侧的铁桶上各套一根绳索，收放绳索时要缓慢，并应两端同步上下。

(9) 人工运送液态沥青，装油量不得超过容器的 2/3。

(10) 沥青的预热与熬制应采用蒸汽、导热油、太阳能及远红外等加工工艺。

(11) 蒸汽加温沥青时，其蒸汽管道应连接牢固，严加保护，在人员易触及的部位，必须用保温材料包扎。

(12) 太阳能电池上面的工作梯必须具有防滑措施，严禁非作业人员攀登。

(13) 远红外加热沥青，应遵守下列规定：

① 使用前应检查机电设备和短路过载保安装置是否良好，电气设备有无接地，确认符合要求后方可合闸作业；

② 沥青油泵应进行预热，当用手能转动联轴器时，方可启动油泵送油。输油完毕后将电机反转，使管道中余油流回锅内，并立即用柴油清洗沥青泵及管道。清洗时必须关闭有关阀门，严防柴油流入油锅。

(14) 导热油加热沥青，应遵守下列规定：

① 加热炉使用前必须进行耐压试验，水压力应不低于额定工作压力的两倍；

② 对加热炉及设备应作全面检查，各种仪表应齐全完好，泵、阀门、循环系统和安全附件应符合技术要求，超压、超温报警系统应灵敏可靠；

③ 必须经常检查循环系统有无渗漏、振动和异声，定期检查膨胀箱的液面是否超过规定，自控系统的灵敏性和可靠性是否符合要求，并应定期清除炉管及除尘器内的积灰；

④ 导热油的管道应有防护设施。

(15) 沥青洒布车作业，应遵守下列规定：

① 检查机械、洒布装置及防护、防火设备是否齐全有效。

② 采用固定式喷灯向沥青箱的火管加热时，应先打开沥青箱上的烟囱口，并在液态沥青淹没火管后，方可点燃喷灯。加热喷灯的火焰过大或扩散蔓延时应立即关闭喷灯，待多余的燃油烧尽后再使用。喷灯使用前，应先封闭吸油管及进料口，手

提喷灯点燃后不得接近易燃品。

③满载沥青的洒布车应中速行驶。遇有弯道、下坡时应提前减速，尽量避免紧急制动。行驶时严禁使用加热系统。

④驾驶员与机上操作人员应密切配合，操作人员应注意自身的安全。作业时在喷洒沥青方向10m以内不得有人停留。

(16) 沥青洒布机作业，应遵守下列规定：

①工作前应将洒布机车轮固定，检查高压胶管与喷油管连接是否牢固，油嘴和节门是否畅通，机件有无损坏。检查确认完好后，再将喷油管预热，安装喷头，经过在油箱内试喷后，方可正式喷洒。

②装载热沥青的油桶不得漏油，其装油时要低下桶口，向洒布机油箱注油时，油桶要靠稳，往油箱里缓慢向下倒油，不得猛倒。

③喷洒沥青时，手握的喷油管部分应加缠旧麻袋或石棉绳等隔热材料。操作时，喷头严禁向上。喷头附近不得站人，不得逆风操作。

④压油时，速度要均匀，不得突然加快。喷油中断时，应将喷头放在洒布机油箱内，固定好喷管，不得滑动。

⑤移动洒布机，油箱中的沥青不得过满。

⑥喷洒沥青时，如发现喷头堵塞或其他故障，应立即关闭阀门，等修理完好后再进行作业。

⑦人工拌和作业时应使用铁布或长柄勺倒油，壶嘴或勺口不应提得过高，防止热油溅起伤人。

(17) 沥青混合料拌和设备作业，应遵守下列规定：

①作业前，热料提升斗，搅拌器及各种称斗内不得有存料。

②配有湿式除尘系统的拌和设备其除尘系统的水泵应完好，并保证喷水量稳定且不中断。

③卸料斗处于地下底坑时，应防止坑内积水淹没电器元件。

④拌和机启动、停机，必须按规定程序进行。点火失效时，应及时关闭喷燃器油门，待充分通风后再进行点火。需要调整点火时，必须先切断高压电源。

⑤液化气点火时，必须有减压阀及压力表。燃烧器点燃后，必须关闭总阀门。

⑥连续式拌和设备的燃烧器熄火时应立即停止喷射沥青。烘干拌和筒着火时，应立即关闭燃烧器鼓风机及排风机，停止供给沥青，再用含水量高的细骨料投入烘干拌和筒，并在外部卸料口用干粉或泡沫灭火器进行灭火。

⑦关机后应清除皮带上、各供料斗及除尘装置内外的残余积物，并清洗沥青管道。

⑧沥青混合料拌和站的各种机电（包括使用微电脑控制进料的）设备，在运转

前均需由机工、电工、电脑操作人员进行详细检查，确认正常完好后才能合闸运转。

⑨ 机组投入正常运转后，各部门、各工种都要随时监视各部位运转情况，不得擅离岗位。

⑩ 运转过程中，如发现有异常情况，应报告机长，并及时排除故障。停机前应首先停止进料，等各部位 (拌鼓、烘干筒等) 卸完料后，才可提前停机。再次启动时，不得带负荷启动。

⑪ 运转中严禁人员靠近各种运转机构。

⑫ 搅拌机运行中，不得使用工具伸入滚筒内掏挖或清理。需要清理时必须停机。如需人员进入搅拌鼓内工作时，鼓外要有人监护。

⑬ 料斗升起时，严禁有人在斗下工作或通过。检查料斗时应将保险链挂好。

⑭ 拌和站机械设备需经常检查的部位应设置铁爬梯。采用皮带机上料时储料仓应加强防护。

(18) 沥青混合料摊铺机摊铺作业，应遵守下列规定：

① 驾驶台及作业现场要视野开阔，清除一切有碍工作的障碍物，作业时无关人员不得在驾驶台上逗留，驾驶员不得擅离岗位；

② 运料车向摊铺机卸料时，应协调动作，同步行进，防止互撞；

③ 换挡必须在摊铺机完全停止时进行，严禁强行挂挡和在坡道上换挡或空挡滑行；

④ 熨平板预热时，应控制热量，防止因局部过热而变形，加热过程中，必须有专人看管；

⑤ 驾驶力求平稳，不得急剧转向，弯道作业时，熨平装置的端头与路缘石的间距不得小于10cm，以免发生碰撞；

⑥ 用柴油清洗摊铺机时，不得接近明火。

第二节　桥梁施工安全技术

一、施工准备及临时工程施工安全技术

(一) 施工现场

(1) 施工现场应有利于生产，方便职工生活，符合防洪、防火等安全要求，具备文明生产、文明施工的条件。

(2) 施工现场的临时设施，必须避开泥沼、悬崖、陡坡、泥石流、雪崩等危险区

域，选在水文、地质良好的地段。施工现场内的各种运输道路、生产生活房屋、易燃易爆仓库、材料堆放，以及动力通信线路和其他临时工程，应按照有关安全的规定制定出合理的平面布置图。

（3）施工现场的生活生产房屋、变电所、发电机房、临时油库等均应设在干燥地基上，并应符合防火、防洪、防风、防爆、防震的要求。

（4）施工现场应设置安全标志，并不得擅自拆除。

（5）施工现场内的沟、坑、水塘等边缘应设安全护栏。场地狭小，行人和运输繁忙的路段应设专人指挥交通。

（6）生产生活房屋应按防火规定保持必需的安全净距，一般情况下活动板房不小于7m，铁皮板房不小于5m，临时的锅炉房、发电机房、变电室、铁工房、厨房等与其他房屋的间距不小于15m。

（7）易燃易爆品仓库、发电机房、变电所，应采取必要的安全防护措施，严禁用易燃材料修建。炸药库的设置应符合国家有关规定。工地的小型临时油库应远离生活区50m以外，并外设围栏。

（8）工地上较高的建（构）筑物、临时设施及重要库房，如炸药库、油库、发（变）电房、塔架、龙门吊架等，均应加设避雷装置。

（9）对环境有污染的设施和材料应设置在远离人员居住的、较为空旷的地点。污染严重的工程场所应配有防污染的设施。

（二）施工测量

（1）密林丛草间进行施工测量时，应遵守护林防火规定，严禁烟火，并须预防有害动、植物伤人。

（2）测量钉桩时要注意周围行人的安全，不得对面使锤。钢钎和其他工具不得随意抛掷。

（3）测量人员在高压线附近工作时，必须保持足够的安全距离。遇雷雨时不得在高压线、大树下停留。

（4）在陡坡及危险地段测量时应系安全带，脚穿软底轻便鞋。在桥墩上测量时应有上下桥墩及防止人体坠落的安全措施。

（5）在公路、街道、交通繁忙的道路上测量时，必须有专人警戒，防止交通事故。

（6）水文测量人员应穿救生衣。在陡峻的河岸进行观测时，应有简易便道和防护措施。

在通航河流上，测量船应有信号设备。在江中抛锚时应按港航监督部门的规定设置信号并由专人负责瞭望。夜间进行水文测量时，必须备有足够的照明设备。

（7）冰上测量时应向当地有关部门了解冰封情况，确认无危险后，方可作业。遇有封冰不稳定的河段及春季冰融期间，不得在冰上进行测量。

（三）场内交通及水电设施

（1）场内道路应经常维护，保持畅通。载重车辆通过较多的道路，其弯道半径一般不小于15m，特殊情况不得小于10m。手推车道路的宽度不小于1.5m。急弯及陡坡地段应设置明显交通标志。与铁路交叉处应有专人照管，并设信号装置和落杆。

（2）靠近河流和陡壁处的道路，应设置护栏和明显警告标志。

（3）场内行驶斗车、平车的轨道应平坦顺直，纵坡不得大于3%，车辆应装制动闸，铁路终点应设置倒坡和车挡。

（4）对生产生活用水应进行鉴定，其水质必须符合国家现行标准。水源应采取保护措施，防止水质污染。

（5）场内架设的电线应绝缘良好，悬挂高度及线间距必须符合电业部门的安全规定。

（6）现场架设的临时线路必须用绝缘物支持，不得将电线缠绕在钢筋、树木或脚手架上。

（7）电工在接近高压线操作时，其安全距离为：10kV以下不得小于0.7m，20~35kV不得小于1m，44kV以上不得小于1.2m，否则必须停电后方可操作。

（8）各种电气设备应配专用开关，室外使用的开关、插座应外装防水箱并加锁，在操作处加设绝缘垫层。

（9）在三相四线制中性点接地供电系统中，电气设备的金属外壳应做接零保护；在非三相四线制供电系统中，电气设备的金属外壳应做接地保护，其接地电阻不得大于4Ω；并不得在同一供电系统上有的接地，有的接零。

（10）各种电气设备的检查维修，一般应停电作业；如必须带电作业时，应有可靠的安全措施。

（11）工地安装变压器必须符合电业部门的要求，并设专人管理。施工用电要尽量保持三相平衡。

（12）现场的变（配）电设备处，必须备有灭火器材和高压安全用具。非电工人员严禁接近带电设备。

（13）使用高温灯具，要防止失火，其与易燃物的距离不得小于1m，一般电灯泡距易燃物品不得小于50cm。

（14）移动式电气机具设备应用橡胶电缆供电，并经常注意理顺；跨越道路时，应埋入地下或做穿管保护。

(15) 遇有雷雨天气时不得爬杆带电作业；在室外无特殊防护装置时必须使用绝缘拉杆拉闸。

(16) 施工现场的临时照明：

① 室内照明线路应用瓷夹固定。

② 电线接头应牢固，并用绝缘胶带包扎。

③ 保险丝应按用电负荷量装设。

(17) 能产生大量蒸汽、气体、粉尘等工作场所，应使用密闭式电气设备。有爆炸危险的工作场所应使用防爆型电气设备。

(18) 电气设备的传动带、转轮、飞轮等外露部位必须安设防护罩。

(19) 检修电气设备时应按下列要求进行：

① 电气设备的检修必须由电工进行，他人不得任意操作。

② 工作中如遇停电应拉下开关，切断电源；检修结束必须仔细检查各项设备的情况，没有异常，方可合闸。

③ 大型电气设备检修应在切断电源、设好防护后进行，并在开关处设置警示标牌，工作完成后方可拆除；如需进行送电试验时，必须在认真检查并与有关部门联系后，方可进行。

(20) 大型桥梁施工现场、隧道和预制场地，应有自备电源，以免因电网停电造成工程损失和出现事故。自备电源和电网之间，要有联锁保护。

(四) 临时码头

(1) 临时码头位置应选在河流两岸比较开阔，河床比较稳定，水流顺直，地质较好的河段。两岸引道应保持坚固稳定。

(2) 临时码头应按设计施工，并应配备相应的安全防护设施。

(3) 渡船、拖轮应配有安全设施，按规定核定其载运量、车数、人数，严禁超载、超高、超宽。遇有上下船舶通过，不得横越抢渡。

(4) 码头的附属设备，如跳板、支撑、船环、柱桩等应牢固可靠。

(5) 搭设的栈桥必须坚固可靠，两侧人行道、轨道中间应铺满木板。栈桥临水端应设置靠船的靠帮和系缆设施。通过栈桥的电线、电缆要绝缘良好，并固定在栈桥的一侧。

(6) 栈桥码头应有抗洪水、流冰及其他漂浮物的能力，工作人员应对各种设施经常维修。

二、基础施工安全技术

（一）明挖基础

（1）开挖基坑时，如对邻近建（构）筑物或临时设施有影响时，应采取安全防护措施。

（2）挖掘机等机械在坑顶进行挖基出土作业时，机身距坑边的安全距离应视基坑深度、坡度、土质情况而定。一般应不小于1.0m，堆放材料及机具时应不小于0.8m。

（3）采用桅杆吊斗或皮带运输机出土时，应检查吊斗绳索、挂钩、机具等是否完好牢固。吊斗升降时，坑内作业人员应躲离吊斗升降移动范围以外。吊斗不使用时，应及时摘下，不得悬挂。

（4）在水中挖基时，应备有便于出入基坑的爬梯等安全设施。

（5）开挖中，当坑沿顶面裂缝、坑壁松塌或遇有涌水、涌砂影响基坑边坡稳定时，应立即加固防护。

（6）基坑需机械抽排水开挖时，须配备足够的抽排水设备，抽水机及管路等要安放牢靠。

（7）小型桥涵施工，如不能保证车辆通行时，应事先修好便道或便桥（涵），并在修建便桥（涵）的公路两端设置"禁止通行"的标志。

（8）寒冷地区采用冻结法开挖基坑时，应根据地质、水文、气温等情况，分层冻结，逐层开挖。

（9）基坑开挖需要爆破时，应按国家现行的《爆破安全规程》（GB 6722—2003）办理。

（二）筑岛、围堰

（1）吸泥船吹砂筑岛时，作业区内严禁船舶进入；承载吸泥管道的浮筒上不得行人。

（2）挖基工程所设置的各种围堰和基坑支撑，其结构必须坚固牢靠。基础施工中，挖土、吊运、浇筑混凝土等作业，严禁碰撞支撑，并不得在支撑上放置重物。若施工中发现围堰、支撑有松动、变形等情况时，应及时加固，危及作业人员安全时应立即撤出。

（3）基坑较深时，四周应悬挂人员上下扶梯。

（4）基坑支撑拆除时，应在施工负责人的指导下进行。拆除支撑应与基坑回填相互配合进行。有引起坑壁坍塌危险时，必须采取安全措施。

(5) 在围堰内作业，遇有洪水或流冰，应立即撤出作业人员。

(三) 钢板桩及钢筋混凝土板桩围堰

(1) 插打钢板桩 (包括钢筋混凝土板桩，以下同) 围堰前，应对打桩机具进行全面检查。

(2) 钢板桩起吊前，钢板桩凹槽部位应清扫干净，锁口应先进行修整或试插；组拼的钢板桩组件，应采用坚固的夹具夹牢，不得将吊具拴在钢板桩夹具上。钢板桩吊环的焊接应由专人检查，必要时应进行试吊。

(3) 打桩机和卷扬机应设专人操作。钢板桩起吊，应听从信号指挥。作业时，应在钢板桩上拴好溜绳，防止起吊后急剧摆动。吊起的钢板桩未就位前桩位附近不得站人。

(4) 钢板桩插进锁口后，因锁口阻力不能插放到位而需桩锤压插时，应采用卷扬机钢丝绳控制桩锤下落行程，防止桩锤随钢板桩突然下滑。

(5) 插打钢板桩，如因吊机高度不足，可向下移动吊点位置，但吊点不得低于桩顶下 1/3 桩长的位置。

(6) 钢板桩在锤击下沉时，初始阶段应轻打。桩帽 (垫) 变形时应及时更换。

(四) 套箱围堰

(1) 深水处水中构筑物采用套箱围水修建时，套箱的结构及形式应按设计制造，并经检查验收后方可交付使用。拖轮牵引浮运钢套箱、钢沉井时，应在了解航道的水深、流速等情况后，制订拖轮牵引方案。多艘拖轮牵引浮运大型物件时，应配备通信的器材，并建立统一的指挥机构。

(2) 各种形式的钢套箱，在浮运或装配中，必须具有足够的稳定性和刚度，并要制定吊运、组装、拆卸时的安全技术措施。

(3) 套箱采用船组辅助定位时，应先将定位船、导向船 (或其他导向设施) 就位。定位船锚的设置应根据流速、河床地质情况具体确定。定位船锚在施放时，位置应准确，并要采取措施防止下锚时锚链 (绳) 缠绕或刮带伤人。抛锚地点应设置浮标，船只上的锚固绳栓均要加固补强。

(4) 钢套箱进入现场定位后，应检查锚碇系统的稳定情况，确认无误后方可进行下一步工作。船间的通道及联结梁上，应铺设人行道板和栏杆。

(5) 钢套箱刚刚落床尚未稳定前应防止来往船舶、流冰、漂流物等碰撞导向船、锚绳等设施。

(6) 当沉浮式双壁钢套箱注水下沉或排水上浮时，必须对称均衡进行施工，并防止产生过大的倾斜。

（7）钢套箱拆除，应按施工组织设计规定的程序进行。作业时安全防护设施应齐备。

（五）沉井基础

（1）沉井的初沉阶段不宜在汛期内施工。如必须在汛期、凌汛期施工时，应采取稳妥可靠的安全防护措施。

（2）在围堰筑岛上就地浇筑的沉井，围堰要牢固，防止冲刷产生坍陷。

（3）拆除沉井垫板，应按现行的《公路桥涵施工技术规范》（JTG/T 3650—2020）的规定进行。抽拔垫板时，应派人在沉井外观察和指挥。

（4）沉井下沉，采用人工挖掘时，劳动组织要合理，井内人员不宜过多。在刃脚处挖掘，应对称均匀掘进，并保持沉井均衡下沉。下井操作人员，安全防护用品必须佩戴齐全。井内要有充足的照明。沉井各室均应备有悬挂钢梯及安全绳，以应急需。涌水、涌砂量大时，不宜采用人工开挖下沉。

（5）井内、井上搭设的抽水机台座（架）必须安装牢靠。电路应使用防水胶线，防止漏电。

（6）沉井顶面应设安全防护围栏。井顶上的机具应设防护挡板，小型工具宜装箱存放。在沉井刃脚和井内横隔墙附近，不得有人停留、休息。

（7）用吊斗出土时，斗梁与吊钩应封绑牢固，并应经常检查斗梁、斗门等磨损情况，损伤部位应及时更换或加固。吊斗升降时，井顶指挥人员应通知井下人员暂时避开。

（8）采用抓斗进行不排水下沉时，如钢丝绳缠绕在一起而需要转动抓斗进行排除时，作业人员应站在有护栏的部位。

（9）不排水下沉中，应均匀出土，不得超挖超吸。必须进行沉井底的潜水检查时，要防止沉井突然下沉和大量涌砂而导致沉井歪斜或造成机械和人员损伤。

（10）沉井下沉需要配重时，配重物件应堆码整齐，捆绑牢固；采用偏配重、偏出土和施加水平力纠正井倾时，荷载应逐级增加，并不断观察沉井下沉情况。

（11）采用空气幕下沉沉井时，空压机、储气罐等应符合安全规定的要求，并由专人操作。储气罐放置地点应通风，严禁日光暴晒和高温烘烤。

（12）在深水处，采用浮式沉井施工时，其沉井下水、浮运及悬浮状态下接高、下沉等，应遵守下列规定：

① 浮式沉井在下水前，应进行水密性检查，合格后方可下水。

② 浮式沉井下水前，应制订下水方案。当采用起吊下水时，应对起重设备合理

配置使其受力均匀；当河岸有适合坡度，而采用滑移、牵引等措施下水时，必须保证沉井安全，严防倾覆及损伤。

（13）浮式沉井定位落床前，应考虑潮水涨落的影响。沉井落床后，应采取措施，使其尽快下沉，并使沉井达到保持稳定的深度。

（14）船上（或支架平台上）制造完成的浮式沉井，下水时宜在水面波浪较小时进行，当有船只驶过时，应暂缓入水。

（六）钻孔灌注桩基础

（1）钻孔机械就位后，应对钻机及配套设备进行全面检查。钻机安设必须平稳、牢固；钻架应加设斜撑或缆风绳。

（2）冲击钻孔，选用的钻锥、卷扬机和钢丝绳等，应配置适当，钢丝绳与钻锥用绳卡固接时，绳卡数量应与钢丝绳直径相匹配。冲击过程中，钢丝绳的松弛度应掌握适宜。

（3）正、反循环钻机及潜水钻机使用的电缆线要定期检查，接头必须绑扎牢固，确保不透水、不漏电；对经常处于水、泥浆浸泡处应架空搭设。挪移钻机时，不得挤压电缆线及风水管路。

（4）潜水钻机钻孔时，一般在每完成一根钻孔桩时都要检查一次电机的封闭状况。钻井速度应根据地质变化加以控制，以保证安全运转。

（5）采用冲抓或冲击钻孔，当钻头提到接近护筒底缘时，应减速、平稳提升，不得碰撞护筒和钩挂护筒底缘。

（6）钻孔使用的泥浆，宜设置泥浆循环净化系统，并注意防止或减少环境污染。

（7）钻机停钻，必须将钻头提出孔外，置于钻架上，不得滞留孔内。

（8）对于已埋设护筒未开钻或已成桩护筒尚未拔除的，应加设护筒顶盖或铺设安全网遮罩。

（七）沉入桩基础

（1）钢筋混凝土桩、预应力混凝土桩采用锤击沉桩或振动沉桩时，施工场地应保持平整、清洁。打桩机的移动轨道，铺设要平顺、轨距要准确、钢轨要钉牢，轨道端部应设止轮器。

（2）打桩架移动时，应在现场施工负责人指挥下进行。桩架移动应平稳，桩锤必须放在最低位置，柴油打桩机后部的配重铁必须齐全。采用滚杠滑移打桩架作业时，作业人员不得在打桩架内操作。

（3）水上打桩平台，必须搭设牢固，打桩机底座与平台应连接牢靠。

（4）浮式沉桩设备沉桩时，桩架与船体必须连接紧固。船体定位后，应以锚缆封固，并应防止施工中浮船晃动。

（5）起吊沉桩或桩锤时，严禁作业人员在吊钩下或在桩架龙门口处停留或作业。

（6）打桩架及起重工具，应经常检查维修，桩锤检查维修时，必须将桩锤放落在地面或平台上，严禁在悬挂状态下维修桩锤。

（7）采用高压水泵等助沉措施，其高压水泵的压力表、安全阀、水泵、输水管道及水压等应符合安全要求。高压射水辅助沉桩，应根据地质情况采用相应的压力，并要防止因急剧下沉造成桩架倾倒。射水沉桩，应在桩身入土达到稳定时再射水。

（8）振动打桩机开动后，作业人员应暂离基桩。振打中如发现桩回跳、打桩机有异声及其他不正常情况时，应立即停振，并经检查处理后再继续作业。所有开、停振必须听从指挥。

（9）振动打桩机在停止作业后，应立即切断动力源。

（八）挖孔、沉管灌注桩基础

（1）挖孔灌注桩，宜在无水或少水的密实土层或岩层中施工。挖孔较深或有渗水时，应采取孔壁支护及排水、降水等措施，严防坍孔。

（2）人工挖孔，对孔壁的稳定及吊具设备等，应经常检查。孔顶出土机具应有专人管理，并设置高出地面的围栏；孔口不得堆集土渣及沉重机具；作业人员的出入应设常备的梯子；夜间作业应悬挂警示红灯；挖孔暂停时，孔口应设置罩盖及标志。

（3）孔内挖土人员的头顶部位应设置护盖。取土吊斗升降时，挖土人员应在护盖下面工作。相邻两孔中，一孔进行浇筑混凝土时，另一孔的挖孔人员应停止作业，并撤出井孔。

（4）人工挖孔，除应经常检查孔内的气体情况外，还应遵守下列规定：

① 挖孔人员下孔作业前，应先用鼓风机将孔内空气排出更换。

② 二氧化碳含量超过 0.3% 时，应采取通风措施。对含量虽不超过规定，但作业人员有呼吸不适感觉时，亦应采取通风或换班作业等措施。

③ 空气污染超过现行的《大气环境质量标准》规定空气污染三级标准浓度值时，如没有安全可靠的措施不得采取人工挖孔作业。

（5）人工挖孔深度超过 10m 时，应采用机械通风。当使用风镐凿岩时，应加大送风量，吹排凿岩产生的石粉。人工挖孔最深不宜大于 15m。

（6）挖孔桩孔内岩石需要爆破时，应采取浅眼爆破法，严格控制炸药用量，并按国家现行的《爆破安全规程》（GB 6722—2014）中的有关规定办理。

（7）沉管灌注桩采用振拔机，锤击或振动沉管施工时，可按本节"沉入桩基础"

中的有关规定办理。施工前，应检查管节与桩帽连接是否牢靠，桩尖分瓣是否灵活。所有机械与作业平台应稳定牢固。采用浮式沉管及拔管作业时，可按本节"沉入桩基础"和"拔桩"中的有关规定办理。

（九）拔桩

（1）采用人字桅杆、卷扬机进行拔桩时，应先计算拔桩力，然后根据上拔力的大小，配备适当功率的卷扬机和滑车组。拔桩时，人字桅杆滑车组要尽量靠近被拔桩的中心。试拔中如发现缆风绳受力过大或地锚松动时，应在采取措施后再作业。

（2）采用锚固桩或顶梁千斤顶施力拔桩时，被拔桩及锚固桩的各连接处必须牢固。千斤顶的置放点，应避免偏心。

（3）采用吊机船进行拔桩时，吊机应配超载限制器，作业中应指派人员经常检查船体的平衡稳定情况。起重机配合振拔机拔桩时，起重机应随振拔机的起动而逐渐加荷。

（4）对较难拔出的桩，可采用振动、射水、千斤顶先顶松动及桩外浅挖等措施，严禁硬拔。上述方法的采用均应符合有关安全规定的要求。

（十）管柱基础

（1）管柱振动下沉作业，对邻近的建（构）筑物、临时设施的安全和稳定有影响时，应采取安全防护措施。

（2）施工所用的机具设备，应经检查合格后方可作业。

（3）管柱施工的作业平台，除设护栏外，双层或高处作业点等危险部位均应悬挂安全网，并在作业区配备救护船只。

三、墩台施工安全技术

（一）就地浇筑墩台施工

（1）施工前必须搭好脚手架及作业平台，并在平台外侧设栏杆。墩高在 10m 以上时，应加设安全网。

（2）吊斗升降应设专人指挥。落斗前，下部的作业人员必须躲开，上部人员不得身倚栏杆推动吊斗。严禁吊斗碰撞模板及脚手架。

（二）砌筑墩台施工

（1）人工、手推车推（抬）运石块或预制块件时，脚手跳板应铺满，其宽度、坡度及强度等均应满足安全要求，脚手架和作业平台上堆放的物品不得超过设计荷载。砌筑材料应随运随砌。

（2）吊机、桅杆吊运砌筑材料时，应听从指挥信号。砌筑材料吊运到砌筑面时，作业人员应避让，待停稳后方可上前砌筑。

（3）人工抬运大块石料时，应捆绑牢靠，动作协调一致，缓慢平放。

（三）滑模施工

（1）高桥墩（台）、塔墩、索塔等高层结构，采用滑升模板施工时，除应遵守"高处作业"的安全规定外，还需根据工程特点，编制单项施工方案及其安全技术措施，并向参加滑模施工人员进行安全技术交底。

（2）滑模及提升结构应按设计制作与施工。作业前应对滑模、提升结构进行检查。

（3）当塔墩等高层建筑采用爬模施工方法时，应进行特殊设计在工厂制作。爬升架体系、操作平台、脚手架等，要保证具有足够的刚度和安全度。架体提升时，要另设保险装置。模板爬升时，作业人员不得站在爬升的模板或爬架上。

（4）液压系统组装完毕后，必须进行全面检查。施工过程中，液压设备应由专人操作，并应经常维护，发现问题及时处理。

（5）模板提升到2m高以后，应安装好内外吊架、脚手架，铺好脚手板，挂设安全网。

（6）混凝土浇筑，不得用大罐漏斗直接灌入，不得冲击模板。振捣时，不得振动支撑杆、钢筋及模板。提升模板时不得进行振捣。

（7）模板每次提升前，应进行检查，排除故障，观察偏斜数值。提升时，千斤顶应同步作业。

（8）施工中发现支撑杆有弯曲变形时应及时加固。

（9）操作平台的水平度、倾斜度应经常检查，发现问题应及时采取措施。

（10）主要机具、电器、运输设备等，应定机定人，严格执行交接班制度。交接班时，必须对机具检查一次，并做好记录。

（11）平台上应规定人群荷载和堆放材料的限量标准。材料要均匀摆放，不得多人聚集一处。

（12）墩上养生人员必须系好安全带。输水管路及其他设备应拴绑牢固。

（13）运送人员、材料的罐笼或外用电梯，应有安全卡、限位开关等安全装置。

（14）夜间施工应有足够的照明。在人员上下及运输过道处，均应设置固定的照明设施。

（15）拆除滑模设备时，应做好安全防护措施。拆除时可视吊装设备能力，分组拆除或吊至地面上解体，以减少高处作业量和杆件变形。拆除现场应划定警戒区。警戒线到建筑物边缘的安全距离不得小于10m。

四、上部工程施工安全技术

（一）预制构件安装

（1）装配式构件（梁、板）的安装，应制订安装方案，并建立统一的指挥系统。施工难度、危险性较大的作业项目应组织培训。

（2）吊装偏心构件时，应使用可调控偏心的吊具进行吊装。安装的构件应平起稳落。

（3）单导梁、墩顶龙门架安装构件时，应符合下列规定：

① 导梁组装时，各节点应联结牢固，在桥跨中推进时，悬臂部分不得超过已拼好导梁全长的1/3。

② 墩顶（或临时墩顶）导梁通过的导轮支座必须牢固可靠。导梁接近导轮时，应采取渐进的方法进入导轮。导梁推进到位后，用千斤顶顶升，将导梁置于稳定的木垛上。

③ 导梁上的轨道应平行等距铺设，使用不同规格的钢轨时，其接头处应妥善处理，不得有错台。

④ 墩顶龙门架使用托架托运时，托架两端应保持平衡稳定，行进速度应缓慢。龙门架落位后应立即与墩顶预埋件联结，并系好缆风绳。

⑤ 构件在预制场地起重装车后，牵引至导梁时，行进速度不得大于5m/min，到达安装位置后，平车行走轮应用木楔楔紧。

⑥ 构件起吊横移就位后，应加设支撑、垫木，以保持构件稳定。

⑦ 龙门架顶横移轨道的两端应设置制动枕木。

（4）预制场采用千斤顶顶升构件装车及双导梁、桁梁安装构件时，应符合下列规定：

① 千斤顶在使用前，要做承载试验，起重吨位不得小于顶升构件的1.2倍，千斤顶一次顶升高度应为活塞行程的1/3；

② 千斤顶的升降应随时加设或抽出保险垫木，构件底面与保险垫木间的距离宜控制在5cm之内；

③ 构件进入落梁架（或其他装载工具）横移到位时，应保持构件在落梁时的平衡稳定；

④ 顶升 T 梁、箱梁等大吨位构件时，必须在梁两端加设支撑，构件两端不得同时顶起或下落，一端顶升时，另一端应支稳、撑牢；

⑤ 预制场和墩顶装载构件的滑移设备要有足够的强度和稳定性，牵引 (或顶推) 构件滑移时，施力要均匀；

⑥ 双导梁向前推进中，应保持两导梁同速进行，各岗位作业人员要精心工作，听从指挥，发现问题及时处理；

⑦ 双导梁进入墩顶导轮支座前、后时，应采取与单导梁相同的措施。

(5) 架桥机安装构件时，应符合下列规定：

① 架桥机组拼 (或定型产品)、悬臂牵引中的平衡稳定及机具配备等，均应按设计要求进行；

② 架桥机就位后，为保持前后支点的稳定，应用方木支垫，前后支点处，还应用缆风绳封固于墩顶两侧；

③ 构件在架桥机上纵、横向移动时，应平缓进行，卷扬机操作人员应按指挥信号协同动作；

④ 全幅宽架桥机吊装的边梁就位前，墩顶作业人员应暂时避开；

⑤ 横移不能一次到位的构件，操作人员应将滑道板、落梁架等准备好，待构件落入后，再进入作业点进行构件顶推 (或牵引) 横移等项工作。

(6) 跨墩龙门架安装构件时，应根据龙门架的高度、跨度，采取相应的安全措施，确保构件起吊和横移时的稳定。构件吊至墩顶，应慢速、平稳地缓落。

(7) 吊车吊装简支梁、板等构件时，应符合本规程"起重吊装"中的有关规定。

(8) 安装大型盆式橡胶支座，墩上两侧应搭设操作平台，墩顶作业人员应待支座吊至墩顶稳定后再扶正就位。

(9) 龙门架、架桥机等设备拆除前应切断电源。拆除龙门架时应将龙门架底部垫实，并在龙门架顶部拉好缆风绳和安装临时连接梁。拆下的杆件、螺栓、材料等应捆好向下吊放。

(10) 安装涵洞预制盖板时，应用撬棍等工具拨移就位。单面配筋的盖板上应标明起吊标志。吊装涵管应绑扎牢固。

(11) 人工抬运安装涵洞盖板时，作业区道路应平整。

(二) 就地浇筑上部结构施工

(1) 钢筋混凝土或预应力混凝土就地浇筑时，作业前应对机具设备及防护设施等进行检查。对施工工艺及技术复杂的工程制定安全技术措施及安全操作细则等，应进行技术交底。

（2）就地浇筑的桥涵上部结构，施工中应随时检查支架和模板，发现异常状况应及时采取措施。

（3）就地浇筑的各类上部结构，有关"高处作业""水上作业"等要求，应按本规程中的有关规定办理。

（三）悬臂浇筑法施工

（1）悬臂浇筑采用桁架挂篮施工时，应遵守下列规定：

①施工前，制定安全技术措施，挂篮组拼后，要进行全面检查，并做静载试验；

②在墩上进行零号块施工并以斜拉托架做施工平台时，在平台边缘处，应设安全防护设施，墩身两侧斜拉托架平台之间搭设的人行道板必须连接牢固；

③使用的机具设备（如千斤顶、滑车、手拉葫芦、钢丝绳等），应进行检查，不符合安全规定的严禁使用；

④检查墩身预埋件和斜拉钢带的位置及坚固程度，是否符合设计要求。

（2）双层作业时，操作人员必须严守各自岗位职责，并应防止铁件工具掉落等。

（3）挂篮拼装及悬臂组装中，应根据作业点的具体情况设置安全防护设施。

（4）挂篮使用时，后锚固筋、张拉平台的保险绳等应经常检查。底模标高调整时，应设专人统一指挥，且作业人员应站在铺设稳固的脚手板上。

（5）挂篮行走时，要缓慢进行，速度应控制在 0.1m/min 以内。挂篮后部各设一组溜绳，以保安全。滑道要铺设平整、顺直，不得偏移。挂篮桁架行走和浇筑混凝土时，其稳定系数应符合《公路桥涵施工技术规范》(JTG/T 3650—2020) 的规定。

（6）如需在挂篮上另行增加设施（如防雨棚、立井架、防寒棚等）时，不得损坏挂篮结构及改变其受力形式。

（7）使用水箱作平衡重施工时，其位置、加水量等，应符合设计要求。给排水设施和方法，应稳妥可靠。施工中，对上述情况要经常进行检查。

（8）在底模荡移前，必须详细检查挂篮位置、后端压重、后锚及吊杆安装情况，确认安全后，方可荡移。

（9）箱梁混凝土接触面的凿毛作业人员要有安全防护设施。

（10）滑动斜拉式挂篮施工，应遵守下列规定：

①滑动斜拉式挂篮的所有活动铰、销、斜拉钢带等，其材质要经检验，并打上标记；

②主梁及其吊梁系统安装后，应进行全面检查，必要时应做加载试验；自行设计、加工的挂篮，首次使用前应按最大施工荷载进行加载试验；

③挂篮安装时或主梁行走到位后，应先安装好锚固和水平限位装置，再安装斜拉带和悬挂底模平台；

④在斜拉带安装和使用过程中，要注意检查，保持内外斜拉带受力均衡；

⑤底模和侧模沿滑梁行走前，需将斜拉带和后吊带拆除；用手拉葫芦起降和悬吊底模平台时，必须在挂手拉葫芦的位置加设保险绳；

⑥挂篮行走前应检查后锚固及各部受力情况，发现隐患应及时处理，行走时亦应密切注意有无异状，并慢速稳步到位；

⑦浇筑混凝土前，应对挂篮锚固、水平限位、吊带和限位装置进行全面检查。

（四）悬臂拼装法施工

（1）龙门架或起重吊机进行悬臂拼装时，应遵守下列规定：

①吊机的定位、锚固应按设计进行，并进行静载试验；

②拼装使用的机具设备均应经过检查，如有隐患及不符合安全规定时不得使用；

③构件起吊前，应对构件进行全面检查，如吊环部位有无损伤、结合面有无突出外露物、构件上有无浮置物件等；

④构件应垂直起吊，并保持平衡稳定，在接近安装部位时，不得碰撞已安完的构件和其他作业设施；

⑤运送构件的车辆，构件起升后（或船只）应迅速撤出。

（2）遇有下列情况时，现场指挥人员，必须在构件妥善处理后，暂时停止吊装作业：

①天气突然变化，影响作业安全；

②卷扬机、电机过热，或其他机械设备出现故障等。

（3）拆除硫黄砂浆临时支座，除按"高处作业"的安全要求施工外，还应符合下列规定：

①融化硫黄砂浆垫块采用电热法时，电热丝不得与其他金属物接触；

②作业时人员应站在上风处操作，并应佩戴安全防护用品；

③人工凿除时，人员站位要拉开距离。

（五）缆索吊装法施工

（1）吊装前应对施工人员进行安全教育。安装时应有统一的指挥信号。登高操作人员应携带工具袋。安全带不得挂在主索、扣索、缆风绳等上面。

（2）牵引卷扬机启动要缓慢，行进速度要平稳；构件在吊运时，起重卷扬机要协调配合，并控制好构件在空中的位置。起重卷扬机不得突然起升和下降构件，避免产生过大弹跳。构件吊运至安装部位时，作业人员要等构件稳定后再进行操作。

（3）构件不能垂直就位而需旁侧主索吊具协助斜拉时，指挥信号要明确，各绲卷扬机要协调动作。

（4）缆索吊装大型构件时，应事先检查塔架、地锚、扣架、滑车、钢丝绳等机具设备。正式吊装前应经吊载试运行后方可正式作业。

（5）缆索跨越公路、铁路时，应搭设架空防护支架。在靠近街道和村屯的地方应设立警示标志。

（6）在主航道上空吊装重大构件时，宜采取临时封航措施。

（六）顶推及滑移模架法施工

（1）顶推法施工时，桥台后面的预制场地应平整、无杂物，工具、材料等应随时堆放整齐，并保持运输通道畅通。在墩台上，要为检查、更换滑道及其他作业留有工作面。

（2）顶推施工所用的机具设备、材料（如拉锚器、工具锚、连接件、油压千斤顶、高压油泵、油管、压力表及滑动装置等）使用前，应全面检查，必要时应做试验。

（3）使用的油压千斤顶，应附有球形支承垫、保险圈及升程限孔。多台千斤顶共同作用时应选用同一类型。

（4）采用多点顶推或单点顶推时，其动力应有统一的控制手段，使其达到同步、纠偏、灵活和安全可靠。

（5）顶推施工中应备有现场电话及对讲机等通信设备，以便统一指挥。

（6）在各顶推点，应派专人进行测量，随时将墩顶的位移数据，报告给指挥人员。

（7）落梁完毕，拆除千斤顶及其他设备时，应先用绳索挂好，用吊机吊出。吊运时，应避免撞击梁体。

（8）梁体进行荷载试验时，应按设计布置。重物应轻放，并防止碰伤人员。

（9）箱梁混凝土采用滑移模架法浇筑，应遵守下列规定：

① 模架支撑于钢箱梁上，其前后端桁架梁必须用优质高强螺栓连接好、拧紧。

② 钢箱梁及桁架梁下弦底面应装设不锈钢带，在滑撬上顶推滑行之前，应检查有无障碍物及不安全因素。

③ 浇筑混凝土之前应进行全面的安全检查，确认合格后方可施工。

④ 牵引后横梁和装卸滑撬时，要有起重工协同配合作业。牵引时应注意牵引力作用点，使后横梁在运行时与桥轴线保持垂直。

⑤滑移模架行走时必须听从信号指挥。对重要部位应设专人负责值班观察，并注意人员及设备的安全。

（10）涵管采用顶入法施工时，施工前应做好施工点的调查。对顶入涵管的原有通车公路、铁路路段，应与当地公路、铁路部门联系，并签订施工协议。此外，施工前应采取必要的加固措施，以保证顶入作业中通车线路的安全。当火车、汽车通过时，应暂停挖土或顶入，必要时作业人员应暂时离开作业面。

（11）顶入工作坑的边坡，应视土质情况而定。靠铁路、公路一侧的边坡，其上端距铁路或公路路面边缘的距离，不得小于《公路桥涵施工技术规范》(JTG /T 3500—2020) 的规定。工作坑的后背墙 (后背梁) 应采取安全防护措施。

（12）为避免边缘坍陷，在工作坑坡顶的一定范围内，不得堆放弃土、料具。

（13）顶入法施工的现场应备有一定数量的木料或草袋，以备因雨水或其他原因引起路基变形时抢修加固路基，确保线路行车安全。

（14）顶入施工应连续进行。施工中要防止地下渗水造成路基坍塌。顶入作业时遇有发生坍方、设备扭曲变形时应停止作业。

（15）机械挖土不得碰撞已挖好的洞内土壁。人工清理开挖面时机械应及时退出。

（16）施顶时非作业人员应撤离工作坑。严禁作业人员跨越或接近顶铁。

（17）顶入机械发生故障时应停机检修，严禁带病作业。

（18）顶入施工的接缝应采取封闭措施，以防土石方掉落伤人。

（19）施工中地下水位较高时，应有防止塌方、流沙等安全防护措施。顶入法施工，不宜在雨季进行。

第四章　公路隧道施工安全技术

第一节　隧道施工安全简析

一、隧道施工特点

在建设高等级公路的山区，隧道规划特别重要。其可以避免自然灾害，保护环境，提高公路线形，减少出行里程，提高运营效率。与地面工程相比，隧道施工具有以下特点：

（1）由于隧道是地下建筑物，受地质和水文地质条件的制约，因而施工环境差、难度大、技术复杂、要求高。隧道开挖时的坑道在未衬砌前，通常须加支撑以承受地层压力。同时地层不得暴露过久，必须及时衬砌，以免地层压力增大而发生坍塌事故。

（2）隧道施工是一种多工序、多工种联合的地下作业，工作面狭窄，而且地层越差，所采用的坑道越小，工作面能容纳的人数不多，出渣、进料运输量多，施工干扰大。为加快施工进度，需以横洞、斜井、平行导坑增加工作面，施工复杂而艰巨，因而施工进度受到限制，必须全面规划，科学地组织施工。

（3）隧道工程大部分地处深山峻岭之中，场地狭小，要使用多种机械设备，需要相当数量的洞外设施来保证洞内施工，而洞外往往受地形限制，场地布置比较困难。

（4）隧道内工作条件差，空气不足，光线不好，有时还有地下水和有害气体，如发生坍塌、涌水、瓦斯等诸多不安全因素。因此，要制定出切实可行的安全技术组织措施。

因此，要保证隧道施工的顺利进行，必须有严密的施工组织，并且使各工序有条不紊地按照循环作业的顺序和时间进行。

二、隧道施工安全风险原因分析

由于隧道工程具有投资大、施工周期长、施工项目多、施工技术复杂、不可预见风险因素多和对社会环境影响大等特点，因此隧道工程建设是一项高风险建设工程。并由于规模大、发展快、技术和管理力量难以充分保证的客观原因，加之施工人员 (安全管理人员、技术人员、公路隧道工程施工安全技术与风险控制民工等) 的安全素质、安全水平良莠不齐，再加上对隧道工程安全风险的认识不客观、风险管理不科学、风险管理的投入不到位的主观原因，所以隧道工程建设中的事故频发，形势非常严峻，令人担忧。

隧道施工安全风险产生的原因可分为直接原因和间接原因。

（一）直接原因

根据系统工程的分析观点，引发隧道安全事故的原因主要有人的不安全行为、物的不安全状态、环境的不安全条件和管理缺陷 (混乱)。

1. 人的不安全行为

人的不安全行为是事故产生的直接因素。除了先天性的身体、生理因素，导致事故的人的因素主要包括人的安全知识、安全意识、安全习惯、安全技能水平等方面。

（1）安全知识不够。操作人员若缺乏必要的安全知识，就不能正确判断其操作过程是否安全。例如，缺乏必要的电气安全知识，在检修作业中就容易误合开关，造成检修中的带电作业，或在检修中启动设备。由于缺乏必要的塌方征兆预判知识，一旦发生事故，本可以顺利逃生，却遗憾地受到伤害甚至丧失生命。

（2）缺乏安全意识。缺乏必要的安全意识，对不安全行为视而不见，在自觉不自觉中产生失误。比如，在台架上作业时不系好安全带；钻眼时不戴口罩，强行启动不安全的设备；本来应该用设备或工具操作，但为了省事，用手、脚或身体其他部位代替。

（3）不安全的习惯。人们在长期的生产过程中会形成一些不安全的习惯，这些习惯也是造成人失误的一个原因。比如，由于作业习惯，有时物体的存放角度、位置、高度、方式等不合理，容易引起物体的掉落；不系好安全带在高处作业；不戴安全帽进入现场作业等。

（4）安全技能水平低。包括技能熟练程度、按规则行动能力及知识水平三个方面，主要表现为：缺少实际经验、技术知识，对存在的事故隐患认识不到，或认识较浅、片面，看不到问题的本质，对看到的问题的处理也容易出现治标而不治本；还有一种表现，那就是技术知识不足或知识面狭窄，因掌握的知识有限，不能举一反三，对一些新出现的问题无法提出解决的办法，或解决的办法不妥，在新材料、新技术、新工艺、新装备、新岗位面前显得无所适从。技能水平不仅与教育水平有关，还与职业培训有关。经过职业教育和训练及长期积累工作经验，方可提高技能水平。

2. 物的不安全状态

物的不安全状态也是事故产生的直接因素。导致事故发生的物的因素主要包括施工设备、施工设施、施工材料、隧道结构等。

（1）施工设备的不安全状态。主要是指隧道加固、开挖、支护、衬砌、出渣、提升、通风、运输、地质预报等过程中所用到的机械设备的不安全状态。

（2）施工设施的不安全状态。主要是指隧道施工涉及的脚手架、安全防护装置、个人防护用品、施工便道等临时设施的不安全状态。

（3）施工材料的不安全状态。主要是指施工原材料、构件有质量缺陷、性能不达标等。

（4）隧道结构的不安全状态。主要是指施工方案不合理导致隧道围岩和结构处于不稳定状态，或原材料标准、施工质量不合格导致隧道围岩和结构处于不稳定状态。

3. 环境的不安全条件

环境的不安全条件也是事故产生的直接因素。导致事故发生的环境因素主要包括隧道内部的作业环境、隧道外部的自然环境、隧道外部的周边环境等。

（1）作业环境的不安全条件。主要是指造成职业健康危害方面的不安全风险因素，比如照明不足，尘、毒、噪声、振动超标，作业空间狭小、温湿度等不良、恶劣的作业环境。

（2）自然环境的不安全条件。一方面是指滑坡、崩塌、泥石流等引发的自然灾害，一般包括来源于隧道内部的自然灾害和来源于隧道外部的自然灾害；另一方面是指隧道施工对自然环境的破坏和污染。

（3）周边环境的不安全条件。一方面是指由于隧道施工导致周围建筑物、管线、既有线、桥梁等环境结构物破坏或不能正常使用；另一方面是指隧道施工产生的噪声、振动、扬尘等对周围居民健康的不良影响。

4. 管理缺陷（混乱）

人的不安全行为和物的不安全状态往往只是事故直接和表面的原因，深入分析可以发现，发生事故的根源在于管理的缺陷。虽然造成安全事故的原因是多方面的，但根本原因在于管理系统，包括安全费用投入、管理的程序、监督的有效性、员工培训、施工检查、方案制定与审批、作业标准、施工质量控制、原材料质量控制等方面的缺陷，都是因管理失效而造成的安全事故。导致安全事故的管理因素主要包括企业主要领导者对安全不重视，组织结构和人员配置不完善，安全规章制度不健全，安全操作规程执行不力等。在隧道业，劳动力密集，劳动者文化素质低，在这种情况下加强安全管理就显得十分重要。

上述是事故形成的四大直接原因。在事故管理中，尤其是在具体的事故分析以及事故的报告中，是按照事故的性质来划分事故原因的。因此在实际的工作中，必须找出事故的直接原因和间接原因，以便分清事故最直接和最真正的触发原因，从而采取切实可行的防范措施，防止类似的事故重复发生。

(二) 间接原因

事故的间接原因，是指引起事故原因的原因。事故是由直接原因产生的，而直接原因又是由间接原因引起的。换言之，事故最初就存在着间接原因，由于间接原因的存在而产生了直接原因，然后通过某种触发的加害物而引起了事故发生。

间接原因与人的技术水平、受教育的程度、身体健康状况、精神状况、管理、社会及历史等因素有关。

1. 技术原因

技术原因是指由于技术上的缺陷而引起事故的原因。如工程装置或设施的设计不合理、没有考虑安全系数和物质的自然规律，结构材料选择不当，设备的检查及保养技术不科学，操作标准技术水平低，设备布置和作业场所 (地面、空间、照明、通风技术) 有缺陷，机械工具的设计与保养技术不良，危险场所的防护及警报技术不过关，防护设施及用具的维护与使用不当，设备的性能存在问题，以及使用的材料达不到要求或者是假冒伪劣材料、产品等。

2. 教育原因

教育原因主要是指对上岗人员缺乏应有的安全教育。如缺乏安全知识和安全技术教育，对作业过程中的危险性及应当掌握的安全操作、运行方法不了解或安全训练不够，不安全的坏习惯未克服，根本就没有进行安全教育与培训 (如采用替考或弄虚作假进行安全培训) 等。

3. 身体原因

身体原因是指操作人员的健康状况。如生病 (高血压、头痛、头晕、腹痛、癫痫等)、身体缺陷 (色盲、近视、耳聋等)、疲劳 (睡眠不足、局部器官较长时间工作等)、饮食失调 (醉酒、饥饿、口渴等) 等。

4. 精神原因

精神原因通常分为三种类型：一是精神状态不良，如思想松懈、反感、不满、幻觉、错觉、冲动、忘却、紧张、恐怖、烦躁、心不在焉等；二是性格方面的缺陷，如固执、心胸狭窄、内向、不愿交流等；三是智力方面的缺陷，如脑膜炎患者和反应迟钝等。

5. 管理原因

管理原因既属于直接原因，又属于间接原因。管理不善、缺陷与混乱造成的事故是多种多样的。如领导者的安全责任心不强，安全管理机构不健全，安全技术措施不落实，安全教育与培训不完善，安全标准不明确，安全对策的实施不及时，作业环境条件不良，劳动组织不合理，职工劳动热情不高和管理者的急功近利行为严重等。

6. 社会及历史原因

社会及历史原因是指造成事故的社会原因和历史原因。社会及历史原因涉及的面很广，情况也比较复杂。如学校对安全教育不重视，国家或政府部门没有切实可行的或没有制定健全的安全法律及政策，安全行政机构不健全，社会对安全的重要性认识不清，生产技术水平落后等。

总而言之，导致事故发生的间接原因大体上是上述诸原因中的一种或几种。在实际的工作中，技术原因、教育原因和管理原因是较常出现的，身体原因和精神原因也时有出现，而社会及历史原因由来深远，牵涉面较广，直接提出针对性的对策也比较困难。但这绝不是说社会及历史原因就不应当受到重视，恰恰相反，更应当深刻认识并重视社会及历史原因，只有这样，我们国家国民的安全素质才能得到真正的提高，事故发生率才会真正彻底地减少。

三、隧道施工安全风险管理

安全是人类最重要、最基本的需求，是人的生命与健康的基本保证。隧道工程是一个风险源多、风险性较大的行业，也是一个事故多发的行业。这就要求参建各方必须加强安全风险管理，隧道施工应将风险评估与管理贯穿于隧道设计和施工的全过程。建设、勘察设计、施工和监理单位应根据工程地质、施工环境和条件对隧道工程实施动态、有效的风险控制和跟踪处理。

建设单位应制定风险评估和风险管理工作实施办法，督导勘察设计单位和施工单位分别在设计阶段和施工阶段开展风险评估工作，对高度和极高的风险等级进行审查，必要时委托相关专业机构进行风险监测，检查、监督、协调和处理评估工作中的有关问题。勘察设计单位应在设计阶段开展风险评估工作，将评估结果纳入设计文件，向施工单位进行有关风险的技术交底和资料交接，参与施工期间的风险评估，并根据风险监测结果提出风险处理意见。施工单位应对施工阶段的风险进行评估，根据评估结果提出相应的处理措施并报建设单位批准后实施，在施工期间对风险实时监测，定期反馈，并根据风险监测结果调整风险处理措施。监理单位应参与制定和监督施工阶段风险评估与管理工作，并检查风险处理措施的落实情况。

在隧道施工过程中，应通过风险计划、风险识别、风险评估、风险处理和风险监测等程序积极进行风险管理。

隧道施工前，施工单位应对设计文件中涉及施工安全的内容进行核对，并将结果及存在的问题报送建设、勘察设计、监理等相关单位，建设单位应督促勘察设计单位对存在的问题及时提出完善措施。重点核对下列内容：① 穿过不良地质和特殊岩土地段的设计方案；② 地下管线和相邻建（构）筑物；③ 施工对环境可能造成影响的预防措施；④ 隧道与辅助坑道的洞口位置及边、仰坡的稳定程度；⑤ 弃渣场位置、安全防护措施和环境保护要求。

施工中，施工单位应在设计阶段风险评估的基础上，结合环境和地质条件、施工工艺、设备、施工水平、经验和工程特点等，对新出现的风险进行识别，提出风险处理措施供建设单位决策，并对已识别的风险进行监测。施工单位应在施工现场公示识别的风险，其内容包括风险描述、监测方案、应急措施和责任等。

施工过程中风险的监测包括施工监测、工况和环境巡视、工作面状态描述、风险处置过程和发展趋势等内容。施工单位在施工过程中应将地质超前预报、监控量测纳入施工的重要工序，按照设计要求编制施工监测的实施方案，对工程自身结构及环境风险进行全面监测；提前识别和预测地质风险因素，保证施工安全。

施工中，参建单位应建立风险的预警、响应及信息报送机制。施工单位应根据实时监测数据、工况、环境巡视和工作面异常状态等确定预警级别，形成异常状况报告；对可能发生重大突发风险事件的预警状态，施工单位应立即启动相关预案，组织处理，并报建设、勘察设计和监理单位。

隧道洞口应设专人值班，建立隧道进出人员动态管理制度。隧道施工应建立有线通信联络系统，长、特长及高风险隧道施工还应建立可视监控系统，并定期维护，保证洞内外信息及时传达。

第二节 施工准备阶段安全技术与风险控制

一、施工安全调查策略

隧道施工前，应核对设计文件，并对工程结构物和临时工程所处的地形地貌、地质条件、社会环境、气象条件等进行调查，一方面确保临时结构、临时工程的选址、设计和施工的安全；另一方面确保工程结构物的安全，为制定安全规章制度等提供资料支持。

（一）隧道施工安全条件调查策略

准确掌握隧道位置、施工方案、技术难点、推广新技术项目等，尤其应注意瓦斯、岩溶、风积沙、含水砂层、富水软弱破碎围岩、岩爆、膨胀性和挤压性围岩、黄土、高原冻土等高风险隧道的工程特点。

（二）水文气象资料安全调查策略

应掌握的水文气象资料包括河流分布、流量、流速、洪水期、水位变化、气温、雨量等，了解隧道地段的地表水及补给对地下水的影响，掌握冰雪融化对隧道施工安全的影响（与隧道土质有关）。

（三）地形地貌及地质安全调查策略

全面掌握地形、地貌特征，地质构造（土壤类别、岩层分布、风化程度、不良地质现象和工程地质状况），地下水的水质、水量等，为工程结构物的安全专项方案编制、安全技术措施的采用、安全风险的管理控制提供基本资料，为便道等临时工程选址设计与施工维护提供基础资料。

另外，要特别强调的是，泥石流、滑坡、塌方落石等对工程结构物的施工安全构成极其严重的威胁，务必做好调查。临时工程（尤其是施工驻地）选址时应进行必要的规避，尤其要避开易发生塌方的落石地段，避开泥石流区等不良地质地段（须重视隧道钻爆法施工时振动引发地质灾害的风险）。无法规避时应制定相应的安全措施和应急预案并贯彻实施。

（四）原材料安全调查策略

主要应调查钢筋、水泥等的产地、产量、质量、运距等，既要考虑经济性，又要考虑加工运输的安全性。

（五）既有设施调查策略

既有设施调查的主要目的在于考虑能否及如何利用既有的电力、油料、燃料情况，交通、通信情况，当地水源和生活供应情况，可利用的民房、劳力和附属辅助设施情况等。不可忽视的是，既有设施对于工程结构物的施工安全也有较大的影响，例如，邻近建筑物、邻近铁路营业线、邻近既有公路、邻近高压输电线路等，若施工方案不当，可能造成触电、火灾、建（构）筑物损毁等严重事故。

(六) 社会环境调查策略

掌握当地人口、土地数量、农田水利、征 (租) 用土地、拆迁的政策和规定等，了解地方生活供应情况，熟悉当地人民群众生活风俗习惯、社会治安、医疗卫生防疫等情况，以免与当地群众发生矛盾甚引发至社会群体性事件。

二、施工便道安全技术与风险控制

利用乡村道路作为施工便道时，要与当地政府 (与所属行政级别对应，比如村道就是村委) 签订协议，加强日常道路维修与养护，保证便道顺畅，待工程完工后按照协议进行补偿或修复，以免造成社会矛盾，引发群体性事件。

这里所述施工便道，主要指新建临时便道。

(一) 风险控制重点

施工便道属于临时工程，是指为维持短期通车而修建的临时线路，一般采用较低的建筑标准，通常在达到预期使用目的后即可拆除或废弃。随着我国公路建设向山区的不断延伸，山区既有交通逐渐闭塞，公路施工时一般都需要修筑施工便道。由于便道的临时性、低标准、所建山区地质条件复杂等特点，近年来，因便道引发的安全事故时有发生，成为山区公路工程施工中重要的安全隐患。

施工便道的风险控制重点在于：

(1) 杜绝因选线不当引发地质灾害。

(2) 防止因修建标准偏低导致交通事故。

(3) 防止排水、防洪措施不当的不安全行为，以免造成便道被冲毁或坍塌。

(4) 防止无必要安全标志或安全标志设置错误的不安全状态，以免造成交通事故。

(5) 杜绝便道的土石方弃渣未弃置在河道、沟谷的不安全行为，以免引发泥石流灾害和洪水灾害。

(6) 在盘山道、"之"字道上同一段内进行便道施工时，严防作业人员上下同时进行开挖土石方作业的不安全行为，以免造成物体打击伤害或埋压事故。

(7) 严防施工机械的指挥及操作人员酒后作业或疲劳工作的不安全行为，以免造成机械伤害或交通事故。

(8) 陡坡作业时，应防止作业人员不系好安全带和安全绳的不安全行为，以免造成高处坠落伤害。

(9) 维修便道时，防止施工地段的两端未正确设置安全警告标志的不安全行为，以免造成车辆伤害或交通事故。

（10）防止因便道恢复不到位而引发社会群体性事件。

（二）建设标准

1. 宽度

要求便道干线 5 m 宽，支线 3.5 m 宽，曲线或地形复杂地段应适当增加。

特殊地段可适当降低宽度要求并增加会车台处理，但干线不得低于 3.5m 宽，支线不得低于 2.5 m 宽。

在临壑地段，应适当加宽路面，以确保行车安全。

在需要设置会车台的路段，按照每 200 m 设置一处，会车台处路段路面宽度不得小于 6m，路基宽度不小于 7 m，长度不小于 20m，且有明显标识。

2. 坡度

纵向：一般情况下不得大于 8%，困难条件下不得大于 10%，极困难条件下不得大于 15%（需根据所配备的各种车辆和大型机械的具体情况来确定）。挖方和低填方路段，应设置不小于 0.3% 的纵坡，以利于排水。

横向（路拱）：1.5% ~ 2%。

3. 转弯半径

一般情况下不得小于 20m，困难条件下不得小于 15 m，极困难条件下不得小于 10 m（需根据所配备的各种车辆和大型机械的具体情况来确定）。

4. 路基

新建路基必须经过分层碾压，以满足施工车辆运输要求。对于特殊地段，务必进行换填或加固处理。施工便道边坡坡率不应小于 1：0.5。

5. 路面

施工便道路面最低标准采用泥结碎石或级配碎石（基层应采用不小于 20 cm 厚的 6% 石灰土，面层应采用不小于 5 cm 的泥结碎石）。在条件允许的情况下，便道面层可采用矿渣铺筑（不小于 8cm）；特大桥、搅拌站和预制场与地方路连接段，便道路面必须采用 20cm 厚的 C25 混凝土硬化。

各场（站、区）、重点工程施工等大型作业区，进出场的便道 40 m 范围应进行硬化，标准为：C20 混凝土，厚度不小于 15 cm，并设置碎石或灰土垫层，基础碾压密实。

6. 挡护

靠近沟壑一侧必须修建挡护工程，包括挡土墙（填方段）和防撞墩。防撞墩采用混凝土浇筑，黄黑色油漆竖向标识（黄黑间距 25 cm），在挖方段靠近易滑坡体侧要设置上浆砌片石挡护，高度不小于 1 m，勾横平竖直的阳缝。

7. 水沟

施工便道应设置必要的排水沟，确保便道路面排水畅通。排水沟应根据地形设置，宽度和深度不小于50 cm，并进行硬化处理，可采用石砌。根据地形每100 m左右将排水沟中水流通过路面下暗沟引至沟壑一侧排走，引入沟壑时注意水土保持，不得冲刷当地农田，暗沟应采用埋设混凝土预制管的方法通过路面。

在汇水面积较大的低凹处要设置涵洞，以满足排水泄洪要求。

便道经过水沟地段，要埋置钢筋混凝土圆管或设置过水路面，做到排水畅通。

8. 标识

便道全程必须悬挂或立警示、指示标志，标志标识制作要求见国家交通安全标识标准。标识标志包括：转弯警示、急坡警示、落石警示、会车台指示、桥梁指示、整里程标识、分岔路口指示、工地驻地指示、限高、限重、限速标志牌等。

（三）安全选址与选线

在施工便道选址与选线过程中，应遵循如下原则：

（1）结合地形、地物和现有生活、生产设施，充分利用现有道路，尽量避免对当地居民生活造成困扰。

（2）便道处于傍山时，要注意避免修建便道引发滑坡、坍塌等地质灾害，要注意处理边坡危石，防止滑坡、塌方破坏便道。

（3）遵循施工平面布置，必须满足工程施工机械、材料进场的要求。

（4）便道宜利用永久性道路，新修施工便道应尽可能建在永久用地范围内（不用恢复原貌）。

（5）应尽量避免与既有铁路路线、公路平面交叉。便道干线不宜占用路基，特殊地段必要时可考虑短期占用路基，但应采取短期临时过渡性措施，尽量缓解干扰。

（6）尽量避开洼地和河流，不建便桥或少建施工便桥（风险高、成本高）。

（7）便桥的选址要充分考虑河道的排洪要求，同时尽量以减少桥长为原则。

（8）施工现场的道路应保证畅通，并与现场的存放场、仓库、施工设备等位置相协调，满足施工车辆的行车速度、密度、载重量等要求。

（9）合理保护便道上的古树、大树及珍贵树木，尽量少破坏原生态，将开挖范围内的树木、草根移栽到便道路边或边坡上，并适时在边坡植树、种草。

（10）接到设计文件及线路征地图后，应立即组织相关人员进行征地放样及结构物的现场原地貌放样，结合现场的整体场地规划进行施工便道选线，并随实施性施工组织设计上报监理工程师，批准后方可实施。

（四）安全标志

（1）对施工便道从起点起依序统一编号，设便道标识牌于路口处，标识牌按照 1.0 m × 0.8m 尺寸制作，蓝框白底蓝字，标明便道序号、方向（通往 × ×）、陡弯段里程等内容。

（2）路线明显变化处、便道平面交叉处，应设置指路和警告标志。施工便道转弯、临空处、交叉口和出场地入口需埋设高度不低于 80 cm、间距不大于 10 m 的警示桩。警示桩可采用直径不小于 10 cm 的 PVC 管制作，管内填 C15 混凝土，管外贴红白相间反光膜，其采用 C20 混凝土基础，尺寸为 20 cm × 20 cm × 30 cm。

（3）便道途经村镇、街道、学校等人口密集区，应设置禁令标志。

（4）易塌方、滚石等危险路段，应设置道路防护及警告标志。

（5）途经小桥，应设置限载、限宽警告标志；途经通道，应设置限宽、限高警告标志。在跨越河道便桥上，要根据计算的承载力和宽度设置限高、限重、限速标志牌，便桥两侧设置防坠落护栏，其高度符合相关要求。

（6）施工便道宜设置里程桩和百米桩，从起点开始对应主线桩号在便道外侧路肩埋设。

（7）进入施工便道后的路侧应设置"进入施工现场，请减速慢行"标志，同时应并设限速标志；从干线公路或地方道路等进入施工便道时，应在入口处设置"非施工车辆，禁止驶入"的禁令标志。

（8）便道穿越干线公路或地方道路时，应在交通管理和公路路政部门的指导下，按《道路交通标志和标线》设置警告、禁令、指示等必要的标志和安全设施，确保道路交通安全。

（五）安全施工

（1）施工人行道的宽度不得小于 1m，特别困难地段不得小于 0.6 m。

（2）陡坡地段运输便道应在陡坡上挖砌台阶。

（3）在"之"字形施工便道转弯处，应设置不小于 1m × 1m 的平台，并按需要设置栏杆和加铺防滑材料（如砂、碎石等）。

（4）施工便道的土石方弃渣应妥善处理，不得：

①侵占正式工程建筑物位置。

②挤压河道。

③污染水源。

④引起流石流泥，甚至引起泥石流。

⑤ 毁坏农田。

⑥ 危及行车安全。

(5) 施工便道采用土石方机械施工时，在半路堑陡坡地段的虚渣作业区，应设置醒目的"禁止超越"标志，并设防护人员指挥机械作业。

(6) 在盘山道、"之"字道上同一段内，严禁上下同时进行开挖土石方作业。

(7) 所有施工机械在停机时，应恢复到启动前的安全位置上。推土机的刀片、铲运机的铲斗、挖掘机的挖斗在工作完毕后应落到地面。非值班司机，不得启动机械。

(8) 任何人员不得爬乘挖掘机、铲运机、翻斗车等施工机械。

(9) 施工机械的指挥及操作人员不得酒后作业，严禁疲劳工作，必须精力集中，加强瞭望，保证安全。

(10) 夜间施工应有足够的照明设施。当照明发生故障时，正在作业的机械应停止作业。施工机械的大灯光改为小灯光，并低速靠边行驶。

(11) 在陡坡上作业的人员必须系好安全绳，安全绳在使用前必须检查是否拴牢固。

(12) 施工人员作业前，应有专人对作业环境的粉尘含量进行检测，严禁在粉尘含量超过 $2mg/m^3$ 的环境中工作。

(13) 清理路堑边坡孤石或进行刷坡，必须自上而下进行；严禁重叠作业和坡脚站人。

(14) 火烤融化冻土，应有防火措施。

(15) 在解冻地区施工必须防止冻土因受热融化发生坍方和冻块坠落伤人、砸坏设备。

(16) 各种脚手架、机械塔架等均应设在稳固的地基上，严禁超荷载。

(17) 脚手板上必须有防滑设施，不得使用腐朽、劈裂的木板，并不得出现探头板。

(18) 接触灰土的作业人员应佩戴口罩和手套等防护用品，并在上风口作业。

(19) 施工便道靠近既有铁路时，应在靠近铁路一侧设置防护设施，并设置道路出入口栏门。出入口栏门应有专人看守，车辆及大型施工机械进入应实行监护、许可制度，未经许可严禁进入；不施工时应封闭。

(20) 施工便道靠近高路堑、深基坑时，应设置防护设施及安全警示标志。行人、车辆频繁通过的施工便道交叉路口应悬挂安全警示标志。

(21) 临时便道和正式公路交界处应设置安全标志。在施工便道间的交叉口、与铁路的交叉口及渡口处，应设置标志。

(22) 在傍山险路处，应将设置的防护石墩刷白。

（23）在过水路面、漫水桥上、积雪严重地段应设置标杆。

（24）施工便道应避免在架空索道及起重设备工作范围内穿越，如因场地限制确需穿越时，应有防护设备和安全措施。

（25）冬季施工时，所有道路均应及时清除冰雪和采取防滑措施。

（26）隧道洞口附近的便道施工还应注意：

① 施工前先清理开挖部位上方及侧方可能滑坍的表土、灌木及山坡危石，疏通流水沟渠，排除积水。

② 洞口边、仰坡上方的天沟应及时施作。

③ 对土质天沟做到随挖随砌，不得使水流冲刷坡面。

④ 洞口土石方按设计要求自上而下分层开挖，分层支护。开挖土方随挖随弃，避免因弃渣堵塞造成的排水不畅、过大压力引起山坡坍塌和对下方建筑物及附属设施的危害。

⑤ 便道处于陡峭边坡时，施工时应在外侧增设隔离带，部分危险地段可采用开挖反向平台并堆砌砂袋防护，以防止高空土石坠落。

（六）安全养护

（1）施工期间应指定专人（队）负责对施工便道（便桥）的日常检查和养护，每个项目部最少要配备一台洒水车用于晴天洒水，做到雨天不泥泞、晴天少粉尘。

（2）利用地方道路作为施工便道，承包人应提前与有关部门签订好协议，待工程完工后按照协议进行补偿或修复。

（3）工程完工后，承包人应将施工便道及便桥予以拆除。当地部门要求保留时，要与相关部门签订好协议，否则应予以复耕或对河道进行清理。

（4）及时清理排水沟和涵洞的淤泥、杂物，保证排水通畅。

（5）施工车辆需频繁、大量、集中出入便道而穿越干线公路（或地方道路）时，必须派安全管理人员进行现场指挥，保证道路交通安全。

（6）为保证施工便道的正常使用，应配备必要的机械、工具和材料，对施工便道进行养护。在便道两侧每隔一段距离堆放一定数量的砂砾用于填补坑洼，保证路况完好，确保无坑洼、无落石，排水通畅。

（7）维修施工便道时，应在施工地段的两端设立警告标志。夜间维修便道应设置灯光警告标志。用撬棍或十字镐维修施工便道路面，必须保持前后左右的安全距离。用架子车等运料机具上下陡坡时应有刹车设备，并检查刹车的灵敏度。架子车、手推车上严禁载人。

三、弃渣场安全选址与安全修建技术

我国有三分之二的国土地处山区或丘陵地区，在山区修建公路，尤其是隧道工程，所产生的弃渣较多，因此需设置一定数量的弃渣场。但是，如果弃渣场选址不好、复垦方式（处置方式）不当，将加重对地表植被的破坏，造成严重的水土流失，影响公路沿线的景观环境，增加环境治理费用。因此，公路工程选择合适的弃渣场及合适的复垦方式，既是环保、水保的要求，也是节约工程投资的需要。

弃渣场是公路工程中一个特殊的构筑物，若选址不好或复垦方式不当，将会影响到公路本身的安全和公路工程的环境保护，特别是山丘区公路弃渣场，如果选址不当或复垦效果不佳，可能会多占土地或多占良田，在降雨、风等因素的作用下极易发生严重的水土流失，而且景观效果和生态效果较差，易引起当地居民和司乘人员投诉。因此，公路弃渣场一方面必须选址合理；另一方面必须加强对弃渣场的水土流失防治措施，防止和降低弃渣场处置不当造成的危害。

（一）弃渣场选址原则

（1）弃渣场选址应贯彻安全性、环保性、经济性和合法性原则，宜集中弃渣。弃渣场容量应满足弃土方量的要求。

（2）隧道开挖所产生的弃渣应尽量用于路基填筑或作为地方建设工地用土。弃渣运至地方建设工地，不仅可以实现双方经济上的互惠，而且可以减少公路工程占地，减少对植被的破坏和水土流失。

（3）在崩塌滑坡危险区、泥石流易发区不应设置弃渣场，否则可能诱发崩塌滑坡或泥石流。

（4）应避免在县级以上人民政府划定的自然保护区、风景名胜区、森林公园、文物保护单位、饮用水源保护区、地质遗迹保护区及基本农田保护区设置弃渣场。实在无法避免时，应按相关法律法规及规章的要求进行处理。

（5）弃渣场不应危害公路、铁路路基、桥梁、隧道、工业与民用建筑、水利工程设施、通信电力设施、管道设施和居民房屋等的安全。弃渣场如果设置不当，可能危害各类建筑的安全，造成建筑倒塌或被掩埋。

（6）软土区域不宜设置弃渣场，若必须设置，应对软土进行处理，确保弃渣场稳定（软土区域设置弃渣场，可能导致软土层滑动。同时，软土遇雨或干旱缺水可导致软土层膨胀或收缩，导致弃渣场不稳定）。

（7）弃渣场宜不占或少占林地、耕地或园地。我国人口众多，人均林地、耕地或园地相对较少，而这三种土地类型恰好具有较好的经济、社会或生态效益，因此

十分宝贵。

（8）弃渣场宜远离江河、湖泊和水库管理范围，不应在江河、湖泊和水库管理范围内设置弃渣场，原因是减少泥沙进入水体，避免河流、湖泊和水库被泥沙淤积。

（9）弃渣场设置应考虑对景观的影响。当通过植物措施或工程措施无法使公路、弃渣场与沿线景观协调时，宜另外选址（随着人民生活水平的提高，人们越来越重视公路沿线的景观环境，公路工程弃渣场的设置也应考虑对景观的影响）。

（10）不宜在上游汇水面积过大的沟、谷设置弃渣场（本条考虑的是上游来水量对弃渣场挡渣、排水措施工程数量多少的影响和水土流失的影响。在上游汇水面积过大的沟、谷，上游来水量大，设置弃渣场挡渣措施和排水措施工程数量大，且易造成弃渣场严重的水土流失。由于上游来水量是由降雨、弃渣场坡度的陡缓和汇水面积大小等因素决定的，因此本条不宜给出上游汇水面积过大的面积具体限值）。

（11）弃渣场宜设在凹地或沟、谷的顶部，也可设置在坡地、平地上，不宜设置在沟、谷的中、下部。凹地作为弃渣场，不仅可以最大限度地减少料场挡渣墙工程数量和弃渣引起的水土流失，而且可以减少占地；当在沟、谷的顶部弃渣时，可以减少挡渣墙工程数量、占地和水土流失；在沟、谷的中、下部弃渣时，相对平地而言，其可以减少占地，但是可能影响行洪，挡渣墙需考虑洪水水压的影响，工程数量大，而且一般水土流失比在沟、谷顶部要大；坡地、平地设置弃渣场可以采取挡渣措施来减少水土流失，但挡渣工程数量一般较大。

（二）弃渣场复垦

土地复垦，是指对在生产建设过程中因挖损、塌陷、压占、污染等造成破坏的土地或因自然灾害造成破坏的土地采取整治措施，使其达到可供利用状态或恢复生态的活动。公路工程弃渣场复垦方式（方向）包括恢复植被、复耕和建设用地等，其中，恢复植被包括种植乔、灌或草，以及种植果树等；建设用地包括用作服务区、停车区和拆迁安置场地等。弃渣场应优先复垦为农业用地。

1.弃渣场复垦为农业用地

（1）复垦工艺构成

弃渣场复垦土地用于农、林、牧业时，其复垦工艺一般由两部分构成，即复垦工程和恢复生态。但由于复垦后用途不同，有的只有复垦工程一个部分。

（2）复垦要求和标准

① 弃渣场复垦方式（方向）的选择应与当地地形、地貌及环境相协调。

② 弃渣场边坡和拦挡措施的稳定性应可靠。

③ 用作复垦的覆盖材料不应含有毒有害成分。如复垦场地含有毒有害成分时，

应先处置去除，视其废弃物性质、场地条件，必要时设置隔离层后再行覆盖。充分利用从废弃地收集的表土作为顶部覆盖层。

④覆盖后的复垦场地应规范、平整。覆盖层容重等应满足复垦利用要求。

⑤复垦场地应有满足要求的排水设施，防洪标准应符合当地要求。

⑥复垦场地应有满足要求的道路设施。

⑦合理安排土石排弃次序，尽量将含不良成分的土石堆放在底部，品质适宜的土层(包括易风化性岩层)可安排在上部，富含养分的土层宜安排在顶部或表层。

⑧弃渣场应进行分级弃渣，梯级台阶高度宜控制在6~8 m范围内。弃渣边坡坡角应控制在35°以下，顶面和平台的坡度应根据弃渣场的生态恢复方式合理确定。弃渣场顶面和平台复垦为旱地时，地面坡度一般不超过5°；复垦为水田时，一般不超过2°~3°；复垦为林、草地时，一般不超过5°。

⑨边坡缓坡在35°以下可用于一般林木种植，坡度在15°~20°可用于果园(含桑)和其他经济林种植。

⑩经过整治的弃渣场的平地和边坡应覆盖土层，充分利用工程施工前收集的表土覆盖于表层。弃渣场用作农业时，覆土厚度应在自然沉实土壤0.6 m以上；用作林业栽植灌木时，覆土厚度应在0.45 m以上；栽植乔木时，覆土厚度应在0.9 m以上；栽植草本植物时，覆土厚度应在0.3 m以上。弃渣场用作林业用地，苗木采取坑栽时，坑内应放入客土或人工土。

(3)复垦预防控制措施

①表土剥离和存放

工程开工前，对公路永久占地区可剥离的表土层进行剥离，并集中堆存，为后期弃渣场的土地复垦提供土源保障。弃渣场表面如有可利用的耕植土，应加以剥离利用。剥离的表土应尽量堆放成低而宽的土堆，在受场地空间限制的条件下，堆放高度可达5~6 m，边坡坡度宜缓于1:1.5。表土剥离后应简单种植草本植物，如撒播草籽。

②排水与防护工程措施

弃土应先挡后弃，弃渣堆积过程中采取分层碾压，压实度应大于90%。弃渣场应建设拦挡和排水设施，其近坡脚处应设沉淀池。

③土地整治工程措施

a.土地平整。弃渣场弃渣完成后可能出现凹坑、凸起现象，且出露物多为砾石、碎石、岩块石等。应对大块石、岩块石进行拣拾，进行土地平整，以满足土地复垦的初步立地条件。平整后的弃渣场坡度应达到复垦方式(方向)的要求。

b.表土覆盖。弃渣场场地平整完成后，应覆盖表土。覆土厚度应满足复垦方式

（方向）对覆土厚度的要求。

c. 生物措施。若弃渣场复垦方式（方向）为恢复植被，则土地整治后应及时采取植被恢复措施。若弃渣场边坡采取种灌草混植方式，则平台和顶面应采取乔、灌和草混植方式，此外，应尽量选择乡土植物和抗逆性能好的植物品种。

2. 弃渣场复垦为建设用地

弃渣场复垦为建设用地时，复垦方式（方向）包括服务区、停车区和拆迁安置场地等，在做好防护排水措施的同时，还需注意以下问题：

（1）场地需分层压实，经测试，场地满足稳定性要求后，方可用于建筑。

（2）经试验及计算确定的场地地基承载力、变形指标和稳定性指标满足设计要求时，可用作建筑的持力层；不能满足要求时，应依据岩土性能、场地条件等提出地基处理方法，采用分层压实或其他方法处理。

（3）边坡坡度的允许值应根据当地经验参照同类土（岩）体的稳定坡度值确定。

第三节　洞口与洞身工程施工安全技术与风险控制

一、洞口工程施工安全技术与风险控制

（一）风险控制总体策略

1. 隧道洞口工程的特点

隧道洞口工程是指隧道工程出入口部分的建筑物，包括洞门，洞口通风和排水设施，边、仰坡支挡结构和引道等。

隧道洞门的作用：保持洞口仰坡和路堑边坡的稳定；汇集和排除地面水流；便于进行建筑艺术处理。

常见洞门的主要形式：环框式、端墙式、翼墙式等。环框式洞门：将衬砌略伸出洞外，增大其厚度，形成洞口环框，适用于洞口石质坚硬、地形陡峻而无排水要求的场合。端墙式洞门：适用于地形开阔、地层基本稳定的洞口；其作用在于支护洞口仰坡，并将仰坡水流汇集排出。翼墙式洞门：在端墙的侧面加设翼墙而成，用以支撑端墙和维护路堑边坡的稳定，适用于地质条件较差的洞口；翼墙顶面和仰坡的延长面一致，其上设置水沟，将仰坡和洞顶汇集的地表水排入路堑边沟内。此外，当地形较陡、地质条件较差，且设置翼墙式洞门又受地形条件限制时，可在端墙中设置柱墩，以增加端墙的稳定性，这种洞门称为柱式洞门。它比较美观，适用于城

郊、风景区或长大隧道的洞口。在傍山地区，为了降低仰坡的开挖高度，减少土石方开挖量，可将端墙顶部做成与地表坡度相适应的台阶状，称为台阶式洞门。

在软土地区，为保证行车安全，减少土方工程量，须在引道段建造适当形式的支挡结构，用以挡土、隔水和防洪。其形式有：①重力式、半重力式挡墙，适用于堑壕深度不大的引道，多用浆砌块石建造；②钢筋混凝土 L 形或倒 T 形挡墙，与路面一起构成分离式引道，其结构强度高，轻型美观，适宜在城市中应用；③加筋土挡墙，主要由墙面板、拉筋及填料三部分组成，拉筋外端与墙面板连接，其余部分埋在填料中，起承受拉力的作用；④板桩拉锚挡墙；⑤地下连续墙型支挡结构，适用于深度较大的引道；⑥槽形支挡结构，是由两侧挡墙和底板连成一个整体的 U 形钢筋混凝土结构，适用于深度和宽度较大的引道。

砌筑洞门的材料主要为浆砌块石、混凝土及钢筋混凝土。端墙与洞口环衬砌应连接良好，端墙和翼墙后的空隙应及时回填紧密。

2. 隧道洞口工程施工安全风险控制总体策略

隧道进洞前必须完成洞口工程。在隧道洞口施工中，主要防控洞口边仰坡坍塌事故、高处坠落伤害、爆炸伤害和机械伤害，其风险控制的总体策略为：

（1）隧道洞口段由于岩石、土体破碎，边坡稳定性差，因此洞口段施工是整个隧道工程施工的关键。针对隧道洞口的特点，应做到超前思维，制订出切实可行的安全进洞施工方案，使其既能减少隧道洞口边坡开挖和防护工程量，又能保证施工的安全，使安全风险得到控制，同时维护洞口的原生植被。

（2）在隧道洞口施工前，应核对施工图与现场实际地质、毗邻建（构）筑物情况，当设计与实际情况不符时，施工单位必须及时上报，并按变更设计处理。

（3）洞口附近的地表水易诱使本就不太稳定的岩石、土体发生崩塌、滑坡，造成严重的地质灾害，对施工人员的生命造成巨大威胁。因此，洞口应做好截、排水措施，同时洞口截、排水系统应与路基排水系统顺接，不得冲刷路基坡面、桥台锥体和农田房舍。另外，洞口施工过程还应按规定进行监控量测工作。

（4）洞口附近不恰当的人工切坡，例如，施工道路引入和施工场地平整等，可能造成边坡失稳，因此应尽量减少对原地貌的破坏和对洞口岩体稳定的影响。

（5）遇边、仰坡坍塌，地表下沉，地基承载力不足，工作面崩塌，偏压，滑坡等情况时，严防未及时处理或加强防护。

（6）杜绝土石方开挖违反作业顺序要求、爆破方式方法不当、防护措施不足、违规处理火工产品等不安全行为。

（7）杜绝施工机具失稳及安全性能缺失或下降、高处作业台（支）架失稳、安全防护失效等不安全状态。

（8）洞口石质边、仰坡的开挖须采用预留光爆层法或预裂爆破法，杜绝在洞口段采用深眼大爆破或集中药包爆破开挖的不安全方案。

（二）洞口截、排水施工安全技术与风险控制

1. 风险分析

（1）如果洞口截、排水系统设置不合理，可能造成隧道的边、仰坡坍塌，甚至引发附近的山体滑坡灾害；也可能冲刷附近的施工便道，导致物资运输、弃渣运输时因道路质量不良而造成事故（如翻车或人员跌落等）。

（2）在桥隧相连地段，如果洞口排水系统冲刷桥台，可能导致桥台基础不稳，影响桥梁结构安全。

（3）如果排水系统冲刷附近房舍农田，可能导致与附近居民的矛盾与冲突，引起不必要的财产损失或冲突事件。

（4）在进行截、排水系统施工时，若作业人员穿戴不当，可能会被动物咬伤或被植物拉伤。

2. 风险控制重点

（1）洞口截、排水系统应与附近工程的截、排水系统相结合，以免造成地质灾害隐患。

（2）根据排水量确定截、排水沟的断面，避免截、排水能力因不能满足要求而造成边、仰坡冲刷坍塌。

3. 风险控制技术措施

（1）洞口开挖及支护前，应先清理洞口上方及侧方可能滑坍的表土、灌木及山坡危石等，疏通流水沟渠，排除积水。

（2）洞口边、仰坡上方的天沟应及时施作。对土质天沟应随挖随砌，不得使水流冲刷坡面。

（3）水沟采用砌体时，砌体应采用挤浆法分层、分段砌筑。分段位置宜设在沉降缝或伸缩缝处，砌体每隔1.2m左右找平一次，各段水平砌缝应大致水平。一方面片石要摆码稳固，分层错缝；另一方面片石要坐浆挤紧，不得有空洞或缺少砂浆，砂浆饱满，线条顺直，勾缝平顺。沟壁平整、稳定，沟底平整、排水通畅，无冲刷和阻水现象。施工期间需注意安全，加工石料时要戴防护眼罩，并控制石屑飞出的方向，避免伤人。砌石时要轻拿轻放，防止挤手碰脚，严禁下摔。工作面上待用石块必须放稳，防止滑动伤人。

（4）洞口土石方开挖必须按设计要求进行边、仰坡放线，自上而下分层开挖、分层支护。严禁掏底开挖或上下重叠开挖。

（5）洞门端墙处土石方开挖应结合地层稳定程度、施工季节和隧道施工方法进行。

（6）洞口开挖的土石方应避免因弃渣堵塞造成排水不畅、过大土压力引起山坡坍塌和对桥梁墩台的偏压，以及对其他建筑物的危害，并不应影响交通运输安全。

（三）边、仰坡开挖和防护安全技术与风险控制

1. 风险分析

（1）因边、仰坡处理不当，如坡度过大导致滑坡、高处落石等危险，造成施工人员被埋压被砸伤（亡）事故。

（2）边、仰坡基础如果不够稳固，造成边、仰坡地基承载力不足，导致边、仰坡塌方，造成人员和机械被埋压，也可能因落石对人员造成物体打击伤害，或损毁机械设备。

（3）在进行边、仰坡防护处理时，如果土质比较疏松，雨天冲刷会导致雨水向洞内回灌，洞内积水则造成施工机械故障。

（4）如果未控制好地表水，致使地表水对边、仰坡的冲刷造成边坡失稳，一方面导致边、仰坡滑坡；另一方面导致施工人员和机械设备被埋压事故。

（5）洞口边、仰坡开挖时，若从下部掏挖会造成上部土石方因为失去下部的支撑而发生滑坡，导致下面施工人员和机械被埋压事故。

（6）在进行边、仰坡开挖时，如果作业面下方站人或上下工作面同时施工，则易发生坠物伤人事故。

2. 风险控制重点

（1）洞口开挖时应及时施作边坡和仰坡上方的天沟，对于土质天沟应随挖随砌，避免边坡被冲刷。

（2）应结合边、仰坡底层稳定情况确定边、仰坡开挖方法和进度。

3. 风险控制技术措施

（1）边、仰坡施工应避开雨季。

（2）洞口开挖时应及时施作边坡和仰坡上方的天沟，对于土质天沟应随挖随砌，避免边坡被冲刷。

（3）确定合理的开挖作业顺序。

（4）进行边、仰坡施工时，应加固边坡基础。

（5）进行边、仰坡施工时，严格按照设计的角度进行施工。

（四）洞口基础施工安全技术与风险控制

1. 风险分析

（1）采用抗滑桩加固洞口地段地层，抗滑桩施工时，采用人工开挖孔作业，如果设置人员升降设备，未定期检查它的功能，则可能造成人员升降时机械故障，从而导致升降机上的人员坠落或砸伤井内施工人员。

（2）开挖孔内如果通风设备不足，则导致人工开挖孔的作业面氧气不足、有害气体超过一定标准而发生工人缺氧或毒气中毒事故。

（3）开挖孔周围若没有安装护栏，上面的施工人员和机械容易因为疏忽坠入开挖孔内，造成坠落事故和砸伤事故；并且容易发生其他物品掉进开挖孔内，对孔内的施工人员造成物体打击伤害。

（4）采用机械开挖时，如果没有加固和稳定重型机械，则施工时重型机械容易倒塌从而造成机械故障和人员伤亡。

2. 风险控制重点

（1）确保洞口基础稳固，避免洞口基础承载力不足。

（2）洞口施工机械应定期检查，及时排除安全隐患。

3. 风险控制技术措施

（1）地表锚杆作业时应采取措施防止卡钻，注浆人员要佩戴安全防护用具。

（2）抗滑桩施工采用打桩机作业时，应采取措施加固和稳定重型机械。

（3）采用人工挖孔作业时，应设置人员上下升降设备、通风设备并采取防护措施，防止坠物伤人。

（4）定期检查升降装置的安全性能，排除安全隐患。

（五）洞口开挖施工安全技术与风险控制

1. 风险分析

（1）洞口开挖作业区如果未设置防护栏或防护栏失效，则开挖作业人员工作时容易发生高空坠落事故。

（2）开挖时如果上下工作面同时作业，则上工作面的落石掉落容易对下工作面的作业人员造成物体打击事故；或者当下工作面施工进度超过上工作面时，容易造成上工作面塌落，砸伤或掩埋下工作面的工作人员。

（3）当使用挖掘机等机械开挖时，如果未划定安全距离或者划定的安全距离不足，则可能发生机械伤人事故，或者与其他施工机械发生碰撞。

（4）挖掘机工作时，如果基础的坡度过大，则容易发生挖掘机侧翻事故，造成机械损伤和人员伤亡事故。

2. 风险控制重点

(1)施工机械作业时，根据作业需求划定作业安全范围并设置警示标志。

(2)严禁施工机械在坡度过大或者承载力不足的基础上工作。

3. 风险控制技术措施

(1)洞口开挖区设置安全栏，避免发生高处坠落事故。

(2)严禁违反作业顺序进行作业。

(3)禁止施工机械在坡度过大的基础上进行作业。

(4)机械施工时应确保有足够的安全距离。

（六）明洞施工安全技术与风险控制

1. 风险分析

(1)明洞开挖前，如果没有做好洞顶和四周的防、排水措施，则容易发生地表水冲刷边、仰坡，从而导致落石甚至塌方，造成施工人员和机械被埋压和砸伤事故。

(2)明洞施工时，如果遇到雨天，则容易发生雨水冲刷山体造成山体塌方和基础积水，给施工带来安全隐患。

(3)采用爆破法施工时，如果炸药用量过多造成爆破量过大，则容易影响周围岩体的稳定性，导致隧道洞口塌方掩埋工作人员和机械，或者扰动周围岩体，在后续的施工中发生石块掉落伤人事故；岩体受到扰动后稳定性降低，受到暴雨冲刷后可能导致滑坡事故，对人员造成伤害。

(4)开挖后如果未及时进行边、仰坡防护，则在施工过程中边坡容易因为受到扰动而发生塌方、滑坡，对施工人员的生命和安全造成威胁。

(5)开挖后的弃土如果堆放在边坡上，则容易使边坡因为承受外加的下滑力而发生滑坡，导致施工人员和施工机械被埋压。

(6)开挖后的弃土因随意堆放而破坏洞口的排水系统，容易造成排水系统不能发挥预期目的，导致基础被淹没，造成工作台等基础发生破坏而倒塌，发生人员坠落或摔伤，大型机械基础不稳而发生侧翻事故等。

(7)明洞回填土如果过早，衬砌强度未达到要求，回填时容易导致衬砌被压垮，造成人员被埋或坠落。

(8)支护结构的基础如果不够稳定，回填土时，支护结构容易出现裂纹甚至断裂等破坏，导致明洞倒塌，造成洞内施工人员被埋。

(9)支护结构上预留的钢筋如果过长，容易造成施工人员作业时不小心被扎伤。

(10)明洞防水施工当需要涂抹热沥青的时候，涂抹上去的热沥青容易滴落，若施工人员没有佩戴手套和口罩，则容易发生意外烫伤和有毒气体中毒事故。

（11）当需要在高处的施工平台上作业时，如果施工人员没有系安全带，则容易因为脚下踩空或者其他意外情况，导致人员从施工平台上坠落而发生危险。

（12）明洞开挖时如果未按设计要求自上而下施工，则从下面掏挖容易导致山体坍塌，掩埋施工人员和机械。

2. 风险控制重点

（1）明洞施工应尽可能避开雨天，必须在雨天施工时，应制订严密的施工方案和防护措施。

（2）明洞开挖前，先做好洞顶和四周的防、排水工作。

（3）确定合理的施工方法和施工工序。

（4）正确处理开挖后的土石方，不乱堆放，不对边、仰坡和排水造成影响。

（5）明洞基础应设置在稳固的地基上。

（6）起重、吊装工作应符合相应的作业要求。

（7）做好明洞的防水工作，且衬砌强度达到设计强度的70%后方可进行回填。

3. 风险控制技术措施

（1）根据地形、地质条件，边、仰坡稳定程度和采用的施工方法，确定全段或分段开挖及边、仰坡的坡度，开挖时应按自上而下的顺序进行。

（2）明洞开挖前，应做好洞顶及四周的防水、排水，防止地面水冲刷导致边、仰坡落石和塌方。

（3）开挖的土石不应堆弃在危害边坡及其他建筑物的地点。

（4）明洞的基础应设置在稳固的地基上。

（5）明洞衬砌施工前，模板及支（拱）架的强度、刚度和稳定性必须进行检算。

（6）模板及支架的安装必须稳固牢靠，模板及支架与脚手架之间不得相互连接。

（7）衬砌钢筋安装时应设临时支撑。

（8）衬砌端头挡板应安设牢固，支撑稳固，并有防止模板移动的措施。

（9）明洞回填应在防水层施作完成且衬砌强度达到设计强度的70%后进行。

（七）洞门施工安全技术与风险控制

1. 风险分析

（1）洞门施工前如果未加固洞门基础，则洞门在施工时或施工后极有可能因为地基承载力不足而发生变形裂缝，危及施工的运输安全和工程质量。

（2）需要在工作平台上堆放砖石时，如果堆放不合理（如集中堆放在一处），则施工平台极有可能因为集中受压而倒塌，发生伤人事故。

（3）洞门进行圬工施工时，如果没有划定安全通道，则施工人员进出洞口时没有安全通道通行，极有可能发生高空坠物伤人事故。

（4）洞门施工结束后，若没有处理周围被破坏的边、仰坡或者处理不及时，则边、仰坡可能因受到破坏而发生落石伤人事故，或者因为受到破坏而导致防排水功能受到影响，破坏边、仰坡的稳定性，留下安全隐患。

2. 风险控制重点

（1）洞门基础地基需要达到一定的承载力要求，必要时需要对地基进行加固。

（2）洞门施工的脚手架不应妨碍车辆通行。

（3）洞门施工后及时对其周边受到破坏的边、仰坡进行处理。

3. 风险控制技术措施

（1）洞门应避开雨天和严寒季节施工，并应及早完成。

（2）洞门基础必须置于稳固的地基上，当地基承载力不能满足要求时，必须结合具体条件采取加固措施。

（3）洞门施工的脚手架不应妨碍车辆通行。

（4）洞门完工后，其周围边、仰坡受破坏处应及时处理。

二、洞身开挖作业安全技术与风险控制

（一）风险分析

在隧道洞身开挖过程中，最常见的事故就是隧道坍塌冒顶（掌子面坍塌和拱顶塌方）、爆炸事故、高处坠落事故、机械伤害等。下面对洞身开挖过程中的风险做具体分析：

（1）如果开挖方法选择不当（如围岩破碎时采用全断面法开挖）、开挖循环进尺过大、支护不及时，则可能发生隧道坍塌冒顶事故。

（2）如果爆破后找顶不彻底，则落石可能砸伤施工人员。

（3）如果施工人员忽视掌子面、拱顶、侧墙等处的异常情况（如塌方征兆、突水征兆、岩爆征兆等），一旦发生事故，则可能无法及时逃生。

（4）作业台架若不经过强度和稳定性检算，可能因强度不足而垮塌或失稳倒塌，甚至造成施工人员高处坠落或被埋压等更严重的伤害事故。

（5）如果开挖作业台架防护措施缺失，则可能造成施工人员高处坠落伤害。

（6）爆破作业时，若安全防护缺失、爆破作业违章操作，则可能造成爆炸事故。

（7）大型机械作业时，若无专人指挥，则可能造成施工人员机械伤害。

（8）若用电设备及电线路绝缘不良或违章用电，则可能造成触电伤害。

（9）采用台阶法开挖时，在台阶下部开挖后，若不及时喷射混凝土进行封闭，或设有拱架时，如果钢架安装和混凝土喷射不及时、拱脚长时间悬空，则均可能发生隧道坍塌冒顶事故。

（10）采用分步法开挖时，若未尽早封闭成环，或各部分钢架基脚处未施作锁脚锚管（杆）或未采用扩大拱脚等措施，则都可能造成隧道发生坍塌冒顶事故。

（11）采用双侧壁导坑法开挖隧道时，若侧壁导坑宽度过大，则可能发生坍塌冒顶事故。

（二）风险控制重点

1. 严格遵守基本原则，防止发生坍塌冒顶事故

根据隧道采用新奥法施工的经验，隧道施工采取的基本原则可概括为"少扰动、早喷锚、勤量测、紧封闭"十二个字。只要严格遵循了这十二字原则，在确保隧道施工质量的同时，也能大大降低隧道发生坍塌冒顶事故的概率。

（1）"少扰动"是指进行隧道开挖时，尽量减少对围岩的扰动次数、扰动强度、扰动持续时间和扰动范围，以使开挖出的坑道符合成型的要求。因此，能采用机械开挖的就不用钻爆法开挖。采用钻爆法开挖时，必须先作钻爆设计，严格控制爆破，尽量采用大断面开挖。选择合理的循环掘进进尺，自稳性差的围岩循环进尺宜用短进尺，支护应紧跟开挖面，以缩短围岩应力松弛时间及开挖面的裸露风化时间等。

（2）"早喷锚"是指对开挖暴露面应及时地进行地质描述和及时施作初期锚喷支护。经初期支护加固，使围岩变形得到有效控制，不致因变形过度而坍塌失稳，以达到围岩变形适度而充分发挥围岩的自承能力。必要时应采取超前预支护辅助措施。

（3）"勤量测"是指在隧道施工全过程中，应对围岩周边位移进行现场监控量测，并及时反馈修正设计参数，以指导施工或改变施工方法。通过施工中的量测数据及对开挖面的地质观察，预测和评价围岩与支护的稳定状态，或判断其动态发展趋势，以便根据建立的量测管理基准及时调整隧道的施工方法（包括开挖方法、支护形式、特殊的辅助施工方法）、断面开挖的步骤及顺序、初期支护设计参数等，以确保施工安全、坑道稳定，并确保支护衬砌结构的质量和工程造价的合理性。

（4）"紧封闭"是指对易风化的自稳性较差的软弱围岩地段，应使开挖断面及早施作封闭式支护（如喷射混凝土、锚喷混凝土等），可以避免围岩因暴露时间过长而产生风化（降低强度及稳定性），并可以使支护与围岩进入良好的共同工作状态。

2. 安全管理精细化，防止发生各类人身伤害

（1）从布孔、钻孔、装药、起爆、爆后处理等各环节，严防违章爆破作业，以免发生爆炸事故。

（2）对于作业台车、作业台架等，要严防未经强度和稳定性检算、杜绝无防止高处坠落措施、杜绝防坠措施不全或失效，杜绝作业人员不系安全带等行为，以免发生作业台架（车）倾覆、垮塌及作业人员高处坠落伤害。

（3）大型机械作业时，严防违章操作，严防人机混合作业时无专人指挥，严防机械施工现场照明不良，以免发生机械伤害。

（4）杜绝违章用电，严防用电设备及电线路绝缘不良，严防隧道内架空电线落地，以免发生触电伤害。

（三）风险控制技术措施

1. 基本措施

（1）隧道开挖前，施工单位应编制开挖专项技术方案，方案应包括开挖方法、工艺流程、应急预案、安全技术措施等内容。

（2）对进洞施工人员进行安全教育培训（尤其是各类施工灾害征兆的识别技能训练），考试不合格者禁止进洞作业。

（3）隧道开挖过程中，应根据其地质条件、断面大小、施工装备、工期等条件的变化，在施工过程中对开挖方法作适宜的调整。

（4）钻爆开挖应采用光面爆破或预裂爆破技术，控制循环进尺，减少对围岩的扰动，并不应对初期支护、衬砌结构和施工设备造成损伤。

（5）两座平行的隧道开挖时，其两个同向开挖工作面应保持合理的纵向距离；间距小的隧道必须采取措施防止后行洞开挖对先行洞产生不良影响。

（6）隧道双向开挖接近贯通面时，两端施工应加强联系与统一指挥。当隧道两个开挖工作面距离接近15m时，必须采取一端掘进另一端停止作业并撤走人员和机具的措施，同时在安全距离处设置"禁止入内"的警示标志。

（7）隧道采用钻爆法开挖必须进行钻爆设计，钻爆设计应考虑爆破振动和噪声对周围环境的影响，应采取减小振动和降低噪声的技术措施。

（8）隧道采用机械开挖时，应根据其断面和作业环境合理选择机型，划定安全作业区域，并设置警示标志，非作业人员不得入内。

（9）隧道采用人工开挖时，作业人员应保持必要的安全操作距离，并设专人指挥。

（10）隧道开挖使用的作业台架应进行强度、刚度和稳定性检算，经验收合格后方可使用。台架四周必须设置安全防护栏杆。

（11）隧道找顶必须在通风后进行，并有专人指挥，照明应有充足的光照度；找顶后必须进行安全确认，合格后其他作业人员方可进入开挖工作面进行作业。

（12）隧道在开挖下一循环作业前，必须对照设计检查初期支护施作情况，确保施工作业环境安全。

（13）隧道开挖爆破后，应先采用机械进行找顶，然后用人工找顶。人工找顶时，专门监护人员和找顶人员必须经过应急训练并考试合格。

2. 全断面法开挖

（1）采用全断面法开挖隧道时，为遵循"少扰动"的原则，应控制一次同时起爆的炸药量，以减少爆破振动对围岩的影响。

（2）在地质条件较差地段，若仍采用全断面法开挖隧道，此时必须对围岩进行超前支护或预加固，并控制循环进尺。

（3）当隧道水文地质条件发生变化时，必须根据情况及时变换适宜的开挖方法。

3. 台阶法开挖

（1）采用台阶法开挖隧道时，应根据围岩条件合理确定台阶长度和高度。围岩稳定性较差时，台阶长度应控制在一倍洞径以内。

（2）当围岩地质较差、开挖工作面不稳定时，应采用短进尺或上下台阶错开开挖或预留核心土措施，必要时采用喷射混凝土或玻璃纤维锚杆对开挖工作面进行加固。

（3）台阶上部开挖循环进尺应根据围岩地质条件和初期支护钢架间距合理确定，并不得超过 1.5 m。

（4）当围岩地质较差、变形较大时，上部断面开挖后应立即施作锁脚锚管（杆）、扩大拱脚、临时仰拱等措施，控制围岩及初期支护变形量。

（5）台阶下部断面一次开挖长度应与上部断面相同，不得超过 1.5 m。

（6）台阶下部开挖后，必须及时喷射混凝土进行封闭；当设有钢架时，必须及时安装下部钢架并喷射混凝土，严禁拱脚长时间悬空。

（7）仰拱开挖应控制一次开挖长度，开挖后应立即施作初期支护，封闭成环。

4. 分部法开挖

（1）采用分部法开挖隧道时，应选用机械开挖、人工配合的方式，特殊情况采用弱爆破开挖时，必须严格控制炸药用量。

（2）采用分部法开挖隧道时，应根据地质条件、隧道断面等情况合理进行分部，开挖进尺应控制在 1.0 m 以内。

（3）分部开挖的各部分，开挖后应及时进行初期支护及临时支护，并尽早封闭成环。

（4）采用分部法开挖，各部分钢架基脚处应施作锁脚锚管（杆）或采用扩大拱脚等措施，减少拱脚下沉量。

（5）采用中隔壁法、交叉中隔壁法开挖隧道时，同层左、右两侧沿纵向应错开一定距离，错开距离应控制在 10 ~ 15 m，同侧上、下层开挖工作面相距应保持 3 ~ 5 m。

（6）采用双侧壁导坑法开挖隧道时，应符合下列规定：

① 侧壁导坑形状应近似椭圆形，导坑宽度不应大于 0.3 倍的隧道宽度。

② 侧壁导坑、中槽部位开挖应采用短台阶，台阶长度 3 ~ 5 m，必要时应预留核心土。

③ 侧壁导坑开挖应超前中槽部位 10 ~ 15m。

（7）采用分部法开挖的临时支护应根据监控量测结果逐段拆除，每段拆除长度不得大于 15 m。

三、洞身钻爆作业安全技术与风险控制

（一）风险分析

1. 爆破人员管理

参与爆破环节的各工作人员包括火工产品运输司机、爆破作业人员等，如果未通过技能培训或者专业技能不熟练就上岗，极有可能因为缺乏专业知识或者不正确的操作导致发生运输事故或爆炸事故。

2. 爆破材料储存

（1）爆破材料储存的库房如果通风不良、潮湿或者禁火不严，炸药可能因为受潮影响爆破效果，或者因为烟火影响发生爆炸事故，导致人员伤亡。

（2）爆破材料出入库无记录，造成管理混乱，造成爆破器材去向不明，给当地带来安全隐患或者给施工埋下隐患，造成爆炸伤人事故。

3. 爆破材料运输

（1）爆破材料运输时如果使用非专业车辆运输或者个人携带，可能在运输途中因为受到环境的影响发生爆炸而造成人员伤亡事故。

（2）运输过程中如果将炸药和爆破雷管或其他导爆器材混装一车，很可能发生爆炸事故，造成车毁人亡事故甚至造成其他车辆或人员被炸伤亡事故。

（3）爆破材料进洞前如果没有仔细清点记录且爆破后不清点记录，爆破材料很容易遗留在洞内，给施工留下极大的安全隐患。若爆破材料遗失在洞内，在施工过程中易发生爆炸，导致人员伤亡和机械损伤甚至隧道坍塌事故；或者在下次爆破施工过程中导致遗失的炸药爆炸，导致爆破精度受到影响，造成隧道超欠挖甚至隧道坍塌，造成人员和施工机械被埋压事故。

4. 洞身开挖方式选择

（1）洞身开挖时应根据围岩情况选择合适的开挖方式，围岩强度不够时仍使用全断面开挖法，围岩因承载力不足导致围岩倒塌，造成洞内施工人员和机械被埋压事故。

（2）使用台阶法开挖时，应根据围岩情况确定台阶长度，避免因为施工方式选择错误造成施工过程中隧道坍塌，造成人员和机械被埋压事故。

5. 钻孔作业

（1）钻孔作业时应避免因照明度不足造成钻孔不符合要求，或者因为照明度不足造成钻孔作业人员的判断失误而导致钻孔机伤人事故。

（2）钻孔作业面如果通风降尘效果不达标，容易导致洞内粉尘浓度过高，影响洞内施工人员的健康，抑或因为粉尘浓度过高发生粉尘爆炸事故，导致施工机械损坏和人员伤亡甚至隧洞坍塌事故。

（3）钻孔时如果在残孔中继续钻孔，可能造成钻孔不符合要求，在装药爆破后导致爆破效果不佳而埋下安全隐患。

（4）在钻孔过程中注意观察工作面有没有发生异常漏水，若发现异常漏水未及时采取措施而是继续钻孔，极有可能因为钻孔工作导致隧道发生涌水事故，造成施工人员淹溺和施工机械被冲，甚至导致洞室坍塌。因为地下含水层的水压力一般都比较大，而且含水量也比较多，喷涌而出的地下水对隧道施工的危害是极其严重的，甚至是毁灭性的。

（5）在钻孔过程中还要观察工作面有没有气体喷出，若有气体喷出，如果没有及时撤离人员而是继续钻孔，极有可能导致施工人员毒气中毒，抑或瓦斯浓度达到一定程度时发生爆炸，造成人员伤亡和机械损坏甚至隧洞坍塌。发现有气体喷出时应加大洞内通风排气，并及时上报有关部门采取有效措施，避免事故的发生或将事故损失降到最低。

（6）在钻孔过程中应及时观察围岩的变化情况，若围岩变形超过允许范围或围岩变形速度加快，施工人员没能及时停止施工并及时撤离，可能因为围岩变形过大发生隧道倒塌事故，造成人员和机械被埋压事故。

（7）钻孔应符合设计要求，不得过深或过浅。过深可能导致一次爆破量过大，造成隧道坍塌、人员被埋压等事故；过浅可能导致爆破达不到预期的爆破量，后续施工时松动的围岩会掉落砸伤施工人员。

（8）人工凿眼时，如果使用未经检查的风钻钻眼，极有可能因风钻机身、螺栓、卡套、支架等残缺造成机械伤人事故。

（9）湿式凿岩机的供水或干式凿岩机的捕尘装置不符合要求时，可能因为供水故障在凿岩时产生过多的粉尘，影响人体健康；或捕尘装置不良导致粉尘浓度过大，影响人体健康。

（10）带支架的风钻如果在未安置稳妥时就使用，可能因振动导致钻机倒塌，砸伤施工人员和损坏钻机。

（11）风钻卡钻时如果敲打风钻，可能因为敲打造成风钻损坏。未关风前如果拆除钻杆，可能在拆除钻杆时突然转动，造成机械伤人事故。

（12）电钻钻眼前如果没有仔细检查把手胶套是否完整，极有可能因为把手胶套不完整造成漏电而发生电击事故。使用电钻时，电钻工未戴绝缘手套或者没有穿绝缘胶鞋，若电钻漏电极有可能造成电击事故。

（13）未经检查的凿岩台车如果直接工作，凿岩台车可能处于不正常状态，工作时极有可能导致机械伤人事故。

（14）如果操作司机在未查看凿岩台车四周情况的前提下直接行走，凿岩台车可能在行走的过程中碰伤甚至碾压凿岩台车周边的施工人员，造成人员伤亡事故或碰撞障碍物而导致机械损坏事故。

（15）如果操作司机在无指挥人员指挥的情况下操作凿岩台车，可能因判断失误或操作失误造成机械伤人事故，或者对洞内设施造成破坏。

（16）凿岩台车如果行车过快，可能因紧急操作发生事故，造成凿岩台车倾覆事故。

（17）如果未加固凿岩台车就进行凿岩作业，凿岩台车可能因为受到岩壁对凿岩台车的反作用力而造成凿岩台车倾覆事故。

（18）凿岩台车工作时如果在工作面下站人，凿岩台车凿出的碎石掉落极有可能造成高处坠物伤人事故。

6. 装药作业

（1）在未经检查过的工作面上进行装药作业，可能因为工作面不符合作业要求而导致炸药失效或者爆炸造成人员伤亡和机械损坏事故。

（2）装药前没有计算好炸药量，如果装药过多可能发生超挖，导致多装运洞渣，给运输带来压力，给后续工作（如支护、防排水、二衬等）增加困难。超挖的部位，衬砌完成后可能会出现或大或小的空洞、缝隙，围岩的稳定性也会因此降低，地下水有了渗漏的通道和存储空间，从而导致隧道的安全隐患。在施工或使用过程中可能发生隧道渗水甚至倒塌事故，造成人员伤亡。

（3）超挖可能会造成开挖轮廓不圆顺，表面凹凸不平，造成局部应力集中、受力不均，导致隧道支护受损而发生围岩掉落砸伤工作人员，甚至发生隧道坍塌、人员被埋压事故。

（4）如果在同一工作面同时进行装药与钻孔作业，受钻孔作业影响可能导致炸药爆炸，造成人员伤亡和机械损坏，甚至导致洞室坍塌、施工人员被埋压等重大事故。

（5）装药时如果现场人员管理不严格，无关人员可能进入现场，甚至会对装药人员造成干扰，导致装药效果受到影响，或者意外发生时对无关人员造成人身伤害。

（6）装药时如果使用铁质或其他金属材质代替木质炮棍，在装药过程中可能发生意外，导致人员受伤和机械损坏事故。

（7）作业人员如果穿化纤衣物，可能因为化纤衣物产生过多静电引起炸药发生爆炸，导致人员伤亡和机械损坏事故，甚至导致洞室坍塌、人员和机械被埋压等重大事故。

（8）使用电雷管时，如果在工作面上架设电灯和电线路，可能造成开挖面上携带杂散电流，在装药时杂散电流可能导致炸药爆炸而造成人员伤亡，甚至发生隧道坍塌、人员被埋压事故。

（9）装药完成后，如果没有及时清理现场、多余的爆破用品未及时送至库房、剩余的爆破用品遗留在爆破现场，可能在起爆时导致爆炸，从而影响爆破效果，导致隧道超欠挖甚至隧道坍塌，造成人员被埋压等事故。

7. 实施爆破

（1）爆破前如果没有对隧道前方的地质情况进行超前预报，可能因为对爆破后的隧道地质情况缺乏正确的了解，导致爆破后发生涌水、塌方等事故，造成机械被水冲毁或者人员被埋压等事故。

（2）起爆前如果没有检查现场，确保爆破区内无关人员和机械全部撤离到安全地带，可能因为爆破产生的飞石、气流对人体造成伤害或对机械造成损坏。

（3）爆破工如果没有随身携带手电筒，可能在点炮时发生照明中断，导致点炮工操作失误，危及生命安全。

（4）如果一个爆破工一次点炮数过多，可能因为点炮时间过长导致爆破工来不及撤离至安全距离，造成爆破工被飞石砸伤等事故。

（5）采用电雷管爆破时，如果洞内的用电设备因管理不善而发生漏电，容易导致雷管引爆炸药，造成人员伤亡事故。

（6）当隧道邻近有其他工程正在施工时，在爆破振动影响范围内，如果没有提前告知对方，可能因爆破振动影响造成邻近工程的施工人员受伤或死亡或对工程质量造成影响。

（7）如果一次爆破量过大，可能受前方地质情况影响而发生涌水事故，导致人员伤亡和机械损坏，或者因为一次爆破前进过多导致支护不及时，发生隧道坍塌事故，导致人员和机械被埋压。

（8）当两工作面接近贯通需要爆破时，如果本工作面实施爆破而未通知对方使其撤离至安全范围内，可能因为本工作面爆破产生的振动而使另一工作面受到扰动，发生落石伤人事故；对于导坑已经打通的隧道，在爆破前如果没有做好警戒，对方工作人员可能误入本方爆破区，导致爆炸伤人事故。

8.爆破结束后

（1）爆破结束后，如果没有及时排除爆破产生的危岩，在施工时可能发生危岩掉落砸伤施工人员事故。

（2）爆破后如果通风排烟时间不足，施工人员直接进入工作面，由于爆破产生的有害气体浓度过高，极有可能对人体造成伤害，或者因为爆破存在一定延迟，导致施工人员进入后发生爆炸，从而导致施工人员伤亡。

（3）爆破后如果没有派爆破人员检查和排除盲炮就直接进入作业面作业，可能因为存在盲炮而发生爆炸，导致施工人员被炸伤亡和机械被炸坏等事故。

（4）爆破结束后，支护的完整性可能受到影响，若支护结构产生裂缝或变形等破坏，因没有及时加固或更换，可能造成围岩塌落伤人事故，甚至造成隧道坍塌而导致施工人员和机械被埋压等事故。

（5）找顶完成后，如果没有用方木将危险的围岩撑住，可能发生围岩掉落甚至坍塌而导致施工人员被砸伤亡或者被埋压事故。

（二）风险控制重点

（1）爆破器材存放地点须远离火源，严禁烟火。

（2）爆破器材应有专车运输，且避开人多的路线。

（3）钻孔时若围岩发生异常变化应立即停止施工并及时撤离，经过上报处理确保安全后方可继续施工。

（4）采用电雷管引爆时，应加强对洞内用电设备和线路的管理，禁止工作面带有杂散电流。

（5）爆破后应及时检查围岩情况，及时对受损的围岩进行加固。

（6）钻孔时应时刻关注工作面有无异常情况发生（如异常漏水、气体喷出和围岩变化）。

（7）装药人员禁止穿化纤衣物。

（8）引爆前应清理现场，现场禁止有无关人员和机械。

（9）火花起爆时严禁明火引爆，且导火索长度要保证点火人员能撤离至安全地点。

（10）爆破结束通风 15 min 后，点炮人员应先检查有无盲炮，发现盲炮时应按相关规定处理解决。

（三）风险控制技术措施

（1）当隧道地质条件发生变化时，必须根据实际情况及时变换适宜的开挖方法。

（2）当围岩地质条件较差、变形较大时，上部断面开挖后应立即采用施作锁脚锚管（杆）、扩大拱脚、临时仰拱等措施，控制围岩及初期支护变形量。

（3）分部开挖的各部分，开挖后应及时进行初期支护及临时支护，并尽早封闭成环。

（4）钻孔前，必须由专人对开挖作业面安全状况和作业人员安全防护进行检查，及时消除各种安全隐患。

（5）钻孔作业过程中，必须采用湿式钻孔；严禁在残孔中继续钻孔。

（6）钻孔作业中应注意观察开挖工作面有无异常漏水、气体喷出、围岩变化等情况。

（7）凿岩台车工作前，必须检查泵、空压机等使其处于正常状态；应检查管路与接头有无漏油、漏水和漏气现象，并确认各部操作杆、控制装置及仪表处于正常状态。

（8）凿岩台车行走前，操作司机应查看凿岩台车周围，确认前后左右无人及障碍物后，按照引导人员的指示信号操作；行走时要平稳，避免紧急操作发生意外事故。

（9）凿岩台车钻孔完成后应停放在安全场所。

（10）在围岩地质条件复杂地段，应对凿岩台车重要部位采取加固措施。

（11）装药作业前，应对钻孔情况进行逐一检查，并检查开挖工作面的安全状况。

（12）装药时应使用木质炮棍装药，严禁火种；无关人员与机具等应撤至安全地点；作业人员禁止穿戴化纤衣物。

（13）使用电雷管时，装药前电灯及电线路应撤离开挖工作面，装药时应用投光灯、矿灯照明，开挖工作面不得有杂散电流。

（14）洞内爆破作业前，施工单位必须确定指挥人员、警戒人员、起爆人员，并确保统一指挥。

（15）洞内爆破作业时，指挥人员应指挥所有人员、设备撤离至安全地点；警戒人员负责警戒工作，设置警示标志。

（16）爆破时，爆破工应随身携带带有绝缘装置的手电筒。

（17）洞内爆破后必须经充分通风排烟，15 min 后安全检查人员方可进入开挖工作面，主要检查有无盲炮、有无残余炸药及雷管、顶板及两帮有无松动的岩块、支护有无变形或开裂等。

（18）当发现盲炮、残余炸药及雷管时，必须由原爆破人员按相关规定处理。

第四节 隧道工程其他安全技术

一、支护加固安全技术与风险控制

（一）风险分析

1.支护加固施工准备阶段

（1）隧道支护作业前，如果没有对支护作业面进行检查，清除作业面上松动的岩石，作业时极有可能发生危石掉落而使作业人员被砸伤亡事故。

（2）支护作业面如果没有充足的照明度，在进行支护作业时可能因为照明不足，导致工作人员在施工时被机械所伤。

（3）支护作业面用电如果不符合临时用电安全要求，可能发生漏电，造成人员触电事故，甚至因为触电事故导致人员从工作台上掉落造成高处坠落事故。

（4）支护作业台强度如果不符合要求，在使用时可能因强度不足而发生坍塌，造成人员从高处坠落伤亡甚至被作业台杆件刺穿事故。

（5）支护作业台架四周如果没有设置安全栏杆、安全网和上下工作梯，施工时可能发生高处坠落事故，或者发生作业台上的东西掉落砸伤下面的工作人员事故。

2.管棚和超前小导管

（1）管棚和小导管施工前，如果没有检查施工机械是否处于正常状态，可能因为机械故障导致机械伤人甚至更严重的事故。

（2）施工过程中如果没有派人对开挖工作面进行安全观测，可能因为施工扰动而发生过大的变形甚至塌方，造成人员和机械被埋压事故。

（3）管棚作业换钻杆和超前小导管作业顶进钢管时，作业面下方如果站人，钻杆、钢管掉落可能砸伤人。

（4）管棚作业起吊钻杆和其他物件时，起吊范围内如果站人，被吊物件掉落可能砸伤地面人员，造成高处落物伤人事故。

（5）起吊作业时如果没有专人指挥和统一的口令，司机可能因为视线不良、判断失误造成机械伤人事故，或者起吊机械碰撞洞室，毁坏洞室或使起吊机械倾覆，造成机械毁坏和人员伤亡事故。

（6）在水压较高的隧道中施工时，如果选择的钻孔设备不能满足要求，可能因为水压太高导致钻孔设备损坏，甚至因为水压太高反推钻孔设备导致人员伤亡事故。

（7）钻孔作业时，作业人员若站在孔口正面，因为水压太高，水流可能冲出施工机械导致机械伤人事故。

（8）进行管棚施工时，如果没有及时观察排渣和孔内出水情况，出现异常情况时没能及时发现和及时汇报并处理，因为前方地质不良可能发生突泥冒水甚至塌方，导致人员和机械被埋压事故。

（9）管棚和小导管在作业平台上临时存放时，如果偏载、超载，作业平台可能倒塌，发生人员掉落事故甚至被作业平台杆件刺穿事故，同时应注意防止管棚和小导管滑落，以免砸伤地面工作人员。

3. 预注浆

（1）注浆压力如果超过注浆管和止浆装置的最大值，可能发生注浆管爆裂伤人事故。

（2）预注浆过程中，如果没有安排人员对受注浆影响的围岩和其他结构进行观察，由于注浆压力过大可能导致围岩失稳破坏，造成围岩掉落伤人甚至导致隧道坍塌，造成人员和机械被埋压事故。

（3）采用预注浆加固围岩或止水时，每一循环结束后，如果没有检验预注浆效果就开始进行下一循环，可能因为上一循环支护强度不够导致围岩掉落甚至坍塌，造成人员和机械被埋压事故。

4. 喷射混凝土

（1）喷射混凝土之前如果没有清除作业面上松动的岩石，在进行混凝土喷射施工时可能发生危岩掉落，造成工作人员被砸伤事故。

（2）进行喷射混凝土作业的人员如果未佩戴防尘口罩、防护眼镜等防护用具，在喷射混凝土时，混凝土可能溅入眼睛对人体造成伤害。

（3）混凝土喷射作业时，如果有非作业人员在现场，或者在喷嘴前站人，可能因为喷嘴故障导致混凝土意外喷出，对人员造成伤害。

（4）喷射混凝土过程中，如果工作人员用脚踩踏输料管，可能因此而导致输料堵塞甚至爆裂，造成人员伤亡事故。

（5）围岩渗水时，如果采用防水布或铁皮等遮盖材料大面积引水，导致喷射混凝土与围岩分离，可能造成混凝土掉落砸伤工作人员事故。

5. 锚杆

（1）锚杆钻进作业时，钻机及工作平台如果不够稳定牢靠，在钻进时受到锚杆反向推力作用可能导致钻机倒塌，造成人员被钻机砸伤或工作平台倒塌而发生人员跌落甚至被刺穿事故。

（2）施工人员如果没有佩戴安全帽、安全带、防护眼镜等防护工具，钻进作业时产生的碎屑可能溅入眼睛对人体造成伤害，或者碎石掉落砸到工作人员脑袋甚至从安全台上掉落。

（3）锚杆如果没有上垫板或者带螺帽，在钻进后会造成应力集中，可能导致锚杆破坏，锚固作用失效，围岩掉落砸伤施工人员。

（4）锚杆垫板如果与锚杆焊接，在使用时锚杆头变形后无法加固垫板、螺帽，可能导致锚固失效，围岩掉落砸伤施工人员甚至垮塌造成施工人员和机械被埋压。

（5）锚杆安设后如果受到敲击，因发生位移可能与围岩分离，从而造成锚固失效，导致围岩掉落砸伤施工人员，甚至造成围岩坍塌发生人员和机械被埋压事故。

（6）锚杆锚固后，端部如果过长，侵入隧道内运输限界可能导致运输车辆受损事故。

6. 钢架

（1）钢架所有部件如果焊接不牢固，在运输或者使用时钢架可能断裂倒塌，造成人员被钢架砸伤甚至刺穿事故。

（2）钢架在隧道内运输时，装载如果固定不牢靠，在运输时可能发生碰撞而倒塌掉落，造成人员被砸伤亡事故。

（3）钢架背后的空隙如果没有喷射混凝土予以填实，或者只是填充片石或其他材料，在使用过程中因为钢架与围岩之间存在缝隙，钢架受力不均匀，可能导致钢架变形异常（应力集中），造成钢架局部破坏甚至全部垮塌，发生人员被砸甚至被埋压事故。

（4）钢架基础如果不够坚实稳固，或者设在虚渣上，在后期使用过程中容易发生基础不均匀沉降，导致钢架受损，衬砌掉落，砸伤工作人员。

（5）需要更换钢架时，如果先拆除旧钢架后立新钢架，可能在旧钢架拆除后围岩因为没有钢架的支护而发生掉落甚至垮塌，造成施工人员被砸伤甚至被埋压事故。

（二）风险控制重点

（1）支护作业前应清除作业面上松动软弱的围岩，且要有足够的照明度。

（2）支护加固作业时严禁在作业面下方站人。

（3）支护加固作业平台应设置牢固，基础稳固，并设置安全护栏和安全网。

（4）管棚和超前小导管作业时应注意观察排渣孔内的水压情况，避免发生突水。

（5）预注浆作业应控制注浆压力和观察注浆周边围岩的变化情况。

（6）喷射混凝土时应注意对喷射混凝土工作人员的防护。

（7）锚杆锚固时严控锚固质量，禁止锚固不足或锚固失效。

（8）钢架运输时应注意钢架的稳定性，避免钢架倾覆。

（三）风险控制技术措施

（1）隧道支护施工作业面用电应符合临时用电的要求，其照明应满足安全作业的需要。

（2）隧道支护必须按初喷→架设钢架（钢筋网）、锚杆→复喷的程序施工。在爆破、找顶后，应立即初喷混凝土封闭围岩。

（3）隧道支护施工质量必须达到有关标准规定的要求。超前支护应在完成开挖工作面的加固后进行，每循环之间应有足够的搭接长度与初期支护有效连接。

（4）管棚和小导管在施工过程中应指定专人负责对开挖工作面进行安全观测。

（5）在水压较高的隧道进行管棚钻孔作业时，首先应选择适合较高水压的钻孔设备，钻孔设备应采取防突水突泥冲出的反推或拴锚措施；其次应安装满足水压要求的带止水阀门的孔口管，孔口管应安装牢固；最后钻孔作业时，作业人员不应站立在孔口正面，且应远离孔口。

（6）钢架运输时注意钢架的稳定性，避免钢架倾覆。

（7）进行管棚施工时应记录钻机钻进的各项技术参数，观察钻渣排出和孔内出水的情况，并与超前地质预报的结果核对。出现异常时，应及时报告并进行处理。

二、衬砌施工安全技术与风险控制

（一）风险分析

1.衬砌施工准备阶段

（1）衬砌工作面如果不能满足临时用电安全要求，则在施工过程中可能发生漏电事故，导致人员被电击，甚至因为电击导致施工人员从施工平台上掉落造成高处坠落事故。

（2）隧道衬砌施工如果过早，在衬砌施工完成后围岩和初期支护可能发生过大变形甚至衬砌出现裂纹，则导致衬砌失效而发生衬砌掉落砸伤人员等事故。

（3）在一些围岩破碎地段和洞口地段，如果没有及时进行衬砌施工作业，则还可能发生围岩掉落，导致施工人员被砸伤事故。

（4）开挖面和衬砌作业面的距离如果不够合理，开挖后没有进行及时衬砌，则可能导致隧道围岩掉落砸伤施工人员，甚至造成隧道坍塌导致施工人员和机械被埋压；或者因为衬砌作业面与开挖面距离过近，开挖作业与衬砌作业相互影响，导致人员被机械碰伤或者机械之间发生碰撞，造成机械损坏甚至机械伤人事故。

（5）在衬砌施工范围内，如果有非作业人员进入，由于给现场管理带来了压力，则施工机械可能对人员造成碰撞甚至碾压，或者发生高空坠物砸伤等事故。

2. 衬砌台车

（1）衬砌台车如果在洞内进行组装、拆卸，由于洞内基础不平稳，则可能导致衬砌台车侧翻，造成人员坠落伤亡或者被砸伤亡事故。

（2）衬砌作业台架如果强度、刚度和稳定性不够，则在使用时可能发生台架倒塌，造成高处坠落事故甚至被台架的杆件刺穿事故。

（3）衬砌作业台架下如果没有设置安全通道，则人员在经过时可能被衬砌台车上掉落的东西砸伤。

（4）衬砌台车如果侵入运输限界，运输车辆在经过衬砌台车时没有减速行驶、加强瞭望，则运输车辆与衬砌台车可能发生碰撞，导致机械损坏甚至衬砌台车倒塌而发生人员坠落或者人员被砸伤亡事故。

（5）衬砌台车的移动速度如果过快，或者没有专人负责指挥，则可能与其他施工机械发生碰撞，导致机械损坏或对其他机械的施工人员造成生命威胁，或者在移动过程中发生倒塌造成洞内施工人员被砸伤亡事故。

（6）衬砌作业台架上如果没有设置安全护栏或者封闭式安全网，或施工人员在衬砌台架上没有系安全带，施工人员则有可能从衬砌台车作业台上坠落而发生伤亡事故。

（7）衬砌台车各吊点如果设置不够牢固可靠，则在吊装时可能掉落而造成地面人员被砸伤亡事故。

3. 防水板

（1）防水板存放地点如果禁火不严或者没有安放消防器材，由于防水板是易燃产品，可能导致防水板存放地点发生火灾，对洞内施工人员和机械造成极大的威胁。

（2）防水板施工时，如果有施工人员吸烟，或者钢筋焊接时没有设置临时阻燃挡板防止焊接火花掉落在防水板上，导致防水板被灼伤，则防水效果会受到影响，为隧道在使用过程中留下安全隐患。

（3）防水板施工作业时，如果没有专人负责观察作业面的安全状态，则当作业面出现意外情况时，作业人员未能及时发现可能导致其生命和安全受到威胁。

4. 钢筋

（1）从事钢筋加工、焊接的操作人员，如果没有经过培训就上岗，则可能因为缺少专业知识导致操作失误，造成机械伤人事故。

（2）钢筋进行切割时，切割作业前面如果站人，则切割产生的火花可能溅入眼睛，对人体造成伤害。

（3）钢筋堆放在衬砌作业台上时，如果堆放混乱或者堆放过高，则钢筋可能从作业台上滑落，砸伤下面的施工人员，甚至其可能被钢筋刺穿。

（4）衬砌钢筋在安装过程中，如果没有采取临时防倾倒措施，或者防倾倒设施侵入其他限界，则钢筋可能发生倾倒，导致施工人员被砸伤等事故。

5. 混凝土浇筑

（1）施工过程中如果长时间不检查泵送混凝土的管道，则其连接的可靠性和管道的稳定性可能受到破坏，导致管道发生断裂或者爆裂，对施工人员造成身体伤害。

（2）混凝土浇筑过程中，如果没有人负责观察作业台车的受力状况，或作业台车有异常情况时没能及时通知作业人员立刻撤离，则作业台倾覆倒塌可能造成施工人员坠落伤亡或者被砸伤事故。

（3）仰拱施工时，如果没有配备足够强度和刚度的栈桥，或者栈桥基础不够稳固，桥面没有进行防侧滑处理，则可能导致栈桥倒塌，造成施工人员被砸伤亡事故。

（4）仰拱栈桥附近如果没有设置减速标志，则运输车辆在行驶时可能撞毁栈桥基础，发生栈桥倒塌事故，导致运输车辆被砸、施工人员被砸伤亡事故。

（5）混凝土浇筑过程如果没有控制浇筑速度，而浇筑速度过快可能导致浇筑质量不合格，为后期隧道使用过程中出现安全事故埋下隐患。

（6）混凝土浇筑如果两边不对称，则可能导致衬砌两边应力不对称，衬砌钢筋发生偏移掉落砸伤施工人员。

（二）风险控制重点

（1）隧道衬砌施工应在围岩变形稳定后进行。

（2）衬砌台车应设置安全网，基础应稳固，且不得影响其他车辆通行。

（3）防水板施工时严禁烟火。

（4）衬砌钢筋施工时应连接牢固，采取防倾倒措施。

（三）风险控制技术措施

（1）一般地段隧道施作衬砌应在围岩和初期支护变形稳定后进行；在浅埋、偏压、围岩松散破碎等特殊地段和洞口段，应尽早施作衬砌。

（2）衬砌作业台架下预留通行作业人员、施工车辆以及安设风、水、电线路或管道的净空，应满足洞内车辆和人员安全通行的要求。

（3）衬砌作业台架、作业平台四周应设置安全栏杆、密闭式安全网、人员上下工作梯，衬砌台车及防水板施工作业台架还应配置灭火器，经验收合格方可投入使用。

（4）运输机械应按规定线路及限行速度行驶，往返台架、栈桥时应加强瞭望，倒车作业应有专人指挥，驻停时应有制动措施及安全警示标志。

（5）衬砌台车就位后，应按规定设置防溜车装置，按设计高程及中线调整台车支撑系统，液压支撑应有锁定装置。

（6）防水板的临时存放点应设置消防器材及防火安全警示标志，并有专人负责看管和发放。

（7）衬砌钢筋安装过程中应采取临时支撑等防倾倒措施，临时支撑应牢固可靠并有醒目的安全警示标志，作业人员与过往机械不得踩踏、碰撞。

（8）衬砌台车端头挡板与防水板、台车间接触面应紧密，挡板支撑应稳固。混凝土浇筑过程中应安排专人检查挡板及支撑的安全状况。

（9）仰拱施工应配备有足够强度、刚度和稳定性的栈桥等架空设施。仰拱施工栈桥基础应稳固，桥面应进行防侧滑处理，栈桥两侧应设置限速警示标志，通过速度不得超过5km/h。

三、施工排水安全技术与风险控制

（一）正洞排水

1. 风险分析

（1）洞内排水沟渠如果不定期清理，则可能发生淤塞。排水沟淤塞导致洞内的水不能及时排出，造成洞内积水，甚至可能造成洞内衬砌基础沉降，衬砌掉落导致人员被砸伤亡或机械被损坏。

（2）洞内积水同时可能造成洞内供电线路短路、漏电等，造成洞内施工人员触电伤亡事故。

（3）洞内反坡排水使用机械需要设置集水坑时，如果选择位置不合适，则可能会对施工造成干扰，并对施工机械造成威胁。

（4）集水坑附近如果没有设置安全护栏或者安全护栏失效，或者没有设置警示标志，则洞内施工人员和机械可能误入集水坑，造成淹溺事故。

（5）排水机械如果不足，则可能因为排水机械故障导致洞内积水不能及时排出，造成洞内基础被淹没，导致隧道内结构物基础失稳，严重时可导致隧道坍塌事故。

（6）对于膨胀岩或者围岩松软地段，如果使用天然基础作排水沟渠，抑或如果没有用混凝土浇筑表面或者使用排水管道，则可能造成膨胀岩遇水膨胀或者松软围岩被水冲刷破坏，导致隧道结构受到破坏，造成隧道坍塌、人员和机械被埋压事故。

2. 风险控制重点

（1）定期检查排水渠道，清除淤塞，严防排水不良造成冲刷甚至引发地质灾害。

（2）合理选择集水坑位置，且设置安全警示标志，严防人员坠入。

（3）反坡排水时，须准备足够的排水机械，以防积水造成触电伤害、淹溺伤害。

3. 风险控制技术措施

（1）隧道施工前应根据工程地质、水文地质资料制定防排水方案。施工中应按现场施工方法、机具设备等情况，选择不妨碍施工的防排水措施。

（2）隧道进洞前应先做好洞顶、洞口、辅助坑道口的地面排水系统，防止地表水的下渗和冲刷。

（3）施工中应对洞内的出水部位、水量大小、涌水情况、变化规律、补给来源及水质成分等做好观测和记录，并不断改善防排水措施。

（4）隧道两端洞口及辅助坑道洞（井）口应按设计要求及时做好排水系统，覆盖较薄和渗透性强的地层，地表积水应及早处理，并应符合以下要求：

① 勘探用的坑洼、探坑等应回填黏土，并分层夯实。

② 洞顶上方如有沟谷通过且沟谷底部岩层裂缝较多，地表水渗漏对隧道施工有较大影响时，应及时用浆砌片石铺砌沟底，或用水泥砂浆勾缝、抹面。

③洞顶附近有井、泉、池沼、水田等，应妥善处理，不宜将水源截断、堵死。

④ 清理洞附近杂草和树丛，开沟疏导封闭积水洼地，不得积水。

⑤ 洞顶排水沟应与路基边沟顺接组成排水系统。

⑥ 洞外路堑向隧道内为下坡时，路基边沟应做成反坡，向路堑外排水，并宜在洞口 3～5 m 位置设置横向截水设施，拦截地表水流入洞内。

⑦ 施工废水应通过管路及不透水的沟槽泄到隧道范围以外。

（5）洞内顺坡排水，其坡度应与线路坡度一致，并应满足下列要求：

① 水沟断面应满足排出隧道中渗漏水和施工废水的需要。

② 水沟位置宜结合结构排水工程设在隧道两侧或中心，并避免妨碍施工。

③ 经常清理排水设施，确保水路畅通。

（6）洞内反坡排水，应采取下列措施：

① 必须采取机械抽水。

② 排水方式可根据距离、坡度、水量和设备等情况选用排水水沟或管路，或分段接力或一次将水排出洞外。

③ 视线路坡度分段开挖反坡排水沟。在每段下坡终点开挖集水坑，使水流至坑内，再用水泵将水抽到下段水沟流入下一个集水坑，这样逐段前进，将水排出洞外。

反坡水沟坡度不宜小于 0.5°。

④ 隧道较短时，可在开挖面附近开挖集水井，安装水泵，将水一次送出洞外。

⑤ 沟管断面、集水坑(井)的容积按实际排水量确定。

⑥ 抽水机的功率应大于排水量所需功率 20% 以上，并应配备备用抽水机。

⑦ 做好停电时的应急排水准备工作。

(7) 洞内有大面积渗漏水时，宜钻孔将水集中汇流引入排水沟。钻孔的位置、数量、孔径、深度、方向和渗水量等应作详细记录，以便在衬砌时确定拱墙背后排水设施的位置。

(8) 洞内涌水或地下水位较高时，可采用井点降水法和深井降水法处理。

(9) 隧道施工有平行导坑或横洞时，应充分利用辅助导坑降低正洞水位，使正洞水流通过辅助导坑引出洞外。

(10) 在地下水发育的软弱围岩、断层破碎带中，施工防排水可按有关规定进行。

(11) 严寒地区隧道施工排水时，宜将水沟、管理设在冻结线以下或采取防寒保温措施。

(12) 洞顶上方设有高位水池时，应有防渗和防溢水设施。当隧道覆盖层厚度较薄且地层中水的渗透性较强时，水池位置应远离隧道轴线。

(二)斜井和竖井排水

1. 风险分析

(1) 斜井洞门、竖井锁口圈若未及时施作，可能造成井口坍塌。

(2) 集水坑的位置若设置不当，可能影响井内运输和安全。

2. 风险控制重点

(1) 斜井洞门、竖井锁口圈须及时施作，以免发生井口坍塌事故。

(2) 确保集水坑的位置合理，防止因积水影响而造成车辆伤害。

3. 风险控制技术措施

(1) 斜井、竖井井口周边的截水、排水系统和防冲刷设施应在开挖前妥善规划，尽早完成。斜井洞门、竖井锁口圈应及早施作。

(2) 正洞施工由斜井、竖井排水时，应在井底设置集水坑，用抽水机抽出井外。集水坑设置的位置不得影响井内运输和安全。

(3) 斜井、竖井施工有水时，应边开挖边挖积水坑，并视渗水量大小采用抽水机或吊桶排出。

四、施工通风防尘安全技术与风险控制

(一) 风险分析

(1) 如果隧道内空气质量检测不及时，则隧道内有害气体成分可能超过规定值，对洞内施工人员造成气体中毒等事故。

(2) 隧道内施工人员如果没有佩戴防尘口罩、耳塞等劳保用品，则空气中灰尘被施工人员直接吸入，可能造成身体伤害。

(3) 通风管道沿线如果没有设置警示灯或警示标志，则管道可能被施工机械、运输机械破坏，造成机械损坏甚至机械伤人事故。

(二) 风险控制重点

(1) 经常检查洞内空气成分，尤其是瓦斯、一氧化碳浓度，超过安全值应及时通报并停止施工。

(2) 隧道内通风管道沿线应设置安全警示标志。

(三) 风险控制技术措施

(1) 隧道施工通风应纳入工序管理，成立专门的通风班组，并由专人负责管理。通风方案应经过专项审查，经监理单位审批后方可实施。

(2) 粉尘容许浓度：每立方米空气中含有 10% 以上的游离二氧化硅的粉尘不得大于 2 mg，每立方米空气中含有 10% 以下的游离二氧化硅的矿物性粉尘不得大于 4 mg。

(3) 通风机控制系统应装有保险装置，当发生故障时应自动停机。

(4) 隧道施工应采取综合防尘措施，并配备专用检测设备及仪器，按规定时间测定粉尘和有害气体浓度。

(5) 隧道施工人员应配备防尘口罩、耳塞等个人劳动保护用品。洞内作业人员应定期体检，保障健康。

第五章　高速公路改扩建工程交通组织设计

第一节　改扩建高速公路交通安全特征分析

一、交通事故分析

（一）交通事故统计

交通事故统计分析对改扩建工程交通组织设计具有重要意义。可通过交通管理、高速公路运营单位收集交通事故资料并统计各路段事故率，事故资料包括事故类型、事故车型及实载情况、事故发生时间、天气状况、车辆速度等现场数据。对改扩建高速公路近5年内交通事故数据进行统计分析交通事故时空规律性，调查事故路段线形指标、路面状况、交通安全设施等，初步辨识事故多发路段并开展事故致因分析，为改扩建高速公路交通安全提供依据。

高速公路交通事故一般可从以下角度进行统计分析：确定统计分析的起终点桩号、单位步长，对交通事故数据进行筛选和分析；统计每段道路范围内的交通事故次数、事故发生率等指标，根据路段中心桩号及交通事故次数做出分布图表，作为事故多发路段的参考依据；统计不同时段、月份、季度改扩建高速公路交通事故次数，分析不同时间段交通事故发生规律。交通事故的诱发原因多种多样，可根据事故成因进行统计分析，明确不同路段事故主要产生原因，便于改扩建时有针对性地制定预防措施。

（二）交通事故多发路段鉴别

在事故统计基础上，可进一步确定事故多发路段。事故多发路段是指在较长一段时间内，发生交通事故的数量或严重程度与其他路段相比明显突出的位置（点、段）。鉴别事故多发路段的基本方法主要有事故次数法、事故次数概率分布法、累积频率曲线法等。其中，累积频率曲线法是鉴定事故多发路段的常用方法之一，其方法是：确定统计步长，将事故发生次数统计到相应路段上，以单位路段长度发生的事故数为横坐标，以发生小于某事故数的累计频率为纵坐标，绘制出累计频率事故分布图；对事故累计频率进行拟合，分析拟合后曲线突变点，以此界定事故多发路段。

重点排查路段包括高速公路立交出入口及相邻路段、长隧道出入洞口的相邻路段、连续发生2次或2次以上交织的路段、采用极限最小半径的平曲线路段、长直线末端、连续长大下坡路段、行车道车道数变化的路段。

二、道路线形分析

道路几何线形主要包括平曲线半径、竖曲线半径、视距及其连续性、纵坡坡度大小及均衡性，以及平纵面组合等方面。

道路交通安全与道路路线的几何设计参数有较大的关系。平曲线半径越小，离心力就越大，车辆易侧滑；平曲线半径过大，驾驶员感觉不到曲线的存在，易发生操作不当，事故率较高。同时，平纵线形组合不当、视距不足的路段往往也是交通事故易发路段。从行车状态来看，平纵线形组合越顺畅连续，行车质量越好，交通事故率越低。道路线形核查项目见表5-1。

表5-1　道路线形核查项目

类别	核查项目
平面线形	圆曲线最小半径
	平曲线最小长度
	公路转角等于或小于7°时的平曲线长度
	不设超高的圆曲线最小半径
	复曲线中小圆临界圆曲线半径
	回旋线最小长度
	直线最大长度和圆曲线间的直线最小长度
纵面线形	竖曲线最小半径与竖曲线长度
	纵坡最大坡度
	原纵坡折减值
	纵坡最小坡长
平纵线形组合	平纵线形组合适宜性定性分析
视距	设计速度对应的停车视距

（一）平纵线形指标符合性评价

1.平面线形

（1）圆曲线

调查路段的平面线形资料，需符合《公路路线设计规范》(JTG D20—2017)中的规定。

在平曲线的设计中，在满足平曲线最小长度的同时，考虑驾驶员的心理承受情况，不致引起驾驶疲劳，对于设计速度大于或等于80km/h的高速公路，平曲线最大长度按汽车在曲线上行驶的时间进行控制，"一般值"按90s控制，"最大值"按150s控制。因此，需调查路段的设计速度，据此确定对应的平曲线长度范围。

（2）缓和曲线

圆曲线的径相连接处应设置回旋线来缓和线形之间的变化，高速公路的直线同小于表5-2不设超高的圆曲线最小半径径相连接处，应设置回旋线。

表5-2　不设超高的圆曲线最小半径

设计速度（km/h）		120	100	80	60
不设超高的圆曲线最小半径（m）	路拱≤2%	5500	4000	2500	1500
	路拱＞2%	7500	5250	3350	1900

回旋线长度应随圆曲线半径的增大而增大。圆曲线按规定需设置超高时，回旋线长度还应大于超高过渡段长度。

（3）直线

直线的长度不宜过长。受地形条件或其他特殊情况限制而采用长直线时，应结合沿线具体情况采取相应的技术措施。对于长直线段最大长度（以 m 计），以设计车速（以 km/h 计）的20倍为宜。

两圆曲线间以直线径相连接时，直线的长度不宜过短。设计速度大于或等于60 km/h 时，同向圆曲线间最小直线长度（以 m 计）以不小于设计速度（以 km/h 计）的6倍为宜；反向圆曲线间的最小直线长度（以 m 计）以不小于设计速度（以 km/h 计）的2倍为宜。设计速度小于或等于40km/h 时，可参照上述规定执行。

2. 纵面线形

（1）竖曲线半径

调查路段中凸形竖曲线和凹形竖曲线的最小半径及设计速度等资料，根据设计速度确定对应的竖曲线最小半径。《公路路线设计规范》（JTG D20—2017）中对竖曲线半径的规定见表5-3。路段竖曲线半径须符合规范。

表5-3　竖曲线最小半径与竖曲线长度

设计速度（km/h）		120	100	80	60	40	30	20
凸形竖曲线最小半径（m）	一般值	17000	10000	4500	2000	700	400	200
	极限值	11000	6500	3000	1400	450	250	100
凹形竖曲线最小半径（m）	一般值	6000	4500	3000	1500	700	400	200
	极限值	4000	3000	2000	1000	450	250	100

续表

设计速度（km/h）		120	100	80	60	40	30	20
竖曲线长度（m）	一般值	250	210	170	120	90	60	50
	极限值	100	85	70	50	35	25	20

注："一般值"为正常情况下的采用值；"极限值"为条件受限时，经技术经济论证后的采用值

（2）纵坡最大坡度

调查路段中纵坡最大坡度及设计速度等资料，根据设计速度确定对应的纵坡最大坡度。《公路路线设计规范》（JTG D20—2017）中对公路最大纵坡的规定见表5-4。纵坡最大坡度须符合规范。

表5-4　公路最大纵坡

设计速度（km/h）	120	100	80	60	40	30	20
最大纵坡（%）	3	4	5	6	7	8	9

设计速度为120km/h、100km/h、80km/h的高速公路，受地形条件或其他特殊情况限制时，经技术经济论证，最大纵坡可增加1%。

设计速度小于或等于80km/h位于海拔3000m以上高原地区的公路，最大纵坡应按表5-5的规定予以折减。最大纵坡折减后若小于4%，则仍采用4%。

表5-5　原纵坡折减值

海拔高度（m）	3000～4000	4000～5000	5000以上
纵坡折减（%）	1	2	3

（3）纵坡最小坡度

根据《公路路线设计规范》（JTG D20—2017）中的技术要求：各级公路最小合成坡度不宜小于0.3%，在超高过渡的变化处，合成坡度不应设计为0%。当合成坡度小于0.3%时，应采取综合排水措施，保证路面排水通畅。

（4）纵坡最小坡长

公路纵断面相邻两个变坡点之间的最小长度（最小坡长）不应影响行车的连续性和安全性。根据规范文件要求，当设计车速为120km/h时，公路最小坡长为300m。各级公路当陡坡的长度达到限制坡长时，应设置一段坡度不大于3%的缓和坡段，一般情况缓和坡段宜采用小于或等于2.5%的坡度，其长度应符合纵坡长度的规定。《公路路线设计规范》（JTG D20—2017）中对公路纵坡最小坡长的规定见表5-6。纵坡最小坡长须符合规范。

表5-6 公路纵坡最小坡长

设计速度（km/h）	120	100	80	60	40	30	20
最小坡长（m）	300	250	200	150	120	100	60

3. 平纵线形组合

由于没有对平纵线形组合定量评价的标准，按以下定性评价原则对各路段进行检查。

在凸形竖曲线的顶部和凹形竖曲线底部，不得插入小半径平曲线，该处的竖曲线半径与平曲线半径的比值不宜小于20，且凸形竖曲线的顶部和凹形竖曲线底部不得与反向平曲线的拐点重合；当竖曲线半径与平曲线半径的比值小于20时，应按照驾驶员的视线高度做透视图检查，结合运行速度和视距要求，确保视距范围内不出现暗凹，也应避免在前方更远视线上出现暗凹；直线段内不能插入长度短、半径小的竖曲线；小半径竖曲线不宜与缓和曲线相互重叠；应避免在长直线上设置陡坡；对路线透视图逐段进行检查，要求行车视线范围内地形与平面线形迹象清晰连续，确保路面和路侧状况不至于形成暗凹等模糊不清或误导信息。

（二）视距验算

1. 运行速度要求的停车视距验算

《公路路线设计规范》（JTG D20—2017）中规定每条车道的停车视距是与设计速度相对应的，见表5-7。

表5-7 设计速度对应的停车视距

设计速度（km/h）	120	100	80	60	40	30	20
停车视距（m）	210	160	110	75	40	30	20

在停车视距满足要求的前提下，还需要结合横净距来检验道路的行车安全性。

2. 横净距验算

（1）纵面视距

根据凸曲线半径，计算所得满足视距的最小竖曲线半径，则：

$$R = \frac{S_c^2}{4} \tag{5-1}$$

式中：S_c——停车视距；

R——竖曲线半径。

（2）平面视距

根据简易公式，计算能满足视距要求的最小圆曲线半径，则：

$$h = \frac{S_c^2}{8R} \tag{5-2}$$

式中：S_c——停车视距；

R——平曲线半径；

h——横净距。

采用标准断面时，中央分隔带外侧行车道横净距为 $h=2.625\mathrm{m}$（80km/h），$h=2.875\mathrm{m}$（100km/h），$h=3.125\mathrm{m}$（120km/h）。

三、交通安全设施调查

交通安全设施是沿线设施的重要组成部分，完善的交通安全设施不仅能保障车辆的运行安全，还能起到美化交通环境、改善驾驶员心理状态等积极作用。为充分发挥交通安全设施的作用，设计时应遵循一次建成的原则，布设时应保持各类设施的协调一致，使其共同发挥功能。例如，固定标志和可变信息标志相结合、道路标志与路面文字标记相配合等。

应调查交通安全设施设置与现行标准的符合性和利用的必要性，以便满足改扩建后运营需求，具体调查要点如下：

第一，交通标志。主要调查标志内容、字体大小、结构形式、材料等方面是否符合标准要求；同时应对标志设置位置和版面信息是否满足改扩建后的加宽方式和路网需求进行评估。在调查标志结构时，还应注意调查标志的老化锈蚀情况、视认难易程度及被沿线植被遮挡的情况。

第二，交通标线。主要调查标线的颜色、设置位置、间距、损坏情况、反光性能等，振动标线还应调查其振动性能。

第三，护栏。主要调查设置位置及性能，此外，还需调查护栏的使用时长及护栏立柱和护栏板的锈蚀情况，判定其可利用程度。

第四，隔离设施。隔离设施包括隔离栅和防护网，主要调查分离加宽情况下是否满足隔离要求及其可利用程度。调查过程中，应注意调查隔离设施的材料、锈蚀情况及隔离设施周边环境。

第五，防眩设施。主要调查路基加宽情况下是否满足防眩要求及其可利用程度。

第六，轮廓标。主要调查其设置合理性、结构完整性及逆反射性能。

交通安全设施还应从再利用的角度进行调查分析，可通过材料回收价值、再利用翻新费用、环保效益、投入产出比等方面综合判定其是否具有重复利用的价值。

四、运行速度分析

在对既有高速公路平纵线形进行核查的基础上，采用运行速度对路线进行安全性评价，可最大限度地避免路线设计中的问题。运行速度是指当交通流状态处于自由流，且天气良好时，在路段特征点上测定的第85个百分位上的车速。车速变化的程度代表着线形连续程度。通过速度变化控制原则，使各路段车辆运行速度保持较高的一致性，从而保证线形的连续性。

现状车速采用实测速度统计和理论速度计算相结合的方法进行评价。对于营运阶段的高速公路，常采用实测运行速度评价法，以理论速度计算作为补充。速度协调性评价步骤如下：

第一，理论速度计算。根据项目初步设计资料和数据，从道路设计资料中，整理出平曲线半径、曲线长度、直线长度、坡度、直缓点和缓直点桩号等数据。以此为基础，运用辅助软件分别计算不同车型的预测车速，并结合运行车速及设计车速，分析其速度协调性。

第二，实际速度统计。开展现场测速，并基于现场实测数据，计算断面典型车型的实际运行速度第85百分位数 V_{85}。观测地点主要选择服务区出口、匝道出口、施工作业区影响区域和事故多发路段等。测速过程中，测速人员应注意隐蔽，尽可能地减少测速操作对驾驶员的影响。

第三，根据现场实测速度分析结果和理论速度计算结果，找出速度协调性差或运行速度与设计速度差异较大的路段，将速度协调性评价结论与后续的交通组织设计结合起来，并提出相应的安全改善措施。

第二节　高速公路改扩建工程路网分流交通组织设计

一、路网分流交通组织设计原则

区域路网交通分流是指着眼于区域全局路网构架和分布，充分利用区域路网资源，依据交通需求特征，采用适当的管控手段，将改扩建公路部分交通量疏导至周边路网，均衡交通量分布，减轻运输通道通行压力，实现"源头疏导、路网分流"的理念和"减少干扰、科学组织、保障通行"的目标。交通组织应遵循以下原则。

(一) 时间稳定原则

时间稳定原则是指施工期间交通分流方案应在一定时期内保持相对稳定，不应轻易改变，使驾驶员获得相对稳定的交通环境。在改扩建高速公路能满足交通运行要求的情况下，不启动交通分流方案；在实施交通分流方案前应做好宣传告知工作。

(二) 空间均衡原则

高速公路是一个地区的交通主动脉，交通分流方案对周边道路网络影响较大。制订分流方案时，应在改扩建工程的具体需要的基础上，兼顾改扩建高速公路与周边道路网络交通状况，尽量减小分流沿线基本交通影响，保障正常交通相协调、局部交通与整体交通相协调，维持正常交通的稳定和通畅。

(三) 诱导与管制相结合原则

通过诱导与管制相结合的方法实施交通组织。首先，充分利用沿途信息发布设施，在改扩建影响区域外广泛发布诱导信息，提前分流部分交通量；其次，在交通分流组织相关节点实施交通管制措施，保障分流方案获得预期效果。

二、路网分流交通组织设计

(一) 分流车型确定

根据有关要求，高速公路改扩建工程实施期间应通过交通组织使通车路段的服务水平维持在一定范围内。因此，当交通量饱和度超过改扩建道路要求服务水平对应的饱和度时，应采取适当的分流措施。分流车型的确定需考虑车辆运行特性及对改扩建施工影响程度、影响区内周边路网的技术状况和通行能力；还应综合考虑交通组成、交通出行特征、交通安全、经济收益、管控难度等因素。

1. 分流车型比较

分流车型包括客车和货车，不同车型的尺寸、运行特性不同，对道路的影响也存在差异。以下从车辆对道路设施、道路通行能力、道路收费、交通管理、工程施工的影响等方面分析不同分流车型的优缺点。

(1) 对道路设施的破坏作用

车辆轴载质量对路面的影响十分明显，当轴载质量增大时，车辆对路面的破坏增大，路面在有效使用期内能够承受弹性变形的次数将大为减少。世界各国多采用"四次方法则"来衡量轴载质量与公路路面损坏程度之间的关系。在我国，相关研究表明，汽车对路面的破坏作用与轴载质量的 4 次方成正比，以 10 t 轴载车辆对路面的破坏作用为基准，不同轴载质量对路面的破坏系数及其变化趋势见表 5-8。

表 5-8　不同轴载质量对路面的破坏系数

轴载质量（t）	路面的破坏系数（10t 标准轴载）	轴载质量（t）	路面的破坏系数（10t 标准轴载）
2	0.0007	9	0.6192
3	0.0042	10	1.0000
4	0.0155	11	1.5429
5	0.0427	12	2.2923
6	0.0979	13	3.2995
7	0.1973	14	4.6226
8	0.3623	15	6.3273

轴载质量在 2.0 t 以下时，车辆对于路面破坏作用可以忽略不计；轴载质量在 2.0～7.0 t 时，车辆对路面破坏作用较小；当轴载质量超过 7.0 t 时，车辆对路面破坏作用显著增加。

（2）对通行能力的影响

低速通行的货车会降低整个交通流的运行速度，车流中大型车比例的增加对道路通行能力有显著影响。

（3）对道路收费的影响

我国大部分高速公路都处于收费阶段，货车收费标准按车辆吨位及尺寸大小而定。根据目前的通行费征收标准，在通行费构成中，货车通行费占绝大部分，分流货车数量越多，施工期间流失收费越多，对经济收益影响越大。

（4）对交通管理的影响

改扩建施工期间，由于施工干扰等因素，发生交通事故或堵塞的概率明显增加。客车机动灵活、行驶速度较高，发生事故的概率较高；货车体积、吨位相对较大，一旦发生交通堵塞或事故，影响范围广，处理难度大、时间长。

（5）对工程施工的影响

车辆通行对工程施工的影响主要体现在对道路资源的占用和施工安全上。货车吨位较大、占用空间多，自身行驶性能相对较差，产生的噪声、尾气及振动远大于其他车辆，易造成施工人员心理压迫感，对施工安全影响较大。

2. 分流车型方案分析

根据国内外公路建设经验，分流车型方案可初步划分为客车分流和货车分流两种类型。

客车分流主要是指分流小客车、大中型客车。我国现阶段高速公路交通组成中，大中型客车多数为公共交通工具，应作为优先通行的车辆，所以客车分流首先考虑分流小客车。货车分流主要是指分流小货车、中型货车、大货车及特大型货车。大货车及特大型货车轴载质量大，相较中小型货车而言，对路面的破坏作用更大，因此，货车分流主要论证大货车及特大型货车分流的可行性与适宜性。

不同车型分流各有其优缺点及适用条件，见表5-9、表5-10。

表5-9　不同车型分流优缺点对比

客车分流优缺点		货车分流优缺点	
优点	缺点	优点	缺点
对周边环境影响小；对分流道路等级要求低；对分流道路路面、桥涵影响小；提升货物运输效率	增加客运车辆的绕行距离、费用；造成一定的道路收费损失；影响道路服务水平；造成道路通行能力降低	保持客运服务水平；提高改扩建高速公路交通安全水平、服务水平、通行能力	对周边环境影响大；降低分流道路的服务水平、交通安全水平；对分流道路路面、桥涵产生不利影响；收费损失较大；影响货物运输效率

表5-10　不同车型分流适用条件

适用条件	客车分流	货车分流
周边路网	周边路网技术等级低、线形差，难以满足重载运输工具的通行	周边路网技术等级高、线形好，能够承载分流的重载运输工具
通行费用	通行费构成中，货车通行费所占比例高，分流货车产生的通行费损失大	通行费构成中，客车通行费所占比例高，分流客车产生的通行费损失大
车辆构成	客车所占比例较低，满足客车分流后，剩余交通量在施工期道路通行能力范围内	货车所占比例较低，分流后剩余交通量在施工期道路通行能力范围内，且高速公路道路资源得到了充分利用
其他因素	分流路网沿线居民区密集，分流客车相对于货车可减少对沿线居民生活影响	改扩建高速公路交通量大，分流货车相对于客车可减少对施工作业区不利影响

3. 分流车型的确定

根据拟定的分流车型方案，按优先级逐一测算分流方案实施后的交通饱和度，并根据改扩建高速公路需要保障的服务水平等级，判断分流车型方案是否可行，直到满足所需服务水平等级。改扩建期间高速公路需满足的服务水平等级可根据《公路工程技术标准》(JTG B01—2014)中相关规范确定，通常为三级或四级。

分流后道路饱和度是评价分流方案是否可行的重要指标，其计算公式为：

$$\left(\frac{V}{C}\right)_{剩余} = \frac{Y_总 - \sum Y_K}{C_{剩余}} \qquad (5-3)$$

式中：$\left(\dfrac{V}{C}\right)_{剩余}$——分流后交通饱和度；

$Y_总$——高速公路预测总交通量；

Y_K——分流车型 K 的交通量；

$C_{剩余}$——分流后道路实际通行能力。

根据以上计算，得到分流后的交通饱和度，用公式（5-4）判断分流后交通饱和度是否满足三级服务水平限值。

$$\left(\frac{V}{C}\right)_{剩余} < \left(\frac{V}{C}\right)三级限值 \qquad (5-4)$$

式中，$\left(\dfrac{V}{C}\right)$三级限值——道路三级服务水平限值。

（二）分流路径选择

交通分流的本质是通过部分车型的绕行，把一部分交通量转移到周边路网中，从而保证改扩建高速公路具有相对较好的运行质量。分流方案成功与否除取决于分流车型之外，还取决于分流路径是否合理。分流路径与分流车型也存在不同。通常，分流车型具有强制性，而分流路径往往不具有强制性。

1. 分流公路网络类型

可供分流的区域公路交通网络可分为国家高速干线公路网和区域次级公路网，以下分别介绍两类公路网的情况。

（1）国家高速干线公路网

国家高速干线公路网以区域中心城市为枢纽，主要承担区域间、省际及大中城市间的快速客货运输，并为应对自然灾害等突发性事件提供快速交通保障。

在制订分流交通组织方案时，国家高速干线公路网主要分担跨区域长途过境交通和部分区域间出入境交通。其中，跨区域长途过境交通是指跨越高速公路改扩建工程全程或起、终点均不在沿线区间内的出行车辆；区域间出入境交通是指起点或终点为高速公路沿线区间的出行车辆，又称为区域内与区域外的交通出行，一般为中长途出行，交通量较大，是交通分流的主要组成部分。

（2）区域次级公路网

区域次级公路网是指以区域城市群各城市为次级枢纽（或节点）的公路交通网络，主要承担区域内短途交通，小部分交通量为跨区域长途过境交通和区域间出入境交通。其中，区域内短途交通是指拟改扩建高速公路沿线交通运输通道内任意两节点之间的车辆出行，与区域经济、社会活动密切关联，该部分交通量与拟改扩建高速公路走向一致，必须从影响区间通行。

2. 路径选择

路径选择时，按长途过境交通、中短途交通的顺序拟定分流方案，主要考虑路径承载能力、道路技术条件、绕行里程及绕行费用等因素。

当备选路径容差（剩余承载能力）大于拟分流交通量，且道路技术条件可满足分流车型通行要求时，可将该通道作为分流选项，承担分流交通。同时，可将区域路网分流作为应急预案，以便能够在通道交通出现拥堵或事故时，确保分流方案的稳定性与适应性。通道剩余承载能力小于拟分流交通量，可利用区域路网实施远距离、大范围的分流方案，采用"网络疏导、逐类分解"的交通分流指导思想，即依托周边路网从源头疏导交通，使部分车辆在外围提前得到分流；基于交通层次划分，对交通流由远及近分类选择分流路径，以保证资源利用最大化和分流效果最优化。方案拟分流车型的预测 OD 表在区域路网中进行交通分配和计算机仿真，若通道内相关道路不具备承受分流交通量的能力，则增加需绕行的交通分布，之后，再进行交通分配和计算机仿真，直至周边路网均具备承受分流交通量的能力为止。

绕行距离及通行费用也是选择分流路径的主要依据，在选择绕行方案时，要考虑绕行里程系数（分流绕行路径与原有路径里程之比）及绕行费用系数（分流绕行路径与原有路径通行费之比），还要考虑绕行时间和绕行距离的敏感性。通常，内部交通出行距离相对较短，对行程时间和绕行距离更为敏感，应选择通道内其他替代性道路作为分流路径；出入境与过境交通的出行距离相对较长，绕行增加的距离相对于总行程来说不是十分明显，驾驶员对道路绕行的敏感程度相对较低，因此，若通道内其他道路交通承载能力有限，可考虑适当增加绕行里程，在区域路网范围内制定分流路线。

（三）分流节点设置

区域交通网络由区域空间自然要素点和线组成，分流节点的设置是分流路线确定后完善网络结构的重要步骤。通过在适当地点设置分流点，一方面可以向驾驶员推荐服务水平较高的行驶路线，提高出行质量；另一方面，有利于相关部门对施工路段进行交通管制，更高效地完成分流任务。

1. 分流节点的作用

(1) 实现行车信息集中发布

路网分流点是集中发布各种行车信息的地点。行车信息包括区域路网分布信息、路网施工信息、分流路径信息、道路预警信息、管制措施信息、前方道路流量信息及其他综合服务信息。使出行者提前、及时、详细、准确地了解和掌握实时通行状况，以便主动、合理地选择行车路线，可以有效地实现对路网资源利用的最大化，并减少不必要的延误和混乱。

(2) 实现分流路径无缝衔接

在高速公路施工期间，针对不同出行目的的车流提供适当的分流路径，各分流路径分布范围广泛。交通分流点除了诱导功能，主要通过交通标志、标线等设施指导出行者实现交通路径转换。

(3) 保障交通管制实施效果

分流点是实现强化交通管制的主要措施之一。在交通管制过程中，通过在路网分流点设置具有强制性的交通标志、标线设施，并配备警力或电子警察，保障交通分流的顺利分离和有序行驶，避免不必要的混乱和延误，同时保障施工路段的顺利通行。

2. 分流节点的组成

分流节点根据对应的路网结构层次可分为3级，即交通诱导点、分流点、管制点。每一级均有各自的作用和功能，应根据相应的功能分别确定3级分流节点的空间位置。

(1) 交通诱导点

交通诱导属于非强制性交通管理措施，通过交通信息的发布来诱导驾驶员选择合适的行车路径，以降低改扩建施工作业区的通行压力。交通诱导点主要以发布交通分流信息为主，一般设置在高速公路改扩建工程项目影响区域外围道路网的重要节点和改扩建工程所在高速公路的出入口处，起到诱导交通通行、分流过境交通的作用。

(2) 交通分流点

交通分流点实施强制性的交通管制措施，通过在相邻道路出入口进行分车型分流，提前引导车辆进入分流路径。分流点一般沿高速公路改扩建工程及其影响区域内道路网的主要交叉口布设，并设置交通管制设施。

(3) 交通管制点

交通管制点设置在高速公路改扩建沿线互通入口，以及与地方道路相连的互通出口，保障分流车型不会进入施工路段。

3. 分流节点设置原则与方法

分流节点优先级应根据节点重要度、项目路段饱和度、分流路径容差和绕行度综合确定。节点重要度小及项目路段饱和度大的，其对应节点优先分流。

节点重要度 I 的计算模型：

$$I_i = \sum_{k=1}^{n} \alpha_k \frac{Z_k}{Z_a} \tag{5-5}$$

式中：I_i——第 i 节点重要度；

α_k——第 i 节点第 k 项指标的权重；

Z_k——第 i 节点的第 k 项指标值，可选取人口、工业总产值、商品零售总额、旅游收入总额、交通运输增加值、对社会经济的重要性等指标；

Z_a——影响区域以内各节点第 k 项指标的平均值。

其中，节点重要度 I 是节点所服务区域社会经济活动的重要性度量，是描述影响区内相关节点在交通网络中所处地位、重要程度相对大小的衡量指标。各指标的权重一般可采取主观或客观权重赋值方法。主观权重赋值方法采取定性的方法，由专家根据经验进行主观判断而得到权重。使用客观的权重赋值方法，可根据历史数据研究指标之间的关系，对指标与评估结果的关系进行综合评估；再根据节点重要度、项目路段饱和度、容差和绕行度等指标情况综合判断。

三、交通分流方案评价

在分流方案设计阶段，可从负经济效益角度对分流方案进行定量评价，对备选分流方案综合比选。

改扩建工程使公路上原有车辆向周围路网转移的同时，也会使原有公路运输效率降低，其中产生的经济效益损失统称为负经济效益，主要包括以下几个方面：

（1）因分流车辆而造成高速公路通行费收入减少。

（2）因改扩建施工而造成服务水平降低。

（3）因分流车辆造成其他道路养护费用增加。

（4）因分流车辆流入而引发分流道路交通拥挤。

（5）因分流车辆绕行其他道路而造成的出行成本增加。

（6）因分流车辆导致的交通事故损失增加。

（7）因改扩建施工而造成的区域经济损失。

在开展负经济效益评价时，可采用方法包括层次分析法（AHP）、模糊综合评价法（FCEM）、逼近理想解排序法（TOPSIS）、数据包络分析法（DEA）等。

第三节　改扩建方式与路基路面施工交通组织

一、改扩建方式

高速公路改扩建路段及节点交通组织，与改扩建方式有着直接联系。根据相关规范，高速公路改扩建方式可分为两侧拼宽、单侧拼宽和分离增建三类，方案设计时可根据不同路段的具体情况组合使用，下面对三类方式分别进行分析。

（一）两侧拼宽

两侧拼宽是指高速公路路基左右两侧进行加宽，它是高速公路旧路改扩建的常见形式。两侧拼宽路基的优点是新老路基的中心线重合，占地少，工程规模小，节省投资；其缺点是施工难度大，新老路基之间的差异沉降难以控制。

1. 两侧拼宽方式的优点

（1）为改扩建方案的实施提供了有利条件，大大减少了征地和拆迁费用。

（2）中央分隔带及内部的排水、通信管道、防撞护栏等设施可充分利用。

（3）新老路幅横断面能有效组合，路拱规则可继续使用，路面排水简单。

（4）部分上跨桥梁净空影响不大，主线桥拼宽难度较小，施工较方便。

（5）沿线互通立交大多为单喇叭形和苜蓿叶形，大部分立交均可通过调整匝道半径，达到匝道线形拟合来完成改建，改动量较小。

（6）工程直接投资相对较少，拼宽后总车道数不超过八车道时，两侧拼宽方式对断面通行能力的提升效果比单侧拼宽和分离增建方式更为明显。

2. 两侧拼宽方式的缺点

（1）设计、施工技术难度大，施工质量较难控制，特别是新老路基和新老桥间的差异沉降难以控制。

（2）施工工作面小，不利于大型机械开展工作，增加了施工技术难度。

（3）施工需临时中断交通或封闭部分车道，对交通影响较大，增加了交通组织和安全保障工作难度。

（4）拆除重建工程量大。老路加宽后，沿线所有不满足净宽要求的支线上跨桥、互通匝道上跨桥及与主线相连的匝道必须拆除重建或局部改造，路基两侧的防护、防撞护栏等设施不能重复利用，也须拆除重建。

（5）对于有净空要求的跨河、跨路主线桥梁，加宽改造后受老路横坡的影响，容易导致桥下净高不足。

（6）施工过程中不可预见因素较多，不可预见费用较高，工期相对较长。

（二）单侧拼宽

单侧拼宽是指高速公路新加宽路基集中在原有道路一侧进行的改扩建方式，其特点是新旧路基的中心线不重合。单侧拼宽路基的优点是其加宽路基施工难度小，而且质量控制易于两侧拼宽方式；其缺点是一部分新路面要铺筑在新路基上，其强度难以达到旧路基强度，双面坡的行车道中心线移动后，增加了路面材料的用量。

1. 单侧拼宽方式的优点

（1）路基未加宽一侧的边坡防护、排水沟、隔离设施、护栏等设施可继续使用。

（2）施工对改扩建高速公路的交通影响较小，原有高速公路可维持通行。

（3）新建路基施工集中在原有路基的一侧进行，施工工作面大，有利于大型机械开展工作。

2. 单侧拼宽方式的缺点

（1）路基中心线发生偏移，平面线形需重新拟合。

（2）原有的中央分隔带改建为行车道后，其内部原有的设施须拆除，路基加宽侧的设施须拆除重建。

（3）上跨桥梁须拆除重建，原主线桥梁分两幅设置，合并时线形过渡难度大，对改扩建高速公路交通影响大。

（4）互通立交加宽侧匝道线形调整幅度大。

（5）由于双路拱问题，原路面高程存在施工误差、不均匀沉降及曲线超高过渡，新旧路面高程协调难度大。

（三）分离增建

分离增建是指在现有公路的两侧或一侧适当位置新建两条单向或一条双向公路，与原路一起组成多车道的公路通道，以期达到改扩建目的。在空间、地质环境受限的情况下，采用单侧或双侧加宽路基的方式跨越特殊地段将会对交通运行带来不利影响，采用分离增建的方式可以较好地解决这些问题。分离增建路基的优点是新路基不受旧路基的影响，可独立设计、施工，并可绕开不利地形与地质条件；其缺点是占地面积大、线形选择难、工程造价高等。

1. 分离增建方式的主要优点

（1）施工期间对现有交通干扰小，可维持现有高速公路的功能。

（2）施工质量相对易于控制，技术风险小。

（3）新路部分可采用以桥代路的方式，适应性较强。

（4）主线上跨桥梁可最大限度地得到利用，减少废弃工程量。

（5）能较好地解决两侧拼宽所引起的主线桥桥下限界不足的问题。

（6）有利于形成"快速—集散分离"的交通组织方式，提高整条通道的通行能力。

2. 分离增建方式的主要缺点

（1）占地较多，工程投资相对较高。

（2）快速车道与集散车道之间车辆转换的灵活性受到一定限制。

（3）总车道数不超过 8 车道时，断面通行能力不如直接拼接方式。

二、路基施工交通组织

路基施工交通组织根据改扩建方式不同，可分为两侧拼宽路基、单侧拼宽路基、分离增建路基。每种加宽方式下交通组织方案及特点，见表 5-11。

表 5-11 路基加宽方式交通组织方案及特点

加宽方式	施工步骤	交通组织方案	特点
两侧拼宽	（1）填方段：隔离施工区、拆隔离栅、基底清表夯实、桥梁下部结构施工；隔离行车区、拆原有道路侧护栏、地基处理、挖台阶填土、铺土工格栅管线、分层压实至路床顶面、路基形成。（2）挖方段：分级支护开挖、逐级支护开挖或设置支挡隔离、抗滑桩至路基形成	原高速公路保留 4 车道正常通行；施工前期两侧设施工区隔离及提示、施工中后期设行车区隔离及提示；尽量减少施工道口开口；加强巡查维护临时设施及施工管理	基本不影响行车区，部分临时占道施工点在短时间内能快速撤离；调动大型设备或高边坡防护时可能会短时间占用部分路肩或一条外侧车道；施工作业区较短、小；对于维持原有线形及施工便利、应急保障具有优势
单侧拼宽	施工步骤同上。增加中央分隔带移位拆建、管线迁改项目；单侧拼宽完成后导改至新建路面才能施工另外半幅	交通组织方案同上。另外两侧防护改为单侧防护，增加了中央分隔带拆建时的交通组织阶段	前期施工工作面较大。适合单侧高大边坡、石质边坡及调坡调线路段；工期较长，后期施工交通组织转换频繁
分离增建	（1）填方段：基底清表夯实、桥梁下部结构施工；地基处理、填土、铺土工格栅管线、分层压实至路床顶面、路基形成。（2）挖方段：清表、逐级开挖至路基形成	维持原有道路双向通行	工期较长；前期施工工作面较大，适合特大桥、隧道、两侧高大边坡、石质边坡路段

（一）两侧拼宽路基施工交通组织

步骤一：进行原道路两侧拆除隔离栅，基底清表、夯实，清除坡面防护、排水设施等施工；原道路双向 4 车道正常通行，施工时应在原有路侧设置交通及施工标志，以提醒驾驶员注意。

步骤二：对两侧拼宽部分进行地基处理、坡面削坡处理、逐级开挖台阶、路基分层压实至新建路床顶面；保持原道路双向 4 车道通行，根据施工时占用应急车道的具体情况，及时调整路侧设置的交通及施工标志。

（二）单侧拼宽路基施工交通组织

步骤一：对原道路加宽一侧拆除隔离栅，基底清表、夯实，清除坡面防护、排水设施等施工；保持原道路双向 4 车道通行，施工时应在加宽侧设置交通及施工标志，以提醒驾驶员注意。

步骤二：新建加宽路面进行路基填筑施工，直至施工至路床顶面，同时，进行新建中央分隔带施工；维持原道路双向 4 车道通行，在加宽侧，根据施工时占用应急车道的具体情况，及时调整路侧设置的交通及施工标志。

（三）分离增建路基施工交通组织

分离增建主要包括两侧及单侧分离增建两种形式。路基加宽施工时，既不影响原有路基，也不影响交通运行；保持原有道路双向 4 车道通行；两侧及单侧分离增建路基施工阶段的交通组织。

三、路面施工交通组织

改扩建路面施工交通组织主要包括占用行车道路面摊铺和占用半幅路面摊铺交通组织。占用行车道路面摊铺保证双向 4 车道通行，先摊铺新路面再摊铺旧路面，采用新旧路面交替转换交通组织；占用半幅路面摊铺施工交通组织为半幅整体摊铺，采用滚动式前进作业方式。对于分离增建、匝道、服务区出入口等路段，采用全幅摊铺完成后恢复通车交通组织方案。路面摊铺交通组织方案及特点见表 5-12。

表5-12　路面摊铺交通组织方案及特点

拼宽方式	施工步骤	交通组织方案	特点
占用行车道路面摊铺	(1) 摊铺新建外侧路面; (2) 摊铺原有道路路面	(1) 原有道路两车道通行; (2) 新建路面两车道通行	(1) 交通组织较简单; (2) 摊铺新路面中下层时, 部分路段原路基设计宽度较小, 行车宽度不足两车道
占用半幅路面摊铺	(1) 整体摊铺单幅上面层; (2) 整体摊铺另一侧单幅上面层或整体往前推进	(1) 利用前后中央分隔带开口, 借用对向车道实行双向4车道通行; (2) 同第一步	(1) 交通组织较复杂; (2) 便于路面层施工质量控制; (3) 遇立交、匝道、服务区出入口时需分幅拼接施工; (4) 需延长部分中央分隔带开口长度, 便于施工顺接及转换交通组织时使用

（一）占用行车道路面摊铺施工交通组织

步骤一：保留原有道路硬路肩，拆除原有护栏，对拼接范围内的老路结构层及路床进行挖除，路床回填合适材料后进行路面拼接摊铺施工，施工至路面中面层；保持原有道路双向4车道通行，在两侧硬路肩内靠近路缘带处设置临时护栏。

步骤二：利用中面层行车，通过上半幅超车道、下半幅车道实现双向4车道通行；在上半幅外侧车道设置临时隔离设施，然后进行上半幅拼宽路面上面层施工，下半幅原有行车道用作临时中央分隔带及应急车道。

步骤三：利用中面层行车，通过下半幅超车道、上半幅车道实现双向4车道通行；在下半幅外侧车道设置临时隔离设施，然后进行下半幅上面层摊铺，上半幅原有行车道用作临时中央分隔带及应急车道。

步骤四：按照新建道路的标准完成剩余的附属工程，待全线全部施工完毕，实行双向8车道通行。

（二）占用半幅路面摊铺施工交通组织

步骤一：原道路硬路肩保留，拆除既有护栏，拼宽部分施工至路面中面层；在两侧硬路肩内靠近路缘带处设置临时护栏，保持原道路双向4车道通行。

步骤二：加宽部分中面层施工完成后，下半幅实施上面层施工；将下半幅交通转移至上半幅，上半幅利用中面层和原有道路实行双向4车道通行。

步骤三：下半幅上面层施工完成后，进行上半幅上面层施工；将上半幅交通转移至下半幅，下半幅实行双向4车道通行。

步骤四：上半幅施工完成后，同时完成剩余的附属工程及交通工程设施施工，实行双向8车道通行。

（三）路面施工相邻作业区交通组织

在高速公路改扩建工程施工过程中，相邻两路面施工作业区之间的交通组织协调尤为重要。下面介绍了一般情况下路面施工过程中的作业区空间转换流程。

1. 第一个阶段

（1）施工前预备工作。拆除3号分区改扩建道路加宽部分的隔离栅、护栏、硬路肩，完成路基填筑、开挖作业；至路床顶面后，进行路面拼接施工至中面层，达到临时通车条件。

（2）交通组织方案设计。保持原有道路双向4车道通行，为了保证行车安全，施工作业区限速通行。

2. 第二个阶段

（1）施工前预备工作。拆除1号分区原有道路护栏、硬路肩，完成1号分区加宽路基、路面摊铺、附属工程及交通工程设施施工。

（2）交通组织方案设计。车辆在作业路段内，将1号分区车流转移至中面层的3号分区路面，2号、4号分区保持原车道通行，实行双向4车道通行。为了保证行车安全，施工作业区内应对车辆限速行驶。

3. 第三个阶段

（1）施工前预备工作。拆除2号分区原有道路护栏、硬路肩，完成2号分区路基加宽、路面摊铺及交通工程设施施工。

（2）交通组织方案设计。车辆在作业路段内，将2号分区车流转移至中面层的4号分区路面，1号、3号分区保持原车道，实行双向4车道通行。为了保证行车安全，在施工作业区内应对车辆限速行驶。

4. 第四个阶段

（1）施工前预备工作。拆除3号分区原有道路护栏、硬路肩，完成3号分区路基加宽、路面摊铺、附属工程及交通工程设施施工。

（2）交通组织方案设计。车辆在作业路段内，将3号分区车流转移至中面层的1号分区路面，2号、4号分区保持原车道，实行双向4车道通行。为了保证行车安全，施工作业区内应对车辆限速行驶。

5. 第五个阶段

(1) 施工前预备工作。拆除 4 号分区原有道路护栏、硬路肩，完成 4 号分区路基加宽、路面摊铺、附属工程及交通工程设施施工。

(2) 交通组织方案设计。车辆在作业路段内，将 4 号分区车流转移至中面层的 2 号分区路面，实行双向 4 车道通行，改扩建完成的 1 号、3 号分区实行双向 8 车道通行。为了保证行车安全，施工作业区内应对车辆限速行驶。

第四节　路段施工交通组织

一、主线桥梁施工交通组织

改扩建主线桥梁的改扩建方式有改造加宽、直接加宽、新建半幅路面加宽等方案。在具体工程施工过程中，可根据实际情况采取双向 3 车道或两车道通行。同时，可适当增加桥面宽度，以便于施工期间的交通组织。

(一) 主线桥梁改造加宽施工交通组织

步骤一：完成主线桥两侧新建拼宽桥梁上下部结构施工，桥面铺装临时路面，保持原有桥梁双向 4 车道通行。

步骤二：对原有桥梁拆除改造或加固及部分桥梁顶升等施工；转移交通至两侧临时桥面，实行双向 4 车道通行。

步骤三：原有桥梁改造施工完成后，进行下半幅桥面上面层、交通工程设施施工；转移交通至上半幅，实行双向 4 车道通行。

步骤四：下半幅施工完成后，进行上半幅桥面上面层、交通工程设施施工；转移交通至下半幅桥面，实行双向 4 车道通行。

步骤五：待附属工程及交通工程设施施工完成后开放交通，实行双向 8 车道通行。

(二) 主线桥梁直接加宽施工交通组织

步骤一：新建两侧拼宽桥梁，完成下部及上部结构施工，设置临时隔离设施及护栏；保持原桥梁双向 4 车道通行。

步骤二：对下半幅原桥梁边梁进行拆除，同时完成新旧桥梁拼接，并整体摊铺至桥面顶层；转移下半幅交通至上半幅桥面，中间预留临时中央分隔带，实行双向 4 车道通行。

步骤三：下半幅桥面施工完后，对原桥梁上半幅边梁进行拆除，同时完成新旧桥梁拼接，并整体摊铺至桥面顶层；将上半幅交通转至下半幅，中间预留临时中央分隔带，实行双向4车道通行。

步骤四：拆除临时隔离设施及护栏，完成附属工程及交通工程设施施工后，实行双向8车道通行。

(三) 新建桥梁加宽施工交通组织

新建桥梁加宽施工按原桥面是否铣刨翻新分为以下两种方式。

1. 原桥面不做铣刨翻新施工步骤及交通组织

步骤一：进行新建桥梁、两端分离式路基施工，直至路面上面层。原有桥梁保持双向4车道通行。

步骤二：在过渡段施工完毕后，将单方向车流转至新建桥面，实行双向8车道通行。

2. 原桥面铣刨翻新施工步骤及交通组织

步骤一：进行新建桥梁、两端分离式路基施工，直至路面上面层。原桥梁保持双向两车道通行。

步骤二：原桥面进行铣刨翻新施工。将车流转移至新建桥梁实行双向4车道通行。

步骤三：原桥面进行附属工程及交通工程设施施工，施工完毕后，实行双向8车道通行。

二、特殊路段施工交通组织

特殊路段包括超高调整路段、高边坡路段、爆破路段、调坡路段、上跨桥施工路段。本书以两侧拼宽改扩建方式为例，对特殊路段施工交通组织进行阐述。

(一) 超高调整路段施工交通组织

步骤一：对主线两侧路基进行加宽填筑。施工时实行原有道路双向4车道部分限速通行，在原有路侧设置交通及施工标志，以提醒驾驶员注意。

步骤二：两侧路基加宽填筑完毕后，对超高段原有路面进行结构层挖除、路面加铺施工。将车流转移至两侧加宽路基上行驶，保证双向4车道通行。

步骤三：超高段原有路面结构层破除及加铺施工完成后，进行上半幅整体路面摊铺施工；将车流转移至下半幅路面，实行双向4车道通行。

步骤四：上半幅路面摊铺施工完成后，进行下半幅整体路面摊铺施工。将车流转移至上半幅路面，实行双向4车道通行。

步骤五：按照新建道路的标准完成剩余的附属工程及交通工程设施施工；待全部施工完毕后，实行双向8车道通行。

(二) 高边坡路段施工交通组织

高边坡路段施工因存在高大边坡，在进行路基施工时，施工风险大，若存在石方爆破区域，对原有道路交通流会产生更大安全隐患。下面对高边坡路段施工交通组织进行具体阐述。高边坡段路面施工同前述路面施工交通组织。

步骤一：高边坡边坡开挖底部设置临时支撑隔离设施，同时修筑施工便道；保持原有道路双向4车道通行。

步骤二：逐级开挖，在开挖底部设置临时支护隔离设施，施工至路床顶面后，进行路面摊铺施工至中面层；保持原有道路双向4车道通行。

步骤三：按照占用半幅路面摊铺施工交通组织进行上面层施工，待完成剩余附属工程及交通工程设施施工后，实行双向8车道通行。

(三) 爆破路段施工交通组织

步骤一：爆破区域对侧加宽路基先期施工，为下一阶段交通组织准备；保持原有道路双向4车道通行。

步骤二：封闭爆破区域半幅车道，完成爆破区域一侧路基加宽、路面摊铺施工；将交通转移至对向车道，实行双向4车道通行。

步骤三：待爆破区域一侧施工完毕，进行另一侧路面摊铺施工；转移交通流至施工完毕的半幅路面，实行双向4车道通行。

步骤四：待附属工程及交通工程设施施工完毕后，恢复双向8车道通行。

(四) 调坡路段施工交通组织

调坡路段主要包括调纵坡路段和调横坡路段。调纵坡路段一般为纵坡坡度较大的路段，施工时宜保证上坡路段两车道及以上进行通行，可采取上坡方向一侧提前拼宽或设置临时便道，以满足通行要求。调横坡路段交通组织同一般路段路基加宽及路面施工交通组织。下面就调纵坡路段两侧拼宽交通组织进行具体阐述。

步骤一：原道路护栏不拆除，进行基底清表、夯实，清除坡面防护、排水设施和路基填筑施工，路面摊铺施工至中面层；原道路保持双向4车道通行。

步骤二：对原道路进行路面改造、加高填筑及路面填筑施工；将交通流转移至两侧新建加宽路面，实行双向4车道通行。

步骤三：按新建道路标准完成剩余附属工程及交通工程设施施工后，实行双向8车道通行。

（五）上跨桥改扩建施工交通组织

高速公路改扩建上跨桥施工方式主要包括移位新建、原位改建，具体交通组织设计如下。上跨桥改扩建施工交通组织及特点见表5-13。

表5-13　上跨桥改扩建施工交通组织及特点

拼宽方式	施工步骤	交通组织方案	特点
移位新建	（1）完成新桥连接部路基、中墩、桥台施工； （2）分幅架设预制梁板； （3）桥面铺装； （4）转移至新桥，拆旧桥	（1）中墩施工封闭两侧内车道，各留出外侧车道用以通行； （2）短时间改道对向车道半幅双向3车道通行； （3）改道对向车道半幅双向3车道通行； （4）拆旧桥时改道对向车道半幅双向3车道通行； （5）施工完毕实行双向8车道通行	（1）征地较多； （2）部分施工节点不满足双向4车道通行，车流量大，路段易堵
原位改建	（1）利用临近天桥、下穿通道通行后，拆除旧桥及中墩； （2）原位新建中墩、桥台； （3）分幅架设预制梁板； （4）桥面铺装； （5）转移交通至新桥	（1）进行便桥施工时，改道对向3车道双向通行； （2）拆除原有上跨桥时，改道对向3车道双向通行； （3）中墩施工封闭两侧内车道，各留出外侧车道用以通行； （4）梁板架设，短时间改道对向3车道双向通行； （5）拆除便桥时，短时间改道对向3车道双向通行； （6）施工完毕实行双向8车道通行	（1）征地较少； （2）交通转换频繁； （3）部分施工节点不满足双向4车道通行，车流量大，路段易堵

若条件允许新旧上跨桥平行移位100m以上，可待路基完成后，新旧桥之间增设中央分隔带开口转换交通流满足双向4车道通行。

1. 移位新建上跨桥施工步骤及交通组织

步骤一：确定新桥修建位置后，完成新桥桥台部位路基施工，同时进行中墩及桥台施工，跨线桥处硬路肩暂不挖除；保留原上跨桥，地方交通正常通行，封闭主线两侧超车道进行施工时，硬路肩作为行车道以保证主线4车道通行。

步骤二：中墩施工完成后，分幅架设预制梁板，对墩顶进行结构连续施工，完成桥面层铺装、护栏施工等施工作业。在此期间，封闭半幅原有道路，将其交通转移至另外半幅，借用另外半幅道路硬路肩行车，实行对向3车道通行，上、下半幅梁板架设施工交通组织原理相同。

步骤三：待完成新建上跨桥附属工程及交通工程设施后，将地方交通转移至新桥上；改扩建高速公路在进行原有上跨桥拆除时，采用短时间占用部分车道或半幅车道的交通组织形式。

2. 原位改建上跨桥施工步骤及交通组织

步骤一：在原上跨桥临近位置修建便桥，进行原上跨桥拆除；将地方交通转移至便桥上，从而保障地方交通顺畅；改扩建高速公路在进行原有上跨桥拆除时，采用短时间占用部分车道或半幅车道的交通组织形式。

步骤二：原上跨桥拆除施工完毕，进行新建上跨桥中墩及桥台施工，上跨桥处硬路肩暂不挖除；封闭主线两侧超车道，硬路肩作为行车道，保证主线4车道通行，此阶段需设置临时标志诱导车流转移至硬路肩行驶。

步骤三：中墩及桥台施工完成后，分幅架设预制梁板，对墩顶进行结构连续施工，完成桥面层铺装、护栏施工等施工作业；架设梁板施工时，采用短时间半幅车道的交通组织形式，主线保持双向4车道通行。

步骤四：新建上跨桥施工完成后，拆除便桥；地方交通转移至新上跨桥，在进行便桥拆除时，采用短时间占用部分车道或半幅车道的交通组织形式，拆除完毕后实行双向8车道通行。

三、隧道段交通组织

高速公路隧道改扩建形式主要包括原位扩建、并行扩建和组合扩建。

在采用原位扩建形式时，需封闭其中一孔隧道进行扩孔施工，通常需要修建临时通道，该施工方案仅适用于短隧道的改扩建；在采用并行扩建形式时，宜采用"先建后改造"的原则，保证改扩建公路隧道路段的正常运营，原有隧道的交通运行基本不受影响。下面就各种隧道改扩建形式进行具体阐述。

（一）隧道段原位扩建施工交通组织

隧道段原位扩建是基于双孔4车道改建成双孔8车道的隧道，具体施工步骤及交通组织如下：

步骤一：进行上半幅扩孔施工，同时进行上半幅隧道两端路基加宽施工，直至隧道扩建施工完毕；上半幅隧道修建临时通道，将上半幅隧道交通转移至临时通道，保障施工期间车流通行。

步骤二：上半幅隧道扩建完成后，对下半幅隧道进行改扩建施工和隧道两端路基加宽施工，直至隧道扩建施工完毕；将车流转移至上半幅隧道，实行双向4车道通行。

步骤三：待下半幅隧道改扩建施工完毕，转移单向交通至下半幅路面，实行双向8车道通行。

(二)隧道段并行扩建施工交通组织

隧道段并行扩建是在双孔4车道隧道两侧新建两孔两车道隧道，形成4孔8车道通行，具体步骤如下：

步骤一：新建上半幅加宽隧道，在保障原有隧道结构安全的前提下，可适当进行下半幅加宽隧道施工，使原有隧道保持双向4车道通行。

步骤二：待上下半幅加宽隧道施工完毕，实行双向8车道通行。

(三)隧道段组合扩建施工交通组织

隧道段组合扩建是将双孔4车道隧道扩建成3孔8车道隧道；或者扩建为双孔8车道隧道，废弃一孔原有隧道的方案。具体施工步骤及交通组织如下。

1. 双孔4车道隧道扩建成3孔8车道隧道方案

步骤一：在保障隧道结构安全的前提下，进行加宽隧道施工；原左右隧道保持双向4车道通行。

步骤二：待加宽隧道施工完毕，实行双向8车道通行。

2. 双孔4车道隧道扩建为双孔8车道隧道方案

步骤一：上半幅修建临时通道，进行上半幅隧道扩孔施工，同时进行隧道两端路基加宽施工，至隧道扩建施工完毕；施工期间将上半幅交通转移至临时通道，保持双向4车道通行。

步骤二：上半幅隧道扩建施工完毕，进行新增半幅隧道施工；上半幅交通转移至扩建完成路面，可根据具体情况实行两车道或更多车道通行，下半幅路面保持原有两车道通行。

步骤三：待新增半幅隧道施工完毕，转移交通至扩建完成隧道，废除原有一孔隧道，实行双向8车道通行。

第五节 互通立交与服务区改扩建交通组织

一、互通立交改扩建交通组织

互通立交的车流行驶路径复杂，改扩建施工难度大，其施工对主线与相交道路之间的交通转换有很大影响，因此，做好互通立交改扩建施工期间的交通组织有利于保障高速公路与其他相交道路之间交通的顺利转换。

（一）互通立交改扩建交通组织设计原则

互通立交改扩建期间交通组织应遵循安全性、分流和保通、少影响、科学性与适用性、效益最佳和协调、统一等基本原则。

1. 安全性原则

首先，应该保证整个立交范围内的交通及施工安全，尤其是临时施工便道及临时匝道的设计，必须满足基本行车要求，保证足够的侧向余宽和视距。其次，设置合理的标志、标线，确保行车安全。

2. 分流和保通原则

对施工期主线及匝道的保通能力进行分析，结合改扩建方案合理安排各部分改造顺序，必须确保高速公路、地方匝道及地方道路交通的通畅。同时，根据实际情况设置临时匝道，缩短中断交通时间。

3. 少影响原则

为了最大限度地降低互通立交改扩建施工对交通的影响，须合理安排各部分施工作业工序，保障施工的持续性，提高施工效率，从而降低工程建设对主线、地方及匝道交通的影响，保证施工期间各相关道路都具有可接受的服务水平。

4. 科学性与适用性原则

对主线、匝道、地方交通进行科学合理分析，根据交通量制订可行性强、方便快捷、成本低、适用性广的互通立交施工交通组织方案。

5. 效益最佳原则

在互通立交改扩建工程中，对各项设施的要求是在保证工程质量的前提下，选择最经济的方案。

6. 协调、统一原则

互通立交施工交通组织必须和路基、路面、桥梁等改扩建施工方案及施工工艺等紧密结合，保证交通组织与施工方案的协调、统一。

(二) 互通立交改扩建施工编组

为了保障互通立交改扩建按期完成和互通的交通顺畅，采用"空间分隔、时间间隔"的思想对全线互通进行施工排序，具体思路如下：

第一，将全线的互通划分为枢纽互通和一般互通两个等级。不同等级互通的改扩建施工工期是不同的，尽可能地保证枢纽互通与其附近的一般互通不同时施工。

第二，主线上跨和主线下穿两种不同形式的互通立交改扩建施工对主线和匝道的交通影响差异较大。因此，最大限度地保证主线上跨互通同时进行施工，主线下穿互通同时施工。

第三，连通同一区域的互通不在同一时间进行施工，从而保证该区域交通的通畅。

第四，相邻的两个互通应在时间上间隔施工，特别是城市范围内的相邻互通不宜同时改建。因为这些互通流量较大，同时改建将影响城市内外交通的正常转换。

第五，同一时段进行改扩建的互通，其间距应该合理设置。

二、服务区改扩建交通组织

高速公路服务区改扩建方式有原位扩建、移位新建、增建三种方式。这三种方式对主线交通均影响较小。原位扩建方案对服务区运营影响较大；移位新建方案在新建服务区施工完成投入使用后，再拆除原有服务区；增建方案在服务区新建施工完成后投入使用。后两者对主线交通影响较小。

(一) 服务区改扩建交通组织原则

第一，新旧服务区交替开放，不重叠施工。
第二，服务区科学编组，新服务区优先间隔施工。
第三，服务区独立施工，互不干扰。

(二) 服务区编组

对改扩建高速公路全线服务区按照施工的进度计划，在保障道路车辆服务的基础上进行编组。施工期间因车道封闭、行驶速度降低等因素，导致通行时间增加，对于服务设施的需求也会相应增加。在服务区改扩建编组中，建议先完成新增服务区及停车区建设，之后对现有服务区进行改扩建施工，保障施工期间主线两侧及合理长度路段上均有在运营的服务区。施工期间还应提前发布服务区信息，减少对过往车辆造成的影响。

（三）服务区改扩建施工交通组织

高速公路改扩建工程施工至服务区路段时，需根据具体情况进行交通组织，下面对服务区改扩建施工步骤及交通组织进行具体阐述。

1. 第一阶段

对下半幅服务区进行改建及路基加宽施工，上半幅服务区暂不改建，同时，上半幅服务区出入匝道段暂不施工，其他路段进行路基加宽施工。施工期间保持原有道路双向4车道通行。

2. 第二阶段

第一阶段加宽路基部分施工完毕后，进行路面施工，上半幅服务区出入匝道暂不施工，完成下半幅服务区出入匝道施工。施工期间保持原有道路双向4车道通行。

3. 第三阶段

待下半幅服务区改建完成后，开放服务区，关闭上半幅服务区，进行上半幅服务区扩建及出入匝道施工；上半幅保持原有两车道通行，下半幅实行单向4车道通行。

4. 第四阶段

待上半幅服务区及其出入匝道施工完毕后，服务区开放运行，实行双向8车道通行。

第六章　改扩建公路桥梁综合优化技术

第一节　现有公路桥梁技术性能评价与拆除原则

公路桥梁技术性能评价是通过评价桥梁的使用状况，对其当前的损伤及缺陷进行全面、细致并深入的现场检测，从而明确其缺陷的部位、性质、严重程度及其发展趋势，找出导致缺陷的原因，以便于评价、分析其缺陷对桥梁使用性能和安全性能的影响，并做出对桥梁的综合评价，为桥梁维护、加固及改扩建设计提供及时并有针对性的资料。同时，桥梁技术性能评价也是桥梁养护管理部门了解桥梁技术性能、进行养护分析、制订养护计划、确定养护方案、优选投资项目的重要依据。

一、现有公路桥梁技术性能评价方法

公路桥梁的技术性能评价就是通过多种评价方法确定出桥梁的技术等级，包括桥梁各部件及整体的承载能力等，制订出对应的养护处治方案。养护规范法、层次分析法、模糊综合评定法、荷载试验评定法、结构计算分析法、专家系统评定法、基于结构可靠性理论的方法、灰色理论法和神经网络法等是我国现阶段最为常见的桥梁技术性能评价方法。

在上述各种评价方法中，养护规范法、荷载试验评定法和结构计算分析法已经在实际的工程中被广泛应用；专家系统评定法、模糊综合评定法和层次分析法在科研领域内被广泛研究，但在实际的工程中并没有被广泛应用；现在更有一些新生的评价方法还处于科学研究阶段，例如，神经网络法、结构可靠性理论法和灰色理论法等。上述的任何一种评价方法都有其本身的优点和缺点，因此不可以简单直观地判断出其优良劣差。为了对桥梁做出符合实际的技术性能评价，必须综合考虑评价过程中的每项指标和影响因素，这样的评价过程才会更加科学、更加合理。

(一) 养护规范法

养护规范法的主要依据是《公路桥涵养护规范》(JTG 5120—2021)。首先，专业的桥梁检测技术人员要细致地检查桥梁的外观损害，然后依据检查的技术资料，

选取考虑各个构件权重的评价法来评价桥梁技术性能。

桥梁构件的缺损状况评价标准主要依据以下三个原则：① 确保检测一致性；② 便于制订养护方案；③ 为桥梁的技术性能评价提供可靠依据。

1. 桥梁检查内容（见表 6-1）

表 6-1　桥梁检查内容

检查对象		检查内容
结构历史与现状调查		收集桥梁建设、养护维修和加固改造技术资料
桥面系		1. 调查桥面铺装平整度、开裂、坑穴、剥落、分层或表面污迹 2. 调查防撞护栏开裂、混凝土缺损情况 3. 泄水管是否完整，布局是否合理，桥面排水是否畅通 4. 伸缩缝有无损坏、阻塞、泄漏及伸缩缝两侧的桥面状况
桥面线性		测量桥面线性，与竣工或设计桥面标高比较，判断桥梁是否沉陷、变形
上部构造	主梁	1. 混凝土是否发生开裂、剥落、起层、侵蚀及其他恶化现象 2. 是否有过大变形或异常裂缝 3. 混凝土强度是否达到设计要求 4. 混凝土碳化深度是否影响正常使用
下部构造	盖梁	1. 混凝土是否发生开裂、剥落、起层、侵蚀及其他恶化现象 2. 是否有过大变形或异常裂缝 3. 混凝土强度是否达到设计要求 4. 混凝土碳化深度是否影响正常使用
	桩柱	1. 混凝土是否发生开裂、剥落、起层、侵蚀及其他恶化现象 2. 有无局部冲刷现象
	锥坡	1. 砌石是否发生开裂、侵蚀及其他恶化现象 2. 有无局部冲刷现象
混凝土强度检测		对主要构件重点控制部位和其他混凝土强度有怀疑的部位利用回弹法进行强度检测，了解混凝土的强度分布情况，判断混凝土有无强度异常
混凝土碳化测试		结合桥梁表观病害，对主梁、盖梁、墩柱等进行碳化深度测试，判断混凝土保护层是否仍然保护钢筋不被锈蚀
钢筋分布及保护层厚度检测		结合桥梁表观病害，对主梁、盖梁、墩柱等进行钢筋分布及保护层测试，判断钢筋与设计是否相符及构件耐久性
钢筋锈蚀检测		结合桥梁表观病害，对主梁、盖梁、墩柱等进行钢筋锈蚀测试，判断钢筋是否锈蚀及锈蚀程度

2. 桥梁检查方法

（1）桥梁结构历史与现状检查。专业检测人员可以向设计、施工、监理及管理单位询问桥梁在建设和使用期间存在的问题及其处治情况，详细了解该桥梁在使用期间发生的特别状况，全面收集相关的设计、施工、监理等技术资料，包括原始计算书、设计图纸、施工原始记录、监理日志、工程质量事故发生和处治记录、施工组织设计、结构竣工图及施工临时工程等相关技术数据。

（2）结构尺寸复核及缺损状况检查。在检测的过程中对结构构件的总体尺寸及细部尺寸采用钢尺丈量的方法测得，目前通常使用的测量工具有钢卷尺和游标卡尺，还会用到照相机和手工锤等工具。对主梁和下部结构的检查主要为构件混凝土表面的孔洞、蜂窝、麻面、混凝土剥落、渗水侵蚀和钢筋外漏锈蚀等，同时还要观察并记录结构构件是否存在变形。

（3）桥梁裂缝状况详细检查。为了对桥梁有一个正确合理的评价，应仔细检查并记录裂缝的长度、宽度、位置和数量等数据，对测得的技术数据进行分析，得到裂缝的整体规律。

桥梁开裂状况的重点抽查应覆盖有代表性的外露表面。检查裂缝时主要靠人工目力观测，同时借助钢尺和刻度放大镜等工具，经过测量确定裂缝的长度、位置和宽度。在构件上用记号笔标注出长度大于20cm，宽度大于0.05mm的裂缝走向，并在两端标出区域段。当某一区域内裂缝分布十分密集时，可选择典型的主裂缝进行区段标注。

桥梁裂缝状况的检查可利用照片或草图记录，照片能够直观地反映出裂缝的实际状况，草图则可对裂缝的长宽深、位置及走向加以描述，能够对裂缝的性质、成因和特征有更加详细的统计。

（4）桥梁混凝土强度检测。桥梁构件的混凝土强度检测可以采用回弹法测定。为了比较全面地反映桥梁混凝土强度，有代表性地选择病害较严重的区域，分别对其主梁（板）、盖梁和桥墩进行检测。在选择的区域内布置十字交叉的测区，同时要保证相邻两测区在纵桥方向的间距小于2m。

（5）混凝土碳化检测。为了全面了解混凝土的质量，可结合桥梁的表观病害，对主梁、盖梁和墩柱等构件进行碳化检测。碳化检测采用在混凝土新鲜破损面喷洒1%酒精酚酞试剂，利用游标卡尺进行测量。

（6）混凝土钢筋保护层厚度及钢筋分布检测。根据桥梁结构的特点，构件钢筋分布检测和混凝土保护层厚度检测的关键部位主要选在主梁（板）底、盖梁底面和墩柱侧面等区域。该检测可用钢筋保护层测定仪进行，检测时，将仪器探头沿固定测线在混凝土构件表面移动，当移动到钢筋位置时，仪器即可自动显示出钢筋保护层的厚度，记录保护层厚度并在构件表面标示出钢筋位置，即可得到所测构件的钢筋分布状况（数量与定位）及保护层厚度信息。

（7）钢筋锈蚀电位检测。为全面了解桥梁主要构件钢筋锈蚀状况，需要对钢筋锈蚀进行检测。工程上，锈蚀检测一般采用钢筋锈蚀电位检测仪，是利用极化电极原理通过铜／硫酸铜参考电极来测量混凝土表面电位，利用通用的自然电位法判断钢筋的锈蚀程度。测量时，测区选择在有钢筋锈蚀迹象或可能发生钢筋锈蚀的区域，在测区内绘制方形网格以确定测点位置，测点间距取 10cm，将测点位置充分润湿后即可逐点进行钢筋锈蚀电位的测量。

3. 桥梁技术性能评价

依据桥梁全面检测结果和《公路桥涵养护规范》（JTG 5120—2021）的规定，文献中的各部件指标权重的调整，按照桥梁各部件权重的综合评定方法，计算出桥梁技术性能综合评分，判断桥梁等级，详见表6-2。

表6-2 各部件指标权重

序号	分部权重		部件权重	
	名称	指标权重 W	部件名称	指标权重 W_i
1	上部结构	45	主要承重构件	33.8
			一般承重构件	5.6
			支座	5.6
2	下部结构	30	墩台和基础	22.5
			地基冲刷	7.5
3	桥面系	15	桥面铺装	3.5
			伸缩缝	3.5
			桥头与路堤连接处	3.5
			栏杆护栏	2.3
			排水设施	1.1
			人行道	1.1
4	附属设施	10	调治构造物	4.4
			灯具和标志	1.4
			锥坡与护坡	1.4
			翼墙与耳墙	1.4
			其他	1.4

桥梁技术性能评价公式如下：

$$D_r = 100 - \sum R_i W_i / 5 \tag{6-1}$$

式中，R_i 为桥梁各部件最终评定标度，可参照检查结果和养护规范进行赋值。

对桥梁评价分类边界进行定义，一类、二类、三类、四类和五类的确定界限详见表6-3。

表6-3　桥梁等级类别、分值界限和养护措施

类别	分值界限	养护措施
一类	$D_r \geq 88$	正常养护
二类	$88 > D_r \geq 70$	小修
三类	$70 > D_r \geq 55$	中修
四类	$55 > D_r \geq 40$	大修
五类	$40 > D_r$	改建

（二）静载试验法

静载试验法是对桥梁施加试验性荷载从而对桥梁的结构性能进行评定的方法。这种方法非常直观，比较可靠，工程技术人员非常容易接受。静载试验是在桥梁结构上加以同设计荷载相当的外部荷载，在此荷载作用下，选用相应检测仪器测出桥梁的裂缝、应力和挠度等参数的实际变化情况，然后将检测结果与结构按相同外部荷载作用下的理论计算值或设计值相比较，来分析桥梁构件的承载力，可以利用校验系数 λ 表示：

$$\lambda = \frac{测点实测值}{测点理论计算值} \tag{6-2}$$

$\lambda = 1$ 时，表示实测值和理论值完全相同；

$\lambda < 1$ 时，表示桥梁承载能力状况较好，承载能力有富余；

$\lambda > 1$ 时，表示桥梁承载能力状况较差，设计强度或刚度不够。

（三）功能适应性评价法

为了在总体上把握桥梁的技术性能，有必要在养护规范法和静载试验法评价的基础之上加以功能适应性评价。

桥梁功能适应性是指在目前交通需求下，桥梁的设计荷载、桥下净空和行车道宽度等指标的适用程度。通过对桥梁的功能适应性评价可以为桥梁的改扩建决策提供技术依据。本书拟通过对现有旧桥的可利用程度进行分析，提出旧桥的可利用系数，该系数可以用旧桥行车道宽度的适应性来近似表示。

导致旧桥行车道宽度适应性下降的原因主要有以下两方面：一是随着经济社会

发展导致的交通状况变化，原桥梁设计采用的设计荷载等级和交通量不能满足目前的交通需求，因而导致桥梁通行能力受到限制。二是有一部分桥梁处于拓宽改建的道路上，桥梁上的行车道宽度小于道路行车道，在桥头处常常出现堵塞现象，导致旧桥的通行能力下降，桥梁行车道宽度适应性明显不足。旧桥的可利用系数可采用旧桥的行车道适应性程度表示，而行车道的适应性评价可以利用桥梁通行能力评价模型来量化：

$$BSI = \frac{V}{C} \tag{6-3}$$

式中：V 表示旧桥当前实际交通量，辆 /h，或辆 /d；

C 表示桥梁的设计通行能力。

通过上述公式可以得到桥梁的功能适应性指数值，然后依据表6-4判断桥梁的功能适应性。

表6-4 桥梁功能适应性评价标准

评价等级	完全适应	基本适应	临界	不适应	完全不适应
BSI 范围	< 0.7	0.7 ~ 0.9	0.9 ~ 1.1	1.1 ~ 1.4	> 1.4

二、现有公路桥梁技术性能预测方法

桥梁是具有使用寿命的，其使用寿命就是在桥梁正常维护和正常使用的条件下，完成其预期使用价值的期限。在使用期间，桥梁也会出现病态。伴随着我国经济的蓬勃发展，部分地区出现严重的车辆超载现象，在这种超额外力的荷载作用下，会导致部分桥梁出现损坏，严重威胁交通安全。

日积月累，桥梁损伤不断加剧，构件材料不断老化，结构强度不断下降，桥梁会先呈现局部破坏，再逐渐演变成整体破坏，甚至会发生坍塌事故。此时，桥梁结构已经不能满足其使用要求，无法继续承受荷载作用，也就是桥梁失去了它的使用价值，结束了它的使用寿命。因此，如果能够预测出现役公路桥梁的剩余使用寿命，就能制定出相应有效的改造加固对策，节省投资，并带来显著的社会效益。

目前，国内外关于公路桥梁技术性能的预测模型有很多种，大致可以概括为两类基本形式：回归分析预测模型和概率型预测模型。其中，回归分析预测模型依据桥梁大量的历史资料和当前检测的技术数据，分析并预测变量之间相关的影响参数，以回归分析方法为基础，将桥梁技术性能与相关变量统计拟合，预测出桥梁的剩余使用寿命。这种方法非常依赖桥梁的资料和历史数据的质量和数量，同时依赖专业桥梁技术建模人员对桥梁技术性能和相关变量之间的内在联系的认知程度。马尔科夫预测模型和半马尔科夫预测模型是概率型预测模型的两种主要形式。判断桥梁技术性能的因素多种多样，各个因素之间又存在复杂的联系，且各有不同程度的变异性，因此，选用适当的预测模型对桥梁技术性能的预测结果显得至关重要。

本书在参阅大量文献的基础上，选用回归分析预测模型和马尔科夫预测模型来对公路桥梁技术性能进行预测。

(一) 回归分析预测法

回归分析预测法要求在预测相关性的原则下，确定影响预测目标的各项预测指标，然后找出预测目标和预测指标之间的内在函数关系，用近似的数学表达式表达出来，再利用历史资料和检测数据等样本对模型进行误差检验，确定模型的估计参数，根据预测指标的变化情况进行预测。

下面是一元线性回归预测法的简要过程，已知一元线性方程：

$$Y=a+bX \tag{6-4}$$

式中：X 表示自变量，Y 表示因变量，a、b 表示回归系数。

根据历史资料和监测数据 $X_i, Y_i, i=1,2,3,\cdots,n$（$n$ 为实际数据点数目），可以求出回归系数 a，b。

利用桥梁每个检测时刻的检测数据和分析结果，建立回归分析模型，推导出桥梁结构损伤和使用时间之间的关系，将其作为预测桥梁结构剩余使用寿命的根据。基本过程如下：

设 D_t 为桥梁结构 t 时刻的总损伤系数，$D_t=0$ 表明结构完好没有损伤，$D_t=D_f$ 表明结构的使用寿命终结，$D_t=1.0$ 表明结构完全破坏。

D_t 是个综合性指标，必须全面考虑桥梁的结构维修费用、桥梁损伤状态、结构重要性等因素。通过综合分析，也可以选用桥梁损伤状态表达，而桥梁损伤状态则可用桥梁损伤指数 BDI 表示，它的取值范围是 [0.0 ~ 1.0]。当 BDI ＝ 0 时，说明桥梁无损伤；当 BDI ＝ 1 时，说明桥梁处于极度危险状态。

以 BDI 表示损伤等级区间，见表 6-5：

表 6-5　桥梁损伤等级区间

损伤等级	无损伤	轻微损伤	中等损伤	严重损伤	破坏性损伤
BDI 范围	0.0 ~ 0.2	0.2 ~ 0.4	0.4 ~ 0.6	0.6 ~ 0.8	0.8 ~ 1.0

通常情况下，D_f 由桥梁专家根据实际工程经验赋值（本书取 $D_f=0.80$）。因此，与使用时间相关的函数关系表达式为：

$$D_t = f(t) + h(t) \tag{6-5}$$

式中：$f(t)$ 表示 D_t 的中值预报函数；$h(t)$ 表示全部尚未计入影响因素的附加值。

根据已知的历史资料和检测数据来确定 D_t 的数学表达式。通常情况下，$f(t)$ 的形式非常依赖以往的经验，一般会采用二次型、线性型或指数型。鉴于指数型相对较容易处理，且较容易线性化和无量纲化，因此，本书采用指数型，上述表达式可写为：

$$D_t = kt^a + h(t) \tag{6-6}$$

线性化后得：

$$\ln D_t = \ln k + \alpha \ln t + r \tag{6-7}$$

式中：k、a 代表由分析决定的常数；r 代表误差项，通常假定 $r \sim N(O, S2)$，令 $y = \ln D_t$，$x = \ln D_t$，$x = \ln t$，$a = \alpha$，$b = \ln k$，则有：

$$y = ax + b \tag{6-8}$$

以上是一个非常简单的线性回归问题，根据历史资料 (t_i, D_{ti}) 可以算出 a、b 的估计值 $\hat{a}$，$\hat{b}$ 转化为原先的参数 k，a 后，D_t 的中值预报方程即为：

$$D_t = e^{\hat{b}} t^{\hat{a}} \tag{6-9}$$

令 $D_t = D_f$，由上式可得：

$$t_E = \left[D_{f e^{-b}} \right]^{\frac{1}{a}} \tag{6-10}$$

则桥梁结构的剩余使用寿命 t 为：

$$t_x = t_E - t_c \tag{6-11}$$

（二）马尔科夫预测法

在马尔科夫链中，系统在任意一时点上的状态取决于并且仅仅取决于系统在前一时点上的状态。

三、现有公路桥梁拆除原则

在旧桥改扩建过程中，为了充分利用旧桥资源，对旧桥的拆除一定要慎重，要综合考虑旧桥的技术状况、旧桥的功能适应性、拆除重建的经济性、改扩建施工期间的保通及对环境的影响等因素。对于经过论证需要拆除的桥梁，在拆除过程中应遵循以下原则。

（一）一般原则

安全性原则：做到技术上安全，管理上安全，意识上安全。

经济性原则：在最大化效益的条件下，减少投资成本，体现经济性。

环保性原则：要考虑到对环境的影响，文明施工。

方案比选原则：结合实际情况提出不少于两种可行的施工方案。

（二）技术原则

拆除方案选用原则：依据拆除对象、拆除顺序、拆除环境、桥梁结构形式、特殊要求等条件，选择最合理的拆除方案。

拆除程序：平衡对称、化整为零。先上部，后下部；先水上，后水下；先附属，后主体；先吊运，后破碎。

第二节　桥梁加固加宽优化

一、桥梁加固优化对策

桥梁作为重要的交通基础设施之一，其作用不可忽视，可为加快区域经济发展和维护正常的交通秩序做出巨大贡献。因此，对于需要改建的公路桥梁进行加固就显得尤为重要。

只有通过对旧桥、危桥进行加固，才能消除交通安全隐患，缓解交通紧张，加快经济发展；同时，运用科学合理的加固方案更能节省建设投资。

（一）常用桥梁加固方法

1.桥梁上部结构常用加固方法

（1）增大原结构构件截面法

为了达到加固的目的，可以通过增大结构构件截面面积的方法来提高结构的刚度和强度。

（2）外部预应力加固法

可以在原有结构上适当施加初始应力，也可在新增构件上加以适当预应力，从而对结构起到加固作用。

（3）改变原结构的受力体系法

可以通过改变原结构的受力体系，以减小构件截面峰值弯矩，从而提高结构的承载能力，达到加固的目的。

（4）外贴粘贴法

利用黏合剂将纤维布、型钢或钢板等加固材料粘贴在结构构件外部，再用环氧树脂进行封闭。需要注意的是，在粘贴前需把构件表面清除干净。

（5）增加主梁法

架设承载能力高、刚度相对较大的主梁，与原结构共同受力，以降低车辆荷载的横向分布系数，从而达到加固的目的。这种方法主要适应于桥梁下部结构稳定，只是某些主梁受到损害而使其承载能力下降的情况。

2.桥梁下部结构常用加固方法

（1）人工地基加固法

人工地基加固法通常采用砂桩法和人工注浆法，这种方法主要用于桥梁基础发生沉降，同时基础的土质天然松软，无法承受更大荷载的情况。

（2）扩大基础加固法

通过在刚性实体式基础的四周加设砌石或混凝土，来增大基础的截面面积。这种方法主要适用于结构的基础埋置较浅，同时墩台是混凝土或砖石实体式的结构。施工的过程中必须在基础扩大的范围内打桩围堰，在确保原基础安全的情况下，有序地挖出堰内的土壤，还要设置锚固钢筋，以确保新、旧结构牢固结合。

（3）增补桩基加固法

当桥梁基础为桩式基础时，对桥梁下部结构的加固可采用增补桩基的加固方法，在桩式基础的附近增加钻孔桩或钢筋混凝土预制桩，以提高下部结构的承载能力，使桥梁结构更加稳定。

（二）桥梁加固优化决策模型

国内外通常选用层次分析法、模糊综合评价法、等效面积法等方法构造出桥梁加固方案的决策模型。影响桥梁加固方案优劣的因素多种多样，每种方法都从不同的角度，以不同的途径来确定最优加固方案。

然而，单一的决策方法又存在决策结论非一致性的问题，为此，本书将尝试对多种单一方法评价结论进行组合评价，以解决单一评价结论非一致性的问题，力图找到更加有效、合理的加固方案决策模型。

1.桥梁加固方案评价指标体系

综合考虑桥梁加固的特点和技术要求，可概括出影响桥梁加固方案抉择的主要因素有：效果可靠性、经济合理性、技术可行性和施工方便性。结合桥梁加固的具体要求，进一步细化分解以上影响因素，可建立桥梁加固方案评价指标体系，见表6-6。

表6-6 桥梁加固方案评价指标体系

第一层次因素	第二层次因素
效果可靠性 U_1	强度要求的满足程度 u_{11}
	刚度要求的满足程度 u_{12}
	耐久性要求的满足程度 u_{13}
	对加固构件无不利影响 u_{14}
	新旧结构相互协调的满足程度 u_{15}
经济合理性 U_2	加固所需的费用 u_{21}
	加固所需的工期 u_{22}
	加固后期所需的维护费用 u_{23}
	对原有结构的利用程度 u_{24}
技术可行性 U_3	加固方案采用技术的成熟性 u_{31}
	加固方案与加固原因的适应性 u_{32}
	加固方案与所在地条件的适应性 u_{33}
施工方便性 U_4	加固施工技术的复杂程度 u_{41}
	加固对交通的影响程度 u_{42}
	对施工人员水平的要求 u_{43}

在桥梁加固方案评价指标体系中，大多数是具有很强模糊性的定性指标，仅有少量的定量指标。在处理大量的定性指标时，需要根据实际问题的不同复杂程度和具体要求，借助模糊理论，将每层影响因素在论域 [0，1] 上分成若干等级，再分别给出评定值，可选用七级因素等级集 E=（很差，差，较差，中，较好，好，很好）=（0.05，0.20，0.35，0.50，0.65，0.80，0.95）。而对部分定量指标的处理，可以选择适当的隶属函数，利用模糊数学理论，将其转化到论域 [0，1] 上，就能与定性指标评价值建立决策矩阵。此外，为了排除因指标之间量级和单位的不同而存在的不可公度性，必须对评价指标进行无量纲化处理。

2. 组合综合评价决策模型

各种单一评价的方法都有其特色，无论采用哪种方法，都要从不同角度进行分析。所以，如果仅用一种方法进行评价，其结果不免遭到质疑。因此，有必要采用多种评价方法进行各自的分析，然后将各评价方法得出的结果进行组合，可以减少单一方法存在的偏差，有利于提高综合评价结果的准确性，最终得到更为合理的评价结果。

目前，常用的组合综合评价方法有平均值法、Borda 法和 Copeland 法等，这类方法利用了乘法原理，而乘法原理很容易受极端值的影响。本书拟把一种新的方法用于桥梁加固决策，即幂平均合成法。幂平均合成综合评价法有其组合评价的优势，因为综合评价本来就是对单一评价结果的重新组合，而幂平均合成法又不用将极端值的影响剔掉，而是将单一评价法得到的极端值代入最终评价结果的计算过程，并且这种方法还具有较高的精确性，因此，采用幂平均合成法能够更加科学地选出最为合理的加固方案。

该模型的表达式为：

$$Y = \left(\prod_{j-1}^{m} y_j \right)^{\frac{1}{m}} (j = 1, 2, \cdots, m) \tag{6-12}$$

式中：y_j 为单一评价方法的评价结果，根据 Y 的计算结果进行排序，得出最终最优的桥梁加固决策。

此外，需要注意的是，由于幂平均合成模型是对无量纲化值进行了一次乘法合成，然后又进行了 1/m 次幂的运算，所以必须将单一评价法的评价值转化为排序值代入运算。

二、桥梁加宽方式优化

由于社会经济的发展，现有许多公路桥梁已经不能满足目前交通量的需求，然而，仅仅依靠新建公路桥梁，并不能有效缓解交通压力，因此，在考虑经济效益的前提下，亟须对旧公路桥梁进行改扩建。其中，对旧桥的加宽改造是非常有效的方法，在利用旧桥原结构的同时，经济上也更加合理，并能大大提高桥梁的通行能力，使交通状况得到有效改善。

（一）常用加宽方式与加宽施工技术

1. 常用加宽方式

桥梁加宽的关键是桥梁的新、旧结构之间的连接方式。通过对国内外公路桥梁加宽连接方式成功案例的借鉴，常见的公路桥梁加宽改造主要有以下三种方式。

（1）上下均连接的加宽模式

桥梁加宽部分与旧桥梁上部结构之间及下部结构之间均连接。桥梁上部通过横梁植筋，再经过浇筑湿接缝连接，使加宽部分和旧桥之间相连接；下部的系梁、墩台帽等部分也通过植筋相连接，最后浇筑形成整体。此种方式使新、旧桥梁之间形成整体，能够较好地防止连接处的形变。此种加宽方法是凭借浇筑横梁和植筋等方式将新、旧桥梁的主梁相连接。主要的连接方法有两种：主梁通过横隔梁、翼板相连或仅凭借翼板相连。当使用这种方法扩宽桥梁时，由于此方法桥面通常不设分隔带，当栏杆和人行道拆除后，旧边梁活载量增加，可能导致边梁承载能力不能满足要求。为了避免这种情况的出现，可采用新、旧主梁刚性连接的方法，使新、旧部分受力均匀，旧桥主梁所受活载量得以减小，当新建主梁刚度比原有主梁刚度大时，这种效果尤为显著。在桥梁扩宽时，往往可能因为新、旧桥梁地基沉降差异和新老梁的收缩徐变差异，使桥梁产生变形差，若采用这种方法可有效避免这种情况的发生，保证行车的舒适和桥面的平整。

(2) 上下均不连接的加宽方式

采用上下均不连接的加宽方式时，其优点是：新、旧两方面各自受力明确、互不影响，简化了施工程序，减小了连接的施工难度，基本不影响原高速公路交通。缺点是：在汽车荷载作用下，新、旧桥主梁产生不均匀沉降，将会造成新、旧桥之间桥面铺装层破坏，从而形成纵向裂缝和横桥向错台，影响行车舒适、安全和路容美观，增加后期的养护维修工作及维修费用。

(3) 上接下不连的加宽方式

采用上接下不连的加宽方式时，其优点是：新桥与旧桥上部结构连接，形成整体，有利于上部结构共同受力、行车舒适及路容美观；下部结构不连接，下部各自受力，内力相互不影响，可以减少由于新桥与旧桥的上部结构的变形不一致，新、旧桥基础不均匀沉降而产生的附加内力。缺点是：由于新桥与旧桥的温度、混凝土收缩徐变变形等的不一致，以及新、旧桥基础的不均匀沉降等所引起的附加内力不能被完全克服时，对结构必然造成不利影响。

2. 加宽施工技术

基于对当前经济发展形势和现有公路桥梁状况的综合考虑，在对公路桥梁加宽的实际施工过程中，需要注意以下三方面事项。第一，要最大限度地减少施工作业对正常交通所产生的不利影响，保证交通组织和施工的合理性和科学性；与此同时，在设计和施工前要对施工地点所处的相关地质条件和环境进行全方位的勘测试验，要在结合研究成果和实际经验的基础上，制订出一套有针对性、合理科学的设计和施工方案。第二，公路桥梁加宽后，在实际投入使用后会产生接口裂缝等方面的问题。为了避免此现象的出现，应当在施工过程中始终坚持桥梁上部结构统一的原则，以确保公路桥梁样式和结构的实用性、合理性和科学性；而且应当从桥梁结构设计、基础型式等方面尽可能地避免因加宽工程而对旧桥所产生的不利影响。第三，还要注意施工质量和桥梁投入使用后的养护管理。

空心板桥在公路桥梁中较为常见，本书重点对空心板桥进行施工优化研究，在公路桥梁加宽施工过程中，其基本操作流程是：施工前的准备工作、拆除旧桥梁护栏和边板、钢筋植入和安装新空心板。虽然整个加宽施工过程相当烦琐、复杂，但是整个流程还是相当清晰明了的，所以，在实际的施工过程中，要严格地按照上述的基本操作流程进行作业，把每个步骤做好，保证工程顺利进行。

（二）不同连接方式的效果评价

由于上连下不连的加宽方式在实际工程中应用比较广泛，本书就着重对上连下不连这种加宽方案进行研究。就上部构造而言，有湿接缝连接、铰缝连接和纵向桥面连接等方式，针对空心板桥的这三种不同连接方式，从承载能力和综合评价两方面进行效果评价研究。

1. 连接方式

（1）湿接缝连接

采用现浇混凝土湿接缝把加宽桥和旧桥两者连接起来形成整体，凿除旧桥悬臂部分，为更加完善其整体性，可以在空心板两端各设置一道横梁。湿接缝的连接施工应在加宽桥架设完成 3 ~ 5 个月之后进行，以此避免基础沉降和收缩徐变给湿接缝带来的不良影响。

（2）铰缝连接

旧桥和加宽桥也可以通过现浇混凝土铰缝连接形成整体，当旧桥外侧边板有悬臂时也需要切除，同时凿除旧桥边板外侧的腹板混凝土，在架设加宽桥空心板时，预留与旧桥间距 5 ~ 10cm 的空隙。这种连接方式是在旧桥腹板的外侧植筋，与新加宽桥形成铰缝连接，其受力十分明确。

（3）纵向桥面连接

这种连接方式在旧桥有悬臂时可以不用切除，在加宽桥和旧桥悬臂处设置一条大约 2cm 的缝，在此缝中添补适当的弹性材料（一般采用沥青玛蹄脂），形成旧桥和加宽桥纵向桥面连续。此种连接方式一般都在铺装层内均匀布置了钢筋，通过桥面现浇层连接新旧桥面，使新旧结构独自受力。如有必要，也可以切除旧桥悬臂，以降低边板活荷载效应。

2. 效果评价

公路桥梁改扩建综合效果评价可以从桥梁动力特征和结构刚度两方面来反映。

（1）桥梁动力特征

改建后桥梁的结构自振频率能够反映出桥梁的动力性能，是评价桥梁适用性的重要参数。结构的自振频率是随着改扩建后桥梁物理特性的变化而发生变化的，这些物理特性包括质量、阻尼和刚度等。因此，桥梁改扩建后的适用性能可以通过桥梁自振频率的改善状况来评价。

$$= \frac{f_q \quad f_h}{} \times 100\% \tag{6-13}$$

式中：f_q、f_h分别表示桥梁加宽前后实测的自振频率。

(2)结构刚度

通常桥梁跨中断面的相对挠度可以衡量桥梁结构的刚度，其中主梁跨中的挠度是体现桥梁构件抵抗变形能力的重要评价指标，更是桥梁结构在外界荷载作用下刚度的综合反映。因此，可以利用跨中挠度的改善情况来评价改扩建后桥梁的效果。

$$U_N = \frac{N_q - N_h}{N_q} \times 100\% \tag{6-14}$$

式中：N_q、N_h分别表示桥梁加宽前后在静载试验荷载作用下桥梁结构跨中的实测挠度值。

(三)桥梁加宽方式优化决策模型

桥梁加宽时应综合考虑连接方式的整体性、不均匀沉降对连接方式的影响程度、施工方便性、美观舒适度和经济合理性等因素。将这几方面因素综合评价，进行对比分析，借助模糊理论，运用层次分析法，确定出最优加宽方式。本书在此基础上，提出了各种连接方式在实际工程中连接处抗剪承载能力的计算，将各连接方式连接处抗剪承载能力的高低作为判断加宽方式优劣的因素之一，增加了连接处抗剪承载能力的对比。通过综合评价，优化了决策模型，最终确定出更加合理的加宽方式。

下面针对上述三种连接方式，综合考虑各影响因素，提出抗剪承载力计算方法，建立优化决策模型。

1. 湿接缝连接

湿接缝连接方式的优点：① 桥梁新、旧结构能够整体受力，具有良好的整体性；② 湿接缝连接处的刚度较大，有足够的强度去抵抗因基础沉降与收缩徐变等产生的附加变形和内力；③ 可不用拆除原桥下部结构；④ 建成后期的养护成本低。其缺点：① 施工中植筋数量较多；② 施工工艺较为烦琐。

湿接缝连接处抗剪承载力公式可表示为：

$$V = \mu A_v f_v + A_d f_d \tag{6-15}$$

式中：A_v为钢筋横截面面积；f_v为钢筋抗剪设计应力值；μ为摩擦系数，当结合面粗糙度为6mm时，可取$\mu=1.0$；A_d为混凝土受剪截面面积；f_d为受剪混凝土抗剪设计值。

2. 铰缝连接

铰缝连接的优点：① 桥梁新、旧结构能够整体受力，具有良好的整体性；② 桥面铺装的现浇层参与结构受力，共同抵抗连接处因收缩徐变等产生的附加变形和内力；③ 桥梁加宽后，行车舒适度和美观性较好。其缺点：① 铰缝连接处的宽度较小，导致其容许变形能力较差；② 原桥受基础不均匀沉降的影响较大；③ 施工中植筋数量较多，施工工艺较为烦琐。

铰缝连接处抗剪承载力主要由混凝土承担，其计算公式为：

$$V = A_d f_d + \frac{1}{1.4} \mu_k N_k \tag{6-16}$$

式中：A_d 为混凝土受剪截面面积；f_d 为受剪混凝土抗剪设计值；μ_k 为摩擦系数；N_k 为垂直于受剪面的压力标准值。

3. 纵向桥面连接

纵向桥面连接的优点：① 原桥受基础不均匀沉降的影响很小；② 结构的受力十分明确；③ 可不拆除原桥下部结构；④ 施工周期短，施工工艺比较简单。其缺点：① 结构整体性相对较差；② 加宽桥与原桥依靠桥面现浇铺装层连接，因而桥面铺装容易产生纵向的裂缝，直接影响了加宽后桥面行车的舒适度和美观性；③ 建成后期的养护投入较高。

这种连接方式的连接处主要依靠桥面铺装层内设置的钢筋承受剪力，其抗剪承载力表达式为：

$$V = \mu A_v f_v \tag{6-17}$$

式中：A_v 为钢筋横截面面积；f_v 为钢筋抗剪设计应力值；μ 为摩擦系数。

4. 综合评价

结合桥梁加宽方式的特点和技术要求，建立桥梁加宽方式评价体系，如表6-7所示。

表 6-7 桥梁加宽方式评价体系

桥梁加宽方式评价体系	影响因素
	整体性
	不均匀沉降的影响度
	施工方便性
	美观舒适度
	经济合理性
	接缝处抗剪承载力

三、加宽桥梁桥面铺装优化

桥面铺装是桥梁的重要组成部分，必须满足行车舒适安全、路面平整的使用功能，同时，还要分担桥梁整体结构的受力，能够抵抗车辆荷载作用产生的磨损、压实和剪切变形，防止日照、雨雪及化学等环境作用对桥面产生的负面影响。近年来，我国交通量急剧上升，重型车辆不断增加，导致桥面铺装出现普遍严重的破损问题。这些桥面铺装破损问题的存在，导致了结构耐久性的降低，并对结构受力和行车带来了不利的影响，还影响桥梁整体的美观性。

改扩建后的桥梁，应对旧桥面出现的病害进行处治，并且做好新桥面铺装的设计和施工工作，处理好桥面铺装出现的问题并防止病害一再出现，从而提高桥梁的耐久性、使用性和安全性。

（一）桥面铺装病害及处治

桥面铺装的病害有很多，归纳起来主要可以分为以下四种。

1. 桥面裂缝

桥面裂缝是桥面铺装中十分常见的病害，主要有横纵向裂缝、网裂和龟裂等，其中，网裂和龟裂大多发生于水泥混凝土桥面铺装。

2. 伸缩缝破坏

伸缩缝破坏也是桥面铺装中常见的病害，主要表现为伸缩缝松动和伸缩缝混凝土的破坏，尤其是 TST 伸缩缝、板式橡胶伸缩缝、U 形铝锌铁皮伸缩缝等一些简易伸缩装置的病害表现较为突出。

3. 桥面铺装变形

桥面铺装变形主要表现为桥面麻面、起沙、车辙、拥包和局部混凝土剥落等病害现象。

4. 桥面局部积水、渗水

桥面局部积水、渗水也是桥面铺装中常见的病害。积水情况能够降低桥面摩擦力，从而诱发交通事故；渗水情况会对桥梁混凝土和钢筋造成侵蚀破坏，致使桥梁结构耐久性下降，也影响了结构的稳定性，尤其在严寒地区，甚至会引起冻胀破坏。

本书针对以上总结的四种病害提出以下处理方法。

（1）灌缝

灌缝一般根据桥面铺装的裂缝实际情况制订养护处治方案，可以根据测量的裂缝深度和宽度等技术确定具体的修补工艺。灌缝材料多采用裂缝密封胶和环氧树脂。

（2）伸缩缝维修

将伸缩缝损坏部位梁（板）顶面以上的沥青和水泥混凝土按照规则的形状清除，在清洗干净后植入适量纵向钢筋，然后湿润维修部位及周边，采用高标号水泥混凝土浇注。在浇注过程中，混凝土务必拌和均匀并振捣密实，同时还要防止过振，完成后，将混凝土盖上草帘进行养生，养生时间不少于 5 d，喷洒透层油，用量不少于 1.0 g/m²，铺筑沥青混凝土面层，并碾压密实。

（3）挖补

将损坏部位切成规则的矩形，将损坏部位清除干净，如有钢筋，进行钢筋纠正、焊接，铺筑材料，与原桥面标高保持一致，最终碾压成型。

（4）加铺防水层，加强排水

可以直接在原桥面上加铺一层沥青混合料（4~5cm 厚），形成一个耐久、舒适、安全的行驶表面，改善桥面平整度，提高桥面的抗滑性能，并防止雨水渗透，从而达到防水的作用，同时增设竖向排水管，尽量使雨水顺排水管直接到达地面。

（5）重新铺筑

桥面铺装破坏较为严重的，无须进行修补，可以凿除原桥面铺装，在加宽桥面铺装施工时一同铺筑整体的桥面铺装。

（二）加宽桥梁桥面铺装优化技术

为了提高桥梁桥面铺装的耐久性和使用性等技术性能，可以从桥面铺装的设计和施工两方面进行优化。

1. 设计方面

第一，在设计之初，可在梁体顶层设计预埋抗剪承载力钢筋，与桥面混凝土铺装层紧密结合，从而提高新、旧混凝土的连接能力，其钢筋数量可根据抗剪要求计算确定。

第二，根据实际情况，适当加大桥面铺装的钢筋网密度，在满足设计规范的情况下，提高钢筋的直径和等级标准，来防止和控制铺装层的收缩裂缝。

第三，设计时可采用较高强度、较高密实度的桥面铺装混凝土，混凝土水灰比一般不宜高于 0.4mm，混凝土强度一般应控制在 C30 以上，桥面铺装层厚度应尽量不小于 60mm。必要时为了进一步增强桥面铺装的技术性能，可以采用聚丙烯纤维或钢纤维混凝土进行桥面铺装。

第四，由于伸缩缝处破损常出现坑槽，所以在伸缩缝处的设计上，要在梁端留有足够的锚固钢筋，并设计高于 C40 级的钢纤维混凝土。此外，伸缩缝处的施工要在桥面铺装施工完成之后进行。

第五，桥面铺装顶面要设置高性能的防水层，提高桥面的防水能力，降低雨水的渗透力，防止混凝土及钢筋受到侵蚀，尤其是在承受负弯矩的部位，设置高性能防水层就显得十分必要。

第六，增强桥面的排水设计，根据桥梁长宽和纵横坡度的大小，合理设计泄水孔的位置、数量及间距。设计时，为了保证雨水能够顺利通过泄水孔排出，泄水孔的收水口底部标高要低于桥面铺装顶面至少1cm，并将其周围设计成收坡。

第七，桥面铺装层最好采用双层设计，这样不仅能够保证铺装层有足够的厚度，提高其耐久性和平整度，而且可以将其设计成与路面中上层相同的结构，使铺装和路面能够同时施工，为施工带来方便。

2.施工方面

(1)桥面混凝土铺装的施工

在桥面混凝土铺装的施工过程中，要注意以下几个方面：混凝土骨料不可以采用单级配，要采用级配合理的复合级配，还要保证混凝土具有良好的和易性；要及时对混凝土进行养护，避免水分蒸发过快而出现裂缝；浇注混凝土宜采用吊车提升或者泵送，梁顶和钢筋网之间必须保持一定的间距，禁止一切运输车辆直接碾压钢筋网；桥面如果有积水必须将其清除干净后再进行混凝土浇注施工，施工时先用振捣梁或者人工拉平板振捣器进行混凝土振捣，再人工抹面压实找平；尽量避开冬季施工，因为桥面铺装混凝土厚度一般在10cm左右，相对薄弱，如果暴露在寒冷的空气中，则非常容易受冻，导致混凝土结构承载力下降，尤其在气温多变的季节更加难以处理；对于旧桥面铺装无须重修的桥梁，仅需对新桥面进行铺装，可以选择分幅施工，同时对纵横向工作缝加以防渗水处理。

(2)桥面沥青混凝土铺装的施工

在桥面沥青混凝土铺装施工的过程中，应注意以下几个方面：在铺筑沥青混凝土之前，要临时覆盖伸缩缝处预留槽，并与两侧的桥面混凝土保持齐平，水泥混凝土面层要保持干燥并清洁；检查水泥混凝土表面的粗糙度和平整度，达不到要求应及时处理；喷洒粘油层时要注意气温不得低于10℃，水泥混凝土不能处于潮湿状态；粘油层最好采用快裂乳化沥青，在水分蒸发完成之后，才可以铺筑沥青混凝土；沥青混凝土的铺筑要在短时间内一次性铺筑成功，可采用前后两台机械摊铺机同时施工，尽量缩短距离，以减少纵向接缝的产生；铺筑要选在晴朗天气，还要注意沥青混凝土的防尘和保温工作；摊铺机要匀速运行，摊铺后及时碾压，以保证其达到设计要求；施工过程中严格控制现场状况，施工车辆和机械不得停留在完成的新铺装之上，更不得碾压破坏；特别要注意避免柴油等油料漏洒在桥面铺装上，以免造成沥青混凝土的软化拥包，否则需要返工或者修补，带来不必要的麻烦。

(3) 确保桥面铺装与梁顶面混凝土的黏接能力

为了保证桥面铺装和梁顶面混凝土的黏接能力，可以通过以下几个方面进行优化处理：在桥面铺装的钢筋绑扎前，可以利用高压水冲洗或者用气泵将梁顶部彻底清除干净，除掉不必要的浮渣；为了使梁顶部位表面有足够的粗糙度，有必要对其进行拉毛处理；在浇注混凝土之前要洒水湿润，但是不能存在积水；当浇注梁板有铰缝的桥面铺装时，特别要注意铰缝处的混凝土振捣，多次检查铰缝处混凝土的振捣情况，以确保混凝土与梁板能够牢固结合。

第三节　改建桥梁施工优化技术

改建桥梁的施工是桥梁改扩建最重要的过程之一。桥梁施工的优劣直接影响桥梁能否达到设计要求，能否满足其服务水平，而桥梁的施工组织与管理、施工工艺及施工质量控制对最终桥梁改建的效果起着决定性的作用。因此，本节通过对改建桥梁施工组织与管理、施工工艺进行优化研究，为桥梁改扩建施工提供参考。

一、改建桥梁施工组织与管理优化

在现场施工过程中，往往由于未严格按照施工组织设计和施工管理的相关规定进行，所以在施工过程中经常存在一些问题。施工组织与施工管理在桥梁的工程建设中起着非常重要的作用，与桥梁工程的成本和项目工程建设的效益息息相关。为了降低工程成本和提高工程建设效益，对施工管理和组织设计进行优化是非常有必要的。

（一）施工组织设计

施工组织设计主要包含工程技术、相关法律法规、定额指标和施工经验等方面内容，不管其中哪一部分内容没有进行系统规划和严格把控，都将会直接对工程建设造成影响。所以，在实际施工过程中应当对工程组织设计加以重视。结合相关文献，给出以下在施工设计中可以采用的优化方案。

第一，施工方法的恰当选取。在选择最佳施工方法过程中，人们往往重视经济因素、工程条件和技术因素，容易忽略环境因素对工程建设的影响。在实际工程中，环境因素对工程的影响也至关重要，应综合考虑各方面因素，对比分析，确定最佳的施工方法。

第二，施工工期的合理控制。在施工建设过程中，施工工期和建设效益有着直接的关系。不仅要合理科学地安排工期、工时、劳动力，还要合理地配置机械设备，恰当地安排材料供给。若这些问题安排得不合理、不得当，无疑会增加工期，造成施工成本的增加，应当在人员、设备、材料各方面都到位后再进行施工。

第三，材料价格因素。在选择材料供应过程中，应当进行广泛的市场调查。影响材料价格的因素主要包括运输方式、运输距离、产地等方面。所以，在选择材料时可通过招投标进行，综合考虑各方面因素，确定最佳材料供应方案。

第四，运输组织计划。编制合理的运输组织计划，做到运距最短，运输量最大，转运次数最少，力求直达现场，对材料进行保护，避免在运输过程中材料的浪费及污染，尽量利用原有交通线路，避开高峰拥挤线路，降低临时道路建设耗费。

第五，施工组织的平面布置。在桥梁工程建设前应当根据施工条件和特点，合理地对施工组织进行平面布置，这样可以减少临时占地，有效地降低运输成本，避免反复开挖和搬迁，从而有效地控制施工成本。

(二) 施工管理

在公路桥梁工程中不仅要重视施工组织设计，还应高度重视施工管理。合理科学的施工管理对提高施工项目的工作效益和保证工程质量起着至关重要的作用。在施工管理过程中，应当注意从以下几个方面进行优化。

第一，安全管理。在工程建设过程中，应将安全管理视为重中之重，进行有效的安全管理，有助于保证工程建设的顺利进行。项目管理部门和施工企业应当通过定期教育、强化教育等各种方式，对员工进行安全知识教育，增强其安全意识，把安全管理落到实处，落实到施工过程的每一个环节，同时把对施工工人和管理人员的安全培训工作列入项目管理中，全面做好安全管理工作，避免安全事故的发生，保证工程施工顺利进行。

第二，监督管理。在对项目工程监督管理时，为对监管工作提供有利的保障制度，应先综合考虑工程的质量等级和特点、施工方资质情况、建设方要求等多方面因素，对监控监理标准和目标进行制定，这样有助于监管工作规范、顺利地进行。在实际工程中，监理总工程师负责总指挥，现场监理工程师和控制工程师负责对施工现场进行审查，保证施工方把质量管理的各环节落到实处；为了确保材料和设备质量，还须审查施工组织设计和方案，杜绝质量隐患和安全事故。

第三，进度管理。进度管理主要包括以下三个方面的工作内容：① 为确保各分项目间的紧密衔接，应当对各生产要素的时间要求、需求产量和结构进行分析预测，以便财务方面和管理方面采取应对措施；② 可将工程进度按照年度、季度、月度进行细化分解，并以实物工程量的方式表示出来，以便管理者对工程进度情况进行有效监督；③ 为保证工程进度目标的顺利完成，还要以资源供应情况和工期要求为依据，对施工时间进行合理安排，对各分项施工计划和其之间的衔接进行科学规划。

第四，质量管理。工程质量关系到建设项目的适用性、投资效益和人身财产安全，做好质量管理要从以下三个方面着手：① 要确保质量检验的正规化、规范化和程序化，明确检验规范、内容和标准。对于施工过程中所采用的材料和构件，要保证它们的质量，进行力学性能、物理性能等多方面的监测，避免安全隐患和事故发生。② 采用重点监测、专项监测、日常监测、员工监测相结合的方式，把好质量关。③ 提高检验人员的自身素质和监测技能，创建严格的质检体系。

第五，工艺管理。在工艺管理中，要做好以下三个方面的工作：① 为了防止混凝土产生裂纹，应当确保混凝土的质量，提高混凝土模板的强度；② 提高混凝土的抗裂性能，以混凝土的等级强度、和易性及质量监测的要求为标准，确定混凝土施工配合比例，严格把控水泥和水的用量；③ 对混凝土面板进行修补时，应当选用优质的混凝土修补材料。

第六，成本管理。施工管理的核心工作是成本管理，以对进度和质量的控制为途径，实现提高工程效益，降低工程成本的目标。① 预算编制前，要对现场做充分调查，搜集相关资料，了解材料价格，从而设计合理的施工方案；同时要对结算程序严格管理，制定施工图纸设计变更及施工现场签证管理制度。② 为保证预期经济指标的完成，应创建严格的责任体系来控制成本，通过规范和责任体系对相关工作人员进行约束。③ 通过采用新材料、新工艺和对材料管理的重视、合理库存，从而降低人工、机械使用费用和储备费用。④ 公开施工材料费用，确保每笔费用的透明化，让职工可以监督施工材料价格，加强相关管理工作，确保价格信息共享。

二、改建桥梁施工工艺优化

（一）旧桥的拆除施工工艺

依据桥梁拆除原则实施"倒拆"，先上后下，先附属后主体。拆除过程中对桥梁进行全程监控。

1. 封闭交通

根据现场实际情况，桥梁拆除期间，进行交通封闭施工，在保证施工机械能正常运行的情况下，扩大封闭范围，设置隔离墙，安排专人值守，除施工作业车辆及机械进出外，其他车辆、行人禁止进入。设置可靠的安全网围护，以防物体坠落影响安全，并设置警示牌。

2. 桥面系拆除

将路灯、路牌等附属设施撤离，再用人工与机械进行伸缩缝拆除、护栏拆除、人行道拆除及桥面铺装拆除等。在伸缩缝的拆除中，可以利用风镐在逐个伸缩缝两侧进行破除，凿除旧混凝土后，需将钢筋割断并取出；在护栏拆除中，用风镐将护栏混凝土凿除，采用氧气乙炔气割枪对混凝土中的钢筋进行切割，并及时将凿除后的混凝土碎块和割断的废弃钢筋运走；桥面铺装拆除时，用风镐逐个进行破除，并将破除后的混凝土和钢筋运到指定建筑垃圾地点进行处理。

3. 悬臂翼板拆除

合理布置好切割部位，在每个切割节段底板相应位置打孔，以便于吊装；将悬臂翼板用碟片切割机加吊机拆除，用碟片切割机将悬臂翼板切割，悬臂翼板切割断后，立即用吊机将悬臂翼板吊离现场，用小型汽车运出粉碎。

4. 盖梁边缘拆除

旧桥盖梁混凝土需凿除至盖梁外侧支座垫石的外缘。旧桥盖梁混凝土凿除部分的上排钢筋要紧贴拆除面向下弯，当下弯钢筋保护层不足 1cm 时，可在旧混凝土面上竖向开槽，再向下弯；对下排钢筋的上弯部分进行调直处理。

5. 清理现场

桥梁拆除结束后，对现场进行清理，为新建桥梁施工做好准备工作。

(二) 下部结构施工工艺

1. 桩基

桩基的施工方法需根据工程的地质条件和其深度确定，常用的有钻孔桩和人工挖孔桩两种。通常当桩基的深度小于 20m 时，可选择人工挖孔桩；当桩基的深度超过 20 m 时，选择钻孔桩。人工挖孔桩，即通过人工挖土，然后放入钢筋笼进行混凝土浇筑。其施工造价较低，施工较为方便，但是施工环境差、劳动强度大、安全性较差且质量不易得到保证，所以在桩基施工中尽量采用钻孔桩。

在开孔之前，要对设计桩位处的水文地质资料进行系统的研究分析，进行测量定位，布置钻孔场地，埋设护筒，配制泥浆。要保证在开孔和整个钻进过程中，孔内水位始终保持高于地下水位 1.5 ~ 2 m，护筒顶面高度也要高于施工地面 30 cm，防止孔内水溢出。等到泥浆循环正常之后，应密切关注泥浆密度这一指标，根据现场情况及时加黏土或补水，并适当地调整钻进速度。当钻孔完成以后，需要对钻孔底部沉积的高比重泥浆进行清理，处理办法为：采用导管为泵管，上部加上弯管，将泥浆坑内比重较小的泥浆注入孔内，使之形成自然循环的水头。当钻孔底部土层厚度小于 30cm 时，可将钢筋笼吊入钻孔之中，设立导管并灌浆，为保证钢筋笼的外径尺寸及垂直度，钢筋笼的钢筋骨架采用箍筋成型法。在灌注混凝土的过程中，应保证实际灌注的混凝土方量和混凝土面高度相符，多观察钻孔内水位升降，勤检查导管内有无异常发生，从而对灌注情况加以评判。混凝土灌注完成后，拔除护筒，整个灌注得以完成。等到桩基的混凝土强度达到一定要求后，使用机械配合人工将桩头凿至设计的标高，这样有助于与结构较好地结合，再对成桩进行超声波无损检测，检查成桩质量。

2. 墩台、系梁及盖梁

在对盖梁、桥墩和系梁混凝土施工之前，桩基顶面须被冲洗干净，将连接钢筋进行整修，并将基础顶面测量找平，画出墩台底面的位置。钢筋的加工绑扎应遵循规范的要求，明确规定允许的误差范围，且绑扎时不得将接头全部放在一个"截面"上。钢筋接长时可采用机械连接，但使用前必须进行钢筋的拉伸试验。随后按照规定架设模板，混凝土灌注时也要对保护层尺寸和预埋件、钢筋及模板的位置进行检查，以保证位置正确，不发生变形。混凝土的垂直运输采用吊车，用自卸车进行水平运输。混凝土经过分次灌筑后成型，当垂直落距大于 2m 时，混凝土到达浇筑面需要依靠溜槽或者串筒。混凝土的振捣可以采用插入式振动器，振捣混凝土要密实，不得漏捣、重捣和振捣过深。振捣时要求振捣棒插入深度为下层混凝土内 5~10mm，振捣插入点的次序采用交错式，振捣需持续至混凝土表面凝浆不再下沉为止。在浇筑施工结束后可选择采用覆盖洒水养护或喷膜养护。养护完成后按照规定拆模，拆模后需对混凝土进行检测，以保证混凝土强度达到预定要求。

(三) 上部结构施工工艺

1. 梁的预制

梁的预制主要包括模板制作、钢筋绑扎、混凝土浇筑及拆模养护工程，其中箱梁的预制还包括预应力钢束张拉工程。

(1) 在制作模板过程中，一定要对其进行加牢加固处理，模板应确保不漏浆、不跑模，钢筋的混凝土保护层厚度应有一定保证，底模可由台座替代。

(2) 钢筋由钢筋加工厂运送到制梁场台座上，并绑扎成型。在绑扎钢筋的过程中，为了保证混凝土保护层的厚度达到要求，应每隔一段间距均匀地布置与梁板相同强度的混凝土垫块。

(3) 应根据相关规范选取混凝土浇筑的原材料，除了要符合强度要求，还要保证外观质量，使气泡尽可能少，外光内实。根据不同的混凝土标号，配合比需要经过选用骨料及不同外加剂等多次试验后才能确定，在获得监理工程师批准后才能使用。梁板的浇筑方式一般有两种：一种方法是从中间向两端斜面一次性浇筑完成；

另一种方法是从一端向另一端一次性浇筑完成。采用振捣棒对混凝土进行振捣，除了要保证振捣棒在梁体内均匀分布外，还要保证每次插入的距离、时间和深度都要基本一致，防止过振、漏振现象的发生。

（4）梁板体的养护在环境温度和工期等条件允许的情况下，应采用以洒水为主的自然养护。当梁体拆模后，侧面用塑料膜覆盖保水，顶部覆盖草袋进行保水。洒水标准应以混凝土表面潮湿为准，当环境湿度达到90%以上时可以不洒水，低于60%时需养护14d。

（5）箱梁预制的预应力钢束张拉工程穿插在钢筋绑扎过程中，预应力管道采用波纹管。预应力的张拉工程要求混凝土的龄期不小于7 d，并且梁体混凝土强度高于设计值的90%。在张拉施工前，应利用压缩空气对钢束端部、孔道和锚具进行全面彻底的清理。张拉时要严格以设计编号为依据，先对钢绞线进行稍微的张拉，之后为使千斤顶、锚具、轴线三者在同一直线上，需对其进行校对。在钢绞线初始应力为设计值的1/10时对其做好标记，并确保钢绞线在孔道内不存在滑动，这样才能对实际伸长量进行准确的测量。在实际施工过程中，可以采取双控张拉的方法，将其和实际伸长量比较核对，二者的误差范围应控制在6%以下。预应力管道应在张拉后24小时内进行压浆，同时保证管道压浆具有良好的饱满度和密实度。

预应力管道压浆通常采用真空压浆法：在孔道的一端布置真空泵，将孔道抽成真空，令其产生 −0.1 MPa 左右的真空度，然后利用压浆泵从孔道的另一端灌入优化后的水泥浆，直至充满孔道，并加以不大于 0.7 MPa 的正压力，从而提高预应力孔道压浆的饱满度和密实度。

2. 梁的安装

目前，预制空心板梁安装主要采用架桥机进行安装，部分桥梁受施工条件限制可采用吊车或其他办法进行安装。

空心板梁在运输的过程中，要注意其摆放方式，同时采取保护措施。到达现场要将梁放置在架梁位置附近，同时安装好支座，并确定出梁体中线及支座中线。在起吊前，要先进行试吊检验，在规定的吊点按照规定的方法挂钩，将梁体吊起离地面25 cm左右。此时，对机身和梁体进行检查，查看机身和梁体是否稳定且牢固，在良好的状况下，才能继续进行起吊操作。起吊时，要保持速度均匀，垂直起吊并平稳升降；安装过程中，务必确保支座中线与梁体中线一致。

3. 桥面系施工

桥面系的施工主要包括桥面铺装施工、护栏施工和伸缩缝安装。

（1）桥面铺装施工。可参考本书第五章中所阐述的内容。

（2）护栏施工。护栏有现浇混凝土护栏和预制护栏。现浇混凝土护栏施工时，为了保证护栏线形准确，要对全桥进行贯通测量，依据测量结果对护栏进行放样，按照要求架设模板，最好采用专用定型钢模。随后进行混凝土浇筑，浇筑前要检查预埋件和钢筋的位置是否符合要求。浇筑混凝土时，采用分层浇筑，逐层振捣，以确保护栏混凝土质量达到设计标准。

（3）伸缩缝安装。通常情况下，伸缩缝在运往工地之前就已经在工厂组装完毕，在安装之前也要对伸缩缝及现场状况进行检验。安装时，借助厂家提供的夹具，可以使伸缩缝宽度与预留槽宽度相适应，同时能有效控制伸缩缝中心线，使其与梁端中心线重合。保证伸缩缝两端在同一水平面上，然后焊接钢板。首先焊接顶面，其次焊接侧面，再次焊接底面，并及时清理掉焊渣，最后完成焊接后将顶面磨平，并涂抹防腐漆。

因为伸缩缝在焊接后处于正常的伸缩状态，所以需要采用合适的泡沫板对构造缝进行填塞。填塞时，为防止后期漏浆，应使泡沫板向同一方向靠拢并挤紧。检查伸缩缝装置时，在其中线位置、缝隙及平整度等指标合格的条件下，才能进行混凝土的浇筑。

第七章　高速公路改扩建工程关键技术

第一节　拟改扩建高速公路基础数据处理技术与状况评价技术

一、拟改扩建高速公路基础数据处理技术

与新建高速公路工程设计相比，扩建工程设计所包含的内容更多，涉及面更广。工程设计必须解决好原路评估、新老路拟合、软基处理、路基拼接、路面拼接、桥梁拼接及加固改造、互通改扩建和交通组织等技术难题。因此，准确掌握拟改扩建高速公路的基础数据，包括路况调查、桥梁等专项检查和检测等，为研究项目确定改扩建的规模、标准及为合理选择扩建方案打下基础。

（一）拟改扩建高速公路基础数据采集

1. 数据的种类

高速公路改扩建勘察设计所需要的基础数据，按其性质可分为两类：

一是与使用性能相关的数据，主要有道路的空间地理信息、道路的交通状况和通行能力、路况（路面的平整度、弯沉等）、桥梁的承载能力、交通事故等。

二是与物理力学指标相关的数据，主要有现有路基填土的含水量、压实度、桥梁的结构性能等。

2. 数据采集方法

高速公路改扩建基础数据采集的方法，因设计阶段和数据类型不同，其采集方法也不同。对拟改扩建项目的文献型数据应分类收集；对各专项工程，如路基、路面、桥梁等相关数据的采集，应按相应的设计要求进行专项调查和检测。

（1）关于拟改扩建项目空间信息数据的采集

现有公路最重要的基础数据是拟改扩建高速公路实际平纵线位数据的获取及沿线构造物的定位等。根据我国公路建设情况及现有的文档资料，仅依靠竣工资料是难以满足扩建要求的。由于扩建工程对测量精度的要求远高于新建工程，而现有高速公路上的交通流量又大，不允许在老路上进行太多的定点测量，故在采集项目空间信息数据时，应充分利用现有的高新技术，以空间地理信息技术为依托，借助计

算机和公共信息网络，把与高速公路相关的数据信息化、数字化，实现从规划、勘察、设计、施工、监控、收费、养护、运营和服务等多环节上对高速公路进行数字化建设与管理，并服务于高速公路的整个生命周期。归纳起来，目前拟改扩建高速公路项目空间信息数据的采集技术主要有：

① 高分辨率卫星遥感技术。随着卫星遥感图像的定位精度越来越高，空间分辨率越来越细，使卫星遥感技术可以更加快速、更加精密和更加详细地获取地表信息，从而在工程应用领域中也有了突破性发展。卫星遥感技术以其丰富的地表信息和直观图像在老路改扩建方式的优化比选方面提供了一种非常好的技术支持。

美国成功发射 IKONOS 遥感卫星标志着高分辨率卫星遥感时代的到来。该卫星距地面681km，重约817kg，每98min绕地球一圈，每3d就可对同一地区进行重复采样。IKONOS 影像含有一个分辨率为1m的全色光谱波段和蓝、绿、红与近红外4个分辨率为4m的多光谱波段，其遥感图像在无地面控制点时水平精度为12m，垂直精度为10m；有地面控制点时水平精度为2m，高程精度为3m。这些技术参数使 IKONOS 卫星图像不仅能完全解译出区域路网和经济布局、道路沿线的各种最新的自然和经济现象，而且在不中断交通的情况下，使交通调查、路况调查、工程地质详查等成为可能，在路线方案选择、老路扩建方式优化比选方面具有得天独厚的技术优势。

② 低空大比例航空摄影。航空摄影测量是以空中摄影照片构成的立体像对为基础，从几何和物理方面加以分析和测量，获取所摄对象信息的一门学科。由于信息量大，反映物体细致、客观，真实和详尽地记录了摄影瞬间的地表形态，具有良好的测量精度和判读性能，能方便地获得被摄地区的大比例地形资料。

高速公路改扩建最重要的是解决航测高程精度问题。公路摄影测量规范规定，航测高程误差可达 $1/2 \sim 1$ 倍等高距，相当于 $1 : 2000$ 比例地形图上 $0.5 \sim 1m$(平原区)和 $1 \sim 2m$（山区）的高程误差。改扩建项目涉及路面加宽、桥梁拼接等，在方案设计阶段就需要对老路中线平纵进行恢复和拟合。因此，对地面尤其是既有路面及结构物的高程精度要求非常高。显然，上述常规航测精度不足以满足改扩建公路勘察设计的要求。理论上，航测高程精度可达航高的 $1/4000 \sim 1/6000$，整体提高航测精度最可行的方法是尽量降低摄影航高。但航高的降低在摄影测量学上有一定的技术难度，需要研究解决包括安全航高的限制、相对航速的增加使像点发生位移、摄影死角增多、单幅相片覆盖面积减小、近地层气流扰动使相片变形增大等一系列技术问题及相应的经济合理性等问题。

③ 高精度 GPS–RTK 三维测量。高速公路改扩建对路基、桥梁拼接等有着特殊的精度要求，受摄影测量自身的约束，航测数据尤其是路基路面数据的高程精度还

不足以满足老路路面拼接的施工图设计要求。对于高速公路改扩建项目，要求最大限度利用现有工程，特别是对路面的利用、桥梁的拼接而言，要求高程精度必须控制在 5cm 内。因此，需要有高精度地面测量数据予以保证。

常规测量通常是平面测量和高程测量分别实施，不但存在着视线不畅、车流影响、定向定位不准、水准高程测量困难、工作强度大、工作效率低等问题，而且在沿老路进行测量时还有其特殊的难题，如不中断交通的工作组织、测量人员的安全保障、道路构造物的影响等，致使常规测量的数据可靠性和精度都难以有效保证，严重影响施工图设计的质量，因此，常常需要在施工图设计过程中反复进行调整和复测。

④ 空间数字地面模型和数字路基模型。数字地面模型系统是现代公路 CAD 系统的核心，建立设计范围内可靠的数字地面模型是进行数字化设计、优化设计、环境保护与景观设计的前提。目前，世界上成熟的公路 CAD 核心技术都包含一个内嵌于系统中的 DTM 系统，其就是用数学方式来描述地形表面。

随着应用的逐步深入，数字地面模型的研究已从数据源、模型构建、数据处理等逐步发展到多模型叠加和特殊模型的优化等方面，老路改扩建项目中的 DTM 正是后者需要研究应用的典型案例，具体为如何建立高精度、高仿真的现有公路的路基三维数字模型，并使之与大范围的地面模型和最终的设计模型进行有效的叠加技术。

(2) 关于路基、路面、桥涵等相关数据的采集

① 弯沉检测。路面弯沉值的测试方法较多，目前最常用的是贝克曼梁法。该法在我国已有成熟的经验，但由于其测试速度等因素的限制，各国都对快速连续或动态测定进行了研究，现在用得比较普遍的有法国洛克鲁瓦式自动弯沉仪、丹麦等国家发明并几经改进形成的落锤式弯沉仪（FWD）、美国的振动弯沉仪等。采用丹麦产的落锤式弯沉仪（FWD），对每一评定路段（路面病害调查后，确定重点监测路段）综合运用数理统计的方法，得出平均弯沉、标准差、代表弯沉等数据。

② 平整度检测。平整度是指以规定的标准量规，间断地或连续地测量道路表面的凹凸情况，即不平整度的指标。不平整的表面会增大行车阻力，并使车辆产生附加振动作用。这种振动作用会造成行车颠簸，影响行车的速度和安全及驾驶的平稳和乘客的舒适度。同时，振动作用还会对路面施加冲击力，从而加剧路面和汽车机件损坏与轮胎的磨损，并增大油耗。而且，不平整的路面会积滞雨水，加速路面的破坏。沥青路面平整度数据采集采用上海普勒思 LIPRES 路面激光断面仪进行测量，在 4 个车道分别进行。为了保证数据采集的准确和稳定，检测速度一般为 40～50km/h，最大不能超过 80km/h。

③ 车辙检测。车辙变形会使路面平整度变差，严重影响舒适性和行车质量。而且严重的车辙可导致道路结构破坏，大大缩短沥青路面的使用寿命，甚至引发交通事故，现在车辙已成为路面管理系统中表征道路使用性能的重要指标。沥青路面车辙数据采集采用 APRES 路面车辙自动测定仪（自动化路面横断面剖面检测与分析系统），在 4 个车道分别进行。检测速度一般为 40 ~ 50 km/h，最大不超过 80km/h，采样间距为 0.5m，结果统计时的分段长度以 5m 计，取两个轮迹的最大值为该断面的车辙深度。每公里为一个评定路段，计算各评定路段的平均车辙深度、最大车辙值、车辙深度大于 15mm 累计长度。

④ 路面抗滑能力检测。通常，抗滑性能被看作路面的表面特性，并用轮胎与路面间的摩阻系数来表示。表面特性包括路面宏观构造和微观构造，影响抗滑性能的因素有路面表面特性、路面潮湿程度和行车速度。路面的抗滑摆值是指用标准的手提式摆式摩擦系数测定仪测定的路面在潮湿条件下对摆的摩擦阻力，它是反映路面抗滑性能的综合性指标。

（3）桥梁结构构件的材质强度数据的采集

桥梁结构构件的材质强度数据的采集，主要是检测桥梁结构构件的混凝土强度，可以采用超声回弹综合法或回弹法检测强度。

（4）关于交通量、安全事故等数据的采集

主要通过统计资料的收集，了解道路历年的交通量和交通事故情况；利用雷达测速仪等进行车速的实测，以对道路行驶车辆速度的连续性和协调性进行评价；通过现场拍摄录像的方式，记录典型路面性能状况、典型超限超载车辆装载运行和典型交通事故现场等资料。

（二）拟改扩建高速公路基础数据处理的技术

高速公路改扩建工程既要满足相关的技术标准，又要最大限度地利用现有工程。平纵面设计不能简单地进行理想化的设计，也不能简单地完全利用老路平纵面，而是需要进行合理的平纵拟合设计，这是扩建工程特有的技术问题。

1. 拟改扩建高速公路的平面线形拟合技术

高速公路的扩建宜根据左、右幅中央分隔带边缘实测点位的平面坐标资料进行拟合。一般应基本保持原路设计的平面线形不变，尽量减小拼接设计难度和工程规模。在拟合分析中，利用左、右幅硬路肩外缘的测点资料进行校核，绘制拟合误差分布图，计算误差平均值和标准偏差值，同时结合原路设计、施工、运营情况进行拟合误差分析。

（1）拟合设计原则与方法

① 两侧拼接路段应通过拟合设计，基本保持原路设计的平面线形。

② 应以明式构造物和隧道等为主要控制要素进行拟合设计。

③ 平面拟合设计由直线、圆曲线、回旋曲线三要素组成。平面拟合中应采用单曲线、复曲线、多圆曲线等灵活的方式来拟合原设计曲线。

（2）拟合设计的精度控制

高速公路的拟合误差（拟合值与实测值之间的误差）：对于明式构造物等主要控制要素原则上宜控制在10cm以内，一般路基路段宜控制在10~20cm以内。误差平均值宜≤±5cm，标准偏差值宜≤±3cm。

2. 拟改扩建高速公路的纵面线形拟合技术

高速公路纵面线形拟合宜按左、右幅分别进行拟合。根据左、右幅中央分隔带边缘实测点位的纵面高程资料进行拟合，同时利用左、右幅硬路肩外缘的测点资料进行校核，绘制拟合误差分布图，计算误差平均值和标准偏差值，同时结合原路设计、施工、运营情况进行拟合误差分析。

（1）纵面拟合设计原则

① 纵面拟合应分段进行拟合设计。老路纵面满足技术标准时，重新设计的纵面线形尽量与原有线形保持一致。

② 纵面拟合设计中，应以现有明式构造物和隧道等为控制点，确保构造物的安全。

③ 除受净空及构造物限制的路段外，一般路段应遵循"宁填毋挖"的老路改造原则，即根据路面实施的需要和构造物的限制采用路基宁填少挖、桥梁不填不挖的原则进行拟合。

④ 纵面线形设计中考虑与桥梁、路线交叉（互通立交、分离立交、通道）、路面设计、软基处理、沿线设施改造方案等的协调性，保证工程方案经济、合理。

（2）拟合设计的精度控制

① 明式构造物拟合误差宜控制在 −3~3cm，并应满足构造物结构的安全需要。

② 误差平均值宜≤±5cm，标准偏差值宜≤±3cm。

③ 对于利用原路面结构层进行路面直接加铺的路段，纵面拟合设计误差宜控制为 −1~3cm。

④ 对于软基路段要尽可能维持现有路基高程，同时应尽量满足规范要求。特殊困难路段，应进行多方案分析论证。

二、拟改扩建高速公路状况评价技术

（一）拟改扩建高速公路状况评价的内容

拟改扩建高速公路的评价实质上是对拟改扩建高速公路的特性进行评价和分析，是改扩建工程中的重要环节，是改扩建工程方案研究的基础。

1. 拟改扩建高速公路运行安全性评价

拟改扩建高速公路运行安全性评价可以参照《公路项目安全性评价规范》(JTG B 05-2015)进行操作，重点找出拟改扩建高速公路中不利于运行安全的路段与原因，有利于改扩建工程中制定针对性措施。

2. 拟改扩建高速公路工程状况评价

拟改扩建高速公路工程状况评价包括两部分：一是道路符合性评价；二是道路质量评价。道路符合性评价是依照确定的改扩建标准与拟改扩建高速公路进行对比，找出标准、指标不满足要求之处，在方案研究中制定相应的对策。道路质量评价是为了充分利用现有工程，通过评价工作提出改扩建方案。进行拟改扩建高速公路工程评价需要开展全面的调查工作，包括：

（1）拟改扩建高速公路建设资料的收集。

（2）拟改扩建高速公路几何形态的测量、各项工程位置的测量，包括路面、路基和公路范围的现有宽度，公路的平面、纵面半径、视距等。

（3）各项工程使用状况的调查，包括外观调查、路基勘察、结构物检测，可能对改扩建工程造成影响的村镇的地物、规划等。

3. 改扩建高速公路交通量分析与预测

高速公路改扩建的主要目的是通过提高公路等级或提高公路标准来满足日益增长的交通需求。进行改扩建高速公路的交通量调查与远景交通量预测，不仅是高速公路改扩建必要性决策的主要依据，同时还决定了改扩建项目的规模及其项目在区域路网中的地位，并作为改扩建项目设计的标准依据之一。

4. 道路通行能力和服务水平评价

高速公路改扩建是为日益增长的交通流顺畅、快速、安全地运行提供良好的条件和环境，而衡量交通流内的运行条件及其为驾驶员和乘客提供服务质量的指标为道路通行能力和服务水平。通行能力能否满足远景交通量是对改扩建工程技术标准的基本要求，而服务水平则从车辆运行状态的角度对工程技术标准提出了更全面的要求。通行能力是实现服务水平的基础，对通行能力的要求最终体现于服务水平的满足程度。因此，对服务水平的要求也包含了对通行能力的要求。

（二）交通量评价与预测

1. 新建高速公路交通量预测的理论和方法

目前，国内外新建高速公路一般采用以集合分析思想为指导，包含各类预测方法和模型在内的四阶段预测法来进行交通需求预测。四阶段预测法通过"出行生成、出行分布、方式选择、出行分配"四个阶段，将现状的地区社会经济调查和交通出行调查按照地区经济的增长趋势及目标，利用预测方法推导出未来的地区出行需求，将未来各个交通区的交通发生与吸引总量进行地区间的空间分布预测，求得区与区之间的出行，再通过交通方式求得各种交通方式的分担量，最后将所有的出行需求分配到路网上，并以此配合道路网规划，检验拟改扩建高速公路网的负荷，为区域道路网的规划提供科学的依据。

2. 改扩建高速公路交通量预测的理论和方法

目前，全国省干线公路都设有交通量观测站，用来长年观测所处路段的各种交通特性，以便为公路建设、管理、决策提供重要依据。利用基于通道道路历史交通量的趋势法就是利用这些已有数据进行改扩建项目的交通流量预测，这可省去大量的出行调查费用，而且由观测站长年观测的路段交通量历史数据对比某一天的交通调查结果能更好地反映交通量的变化趋势，为预测精度提供保障。

3. 基于运输通道的高速公路交通量预测

（1）基于运输通道的交通量预测法的思路

由于本书研究的是改扩建项目，已运营多年，由路段历史交通量本身就能反映该路段上交通量的发展趋势。因此，可以利用该路段的历史交通量用基于运输通道的交通量预测法来进行预测。

基于运输通道的交通量预测法的具体思路如下：

① 获取项目所在运输通道内各条道路的历史交通量。

② 根据运输通道历史交通量找出其发展趋势，运用相关趋势模型求出通道交通量的增长率，并计算出通道未来年总交通量。

③ 根据项目通道内各条道路的历史交通量发展趋势，结合各条道路在未来年的等级、车道数和通行能力等因素，采用 Logit 概率模型来确定未来年各条道路在通道内所承担的交通量比例，最后计算出本项目未来年的交通量。

（2）通道交通量的获取

依照《公路交通情况调查技术规范》可知，通过交通量观测站，可以得到以下五点与交通量预测有关的历史数据：

① 交通调查的范围很广，凡是列入管养的公路，必须进行交通量调查。

②交通量观测站的分布原则应从全面反映公路网交通流量及其特性出发，考虑公路网布局、管理等级、技术等级及公路建设规划，合理布局。

③连续式交通量观测必须全年365天，每天24小时不间断地进行，并以每小时为一时段，由整点到整点观测记录。

④每小时的交通量及日交通量应分方向、分车型、分小时进行记录统计。

⑤每个日历月结束后，应及时根据每日的观测记录，对全月汽车交通量及混合交通量的小时交通量的变化情况进行统计。

(三) 通行能力与服务水平评价

高速公路改扩建后，通常应分别对高速公路现状和改扩建后的状况在通行能力和服务水平方面进行评价。

1. 某高速公路现状服务水平评估

(1) 道路现状通行能力计算

可能通行能力计算公式为

$$C_{可} = C_{基} \times N \times f_w \times f_{HV} \times f_p \tag{7-1}$$

式中：$C_{可}$ 为可能通行能力，辆 / 小时 (单向)；$C_{基}$ 为基本通行能力，取 2000 辆小客车 / 小时 / 车道；N 为高速公路上单向车道数，现状该高速公路为双向 4 车道，取值 2；f_w 为受限车道宽度和侧向净空影响的修正系数，取值 1.0；f_P 为驾驶员总体特征影响的修正系数，取值 1.0；f_{HV} 为交通流中重型车辆影响的修正系数。

计算式为

$$f_{HV} = 1 / \left[1 + P_T \left(E_T - 1 \right) + P_B \left(E_B - 1 \right) \right] \tag{7-2}$$

式中：P_T、P_B 分别为货车与大客车在交通流中所占的百分比；E_T、E_B 分别为货车与大客车折合成小客车的折算系数。

(2) 高速公路现状服务水平评估指标的测定

道路服务水平受诸多因素影响，包括车辆行驶速度、高峰小时交通量及车型构成等。高速公路现状服务水平评价指标的测定，主要依据该高速公路交通量调查资料。

(3) 高峰小时服务水平分析

高速公路高峰小时服务水平，根据该高速公路调查所得到的数据及上述成果，从以下两方面进行分析：

①高峰小时交通量

高速公路交通量是按照不同的时间间隔不断变化的，是按照一定的时空分布规律进行分布的。选择高峰小时流量进行分析，是因为通行能力和其他交通分析都是集中在交通量的高峰小时上，高峰小时代表着最高的交通需求。高速公路各观测区段交通量观测按15分钟分段计数，最终得到逐时交通量资料。选择15分钟分段计数是为了获得高峰小时系数和高峰小时流率，以此体现该高速公路高峰时段的流量特征，并将其作为服务水平评估的基础。

② 车流密度

交通密度（K）计算公式为

$$K = Q / VS \text{（辆 / 公里）} \tag{7-3}$$

式中：Q 为单车道上交通量（辆 / 小时）；VS 为区间平均车速（公里 / 小时）。

2. 高速公路扩建后的服务水平评估

（1）车道数的计算

根据交通量预测结果，分析确定该高速公路拓宽工程采用的车道数。

① 高速公路适应交通量计算公式

$$AADT = \frac{C_D N}{KD} \tag{7-4}$$

式中：$AADT$ 为设计年限的设计平均日交通量（小客车 / 日）；C_D 为单车道设计通行能力（小客车 / 小时 / 车道）。

$$C_D = C_B \times \left(\frac{V}{C} \right) \tag{7-5}$$

其中：C_B 为理想条件下车道的基本通行能力（小客车 / 小时 / 车道）；$\frac{V}{C}$ 为不同服务水平下的流率与通行能力之比的最大值；N 为单向车道数；K 为设计小时交通量系数；D 为交通量方向分布系数。

② 指标分析和确定。

A. 根据我国小客车性能及大型车混入率较高的状况，高速公路每车道的基本通行能力 C_B 确定为 2000（小客车 / 小时 / 车道）。

B. 我国的公路服务水平分为一级、二级、三级、四级。根据《公路路线设计规范》（JTG D20—2017）的规定，高速公路适应交通量按照二级服务水平来设计，本项目的计算行车速度为 120km/h，二级服务水平下的 $\frac{V}{C}$ 值为 0.74，同时考虑三级服务水平的 $\frac{V}{C}$，取值为 0.88。

③ 设计小时交通量系数。设计小时交通量一般取一年第30位的小时交通量。将一年的小时交通量按大小顺序排列，从最大值到第30位左右的交通量的减少比例

显著，而从第30位以下的减少比例则比较缓和。设计道路时，若想能解决最大小时交通量，就要能满足一切交通条件，这样极大地降低了道路的经济性。所以，一般舍掉小时交通量变化显著的第1~29位，而以第30位的交通量为标准进行设计，虽然一年要有30小时超过通行能力，但从经济上来讲是合理的。

（2）服务水平分析

按8车道扩建后，到预测末年服务水平可以保持在一级水平，则较为理想。拓宽为8车道后，该高速公路能够满足未来的交通需求。

（四）路基路面状况评价

高速公路改扩建的勘察设计主要任务之一就是对拟改扩建高速公路的路基和路面进行全过程的评价。现有路基及路面结构经过多年的使用，由于车流荷载的作用、路基天然地基的受力变形、地下水环境的改变等方面的影响，路基填土的物理、力学性质有了很大的变化，加上施工期的遗留问题，使部分路段现有路基、路面结构已经产生了不同程度的路基变形、纵（横）向开裂、网裂翻浆、路面沉陷与车辙等病害。针对现有路基及其路面结构的基本性能检测与评价，路况病害处置方案，改扩建后的路基、路面协同工作状态等已成为改扩建设计及其理论研究的一个重要课题。如何检测、评价现有路基、路面工作状况是扩建工程设计的关键环节，它将直接关系到工程的合理性和工程投资。

1. 拟改扩建高速公路路段 RCQI 评价分析指标体系

为了能够较好地利用现有各种养护资料和近期的定期测试资料，同时便于计算和运用，本书提出了基于道路养护资料整理和现场检测数据分析验证的 RCQI 评价体系。该体系可以简化评价过程、提高评价速度、降低评价成本。

根据扩建工程特点，考虑整个路面上面层需要重建，故评价体系中未考虑路面功能性指标即路面行驶质量指数（RQI）及路面抗滑性能的计算。

（1）DR 的计算

由于该高速公路各养护处的维修、养护资料记载的数据没有执行路面养护系统的格式，也不够详细，其记录方式仅为具体桩段号所发生的病害形式，而没有记录所发生病害的严重程度及病害面积，依据灰色理论的概率统计生成规律，我们认为，在道路修建通车后对于同一路段如果发生病害维修情况次数越多，则可以认为该路段面层或基层或底基层或土基出现损坏情况的概率越大；反之，则认为该路段面层或基层或底基层或土基出现损坏的概率越小。

从开挖情况来看，频繁发生病害的路段路基或基层确实存在问题。具体的加权值，对发生一次的权值取 0.5，二次的权值取 1.0，……，i 次的权值为 $i \times 0.5$。以每百米内沉陷、网裂、横裂等出现的不同病害次数乘以同一段落处历年出现的次数的加权系数，再除以进行统计分析的总次数，作为不同的值，计算公式为：

$$D_i = \frac{\left(\Sigma_{1次} \times D_{1次} \times 0.5 + 2次 \times D_{2次} \times 1.0 + \cdots + i次 \times D_{i次} \times i \times 0.5\right)}{i} \tag{7-6}$$

式中：i 为所进行不同病害统计资料的总次数。

各种形式的路面病害所对应的路基损坏程度也不一样，因此，我们对各种病害分别进行了相应的加权处理计算，以描述这种差别。具体的权值根据不同病害对路基损坏程度的不同，参照《公路沥青路面养护技术规范》(JTG 5142—2019) 及《高速公路养护质量检评方法 (试行)》中对不同病害的权值的定义，在这里对沉陷取 0.5，网裂取 0.3，横裂取 0.2。计算公式为：

$$DR = \left(D_{沉陷} \times K_{沉陷} + D_{网裂} \times K_{网裂} + D_{横裂} \times K_{横裂}\right) \tag{7-7}$$

(2) PCI 及 PCI 的计算

沿用《公路沥青路面养护技术规范》(JTG 5142—2019) 中的判别标准，利用上述计算出的路面综合破损频率 DR 值，依据计算公式：

$$PCI = 100 - 15DR^{0.412} \tag{7-8}$$

分别计算出每百米 PCI 分值 (如计算出 PCI 分值为负分则计为 0 分)。根据 PCI 的计算分值利用路面破损状况评价标准，将路面破损状况分为优、良、中、次、差五个等级，再利用路面综合评价标准分别给予相应指标的赋值，换算得出每百米的 PCI' (为了描述各路段路面状况指数 PCI 的优良差异，在每一等级内再利用内插法在每一等级赋值分中进一步细分不同的赋值分差)。

2. RCQI 评价体系评判分值标准

参照《公路沥青路面养护技术规范》(JTG 5142—2019) 及《高速公路养护质量检评方法 (试行)》中路面综合评价指标 PQI、MQI 对路段状况进行优劣评价的评价标准，结合路面雷达、瑞利波、地质钻探测试结果及现场部分施工路段实地开挖验证结果，确定道路状况综合评价指标 RCQI 的评价标准，见表 7-1。根据表中的评价标准进行优劣路段的划分。

表 7-1 道路状况综合评价指标

评价指标	优	良	中 1	中 2	次	差
路面质量指数 RCQI	≥ 90	≥ 75 ~ < 90	SSI ≥ 0.83 ≥ 55 ~ < 75	SSI < 0.83 ≥ 55 ~ < 75	≥ 40 ~ < 55	≤ 40

第二节　改扩建高速公路技术指标决策与扩建方案选择

一、改扩建高速公路技术指标决策研究

(一)改扩建高速公路技术指标决策原则

1. 公路改扩建的定义

目前，在我国现行的有关规范中，已把公路改扩建工程纳入了公路养护管理的范畴。在公路工程名词术语中对养护与管理分别定义了养护，小、中、大修及改善工程，但养护管理的指导方针主要是：为保持公路的正常使用而进行的经常性保养、维修作业，预防和修复灾害性损坏及提高使用质量和服务水平而进行的加固、改善和增建。其中，"养护改善"的定义为：根据交通发展的要求，对公路沿线设施进行逐段改善，以提高技术等级的较大工程。在过去的较长时间内，养护过程中对相当多的原有公路实施了养护改善工程，各省还针对公路养护改善工程专门制定了行业政策与技术要求，为提高公路网的服务水平起了很大的作用。从定义中不难看出，养护改善工程重点着力于局部技术等级的提高，是养护与改善并举、以改善和提高技术标准(从而提高通行能力)为主的工程，是在全国主体为低等级公路的背景下提出的，是提高低等级公路通行能力的有效措施。

综合来看，可以将公路改扩建定义为：根据交通发展的要求，以提高公路等级或改变原有公路技术标准、改善原有公路沿线设施、提高原有公路通行能力和服务水平的建设工程。

2. 公路改扩建的依据与目的

对于一条正在运营使用的公路来说，是否要对其进行改扩建是一个十分复杂和重要的问题，既涉及对改扩建公路的性能和所在路网的评价，同时也涉及改扩建公路的经济效益(残值利用等)问题。因此，对公路的改扩建要有充分的依据和明确的目的。

根据公路改扩建的定义，对原有公路提出改扩建的主要依据如下。

(1)原有公路的交通量增长和公路的适应程度不满足要求

交通拥挤度是衡量其通行能力及服务水平的一个重要指标。通过对原有公路交通量的调查和分析预测，可以为评价研究公路的交通量适应状况提供资料，进而提出改扩建工程的技术标准和建设规模(公路升级或增加车道数)，以达到提高现有公路的通行能力，并满足交通需求的目的。

(2)路网规划需要

新一轮的路网规划，有时需在原有走廊内建设更高等级的公路，同时受建设条

件限制，需要改扩建原有公路以实现等级提高。

（3）使用功能改变或服务水平要求提高的需要

原有公路的使用功能变化，如一般公路改为旅游公路，或因技术标准低或沿线设施不完善，公路运行安全性差，不符合以人为本的服务需要，需要进行改建。

（4）荷载标准或使用寿命的要求

荷载标准发生变化或原有公路的使用寿命要求对公路的结构强度进行加固、补强。

3. 高速公路改扩建技术指标决策的基本原则

（1）实践科学发展观，实现项目的可持续发展

公路工程不是一个静态的项目，它是一个随时间发展的动态工程。改扩建工程既要充分考虑项目建设期条件，又要为未来交通发展留有空间，实现可持续发展，还要全面规划，协调发展，科学管理，保证畅通。具体表现在以下几个方面：

① 在满足设计年限内交通需求的同时预留一定的发展空间。

② 积极考虑设计期后公路发展的可操作性。

③ 积极适应沿线发展规划，为沿线经济发展提供相应的空间。

④ 采用科学合理的工程技术实现节能、环保、高效。

⑤ 采用合理的方案实现全寿命周期的成本最低化。

（2）最大限度地利用原有工程

① 最大限度地利用原有工程是改扩建工程的基本要求。要实现最大限度地利用，需要有理念的创新和技术的保证。

② 要最大限度地利用原有工程，会涉及设计规范、技术指标的掌握，涉及原有工程及废旧材料的充分利用，需要结合公路现状评价进行深入的研究。

（3）科学选择方案

改扩建工程是否可行，除了建设目标的科学合理外，科学的改扩建方案尤为重要。方案选择中需要考虑以下几个方面：

① 最严格的土地政策。

② 降低施工期交通组织难度，确保建设期公路的连续运行。

③ 因地制宜，采用成熟、合理的工程技术，控制工程风险。

④ 工程费用合理。

（二）高速公路改扩建技术标准的论证

由于我国公路建设的方式多样，不同路段的技术标准不一样，造成不同时期采用的技术标准也不一样。因此，在确定公路改扩建方案时，应结合路段的实际情况和公路的功能，进行反复的技术经济论证和比较。原则上，公路改扩建工程应按现

行公路工程技术标准执行，选择满足标准、规范要求的指标进行设计、建设，但在具体的技术指标的运用上，要结合改扩建工程的特点，灵活掌握。对于特殊项目或特殊路段，可在充分论证的基础上（满足公路运行安全性要求和公路总体通行能力要求），局部路段也可降低标准，但必须具有良好的经济效益，要设置过渡段并设置预告标志，同时这些路段的间距要尽可能大。如果这种特殊路段的密度过大，则要考虑较长路段降低设计标准；有的项目也可采用原技术标准进行改扩建。

（三）改扩建高速公路技术指标决策实例

1.局部同向分离方案的分、合流的处理

（1）在平面指标的运用上，灵活、不片面追求高标准。对局部分离的新线，其平面线形应按现行规范设计，保证新线与老路线形标准的连续性，并应按主线分岔和合流进行设计，同时遵循车道数平衡的原则。

（2）同向的线形分离设计有以下两种形式：线形分离方式与设置渐变段方式。但高速公路的同向分离路段应按相应的设计速度，按线形分离设计，以保证行车安全。

（3）对主线局部同相分离路段的汇流鼻前，分离线与原主线间应参照互通式立体交叉规定。

2.局部路段（点）压缩硬路肩宽度

高速公路改扩建工程应按标准规范设置右侧硬路肩。为了充分利用现有工程，局部路段（如大型构造物或导致特殊工程需要拆除的特殊困难路段）在分析论证的基础上，可压缩右侧路肩宽度，但应满足行车安全的侧向余宽（路缘带宽 S1+ 相应设计速度的 C 值），并配合交通工程的设计设置变宽过渡段（构造物或特殊工程长度加上两端各不小于 500m 的范围），硬路肩宽度渐变率不宜大于 1：50。

3.纵面指标的决策

（1）拟改扩建高速公路纵面拟合设计的优化调整

结合原路纵面线形主要指标的符合性分析结论，对于原路拟合纵断面符合以下情况之一者，应进行调整和优化：

① 现有纵面不能满足现行规范和技术标准的路段。

② 现有纵面不能满足路基设计水位、内涝水位要求的路段。

③ 现有路面状况较差，有明显缺陷，需要采用加铺补强方法恢复路面功能的路段。

④ 在施工中需进行二次纵坡拟合和局部调整的特殊困难路段。

（2）坡长

高速公路拟合纵面设计时，为了尽可能利用原有工程，在满足视距的前提下，局部路段可不控制最小坡长。但考虑到在变坡的凹型、凸型竖曲线处，过频繁的变坡易造成超重、失重，特别当车速较快时，会使乘客很不舒适，因此，对不能满足最小坡长的路段应采用3s行程来控制竖曲线的最小长度，实际的纵坡最小长度至少应能满足设置竖曲线的需要。

（3）竖曲线

竖曲线的半径和长度宜按规范值设计。特殊路段在满足视距的前提下，可采用最短的竖曲线长度控制设计。

二、高速公路扩建形式和扩建方案的选择

（一）扩容方式与扩建方式比较分析

综观国内外高速公路建设情况，提高既有高速公路服务水平的方式不外乎新建分流道路和利用原路扩建两种，即扩容与扩建两种方式。

在项目前期研究阶段，选择扩容还是扩建是需要回答的第一难题。进行决策主要依据两个方面：一是交通量的发展是否可以通过路网规划加以解决；二是经济布局和交通源需求与既有道路服务水平的适应性。

（二）扩建方案及其实现形式

1. 单侧拼接

单侧拼接方案是将拟改扩建高速公路中央分隔带连接起来，改建为标准路面和桥梁，重新划分为单向4个车道（必要时将原路双向横坡调整为单向横坡），将其作为扩建后道路的半幅使用，再在一侧实施拼接工程，构成另半幅路基。

2. 单侧平面分离

单侧平面分离是以现有老路为半幅路基，在现有老路基的一侧以完全分离方式或以中央分隔带隔离方式新建另半幅路基。

3. 两侧拼接

两侧拼接加宽在技术标准不进行调整的道路扩建中应用广泛，它的最大优势是节约资源和投资，利于运行交通组织。

4. 两侧分离

两侧拼接加宽方案不可避免会产生施工交通组织、道路桥梁拼接技术处理等问题，加上建设条件的限制、交通组织的需要，一些特殊路段常不能实施两侧拼接方式。此时，两侧分离加宽就是一个有价值的选择。

5.组合形式

在具体路段扩建形式选择时往往受建设条件的限制较多，此时可采用上述方案进行组合加以解决。常见的组合有两侧拼接与单侧分离的组合、两侧拼接与两侧分离的组合。组合方案可以发挥共同的优点而减少各自弱点的影响。

（三）扩建方案的比较与选择

1.扩建方案选择模型

（1）层次分析法（AHP）确定指标权重

层次分析法的基本思路是将一个复杂的问题分解成若干个组合因素，将这些因素按其系统的支配关系，分组形成递阶层次结构；通过两两比较的方式确定层次结构中诸因素的相对重要性，然后综合人们的经验判断，以决定诸因素相对重要性的顺序和权重。

层次分析法的具体程序分解如下：

第一，建立系统的递阶层次结构。在这一步骤中，要求将问题所含的要素进行分组，把每一组作为一个层次，并将它们按照"最高层（目标层）—若干中间层（准则层）—最低层（属性层）"的次序排列起来。

第二，建立判断矩阵。这个步骤是 AHP 决策分析中一个关键的步骤。就判断矩阵表示针对上一层次中的某元素而言，评定该层次中各有关元素相对重要性程度的判断，其形式如下：

$$\begin{bmatrix} b_{11} & b_{12} & & b_1 \\ b_{21} & b_{22} & & b_2 \\ \cdots & \cdots & \cdots & \cdots \\ b_{n1} & b_{n2} & & b_{nn} \end{bmatrix} \text{或者} B = \begin{bmatrix} b_{ij} \end{bmatrix}, \mathrm{i,j} = 1,2,\cdots,n \tag{7-9}$$

第三，层次单排序。即在层次分析中由单一判断矩阵计算元素之间相对重要性权重。层次单排序是通过解以下特征值问题得到的。

$$BW = \lambda_{\max} W \tag{7-10}$$

式中：$\lambda_{\max}$ 为判断矩阵 B 的最大特征根；W 为 $\lambda_{\max}$ 的正规化特征向量，W 的分量 W_i 就是对应元素单排序的权重值。

运用方根法计算判断矩阵的最大特征值 $\lambda_{\max}$。

① 计算判断矩阵每行所有元素的几何平均值：

$$\varpi_i = \sqrt[n]{\prod_{j=1}^{n} a_{ij}} \quad i = 1,2,\cdots,n \tag{7-11}$$

得到 $\varpi = \left(\varpi_1, \varpi_2, \cdots, \varpi_n\right)^T$

② 将 ϖ_i 归一化，即计算：

$$\omega_i = \frac{\varpi_i}{\sum\limits_{j=1}^{n}\varpi_i}\, i=1,2,\cdots,n \tag{7-12}$$

得到 $\varpi = \left(\omega_1, \omega_2, \cdots \omega_n\right)^T$，即为所求特征向量的近似值，这也是各因素的相对权重。

③ 计算判断矩阵的最大特征值 λ_{max}：

$$\lambda_{max} = \sum_{i=1}^{n}\frac{(A\varpi)_i}{n\varpi_i} \tag{7-13}$$

其中，$(A\varpi)_i$ 为向量 $A\varpi$ 的第 i 个元素。

第四，检验判断矩阵的一致性。通过前面的分析，我们知道，如果判断矩阵 B 具有完全一致性时，$\lambda_{max}=n$。但是，在一般情况下是不可能的。为了检验判断矩阵的一致性，需要计算其一致性指标：

$$RI = \sum_{j=1}^{n}a_jRI_j \tag{7-14}$$

当 $RI=0$ 时，判断矩阵具有完全一致性；反之，RI 越大，就表示判断矩阵的一致性越差。

（2）模糊综合评价法

所谓模糊综合评价法，简单地说，就是运用模糊数学和模糊统计方法，通过对影响事物的各个因素的综合考虑，对该事物的优劣做出科学的评价。

① 模糊综合评判包括六个基本要素：A. 评判因素论域 U。代表综合评判中各评判因素所组成的集合。B. 评语等级论域 V。代表综合评判中评语所组成的集合，它实质是对被评判事物变化区间的一个划分，如很好、好、中、差、极差等评语。C. 模糊关系矩阵 R。R 是单因素评价的结果，即单因素评价矩阵。模糊综合评价的对象正是 R。D. 评判因素权向量 A。A 代表评价因素在被评判对象中的相对重要程度，它在综合评判中用来对 R 做加权处理。E. 模糊算子。模糊算子是指合成与所用的计算方法，即合成方法。F. 评判结果向量 B。

② 模糊综合评价的基本方法和步骤

A. 寻找评价因素集：

$$U = \left[u_1, u_2, \cdots, u_n\right] \tag{7-15}$$

B. 对各个影响因素赋权值。各个影响因素对评价对象的影响程度是不一样的。

因此，在进行评价时每个元素的重要性程度也不同。为了使评价更具科学性，对各个因素应分别赋予不同值的权值，组成权值集：

$$A = [a_1, a_2, \cdots, a_n]$$ (7-16)

C.确定隶属关系，建立评价矩阵。根据实际情况，寻找因素集中各个元素对备择集中各个元素的隶属关系，建立隶属函数，确定隶属度。单个因素构成一个模糊评判向量，所有单因素的模糊评判向量构成因素模糊评价矩阵：

$$R = \begin{bmatrix} r_{11} & r_{12} & \cdots & r_{1m} \\ r_{21} & r_{22} & \cdots & r_{2m} \\ \cdots & \cdots & \cdots & \cdots \\ r_{n1} & r_{n2} & \cdots & r_{nm} \end{bmatrix}$$ (7-17)

2.基于模糊层次综合评价法的扩建方案选择

(1) 建立层次结构模型

通过调查扩建方案对项目的影响，我们认为在进行扩建方案的选择过程中，主要考虑的因素有三个方面：经济合理性、技术可行性、项目服务水平。因此，本书在考虑扩建方案各类影响因素特性的基础上，建立扩建方案选择的层次结构模型，包括目标层 A、准则层 B、分准则层 C 及方案层 S。

(2) 构建两两判断矩阵

建立层次分析模型后，上下两层要素制表间的隶属关系就被确定了。对同一层次要素，用上一级的要素为准则进行两两比较。其比较结果以 1~9 标度法表示，1 表示同等重要，3 表示稍微重要，5 表示明显重要，7 表示强烈重要，9 表示极端重要，每两者之间的中间级别分别用 2、4、6、8 表示。

第三节　高速公路改扩建其他工程拼接技术

一、路基拼接技术

(一)特殊路基设计

1.软基处理的设计思路

某高速路基已施工完成 7 年时间，该路段沿线主要的不良地质问题是软土地基，大部分路段路基以下地基土固结度已达 80%~100%。在此次扩建工程中，新建的拼接路基在未进行地基处理的情况下必然会出现较大的工后沉降，这样就会造成新老路基出现较大的差异沉降，直接导致拼接后的路基出现明显的纵向裂缝，丧失路基的完整性。由此可知，拼接路基的关键在于如何控制新增沉降、减少差异沉降，本次设计中从填料选择、地基处理等方面考虑了多种方案，针对本路段拼宽路基允许总沉降量较小的特点，软基处理不能采用存在较大沉降量的处理方法。因预压排水固结法（如塑料排水板、袋装砂井等）总沉降量过大，容易导致新老路基出现较大的差异沉降，导致老路基产生纵向裂缝、沉陷现象，故不宜采用。为了避免新老路基出现较大的差异沉降，以及尽量减少拼宽路基荷载对老路基的影响，两侧拼宽路基软基处理以桩基处理为主，形成复合地基。

2. 设计标准

为保证新老路基的良好衔接，地基处理按加宽路基计算总沉降小于 15 cm、工后沉降小于 5cm 进行控制。

3. 处理方案研究

（1）新建拼接路基地基处理

本项目软基处理方案的选择主要从控制总沉降、差异沉降和施工工艺、经济成本等方面进行比较。根据该项目路线软基特点，初步拟订了换填、水泥搅拌桩、CFG 桩（水泥粉煤灰桩）、预制管桩、EPS 轻质材料等处理方案。因为拼接路基临靠老路基，且拼接路基施工时原线正常通车，为避免影响老路基稳定性，换填深度不宜过大，因此，对于平均埋深小于 2.0m 的表层软土层，推荐采用换填处理，经济可行；对于水泥搅拌桩，通过对多条高速公路的实际观测数据的整理分析，并借鉴软基处理的经验，新建路基地基存在软弱层时，按处理深度不同进行了方案比选：

① 软土埋深 2m < H ≤ 10m。

② 软土埋深 10m < H ≤ 24m。

③ 软土埋深 H > 24m。

（2）老路基处理

老路基部分地段建成后，出现了较大的工后沉降，少数路段沉降目前尚未稳定，且本次扩建对路线纵坡进行了一定调整，苏州、无锡段部分路段路基设计标高超出现有路基实际标高值 20～180 cm。这些路段当外侧新建拼接路基采用复合地基进行处理时，会导致外侧路基稳定、内侧路基下沉的不利情况，如果考虑到外侧降低处理强度与老路基变形相适应，一是控制尺度难以掌握，二是对后期运营影响较大，不宜采用该方法。按外侧新建路基工后沉降 5cm 计算，当老路基加高 20～60cm 时，附加沉降也在 5cm 左右，与新建路基基本一致，不会出现老路基沉降大，新建路基沉降小的不利情况；当附加沉降大于 5cm 后，要对老路基进行处理，初步拟订复合地基与轻质填料两种方案进行比较。采用复合地基处理能消除新增加附加应力的影响，但施工难度大，施工工期长，工程造价明显偏高；采用轻质填料对老路基填土进行 1~2m 的置换处理，能消除新增加附加应力的影响，与复合地基相比施工进度快，施工便利，工程造价相对较低。最终经综合比较，确定采用轻质填料对老路基填土进行置换处理。

（二）路基拼接设计

研究表明，路基基底差异沉降对拼接处应力变化最为明显，同时最大拉应力位于路床及路面部分。为了调整新老路基拼接部位的应力状态，保证加宽路基与旧路基的良好衔接，使其成为一个较好的整体，避免或减少横向错台和纵向裂缝的发生，确定采取以下措施：

（1）在填筑加宽路基前先对老路基边坡进行 30cm 厚清坡处理。

（2）在原路基边坡上开挖台阶（台阶底向内倾斜 2%），同时自下而上，开挖一级及时填筑一级，并按压实度要求进行碾压，第一级台阶开挖尺寸为 150×100cm，以上各级台阶开挖尺寸为 100×67cm，最上一级台阶由老路基边缘向里 2.0m 开挖原路床 40cm 厚填土。

（3）在路床与基底铺设一定数量的土工格栅，能有效地增强老路基与拼接路基土体间的连接性，限制和协调路基土体的变形，均化荷载，提高拼接路基的抗剪强度，增强拼接路基的整体性。

二、路面结构技术

（一）路面结构研究

1.扩建工程路面结构的研究

（1）柔性基层沥青路面

参考国外成功的柔性基层沥青路面使用经验，参照"耐久性沥青路面"的思路，针对该高速公路的特点，进行了柔性基层沥青路面结构研究，提出了两种柔性基层路面结构方案，并进行了室内外试验验证、试验路验证和室内环道试验验证，证明了其良好的使用性能。

（2）半刚性基层加厚式沥青路面

为了提高路面结构的性能，在进行半刚性基层沥青路面结构设计时，采用了较厚的沥青面层。其思路是将半刚性材料作为底基层，与柔性基层结合充分利用柔性基层抗疲劳、抗反射裂缝的优点及半刚性底基层良好的板体性和承载能力，使路面的综合性能达到最优。由于沥青层总厚度的增加，从而提高了路面结构的抗疲劳性能，减少了产生贯穿沥青层全厚的反射裂缝的机会。

2. 扩建工程路面结构的选择

方案一：柔性基层沥青路面结构方案，沥青层较厚，达到 40 cm，抗疲劳能力强；便于利用路面再生材料。下层 LSM25 可以用乳化沥青冷再生混合料替代，底基层 12% 石灰土可以用水泥再生二灰碎石废料替代；沥青面层、基层施工结束后不需要养护，施工速度快，便于缩短工期。环道试验表明，抗车辙与半刚性基层沥青路面相当，在几个方案中造价最低，经济性好。

方案二：沥青层较厚，达到 37cm，且均为 SMA 或 Superpave 沥青混合料，抗疲劳能力较强；面层采用 5cm 的改性沥青 SMA13，可以提高上面层的抗剪能力；采用 3 层改性沥青，环道试验表明，抗车辙性能最好；便于利用路面再生材料，下层 LSM25 可以用乳化沥青冷再生混合料替代；沥青面层施工结束后，不需要养护，施工速度快，便于缩短工期；级配碎石可以作为排水层，排除渗入路面结构内部的水分。缺点是造价高，初期投资大。

方案三：适当加厚了沥青层厚度，达到 27cm，可以消除或减少半刚性基层的反射裂缝；设计思想上结合了半刚性基层和柔性基层的特点；造价居中。缺点是半刚性基层养护时间较长，不利于缩短工期；设计中没有考虑路面结构内部排水。

方案四：CRCP 良好的整体强度改善了支承在不均匀基层上的水泥混凝土板的受力性能，而加铺的沥青混凝土面层进一步提高了车辆行驶的舒适性；适用于一些特殊路段，如低路堤段、收费站等。缺点是目前存在设备上的困难，施工难度大；养护时间较长，不利于缩短工期；造价较高。

(二) 老路面改建利用研究

高速公路运营多年后因多方面因素的影响，不少路段出现了不同程度的病害、损坏，老路面检测弯沉值普遍偏大，已不符合现有规范的要求。前期研究阶段提出了对老路面进行全部改建，保留老路底基层的方案，但该方案类似于新建路面方案，缺少扩建工程的特点。针对扩建后理想的交通分布，研究认为可以引入分车道设计的思想，区别对待新建路面与老路面改建。

1. 老路面改建利用的原则

(1) 满足弯沉要求

根据弯沉检测数据（100m 代表值）进行路况评价，满足设计弯沉的充分利用，不满足弯沉要求的挖除重建。

（2）结构厚度满足要求

根据先导路段施工情况，老路面结构厚度变化较大，不少路段厚度不满足原设计要求。弯沉满足要求，但结构厚度不满足原设计要求，尤其是基层厚度不满足原设计要求的（厚度小于原设计的80%）路段，视同弯沉不满足要求，应挖除重建。

2. 老路面改建利用的优化

（1）分车道进行路面设计

根据8车道高速公路车辆运行特点，扩建工程路面分车道进行设计。自中央分隔带向外第一、第二车道为老路面改建利用车道，按行驶小型车、中型车进行设计第三、第四车道和硬路肩全部新建路面，按行驶大、中型车进行设计。

（2）老路面补强思路的确定

考虑到对全线老路面一些明显的病害已加以维修处理，特别是进行了全面大修及罩面，老路状况已得到一定改善。

（3）老路面尽可能利用

为了减少工程量，需要尽可能利用老路面。老路面利用要满足基本设计要求，并对现有病害进行充分、适当的处理。

三、桥梁拼接技术

（一）桥梁拓宽的主要设计原则

（1）为了便于新、旧桥梁的拼接，扩建桥梁与相应的原桥孔径相同或相近，但对于斜交跨越等级航道或等级道路的连续梁桥，受桥下通行净空的限制，拓宽桥梁的孔径应对方案进行详细研究后确定。

（2）考虑到高速公路扩建后拓宽桥梁因桥面横坡的延续对桥下净空的影响，维持等级航道和等级道路通行净空标准不变，对于拼宽部分上部结构为T梁或箱梁的情况，应采取降低通行孔上部结构建筑高度的措施予以保证；对于拼宽部分上部结构为板梁的，采取降低地方道路标高等措施解决。

（3）对于病害严重经加固能利用但不易拼接或拼接难度大而技术上又较难克服的特大桥，不做横向拼接方案，采用线位分离方案建新桥。

（二）桥梁拼接的总体方案研究

1. 上部结构与下部结构均不连接

为使加宽桥与原桥各自受力明确、互不影响，减小连接的施工难度，桥梁加宽部分与原桥的上部构造和下部构造均不连接，新、旧结构之间留工作缝，桥面沥青混凝土铺装层连续摊铺。

该连接方案简化了施工程序，消除了连接的技术问题，但在汽车荷载作用下，两桥主梁产生不均衡绕度及加宽桥大于原桥的后期沉降，可能会造成连接部位沥青铺装层破坏，形成纵向裂缝和横桥向错台，影响行车舒适性、安全性和桥面外观，增加后期的养护维修工作。

2. 上部构造与下部构造均连接

为使加宽桥与原桥形成完整的整体，减少各种荷载（包括基础不均匀沉降、汽车荷载、温度荷载等）作用下新旧桥连接处产生过大的变形，减小上、下结构某些部位的内力，将加宽桥梁的上部构造与原桥对应部位横向通过植筋、浇注湿接缝方式连接起来，原桥下部构造的桥墩、桥台帽梁及系梁也通过植筋技术将钢筋和加宽部分新桥相应部位钢筋连接，然后浇筑混凝土，将新旧桥梁连为一体。

3. 上部构造相互连接、下部构造不连接

综合上述两个连接方式的优缺点，一般情况下，将加宽桥与原桥上部构造横向相互连接而下部构造不连接，形成第三种横向拼接形式。

在研究了某高速公路扩建工程总体技术要求、已有桥梁的技术状况及施工可行性的基础上，对新、旧桥梁上、下部结构拼接三种方式的优缺点进行了深入分析比较，并考虑到该高速公路沿线地质条件且软基路段较长，桥梁基础沉降量也较大，研究提出，桥梁横向拓宽总体方案应采用上部结构相互连接、下部结构分离的拓宽方案。根据该高速公路桥梁结构的特点，提出桥梁结构的拓宽形式为：

（1）该高速公路桥梁拓宽上部结构型式应与旧桥上部结构型式相同或相近，这样可以保持上部结构受力的一致性。

（2）下部结构型式也应与旧桥下部结构型式协调一致。基本采用桩柱式桥墩；新、旧桥台也基本采用匹配一致的桥台型式。

（3）新拓宽桥梁基础均采用桩基础形式。

（三）新、旧桥梁上部结构拼接的构造研究

在上述横向拼接形式已决定的条件下，需研究的问题是新、旧桥梁上部结构拼接的连接性质，即采用刚性连接还是铰接连接。刚性连接和铰接连接是新、旧桥梁上部结构拼接的两种连接。从桥梁设计理论上讲，刚性连接为一种既能传递弯矩又能传递剪力的一种连接，又称强连接；铰接连接为主要传递剪力的一种连接，也称弱连接。在新、旧桥梁上部结构拼接处采用哪一种连接，最重要的问题是在全部作用效应组合下，连接部位混凝土不得开裂。

根据桥梁形式的不同，分别为板桥、梁桥及箱梁桥选择合理的上部结构横向拼接形式，即拓宽部分主梁截面及横向布置合理性研究。横向拼接构造的选用受许多因素的影响，如原有桥梁的承载力和耐久性评价结果、基础沉降规律、上部构造的变形协调要求、桥梁荷载的影响及施工难易程度等。要综合考虑这些因素，依据桥梁的类型决定新、旧桥梁的拼接结构。

第八章　高速公路改扩建路基路面检测技术

第一节　路基检测指标与评价方法

路基状况调查。路基裸露于大气中，由于经受着土体自重、行车荷载和各种自然因素的作用，路基的各个部位将产生变形，如路基沉陷、边坡滑塌等。路基是公路的重要组成部分，是路面的基础，它与路面共同承担车辆荷载，并把车辆荷载通过其本身传递到天然地基。路基的强度和稳定性直接影响路面的平整度和强度，是保证路面稳定的基本条件。因此必须保证路基土的密实、排水性能良好，对路肩、边坡、挡墙、排水沟等进行详细调查，并调查沿线路基的土质、填挖高度、地面排水和地下水位情况，以确定路基的土质组成和干湿类型。

一、旧路填料及填筑方案

通过查阅旧路竣工图资料，并沿旧路进行现场踏勘调查及多项路基检测。对硬路肩范围路基填土进行钻孔取样，对路基边坡钻孔取试样的直接快剪试验，并对老路行车道范围内路基填土的物理指标和力学指标进行测试。

二、DCP检测

动力锥贯入仪（DCP）属于小型轻便地基土原位测试的触探仪，其锤重为8kg和4.6kg，落距575mm，贯入杆长1000mm，圆锥头直径20mm，锥尖为60°，贯入杆旁连接1000mm的读尺，直接读记每击一次的贯入值。这种原位测试的DCP贯入仪在国外已经在使用中积累了贯入值与相应土性指标的关系。其每锤击一次的贯入值（mm）已经与土的弹性模量、加州承载比、无侧限抗压强度建立了关系式，在南非已将贯入值作为路面设计的参数。

动力锥贯入仪（DCP）属小型地基土原位测试触探仪。通过标准贯入，动力锥贯入仪（DCP）可用于判定路基、二灰土底基层或无黏结基层、底基层不同深度的承载能力及整体承载能力，评价指标可以是CBR值或回弹模量（根据AASHTO公式转换）。该设备的优点是快速、简便、不受场地限制，适用于施工现场测试或老路路基承载力评价。

三、钻探检测

(一) 钻探方案

(1) 钻探工作内容包括：钻孔取样 (沥青路面、二灰碎石、石灰土、填土路基)、孔内标准贯入试验。

(2) 钻探取样孔：对于沥青路面、二灰碎石、二灰土或二灰全部取样。采用钻机干钻采取试样，填土土基采用压入法取样，2 米内连续取样，取样间距 30~40cm；2 米以下取样间距为 1.0m。终孔后必须用水泥砂浆封孔并清理场地。

(3) 钻探标贯孔：对填土土基进行连续标准贯入试验 (标贯试验进尺，钻头扩孔)，标贯间距 30~40cm；碎石土用重型动力触探连续试验 (重Ⅱ)。

(4) 钻孔终孔深度 6m 或以进入天然地基土大于 0.5m 为标准。

(二) 土工试验方法

(1) 二灰碎石、石灰土 (基层、底基层) 的 1∶1 试样 (试样高度 = 试样直径) 进行抗压强度试验。

(2) 填土土基 (亚黏土、亚砂土) 除提供一般物理力学性质试验指标外，还需提供其干重度；粉土、粉煤灰需进行颗分试验。

(3) 直剪试验除硬路肩钻孔取样为快剪外，其余为固结快剪。

(4) 对于弱膨胀土 (镇江管理处 F 标段) 按照膨胀土试验要求，提供自由膨胀率、起始膨胀压力等指标。

(三) 钻探检测要求

钻探使用 8 台 GXY-1 型钻机 (配套有标准贯入试验、重型动力触探试验设备)。孔径：开孔 φ127mm，终孔不得小于 φ91mm。钻探：干钻进，各钻孔全孔连续取芯，并做详细的岩土芯编录。对于沥青路面、二灰碎石、二灰土或二灰全断面取样。填土土基采用压入法取样，2 米内连续取样，取样间距 30~40cm；2 米以下取样间距为 1.0m。终孔后用水泥砂浆封孔并清理场地。钻探取样孔、标贯孔比照的钻探点，先钻进取样孔后钻进标贯孔，两点间距不小于 1m。标准贯入试验：采用 63.5kg 落锤，落距为 76cm 自由下落，先击入 15cm (不记击数)，在记录后 30cm 中每 10cm 的锤击数。标贯孔采用钻头开孔，然后对于填土土基进行连续标准贯入试验，按照标贯试验进尺，钻头扩孔的方法进行，试验间距 30~40cm；在标贯试验孔中，遇碎石土进行连续重型动力触探试验(动探试验进尺，钻头扩孔)，记录每10cm的击数。

四、路基检测数据分析

(一)压实度分析

大量的试验结果表明，土基形变模量与含水量之间的关系类似于土的干密度与含水量的关系。在最佳含水状态下压实的土，随着压实土干密度的提高，压实度也相应提高。土基越密实，水稳性也越好。用压实度评价压实质量是可以满足强度和稳定性要求的。大量的室内试验与工程实践表明，压实可使土的强度增加，土基的塑性变形减小，还可使土的透水性降低，毛细高度减小。

(二)含水量分析

《公路沥青路面设计规范》(JTG D50—2017)规定高速公路和一级公路的土路基回弹模量值应大于30MPa，其他公路的土路基回弹模量应大于25MPa，设计时应按定值考虑。但是，随着地下水位的经常波动，路基回弹模量产生相应变化，对于黏性土地区，由于黏性土的水敏感性，这种变化更加明显。因此，研究湿度对路基回弹模量的影响、沥青路面设计的完善具有重要意义。

(三)回弹模量分析

《公路沥青路面设计规范》(JTD D50—2017)中规定：在无实测条件时，土基回弹模量可按以下步骤查表预测：

(1)确定临界高度。

(2)拟定土的平均稠度。

土的平均稠度：

$$w_C = (w_L - w) / (w_L - w_P) \tag{8-1}$$

土的液性指数：

$$I_L = (w - w_P) / (w_L - w_P) \tag{8-2}$$

所以

$$w_C = 1 - I_L \tag{8-3}$$

其中 w_L——土的液限；

w——土的平均含水量；

w_P——土的塑限；

w_C——土的平均稠度。

第二节　路面检测指标与评价方法

路面是在路基上铺筑成一定厚度的结构层，它承受着较大的行车荷载的垂直力、水平力和冲击力的作用，同时还受到降水的浸蚀和气温变化的影响，因而易于损坏。为确切掌握路面使用质量的现状，间接为路基质量评价提供参考，应对路面的破损状况、强度、平整度进行调查。路面状况调查，可为初步划分路段、选择合适的改建对策提供参考。对于沥青路面，重点应调查路面的破损状况和结构承载力。

一、检测评价体系确定

改扩建工程的检测评价应紧密结合《公路沥青路面设计规范》（JTGD 50—2017）中改建设计的需要，以评估旧路面的剩余价值、为加铺设计提供资料为目的。该规范要求"调查路面破损状况，包括路面病害类型、严重程度、范围和数量等"，"采用落锤式动态弯沉仪或其他弯沉仪检测评价既有路面结构承载能力"，以此来判断旧路面的可利用程度和处治利用方案；并要求"采用钻芯、探坑取样、路面雷达、切割等方式调查分析既有路面厚度、层间结合及病害程度情况，并取样进行室内试验，测定试件模量、强度等，分析路面材料组成与退化情况"，为改建方案确定和改建路面结构验算提供资料。规范中还规定："可结合路面损坏特点采用路面横向裂缝间距、纵向裂缝率、网裂面积率和修补面积率等指标进行补充评价。"考虑到目前改扩建工程中旧沥青路面最典型病害为裂缝、车辙和修补，为了弥补 PCI 评价指标的不足，方便病害处治决策，基于以上分析，我们认为改扩建沥青路面的检测应包括以下内容：路面损坏指数（PCI）、路面车辙深度指数（RDI）、裂缝率（Lr）、车辙面积率（r）、修补面积率（Br）、路面结构强度（PSSI）、结构层厚度（Hi）、各结构层回弹模量（E）、基层完整性（W）。

二、分项评价指标计算

裂缝率按式（8-4）获得，车辙面积率按式（8-5）计算，修补面积率采用式（8-6）计算。

$$L_r = \frac{L_A + L_m}{A} \times 100\% \qquad (8-4)$$

$$Z_r = \frac{C_r}{A} \times 100\%$$ (8-5)

$$B_r = \frac{X_P}{A} \times 100\%$$ (8-6)

式中：L_r——沥青路面裂缝率，%；

L_A——龟裂和块状裂缝总面积，m^2；

L_m——横向与纵向裂缝换算面积，m^2；

Z_r——沥青路面车辙面积率，%；

C_r——评价路段车辙深度大于7mm的路面面积，影响宽度按0.4m计算，m^2；

B_r——沥青路面修补面积率，%；

X_P——评价路段修补面积，m^2；

A——评价路段路面总面积，m^2。

三、检测方法

对需要改扩建的旧路面进行检测时，一方面，旧路一般仍在通车运营，在通车道路上进行检测工作要特别注意安全和效率；另一方面，由于旧路可能在改扩建中加以利用，因此检测要尽量减少对路面结构的损坏。改扩建需要对全线全幅进行检测，工作量很大，检测方法的经济性也必须考虑。所以检测方法的选择应遵循准确、安全高效、无损和经济的原则。路面损坏指数、路面车辙深度指数、裂缝率、车辙面积率和修补面积率都可以采用自动化程度较高的多功能自动检测车进行检测。该方法可一次测量并提供以上5个指标的计算数据，快速、准确，受主观影响小。检测时将路面按10m划分段落，结果按1km进行统计评价。

路面结构强度采用FWD或激光动态弯沉仪等进行测试，将结果按标定的公式换算为规范规定的回弹弯沉值；按1km划分段落进行评价，检测数量不少于20点／（km·车道）。结构层厚度和基层完整性应以探地雷达为主、抽样钻芯为辅。全线进行探地雷达检测，典型病害位置进行钻芯验证。路面结构回弹模量采用FWD测量弯沉盆反算确定，检测数据按1km分段统计评价，检测数量为6点／（km·车道）。

公路改扩建旧沥青路面检测指标与评价方法不能简单套用《公路技术状况评定标准》（JTG 5210—2018）、《公路沥青路面养护技术规范》（JTG 5142—2019），评价指标的选取应紧密结合改扩建路面加铺设计的需要，可以从路面损坏状况、路面承载能力、强度、厚度、基层情况等方面确定检测指标。检测的手段应尽量选用准确、安全高效、自动化程度高的检测方法，指标的计算可采用养护类规范的方法。路面使用性能的综合评价需要协调多个分项指标。等级不一致问题，可采用特尔菲—理想点法来进行综合评价，但权重系数和等级划分会对结果产生较大影响，应谨慎对待。

第三节　无损检测路基路面技术

一、落锤式弯沉仪

落锤式弯沉仪（FWD）是通过计算机控制下的液压系统提升并下落一重锤，对路面施加脉冲荷载。荷载的大小可通过改变锤重和提升高度在相当大的范围内调整，并通过刚性圆盘作用到路面上。路面的变形由若干个传感器测定。由于FWD测速快（每测点约40s三锤）、精度高（分辨率为1μm），并较好地模拟了行车荷载的动力作用，目前被认为是较为理想的路面无损检测设备。特别是FWD能够准确测定多点弯沉。

二、探地雷达

探地雷达的工作原理是用宽带天线向地面发射高频脉冲电磁波，当遇到地下目标体或不同媒质界面时产生反射，反射的电磁波经地表到接收天线形成反射波，当发射天线和接收天线在地表以固定间距连续移动时，就可以得到一组反射波，通过分析反射波，可以判断地下目标体的位置和性质。雷达图形以脉冲反射波形展示，正负峰以黑白色区分，其同相轴可形象地表征地下目标体的反射面。根据反射波组的特征，可以在雷达图像剖面上结合各结构层交界面反射层，根据反射层的不规则及其他信息综合判定路面结构层是否存在病害及病害的分布和大小等情况。

三、三维探地雷达

三维探地雷达适用于高速公路改扩建路基路面病害、深度及区域范围检测，路基状况检测及调查，结构层沉降及破损情况检测。沥青面层厚度、分层变形、断裂、松散、层间离析检测。路面基层沉陷、断裂、松散破碎、唧浆、富水异常检测。路基脱空、沉陷、疏松、富水异常检测。三维探地雷达工作过程中可与GPS、车载测距轮进行连接并实时传输测量数据，以保证探测点的测量数据精度。探测成果采用GPS轨迹和三维切片显示，以多角度、不同方向展现勘探成果。当使用三维探地雷达进行检测时，应通过钻芯取样进行验证。

第四节　路基路面室内试验参数及方法

一、路基室内试验

（1）土工试验方法仪器设备配置及操作应符合《公路土工试验规程》（JTG 3430—2020）的要求。

（2）测定的主要检测项目包括路基土天然含水量、密度、饱和度、塑限、液限、塑性指数、液性指数、平均稠度。

（3）软土地基需进行室内固结试验。

（4）对路基钻孔土进行最大干密度试验，与现场密度进行比较，确定现场路基分层压实度。

二、路面室内试验

（1）面层芯样主要进行沥青含量、颗粒级配、马歇尔稳定度、流值、压实度、动态模量、沥青回收后的针入度、延度、软化点。芯样试验数量不少于芯样数量的1/3。

（2）通过面层芯样进行材料性能试验，判断面层再生的利用状况，以及进行改扩建路面结构厚度计算。

（3）基层芯样主要进行无侧限抗压强度、劈裂强度、无机结合料单轴压缩模量、材料组成分析。芯样试验数量不少于芯样数量的1/2。

（4）通过基层芯样试验判断基层是否满足预期交通荷载的需要，以及进行改扩建路面结构厚度的计算。

三、粒度分析

粒度分析是测量颗粒（如砂，土，碎石等）在不同大小的筛孔中的重量百分比。这个过程对于了解土壤或骨料的性质和行为非常重要。

以下是常规的粒度分析步骤：

①样品预处理：将样品烘干，然后用刷子和水清洁样品，以去除任何可能影响筛选结果的颗粒。

②按照粒度大小对筛子进行排序：将具有最大孔径的筛子放在最顶部，然后依次向下排列，使孔径逐渐变小。最后一层是收集筛子中无法通过的颗粒的容器。

③把样品放入最上面的筛子：确保所有样品都在筛子内。

④进行筛选：使用筛分器（手动或机械）对筛子进行摇动，以便颗粒可以根据其大小通过不同的筛子。

⑤ 收集和测量每个筛子的颗粒：当筛选结束时，将每个筛子的颗粒分别收集和测量其质量。

⑥ 计算并绘制粒度分布曲线：使用收集的数据计算每个筛子颗粒质量的百分比，并在图表上绘制粒度分布曲线。这个曲线可以描绘出土壤或骨料的粒度特性。

这个过程可以帮助工程师理解材料的一些重要特性，如渗透性、稳定性、紧实性等，并以此为基础来选择合适的材料进行道路建设。

四、压实试验

压实试验，也称 Proctor 试验，是一种测量土壤可以达到的最大密度及其相应最佳水分含量的实验。这是通过对同一种土壤样本在不同的水分含量下进行压实，来找到达到最大干密度所需的最佳水分含量。Proctor 试验主要有两种类型：标准 Proctor 试验和修正 Proctor 试验。

以下是一个典型的压实试验步骤：

① 准备样本：将土壤样本烘干并筛选，通常可通过 4.75 毫米的筛子。

② 在容器中填入土壤：将特定质量的土壤加入一个已知体积的容器中，通常这个容器是一个圆柱体。

③ 添加水并压实：向土壤样本中添加一定的水分，然后使用一个标准的压实锤在特定的高度和次数下对土壤进行压实。通常这个过程会分多层进行，如每层压实后都会添加更多的土壤。

④ 计算干密度：将压实后的土壤取出并烘干，然后测量其质量。通过质量和容器体积计算干密度。

⑤ 重复试验：在不同的水分含量下重复上述试验，以得到一系列的干密度。

⑥ 绘制压实曲线：根据水分含量和相应的干密度，绘制压实曲线。这个曲线的最高点对应的水分含量就是最佳水分含量，此时的干密度就是最大干密度。

在道路建设中，压实试验是非常重要的，因为材料的稳定性和承载能力都和它的密度有关。选择最佳的水分含量可以确保在施工时达到最大的干密度，从而提高路面的质量和耐用性。

五、侵蚀耐力试验

侵蚀耐力试验主要用于评估材料对于水流、风力等环境因素的耐受能力。在道路或桥梁建设中，这类试验能够帮助工程师评估并选择适合的材料以预防侵蚀问题。

以下是侵蚀耐力试验的基本过程：

① 样本准备：需要准备出符合试验要求的样本，可以是土壤、砾石、混凝土等

材料。

②设定试验环境：为模拟实际环境中的侵蚀作用，设置适当的水流速度、风力等。例如，在水侵蚀试验中，可能会让水以一定的速度流过样本表面。

③测量质量损失：在一定时间内暴露于设定环境后，测量样本的质量损失。质量的损失通常与侵蚀的程度成正比。

④计算侵蚀速率：通过质量损失与时间的比值，可以计算出侵蚀速率。

⑤分析和评估：根据试验结果分析和评估样本的侵蚀耐力。如果侵蚀速率过高，可能需要选择其他更耐侵蚀的材料。

需要注意的是，实际的侵蚀耐力试验可能会有许多变量，如样本的初始条件、试验环境的设置等，因此试验过程和方法可能会有所不同。

以上是常规的一些试验方法，每个地方和具体工程可能会根据实际需要进行调整。

第九章　路基路面养护

第一节　路基养护

一、路基养护内容及要求

(一)路基养护内容

路基养护应对公路各部分进行日常巡视和定期检查，发现病害时要及时查明原因，采取有效措施进行修复或加固，消除病害根源。其作业范围主要包括：维修、加固路肩、边坡；疏通、改善排水设施；维护、修理各种防护构造物；清除塌方、积淤，处理塌陷，检查险情，防治水毁；观察和预防、处理翻浆、滑坡、泥石流等病害；有计划、有针对性地对局部路基进行加宽、加高，改善急弯、陡坡和视距不良路段，使之逐步达到所要求的技术标准。

(二)路基养护要求

路基是公路的重要组成部分，是公路的基础。它与路面共同承担车辆荷载，并把车辆荷载传递到地基。路基的强度和稳定性直接影响路面的平整度和强度，是保证路面稳定的基本条件。因此，必须保持路基土密实，排水性能良好，各部分尺寸和坡度符合要求，及时消除不稳定因素。

路基养护工作应符合下列基本要求：

(1)路基各部分经常保持完整，各部分尺寸保持规定的标准要求，不损坏变形，经常处于完好状态。

(2)路肩无车辙、坑洼、隆起、沉陷、缺口，横坡适度，边缘顺适，表面平整坚实、整洁，与路面接茬平顺。

(3)边坡稳定、坚固、平顺，无冲沟、松散，坡度符合规定。

(4)边沟、排水沟、截水沟、跌水井、泄水槽(路肩水簸箕)等排水设施无淤塞、无高草，纵坡符合要求，排水畅通，进出口维护完好，保证路基、路面及边沟内不积水。

（5）挡土墙、护坡及防雪、防沙等设施保持完好无损坏，泄水孔无堵塞。

（6）加强不良地质路基边坡崩塌、滑坡、泥石流等灾（病）害的巡查、防治、抢修工作。

二、路基的日常养护

（一）路肩的养护

路肩是保护路面和为保证临时停车所需两侧余宽的重要组成部分。路肩及其横坡应整形顺适。其养护措施是：路肩应保持适当的横坡，坡度顺适。硬路肩横坡与同类型路面横坡相同；土路肩或草皮路肩的横坡应比路面横坡大2%，以利于排水。

当路肩的横坡过大或过小时，应及时整修陡坡路段的路肩，防止被暴雨冲成纵横沟槽。正确的防护措施如下：

（1）自纵坡坡顶起，每隔20m左右两侧交叉设置30~50cm的斜向截水明槽，并用碎（砾）石填平，同时在路肩边缘处设置高10cm、顶宽10cm、底宽20cm的拦水土埂，在每条截水明槽处留一淌水缺口，其下边的边坡用草皮或砌石加固，使雨水集中在截水明槽内排出。

（2）在暴雨中，可沿路肩截水明槽下侧临时设置阻水埂，迫使雨水从槽内排出，但雨后应立即铲除。中、低级路面的路肩上自然生长的草皮也应予以保留。植草皮应选择适宜于当地土壤的草籽，成活后需加以维护和修整，使草高不超过15cm，丛集的杂草应铲除重铺，以保持路容美观。当路肩草中淤积沙土过多妨碍排水时，应立即铲除，恢复路肩应有的横坡度。

（3）由于路肩外侧易被洪水冲缺或牲畜踩踏形成缺口，可结合实施GBM工程，用石块、水泥混凝土预制块（或现浇）砌筑宽20cm左右的路肩边缘带（护肩带），以保护路肩，美化路容。

为减少路肩养护工作量，对于行车密度大的路线，应利用当地出产的砂石等材料，有计划地将土路肩进行加固，或用沥青、水泥混凝土材料改铺成硬路肩。硬路肩的横坡度应与路面的横坡相同。硬路肩的类型大体可分为以下几种：砂石加固的硬路肩，如泥结碎（砾）石、烧陶粒；稳定类硬路肩，如石灰土二灰碎石、泥结碎（砾）石、水泥土等；综合结构硬路肩，如在基层上做沥青表面处治的综合结构路肩。采用草皮来加固路肩，但草高不得高于10cm，否则应进行修剪。

路肩上严禁堆放任何杂物。对于养路材料，应在公路以外相连路肩处，根据地形情况，选择适宜地点设置堆料台，堆料台的间距以200~500m为宜。

（二）边坡的养护

边坡包括路堑边坡和路堤边坡，是保护路基的重要组成部分。边坡养护与维修的要求是坡面保持平顺、坚实无冲沟，其坡度符合设计规定。应经常观察路堑，特别是深路堑边坡的稳定情况，以便及时处理边坡病害。

对于石质路堑边坡，应经常观察坡面岩石风化情况，以及危岩、浮石的变动，发现问题，及时采取适当的措施处理，如清除、抹面、喷浆、勾缝、嵌补、锚固等，避免危及行车、行人安全和堵塞边沟，影响排水。

土质路堑边坡出现冲沟时，应及时用黏土填塞捣实；如出现潜流涌水，可开沟隔断水源，将水引向路基以外。

对于填土路堤边坡形成冲沟和缺口，应及时用黏结性良好的土修补拍实。对较大的冲沟和缺口，修理时应将原边坡挖成台阶形，然后分层填筑压实，并注意与原坡面衔接平顺。对路堤中间部分用粉煤灰填筑的路基，尤其应注意加强边坡的养护。发现冲沟、缺口应及时修理，以防止粉煤灰流失，影响路基整体强度和稳定。

对于边坡、碎落台、护坡道等易出现缺口、冲沟、沉陷、塌落或受洪水及边沟流水冲刷的，应根据水流、土质等情况，采取种草、铺草皮、栽灌木丛、铺柴束、篱格填石、投放石笼、干砌或浆砌片石护坡等措施，进行防护和加固。

边坡上的植被对保护边坡大有益处，不能铲除，并禁止在边坡上割草、放牧。同时，严禁在边坡上及路堤坡脚、护坡道上挖土取料或种植农作物。

目前，土工合成材料的发展为边坡防护、加固提供了新材料、新技术和新方法。常用于边坡防护、加固的土工合成材料有：土工网、土工格栅、防老化的塑料编织布、土工模袋等。使用上述材料进行边坡防护和加固的优点是施工简便、进度快、造价低、效果好。

（三）排水设施的养护

路基排水系统能否正常工作，直接影响到路基的稳定性。因此，加强对各排水设施的日常养护与维修，是确保路基稳定的关键环节。

在春融前，特别是汛前、雨期，应全面对边沟、截水沟及暗沟（管）等排水设施进行检查疏通，保持水流通畅，防止雨水集中冲坏路堤。暴雨后应重点检查，如有冲刷、损坏，须及时修理加固，如有堵塞应立即疏通。

对土质边沟，应经常保持设计断面，满足排水要求，并应特别注意排水口的设置和排水畅通。沟底应保持不小于0.5%的纵坡，在平原地区排水有困难的路段，不宜小于0.3%。边沟内不能种植农作物，更不能利用边沟做排灌渠道。边沟外边坡也应保持一定的坡度，以防崩塌，阻塞边沟。

在养护工作中，要针对现有排水系统不完善的部分逐步加以改进、完善，充分发挥各种排水设施的功能。例如，对有积水的边沟，应将水引至附近低洼处；对疏松土质或黏土上的沟渠，需结合地形、地质、纵坡、流速等实际情况，综合考虑加固。

如发现渗沟、盲沟出水口处长草、堵塞，应进行清除和冲洗；对有管渗沟应经常检查疏浚，以保证管内水流通畅；如发现反滤层淤塞失效，则应翻修，并剔除其中较小颗粒的砂石，以保证其孔隙能便利地排水；如位置不当，则应另建渗沟或盲沟。

可使用针刺无纺布作反滤层，针刺无纺布的规格可选用 $200 \sim 300 \mathrm{g/m}^2$，使用时，应注意无纺布的有效孔径要小于渗流粘粒的粒径。

（四）挡土墙的养护

挡土墙是支承路基填土或山坡土体，以防填土或土体失稳的构造物，是公路的重要组成部分。其技术措施的好坏对公路有较大的影响，有时甚至造成阻车现象。因此，必须认真进行养护，除经常检查外，每年还应在春、秋两季进行定期检查。另外，在反常气候或地震、重车通过的异常情况下，应进行特殊检查，发现裂缝、倾斜、鼓肚、滑动、下沉或表面风化、泄水孔不通、墙后积水、地基错台或空隙等情况，应查明原因，观察其发展情况，并根据结构种类，针对损坏实情，采取合理的措施进行修理加固，同时建立技术档案备查。当损坏严重时，可考虑全部或部分拆除重建。重建或增建挡土墙，应根据公路所在地区地形及水文地质等条件合理选择挡土墙类型。挡土墙工程的养护针对不同的情况有不同的技术措施。

1. 坏工或混凝土砌块石挡墙裂缝、断缝的处理

如裂缝、断缝已停止发展，则应立即进行修理、加固，应将裂缝缝隙凿毛，用水泥砂浆填塞；对混凝土挡墙裂缝，可采用环氧树脂胶合。

2. 挡土墙发生倾斜、鼓肚、滑动或下沉的处理

（1）锚固法。适用于水泥混凝土挡墙或钢筋混凝土挡墙。采用高强钢筋作锚杆，穿入预先钻好的孔内，用水泥砂浆灌满锚杆插入岩体部位，固定锚杆，待砂浆达到一定强度后，对锚杆进行张拉，然后用锚头固紧。

（2）套墙加固法。在原墙外侧加宽基础，加厚墙身，按图纸施工时，应挖除一部分墙后回填土，减小土压力，同时，应注意新旧基础和墙身的结合。套墙加固法是凿毛旧基础和旧墙身，必要时设置钢筋锚栓或石榫，以增强连接。墙后回填土必须分层填筑并夯实。

（3）增建支撑墙加固法。在挡墙外侧，每隔一定的间距增建支撑墙。支撑墙的基础埋置深度、尺寸和间距应通过计算确定。

（4）重砌处理。原挡土墙损坏严重，采用以上加固方法不能达到设计强度要求时，应考虑将损坏部分拆除重建。为防止不均匀沉降，新旧挡墙之间应设置沉降缝，并应注意新旧挡墙接头的协调。

（5）砌石或石笼处理。对滑动、下沉破坏的挡土墙，如地基处理工程复杂，为防止危及未损坏部分，则可采用干砌块石或堆码石笼的方法进行加固。

3. 泄水孔病害的处理

泄水孔如有堵塞，应及时疏通。如疏通工程艰巨或困难，应针对地下水情况，另行选择适当位置增设泄水孔，或在墙背后沿挡墙增设墙后排水设施，一般可增设盲沟将水引出路基以外，以防止墙后积水，引起土的压力增加或冻胀。

4. 挡土墙工程及其他病害的处理

（1）挡土墙表面出现风化剥落时，应将风化表层凿除，喷涂水泥砂浆保护层。当风化剥落严重时，应将风化部分拆除重砌。

（2）添建或接长挡墙，应与线路或原挡土墙协调。对挡墙两端连接的边坡，若被水流冲成槽或缺口，应及时填补、夯实，恢复原状。

（3）锚杆式及加筋土挡土墙，应经常注意有无变形、倾斜或肋柱、挡板损坏、断裂。如有损坏，应及时修理、加固或更换。对暴露的锚头、螺母、垫圈应定期涂刷防锈漆，同时，应经常检查锚头螺母是否有松动、脱落，如有松动、脱落应及时紧固和补充。

三、常见路基病害的处理

（一）路基沉陷

1. 路基沉陷的原因

路基层位不同，承受载荷情况及受外界气候变化影响就不同，因此，路基沉陷的原因也是多方面的。一般认为路基沉陷是由以下原因造成的。

（1）地质地形自身的缺陷

公路沿线所在地域往往地质条件恶劣，承载力达不到要求，特别是在流沙、泥沼等劣质土壤地段。填料土壤中混入这些腐殖土、泥沼土、冻土等，容易导致填料的规格不一，填料间的空隙大，最终使得填料约束能力有限，地基压实程度达不到工程质量要求，在外界因素的刺激下，原公路路基土壤易下沉和移位，造成路基的沉陷。

（2）气候或天气的影响

公路所在地区的气候条件、降水量大小、洪涝干旱、季节温差等都会对路基造成不同程度的影响。极端的天气，不是造成了路面下毛细水上升，就是温差过大，造成土壤结构的破坏、强度降低，使得公路路堤产生不均匀下沉，导致路基沉陷。

（3）荷载车辆的影响

公路在建成通车后，车流量会随着交通的完善，比原设计中预计的流量有所增加。在我国，车辆超载现象也比较常见，无疑会给公路路基造成超负荷影响。渗透性材料一般选用公路路基填土材料，这种材料的空隙率很大，在大量的超载车辆和公路自身的重量作用下，填料的密实度会逐渐增大，而空隙率会逐渐减小，从而造成公路路基沉陷。

（4）公路设计中存在的缺陷

公路路基的设计质量是其日后稳固支撑的关键，设计不合理或设计缺陷都会直接导致日后路基的沉陷。在公路的勘察设计阶段，对地质资料的审查不周密，对外界环境迫害力估计不足，或对路基的防护措施不到位，最终将导致路基在环境因素的干扰下，出现不同程度的沉陷或其他路基灾害。在设计中，路基的排水设计也应该充分考虑当地降水量的影响，一旦有过多的水分侵入路基，就会使路基填料的含水量增加，降低路基的强度和稳定性。排水不畅通极易造成路基下沉，形成路基沉陷。常见公路路基的沉陷形式有路基沉陷、边坡滑塌等。

2. 路基沉陷的防治对策分析

路基沉陷的成因决定了其具有很多不确定性，因此，对路基的危害防治应从公路工程的设计中就予以充分考虑，并在工程施工中严格按照设计要求来实现质量达标，还要在公路路基养护中制订科学合理的养护方案，使路基始终保持健康的状态，从而避免路基灾害的发生或降低路基灾害带来的损失。为防治路基沉陷常采用以下对策。

（1）勘察设计阶段重视路基的灾害预防

公路勘察设计中的不规范和不到位是路基沉陷的重要原因。在公路的勘察设计阶段，不能仅依靠设计者的经验和设计原则来确定路基的施工标准，还要结合路基所处地质环境和所承受的车辆载荷情况，来实际分析路基应当具备的抗压迫和承载能力，再进一步做出优化设计方案。部分业主往往在施工中只注重工程成本的控制，在公路设计阶段忽视或放弃了地质资料的整理，也没有给设计单位提供必要的路基所处地质环境资料，导致设计人员在设计过程中对路基沉陷没有做出必要的考虑，引起后期公路通行中发生路基灾害事故。因此，在工程设计过程中有必要对公路沿线的地质资料进行有效的审视，并在公路纵横断面设计时，有目的地选取典型的区段进行沉陷技术设计。

（2）路基加固技术措施

公路施工质量是保证路基良好的关键环节，施工队伍的管理水平、技术水平和作业水平都是工程质量的内在核心。其中技术管理和技术措施的采用十分关键。为了保证公路通车后的安全稳定性，对公路路基的沉陷危害必须采用科学、合理、有效的技术措施进行加固防治。

①换填法。填土换填法主要是针对路基沉陷不深且面积较小时采用。它将原受损路基中的填料挖除，更换成符合规范的填料重新整平压实。所用换填土宜选择塑性指数优良的粉质黏土或砂砾土；挖除病害的路基时面积应适当扩大，并呈台阶形状，填土时由下往上逐层填筑，碾压密实，压实度应较之原来的基础高出 1%～2%。这种方法简便易行，没有太多的技术要求，在实际中应用较为广泛。

②固化剂法。固化剂分为液态和固态两类。液态的固化剂主要是水玻璃；固态的固化剂有石膏、石灰、水泥等。作为一种特殊的建筑材料，固化剂可以在多种场合发挥作用。当路基沉陷发生时，假若路基填料受限，且要求数量较小时，可以在原填料中混合一些固化剂进行加固处理。液态固化剂的使用，往往是通过将浆液打入填料使填料产生凝结达到固化效果，适用于深层土的固化凝结；固态固化剂的使用是与填料混合加压来形成固结硬化，主要适用于浅层填料的固化。由于固化剂的种类和用途不同，在公路工程施工中应根据不同的需求及填料图的性质来选择固化剂。

③成桩加固法。成桩加固法主要有粉喷桩法，生石灰桩及灰土、碎石和干拌水泥碎石桩挤密法等。对于处理 10m 以内路基下沉的病害，采用粉喷桩加固技术是十分有效的。粉喷桩是通过固体固化剂的注入，在软基之间进行一定的物理和化学变化，形成具有一定强度和硬度的桩体；同时，在桩体周围的土质也随之发生变化，并与桩体仪器承担载荷，起到加固的作用。采用这种方法时，应仔细分析路基沉陷的状况，严格按照规范要求进行粉喷桩的施工设计和施工作业。粉喷桩的处理过程属于隐蔽工程，因此，应特别注意施工中的质量控制和检验。

④压力注浆法。压力注浆法通过注浆管使浆液在一定压力的作用下渗透、充填进路基或砂石间的空隙，在经过一段时间的人工控制，使原本松散的路基变成强度高、结构成一体的新路基实体，实现路基强度的提高。这种方法适用于路基沉陷面积大、深度大的情况，注浆的扩散情况受到灌浆压力的影响，实际应用中可以根据填料的种类、受损形状及路基的密实度、强度等因素，具体确定注浆的形式和灌浆压力，必要时还应进行现场试验。

（二）路基翻浆

当排水不畅、路基土质不良、含水过多，经行车反复作用，路基会出现弹簧、鼓包、裂缝、冒浆、车辙等现象，称为翻浆。

翻浆现象是一个四季都在发生变化的过程，应根据各个季节不同的现象，采取适当的养护措施，加强预防性的防治工作，以防止或减轻翻浆病害。

1. 路基翻浆的春季养护

春季是翻浆的暴露时期，在天气转暖的情况下，翻浆发展很快，养护工作的主要内容是抢防。

一旦发现路面有潮湿斑点，发生龟裂、鼓包、车辙等现象，表明路基已发软，翻浆已经开始露头。此时应对其长度、起讫时间、气温变化、表面特征等进行仔细的调查分析，找出原因，及时采取养护措施，防止翻浆加重。

（1）在路肩上开挖横沟，及时排除表面积水。横沟间距一般为 3 ~ 5 m，沟宽为 30 ~ 40 cm，沟深至路面基层以下，高于边沟沟底。

（2）及时修补路面坑槽和路肩坑洼，保持路面和路肩平整，以利于尽快排除表面积水。

（3）如条件许可，应控制重型车辆通过或令车辆绕道行驶。

（4）在交通量较小、重车通过不多的公路上，用木料、树枝等做成柴排，铺于翻浆路段，上面再铺碎石、砂土，以便临时维持翻浆期间的通车。

（5）砂桩防治。当路基出现翻浆迹象时，在行车带部位开挖渗水井，井深至冰冻层以下，当渗水基本停止后，淘干渗水，填入粗砂或碎（砾）石，形成砂桩。

2. 路基翻浆的夏季养护

夏季是翻浆的恢复期，这时养护的主要内容是修复翻浆破坏的路基、路面，采取根治翻浆的措施。

当路基翻浆渐趋稳定时，对维持通车的临时设施，应立即拆除或填平，恢复原状。治理翻浆，首先是分析翻浆原因，根据不同情况采取下列治理措施：

（1）因路基偏低，排水不良而引起的翻浆，若地形条件许可，可采用挖深边沟、降低水位的方法进行治理，或用透水性良好的土提高路基，保持路基上部土壤干燥。

（2）路基土透水性不良，提高路基又困难时，宜将路基上层挖除，换填 40 ~ 60 cm 厚的砂性土和碎（砾）石，压实后重铺路面。

（3）设置透水性隔离层。其位置应在地下水位以上，用粗集料铺筑，厚度为 10 ~ 20 cm，分向路基两侧做成 3% 的横坡。为避免泥土堵塞，隔离层的上下两面各铺筑 1 ~ 2 cm 厚的苔藓、泥炭、草皮或土工布等其他透水性材料作为防淤层。连接路基边坡的部位，应铺大块片石防止碎落。隔离层上部与路基边缘的高差不小于 50 cm，底部高出边沟底 20～30 cm。

（4）设置不透水隔离层。在路面不透水的路基中，设置不透水隔离层。隔离层横跨全路基，称为贯通式；隔离层铺至延出路面边缘外 50～80 cm，称为非贯通式。不透水隔离层所用材料和厚度为：

① 沥青含量为 8%～10% 的沥青土或 6%～8% 的沥青砂，厚度为 2.5～3.0 cm。

② 沥青直接喷洒，厚度为 2～5 mm。

③ 用油毛毡（一般为 2～3 层）或不易老化的特制塑料薄膜摊铺。

（5）为防止水的冻结和土的膨胀，可在路基中设置隔温层，以减小冰冻层深度。厚度一般不小于 15 cm。隔温材料可用泥炭、炉渣、碎砖等，直接铺在路面下。其宽度为每边宽出路面边缘 30～50 cm 为宜。

（6）设置盲沟以降低地下水位，截断地下水潜流，使路基保持干燥。

① 在路肩上设置横向盲沟。其位置应与路中心线垂直。当路基纵坡大于 1% 时，则与路中心线构成 60°～75° 的斜度，两侧相互交错排列，间距为 5～10 m，沟底宜做成 4%～5% 的坡度。

② 当地下水潜流顺路基方向从路基外侧向路基流动，可在路基内设横向截水盲沟或在路基外设纵向渗沟，不使其侵入路基。盲沟的设置应与地下水含水层的流向成正交，并深入该层底部，以截断整个含水层。

③ 如地下水水位较高，可在路基边沟底下设置纵向盲沟。其深度一般为 1～2m，应根据当地毛细作用高度和需要降低的水位要求而定。

④ 盲沟应选择渗水性良好的碎（砾）石填充。对较深的截水盲沟，则应按填充料颗粒的大小分层填入（下大、上小）；也可埋设带孔的泄水管。沟面用草皮反铺掩盖，覆以密实的结合料，以防止地面水渗入。

（7）改善路面结构层。铺设砂（砾）垫层以隔断毛细水上升，增进融冰期蓄水、排水作用，减小冻结或融化时水的体积变化，减轻冻胀和融沉作用。铺设水泥稳定类、石灰稳定类、石灰工业废渣类等路面基层结构层，以增强路面的板体性、水稳性和冻稳性，提高路面的力学强度。

3. 路基翻浆的秋季养护

秋季养护的主要内容是排水，防止水分进入路基，保持路基处于干燥状态，减少冬季冻结过程中由于温差作用向路面下土层聚流的水分。所以秋季养护要做好下列工作：

（1）随时整修路面、路肩、边坡面，要维护好路拱和平整度，如有裂纹、松散、车辙、坑槽、搓板、纵向冲沟等病害，应及时处理，避免积水。

（2）路肩要保持规定的排水横坡，尤其应在雨后夯压密实，保持路肩坚实平整。边坡要保持规定坡度，拍压密实，防止冲刷和坍塌阻塞边沟，造成积水。

（3）修整地面排水设施，保证地面排水通畅。

（4）检查地下排水设施，保证地下水能及时排出。

4.路基翻浆的冬季养护

冬季养护的主要内容是采取措施减轻路基水分在温差作用下向路基上层聚积的程度，同时防止水分渗入路基。冬季养护的主要工作如下：

（1）及时清除翻浆路段的积雪。防止路基下层水分大量聚积到路基上层，致使翻浆加重。

（2）经常上路检查，发现路面出现裂缝、坑槽等要及时修补，及时排除融化雪水。

（3）对往年有翻浆而尚未根治的路段及发现翻浆苗头的路段，应在翻浆前做好准备工作，包括准备好抢防的用料。

（三）路基滑坡和塌方

滑坡、塌方成因复杂，因此，在防治和处理滑坡、塌方时，要针对各种不同的情况采取不同的防治措施。公路上的滑坡多发生于路基上的边坡，这是因为修筑公路破坏了地貌自然的平衡。因此，防治滑坡的措施应以排水疏导为主，再配合抗滑支撑措施，或上部减重来维持边坡平衡。

少量的塌方，要及时清除；大的坍塌，要先疏通单车道维持通车，同时做好排水和安全行车。

对边坡裂缝，应用胶泥或砂浆填塞捣实，防止雨水渗入基体。

对滑坍边坡上坍落的悬岩、危石，要严格注意其变化，对可能发生的崩塌，宜采取预先爆破或刷坡的方法处理，以免危及行车和行人安全。

设置支挡工程，维持土体平衡，支挡工程有以下三类：

（1）抗滑垛，一般用于滑体不大，自然坡度平缓，滑动面位于路基附近或坡脚下部较浅处的滑坡。它是依靠片石垛的自重以增加抗滑力的一种简易抗滑措施。

（2）抗滑挡土墙，在滑坡下部修建抗滑挡土墙，是整治滑坡常用的有效措施之一。抗滑挡土墙一般多采用重力式结构，其尺寸应根据坍滑情况，经过计算确定。

（3）抗滑桩是一种用桩的支撑作用稳定滑坡的有效抗滑措施。一般适用于非塑性体层和中厚度滑坡前缘，以及使用重力式支撑建筑物圬工量过大，施工困难的场合。

（四）排水设施病害

路基地面排水结构物，一般包括边沟、截水沟、跌水、急流槽、倒虹吸管、渡槽等，统称沟渠。不同的结构形式，其养护方法也不同。

1. 边沟的养护

（1）路肩有高草影响路面排水时，应根据草的生长情况经常修剪，使其不高于15 cm，以不阻水为宜。

（2）当边沟纵坡大于3%～4%时，沟底应用片石铺砌加固，冰冻较轻地区也可用三合土或四合土加固。

（3）边沟进出口应经常检查，发现有堵塞物应及时清除，使水流畅通。

2. 截水沟（天沟）的养护

（1）在春融前，特别是汛前，应全面进行检查、疏浚。

（2）雨中及时排除堵塞物，疏导水流、保持水流畅通，防止水流集中冲坏路基。

（3）暴雨后应重点检查，如有冲刷损坏，必须及时修理加固。

3. 排水沟、跌水及急流槽的养护

排水沟、跌水及急流槽的养护办法与边沟、截水沟相同。

4. 暗沟的养护

（1）应经常进行检查，如发现堵塞、淤积，应及时进行冲洗。

（2）雨季应保证流水畅通。

5. 渗沟的养护

（1）如发现沟口长草、堵塞，应及时清理和冲洗。

（2）如碎（砾）石层淤塞不通时，应翻修并剔除颗粒较小的砂石。

（3）如位置不当，应根据情况另行修建。

6. 排水沟的加固

边沟、截水沟、排水沟等，应结合地形、地质、纵坡、流速等实际情况，综合考虑加固。对于松软土（细砂质土或粉砂土），当流量较大或纵坡度为1%～2%时，或黏性较大的土（粉砂质黏土或砂质黏土）纵坡度为3%～4%时，沟底可用片石铺砌加固，沟壁用草皮加固。

疏松土，纵坡度大于3%时，或黏性较大的土，纵坡度大于4%时，沟底及沟壁，均应用片石或水泥混凝土预制块铺砌加固或设置跌水。冰冻较轻地区也可用三合土或四合土捶面方法加固。

（五）防护与加固工程损坏

一般来说，把防止路基被冲刷和风化，主要起隔离作用的设施称为防护工程。防护与加固工程损坏主要是指挡土墙、驳岸等防护工程，在受到水流不断的冲刷下，基础失稳产生滑移破坏。防护与加固工程的养护应根据其损坏的原因采用不同的处理措施。

1. 防护与加固工程损坏的原因

（1）防护与加固工程所处地基软弱或基础设置不深。

（2）加固工程位置选择不合理，挤压河道，引起局部冲刷。

（3）对山区小型排水构造物的测设，缺乏系统设计。山区排水构造物不但要排水，还要考虑输沙因素，因此容易造成堵塞，水漫路面，冲毁路基。

2. 防护与加固工程损坏的防治

（1）防护与加固工程处在软弱的地基时，要采用换土或采用砂砾、碎石、灰土等进行填筑。

（2）防护与加固工程基础埋深，对于无冲刷地基，应在天然地基以下至少 1m；有冲刷时，应在冲刷线以下至少 1m。

（3）挡土墙应设置排水设施，以排除墙后填料中的水分，防止墙后积水致使墙身受到额外的静水压力，减小冬季冰冻地区填料的冻胀压力，消除黏土填料浸水的膨胀压力。

（4）路堑挡土墙后的地面应做好排水处理，设置排水沟，必要时夯实地表土以减少雨水和地面水下渗。而墙趾前的边沟，则应予以铺砌加固，以防边沟水渗入基础。

（5）浆砌片（块）石墙身，泄水孔尺寸可为 5cm×10cm、10cm×10cm、15cm×20cm 或直径为 5~10cm 的圆孔，视泄水量大小而定，泄水孔的间距一般为 2~3m，上下泄水孔宜错开布置，最下层泄水孔的出口应高于地面。若为路堑墙，出水口应高于边沟水位 0.3m；若为浸水挡土墙，设在常水位以上 0.3m。

（6）沿河路堤设置挡土墙时，应结合河流情况布置，注意墙后仍需要保持水流顺畅，不要挤压河道，引起局部冲刷。

四、特殊地区路基的养护

（一）软土地区路基的养护

泥沼和软土具有含水丰富、透水性小、压缩性大、抗剪强度低、承载能力差等特性。我国东北的大小兴安岭、长白山、三江平原、松辽平原及青藏高原和西北地区的湖盆洼地、高寒山地均分布有泥沼；在内陆湖塘盆地、江河湖海沿岸和山河洼地则分布有近代沉积的软土。

泥沼软土地带的路基容易出现路基基底土被压缩而产生较大的沉降，基底土被挤压塑流，向两侧或路堤下坡一侧隆起使路堤下陷、滑动及因冰冻膨胀而产生弹簧、翻浆等病害。对于泥沼和软土地带路基的病害，应根据不同情况采取下列防治措施：

（1）降低水位。视情况加深路堤两侧边沟，以降低水位，促进路基土渗透固结。

（2）反压护道。当路堤下沉，两侧或路堤下坡一侧隆起时，采取在路堤两侧或一侧填筑适当高度与宽度的护道，使路堤两侧（或单侧）被挤出隆起的趋势得以平衡。

（3）换土。将病害处路堤下软土全部挖出，换填强度较高、渗透性较好的砂砾石、碎石。抛石挤淤为强迫换土的一种形式，适用于软土液性指数大、层厚较薄、片石能沉达下卧硬层者。

（4）侧向压缩。在路堤坡脚砌筑纵向结构，限制软土侧向挤出，可采用板桩、木排桩、钢筋混凝土桩、片石齿墙等。

（5）其他治理方法。砂石垫层、石灰桩、砂井（桩）及土工织物等。

（6）路堤两侧边坡，宜栽植柳、枫、杨等亲水性好、根系发达的树木，以增强路基抵抗冲刷和侵蚀的能力。

（二）黄土地区路基的养护

黄土具有疏松、湿陷、遇水崩解、膨胀等特性，处于黄土地区的路基一般有下列常见病害：

1.路堤沉陷。

2.路缘石周围渗水。

3.路肩和边坡在多次干湿循环后，出现裂缝、小块剥落、小型塌方、沟槽、陷穴、滑塌或在地下水及地面水的综合作用下形成泥流，使路肩、边坡受到破坏。

4.边沟被水冲深、蚀宽，使路肩、边坡受到破坏。对病害的治理，应针对不同情况，采取不同的加固措施。

（1）公路通过纵向、横向沟壑时，对边坡病害的治理可采取下列措施：

①沟壑边坡疏松土层，采用挖台阶的办法清除。台阶宽度不小于1m。

②对疏松的坡面，应拍打密实，或用轻碾自坡顶沿坡面碾实；如坡度缓于1∶1，雨量适宜草类生长的，可用种草、铺草皮等方法加固。

③雨量较小、冲刷不严重时，可采用黏土掺拌铡草进行抹面，并每隔一段距离打入木楔，增强草泥与坡面的结合。

④ 雨雪量较大的地区，应采用石灰、黄土、细砂三合土或掺加炉渣的四合土进行抹面加固。

⑤ 高路堤边坡防护加固：植物护坡，以选用根系发达、茎干低矮、枝叶旺盛、生长力强、多年生植物为宜；葵花拱式浆砌铺块，材料可采用混凝土块或块片石等，然后可考虑播种草秆或种植小灌木。

(2) 路基出现的陷穴，应查清水的来源、水量、发展情况等，采用灌砂、灌泥浆填塞或挖开填塞孔道后再回填夯实，但事先要做好导水或排水措施。

(3) 因地表水侵蚀，路肩上出现坑凹时，可采取下列措施：

① 用砂、土混合料改善表层。

② 路肩硬化采用无机结合料稳定类半刚性基层、沥青表处面层或其他硬化结构。

③ 路肩未硬化地段，为防止地表水渗入路面底层中，每隔 20～30 m 设一处盲沟。盲沟口与边坡急流槽相接，盲沟与盲沟之间铺设塑料薄膜防水层。

④ 在高路堤（大于 12m）地段，为防止路基下沉，应在垫层下铺设塑料薄膜防水层（塑料薄膜厚度不小于 0.14mm），并必须设盲沟。路面应采用水泥混凝土预制块铺砌。

⑤ 通过沟壑时，如未设置防护工程，应在上游一侧路基边坡底部先铺设塑料薄膜或其他隔水材料，然后贴在隔水层上铺砌浆砌片石坡脚，铺砌高度应高于常水位 20～50cm。

(三) 红黏土地区路基的养护

红黏土为碳酸盐岩系出露的岩石经红土化作用形成的棕红、褐黄等色的高塑性黏土。其裂隙发育，液限一般大于 50，虽然强度较高，压缩性较小，但因与岩溶伴生，且含水量、液限均较一般黏土高，具有胀缩性。具有胀缩性的红黏土填筑路堤最显著的病害，是形成于路基表面和边坡坡面的收缩裂缝。收缩裂缝的发育程度与土性、填料的含水量、含水量的均匀性、气候条件及胀缩循环的次数关系密切。土的膨胀性越强，失水后的收缩性也越强，即裂缝越发育；气候越干燥，水分在土中分布越不均匀，其裂隙也越发育；红黏土经历的胀缩循环次数越多，土的结构强度就越低，其收缩裂隙越发育。

对于红黏土地区的路基一般采取以下方式进行养护：

(1) 对红黏土路堤边坡，采用非胀缩性的黏土作为包边土，包边土厚 1.5 m 左右，夯实后应防止坡面开裂及地表水的渗入。

(2) 对于高路堤也可采用土工格栅加固边坡，约束红黏土的侧向膨胀。将土工格栅分层摊铺，与过湿的红黏土层一道填筑压实。土工格栅沿横断面的铺设宽度应不小于 2 m，铺网垂直间距为两层填土填筑压实厚度，土工格栅应反包坡面，用 U 形钉固定，并种植草皮。良好的草皮覆盖，能有效地抑制坡面开裂。

（四）膨胀土地区路基的养护

膨胀土是一种颗粒高分散、成分以黏土矿物为主、对环境的湿热变化敏感的高塑性黏土，具有吸水膨胀、脱水收缩的特点。在这种地区建设工程往往会带来一系列的问题或事故，如地基隆起、路基开裂、边坡失稳等病害。

膨胀土路基边坡的完好率很低，病害较多。根据路基边坡破坏机理的不同，发生的部位和变形的形态特征也有所区别，一般可将膨胀土路基边坡的破坏类型分为以下几类。

1. 坡面冲蚀

坡面冲蚀是膨胀土路基边坡坡面变形的常见现象，其影响深度一般在 0.5 m 以内，常见的深度为 0.2m 或 0.3 m。

2. 表层溜坍

表层溜坍是膨胀土路基边坡大层土体变形的一种极为普遍的现象，主要发生在边坡的强风化层内，深度通常为 0.5 ~ 1.0 m，很少超过 1.5 m。溜坍只能在雨季产生，发生在很缓的边坡上。

3. 边坡坍滑

边坡坍滑是膨胀土路基边坡的一种主要变形形式，是影响膨胀土边坡设计的主要因素。它以旋转滑动的方式出现，破坏面形状为上陡下缓，近似圆柱形曲面，深度一般为 3 ~ 5 m。同时，对于边坡坍滑与表层溜坍有着不同的发生机理和破坏特征，防治措施也不同，应根据不同情况采取相应措施。

4. 工程滑坡

由于边坡开挖切断了软弱层以及其他原因致使堑坡土体滑动出现变形，最后出现以整体形式下滑的变形现象。一般情况下，其规模较小、厚度不大，多呈牵引式出现，变形以平移为主。

调查表明，工程滑坡的产生与边坡的开挖有着密切的关系，但与边坡的坡度并无直接联系，如仅放缓边坡，并不能阻止滑坡的产生，必须将滑坡与边坡坍滑加以严格区别。根据上述膨胀土路基边坡的破坏类型及特征，可以发现，受膨胀土的影响因素和破坏程度的不同可归纳为表层破坏与深层破坏两种基本形式。其中前者包括边坡冲蚀和溜坍；后者包括边坡坍滑与滑坡。通常情况下，冲蚀与溜坍是边坡整体稳定条件下所产生的局部破坏，处理措施应以坡面防护为主，辅以一定的边坡加固设备。坍滑与滑坡则影响边坡的整体稳定性，应以边坡的加固为主，采取必要的坡面防护处理措施。

膨胀土的胀缩性，使其对湿度特别敏感，同时因渗透性小，造成压实困难；另外，膨胀土还具有崩解性及风化性，易导致边坡的坍滑。针对膨胀土的特性，应采取如下养护方法：

（1）加强路基路面表面的排水处理。

（2）对破坏严重路段的路基土做换土处理或对路面之下一定厚度内的膨胀土做掺石灰处置。

（3）为避免路基内含水量变化过大，需完善路面内部的排水结构设计或者外部水温保持（植被或覆盖物）。

（4）路面面层和基层施工时，一定要按设计要求进行，并严格控制施工质量，注重施工工艺。

（五）盐渍土地区路基的养护

当距离地表1m内含有的容易溶解的盐类超过0.3%时即属于盐渍土。由于盐渍土含盐类型（如氯化盐、硫酸盐、碳酸盐）和含盐量、含硝量及其他因素的不同，对路基的破坏也不同。

因盐类有结胶和吸湿作用，故盐渍土在干旱季节和干旱地区，有利于路基稳定；一旦受到雨水、冰雪融化的淋溶，含水量急增，则会出现路基湿化坍塌、溶陷、路基发软，致使强度降低，丧失稳定，甚至失去承载力，导致路基容易出现下列病害：如道路泥泞、加重路基翻浆及冻胀病害；受水浸时，强度显著下降，发生沉陷；硫酸盐发生盐胀作用，使主体表面层结构破坏和疏松，以致路面被拱裂及路肩、边坡被剥蚀等。针对这些情况，主要采取以下措施：

（1）加密排水沟，沟底要保持0.5%~1%的纵坡；路基填土低、排水困难的地段，应加宽、加深边沟或在边沟外增设横向排水沟，其间距不宜大于500 m，沟底应有向外倾斜2%~3%的横坡。

（2）对加深、加宽边沟的弃土，可堆筑在边沟外缘，形成护堤，以保护路基不被水淹。

（3）在盐湖地区用盐晶块修筑的路基表面，原来没有覆盖层或有失散的，应用砂土混合料进行覆盖和恢复；出现车辙、坑凹、泥泞，应清除浮土，洒泼盐水湿润，再填补碎盐晶块整平夯实，仍用砂土混合料覆盖压实。

（4）边坡经雨水或雪融后出现的沟槽、溶洞、松散等，可采用盐壳平铺或铺上黏土掺砂砾拍紧，防止疏松。

（5）为防止边坡水土流失，在坡脚处增设各侧宽2 m的护坡道，护坡道应高出正常水位 20 cm 以上。护坡道上可选植耐盐性的树木或草本植物 (如红柳、红杨、甘草、白茨等) 予以稳定。

(六) 填砂路基的养护

细砂是一种较好的填筑路基的材料。在我国江河众多、河砂资源丰富的南方地区，利用河砂填筑路基，既可疏通河道，又能少占耕地，就地取材，降低工程造价。在实际工程中，填砂路基施工技术的应用已在一些地区展开。但河砂作为路基填筑材料，存在失水后易滑坍、不易压实、干稳定性差的缺陷，因此，在填砂路基的施工、养护方面应采取一些措施：

(1) 当土工布以下土层渗透性较弱时，会出现因细砂灌水不能及时下渗而引起对土砂结合部位的浸泡。在实际施工中，采用挖渗水井的方法可以解决这个问题，也可以在不透水层顶面埋设花管通过包边灰土排出路基。

(2) 当填砂路基在填筑与使用过程中外侧包边土塌陷，以及填砂路基因边缘压实不良导致浅层失稳破坏时，可以在路基边坡铺设混凝土预制空心块，间隔设沉降缝，用沥青麻絮填塞，空心部分回填土，人工夯实整平，再铺上草皮。

(3) 每层压实后的宽度不得小于设计宽度。路堤填筑时，从最低处起分层填筑，逐层压实。地面横坡陡于 1∶2.5 时，应做特殊处理，防止路堤沿基底滑动。

第二节　路面养护

一、沥青类路面的养护

(一) 沥青类路面的养护对策

沥青路面的养护对策应根据公路等级、交通量及分项路况评价结果确定。分项路况评价指标包括路面强度、行驶质量、路面破损状况和抗滑性能等方面。路面综合评价指标仅用于对路面质量的总体评价。

公路养护管理部门可根据公路等级、交通量、分项路况的评价结果，结合养护资金情况，采取如下维修养护对策：

(1) 在满足强度要求的前提下 (路面的结构强度系数为中等以上时)，若高速公路及一级公路的路面状况指数 (PCI) 评价为优、良，或者二级及二级以下公路的路面状况指数评价为优、良、中时，以日常养护为主，并对局部破损进行小修；若高速公路及一级公路的路面状况指数（PCI）评价为中及中以下，或者二级或二级以下公路的路面状况指数评价为次及次以下，应采取中修罩面措施。

（2）在不满足强度要求的前提下（路面的结构强度系数为中等以下时），应采取大修补强措施以提高其承载能力。

（3）若高速公路及一级公路的行驶质量指数（RQI）评价为优、良，或者二级及二级以下的公路的行驶质量指数评价为优、良、中时，以日常养护为主；若高速公路及一级公路的行驶质量指数（RQI）评价为中及中以下，或者二级及二级以下公路的行驶质量指数评价为次及次以下时，应采取罩面等措施，改善路面的平整度。

（4）高速公路及一级公路的抗滑能力不足（SFC < 40）的路段，或二级及二级以下公路抗滑能力不足（SFC < 30 或 BPN < 32）的路段，应采取加铺罩面层等措施提高路表的抗滑能力。

（5）因路面不适应现有交通量或载重的需要，应通过提高现有路面的等级或加宽等改建措施，提高道路的通行能力和服务质量。

（二）沥青类路面的日常保养

（1）保持路面平整、横坡适度、线形顺直、路容整洁、排水良好。

（2）加强路况巡查，掌握路面情况，随时排除有损路面的各种因素，及时发现病害，研究分析病害产生的原因，并有针对性地及时对病害进行维修处理。

（三）沥青类路面常见病害的原因及处治

1.路面裂缝的分类及处治

（1）路面裂缝分类

在沥青路面各类破损形式中，裂缝所占比重较大，也最为常见，在沥青路面养护维修工作当中，对裂缝破损的维修工作也最为普遍，而且频率最高，难度最大，裂缝破损对沥青路面的使用性能和使用寿命影响最大。按裂缝破损几何形状及成因，裂缝可分为以下几种。

① 龟裂：此类裂缝形状呈一连串小多边形（或呈小网格状），一般其短边长度不大于 40 cm，类似乌龟背壳上的花纹，故俗称龟裂。龟裂是由于路面受交通荷载作用，其变形和挠度过大，在沥青路面的柔性不够及在重载车辆的反复碾压下，由于路面材料的疲劳而形成的一种裂缝，故有时亦将此类裂缝称为疲劳裂缝。龟裂可能是全面性的，也可能是局部性的，且大多数发生在行车道上。在龟裂的形成初期，由于裂缝轻微，对沥青路面的服务水平影响不大，但由于路面有龟裂而使得路表面的水渗入，造成底面层及路面基层强度的减弱，这样便会加速龟裂面积的扩大及裂

缝的扩展，从而导致形成坑槽破损。

②块裂：此类裂缝形状呈不规则的大块多边形（或呈大网格状），其在形状和尺寸上都有别于龟裂，通常其短边长度大于 40 cm，长边长度小于 3m，且棱角较明显。块裂通常是由于铺设沥青路面的沥青混合料采用了大量的低针入度沥青和亲水性集料，或沥青发生老化失去弹性，而在交通荷载作用下导致脆裂；或由于在低温作用下使沥青混凝土产生缩裂，故有时亦将此类裂缝称为收缩裂缝。块裂在较开阔的广场、停车场和城市道路上普遍发生。这类裂缝常常会导致路表水渗入路基和路床，降低路面的结构强度而形成其他的损坏，如龟裂、车辙等。

③纵向裂缝：纵向裂缝为沿路面行车方向分布的单根裂缝。一般成熟的纵向裂缝都较长，达到 20 ~ 50 m。在路表水渗入路堤下地基范围较小的情况下，可能仅在中央分隔带两侧行车道上，甚至接近硬路肩的一侧产生一条纵向裂缝；在路表水渗入路堤下地基范围较大的情况下，可能在中央分隔带两侧行车道上和超车道上产生两条纵向裂缝，少数路段甚至有三条纵向裂缝。特别是当路基边部压实不足的情况下，路堤边部会产生沉降，导致在距路边 30cm 左右处产生纵向裂缝。在沥青混合料摊铺时，由于纵向接缝处理不当，造成路面早期渗水或压实度未达到要求，在行车作用下亦会在纵向接缝处形成纵向裂缝。由于地基和填土在横向不可避免的不均匀性，特别是在有路表水渗入地基的情况下，沥青路面产生细而小的纵向裂缝也是不可避免的。但是路面产生纵向裂缝过多过早、裂缝宽度过大和过长，都将严重影响其使用性能和寿命。

④横向裂缝：横向裂缝为与路面行车方向垂直分布的单根裂缝。由于地基或填土路堤纵向不均匀沉降，或由于沥青混合料摊铺时横向接缝处理不当，会产生横向裂缝，并伴有错台现象出现。在温度变化大的地区，夏季完好的路面到了冬季会由于路面温度过低或温度变化过大，产生纵向近似等间距的横向裂缝，通常将这类横向裂缝称为温度裂缝。沥青路面出现的绝大部分横向裂缝是温度裂缝，该类裂缝一般从沥青面层表面开裂，逐渐向底面层和基层延伸、扩展，从而形成了上宽下窄的裂缝。有的横向温度裂缝会贯通路面的一部分，而大部分横向温度裂缝则是贯通整个路面宽度。一条沥青路面会有多根横向温度裂缝，其纵向间距为 5 ~ 10 cm。

⑤反射裂缝：此类裂缝是由于下铺层的裂缝向上传递而导致沥青面层产生与下铺层相似的裂缝，一般多发生在加铺层上。由于旧有的水泥路面的接缝和裂缝，或旧有沥青路面的纵向裂缝、横向裂缝和块裂等，在加铺时，未加以适当的处理而导致加铺层产生与下铺层裂缝相似形状的反射裂缝。另外，在新建的半刚性沥青路面上，半刚性基层受天长日久的温度变化引起的温缩裂缝或受外界环境湿度变化产生的干缩裂缝，也会向路表面扩展形成反射裂缝。由于底层或基层不连续处（接缝或

裂缝)的水平运动或竖向运动,会使沥青路面的底面层产生较大的拉应力或剪应力,并最先开裂,然后裂缝逐渐向上延伸、扩展,并穿透整个面层,形成下宽上窄的裂缝。

⑥滑移裂缝:此类裂缝是在车辆刹车、转弯或加速时产生突然增大的水平力作用下,在路表面上沿行车方向形成的一种新月形状的裂缝,又称为U形裂缝,U形裂缝的顶端常指向作用力的方向。滑移裂缝最常发生在车辆刹车、转弯或加速的位置。当滑移裂缝由刹车引起时,滑移裂缝的末端(U形裂缝的顶端)指向行车方向;当滑移裂缝是由车辆加速引起时,滑移裂缝的末端(U形裂缝的顶端)将指向车的后方。滑移裂缝通常是由于沥青路面表面层与底面层或面层与基层的黏结性不好,同时,面层又受到较大的水平外力无法有效地传递给底层,而使表面层单独承受,造成路表面被撕裂破坏。

(2)路面裂缝处置

沥青路面产生裂缝破损不仅影响路容美观和行车的舒适性,而且若不及时对裂缝进行填封修补,将会使路表水通过裂缝进入路面结构层内,导致路面承载能力下降,进而造成路面局部或成片损坏,大大缩短路面的使用寿命。对沥青路面裂缝进行填封修补,其最终目的和效果可归纳为四个方面:一是恢复沥青路面行车的平顺性和舒适性;二是恢复沥青路面局部强度和承载能力;三是弥补裂缝处原有沥青路面的强度不足;四是避免沥青路面引发进一步的破坏。沥青混凝土路面裂缝的修补方法有很多种,一般根据裂缝的宽度、深度和开裂面积确定具体的修补工艺。

①密封胶开槽贴缝法。针对沥青混凝土路面较明显的横缝和纵缝,一般以灌缝法进行修补。沥青路面裂缝用灌缝法修补的传统施工工艺是直接灌注乳化沥青进行封闭处理。乳化沥青黏性较差,气温低时易变脆,气温高时易发生流动、溢出,使用寿命低,处理及时性差,维修裂缝的修补失效率半年内高达85%,1年后基本全部失效,需要重新灌注。这不仅需要大量的公路日常养护,还大幅占用了养护费用。

密封胶开槽贴缝工艺的质量检验标准是:密封胶基本与路面齐平;灌缝充分饱满,表面平整,无颗粒状胶粒;灌缝胶经碾压后不发生脱落变形,保持足够的弹性。

②表面封层技术防治裂缝。表面封层是一层用连续方式敷设在整个路表面上的养护层,封层材料可以是单独的沥青或其他封层剂,也可以是沥青与集料组成的混合料。表面封层用于解决的养护问题主要有:复原或延缓表层沥青材料的氧化(老化);重新建立路面的抗滑阻力;密封表面的微小裂缝;防止水从表面渗入路面结构层;防止集料从表面失落、崩解。目前,常用的表面封层技术有雾层封层、还原剂封层、石屑封层、稀浆封层(微表封层)等。其中稀浆封层在实际施工中使用的较多。

③薄层罩面法。薄层罩面也是一种很早采用的传统预防性养护方法,它是在原

有路面上加铺一层厚度不超过 2.5 cm 的热沥青混合料，薄层罩面可以有效地防止品质正在下降的路面继续恶化，改善其平整度、恢复它的抗滑阻力，校正路面的轮廓，对路面也有一定的补强作用，但在多数情况下费用效益相比其他预防性养护方法较差。薄层罩面在施工中最大的困难是由于层面较薄、容易冷却又不宜使用振动压路机，因而不易达到较高的密实度。因此，正确地进行混合料设计、温度控制、碾压工艺和压路机选型就显得尤为重要。

采用改性沥青作为黏结剂铺筑的薄层罩面在耐久性和抗滑性能方面都优于普通沥青的薄层罩面，但碾压温度要求更高，由于散热快而引起的压实困难就更大，为了适应薄层路面快速压实的需要，近年来出现了某些专为压实薄层路面而设计的高频振动压路机。此类振动压路机的振幅极低，只有 0.2mm 左右，但频率则高达 70 Hz 左右。这样匹配的振动参数，大大降低了振动冲击力，既可以避免压碎集料，又能保持在较高的单位时间内输入被压材料的振动能量。

④ 沥青混凝土路面裂缝病害的其他修复措施。沥青混凝土路面裂缝其他的修补措施主要有压浆法、沥青灌缝等措施。

A. 压浆法即在路基填土层中利用设备压入纯净的水泥浆，以此有效地固结路基。水泥浆的选用需结合路基各项数据谨慎选择。压浆法修补沥青混凝土路面主要是从路基修补上进行作用，以防止沉降裂缝的产生。压浆法对机械化要求程度很高，费用也较大。

B. 沥青灌缝是沥青混凝土路面裂缝修补技术早期的一种方法。其具体操作多是人工融化沥青后灌入沥青混凝土路面裂缝中。这种方法操作简单、费用低，但是修补效果非常不好，难以达到路面裂缝修补的基本目标，是一种低端修补技术，目前此技术已基本被淘汰。

2. 路面麻面、松散的处置

（1）对大面积的麻面、松散路段，可在气温上升（10℃以上）后，清扫干净，重做喷油封层，喷布沥青 0.8～1.0kg/m² 后，撒 3～5（8）mm 石屑或粗砂（5～8m/1000m²），用轻型压路机压实。

（2）由于油温过高，沥青老化失去黏结性而造成松散，应将松散部分全部挖除后，重做面层。

（3）由于基层或土基软化变形而引起的路面松散，先处理基层或土基的病害，再重做面层。

（4）如因酸性石料与沥青黏附性差造成路面松散，应将松散部分挖除后，重做面层。重做面层的矿料不应再使用酸性石料，在缺乏碱性石料的地区，应在沥青中掺加抗剥离剂、增黏剂，改善沥青与矿料的黏附力，提高沥青混合料的水稳性。

3. 路面坑槽的分类及处置

坑槽是沥青路面局部破损中最常出现的一种。坑槽修补也是沥青路面日常养护维修中一项难度很大且费工费时的工作，沥青路面出现坑槽，其引起行车颠簸、振动产生的冲击荷载是正常荷载的 1.5 ~ 2 倍。若对坑槽不进行及时修补和加强，在冲击荷载的作用下，坑槽会因破损加快而连成一片，致使局部路段大面积损坏，严重影响路面的使用寿命和车辆行驶的安全性。

坑槽按破损形式不同，可以分为以下几类。

(1) 表面层产生坑槽

由于沥青路面局部表面层混合料空隙率较大、沥青与石料间的黏附力不强，路表水 (雨水或雪水) 进入并滞留在表面层沥青混合料中，在大量快速行车的作用下，一次一次产生的动水压力 (孔隙水压力) 使表面层的沥青从石料表面剥落下来，沥青路面便会出现局部松散破损，散落的石料被车轮甩出，路面自上而下逐渐形成坑槽。这类坑槽通常深度为 2 ~ 4cm，是各类坑槽中最早产生，也是产生数量最多的一类。由于沥青混合料的不均匀性，坑槽总是先在局部沥青混合料空隙率较大处产生，因此它常是随机分布的一个个孤立的坑槽。这类坑槽在以半开级配沥青混合料为表面层的沥青路面上出现最多。

(2) 表面层和中面层同时产生坑槽

当沥青路面表面层和中面层都是空隙率较大的半开级配沥青混合料，而底面层为空隙率较小的密级配沥青混合料时，路表的自由水较易渗入并滞留在表面层和中面层内；当表面层是半开级配、中面层为密级配沥青混合料时，降水时间较长或路表有积水，使自由水渗入表面层后有较长时间从表面层的薄弱处渗入中面层，并滞留在表面层和中面层内。大量快速行车使此两面层内的沥青混合料中部分石料上的沥青剥落，沥青混合料失去黏结强度，导致路表面产生网裂、形变 (局部沉陷) 和向外侧推挤，并最终出现崩解 (粒料分离)，大量大块破碎料被行车带离，形成坑槽，此类坑槽完全形成后深度一般为 9 ~ 10 cm。此类坑槽产生数量不是太多，但也不少见。

(3) 底面层和基层间产生坑槽

路表水透过沥青面层 (两层式或三层式) 滞留在底面层和基层之间，在大量高速行车荷载 (特别是重载车辆) 作用下，自由水产生很大的压力并冲刷基层混合料表层细料，形成灰白色浆。灰浆又被荷载压挤，通过各种形状不同和宽窄不同的裂缝 (横缝、纵缝、斜缝、网缝) 到达路表面；行车驶过后，部分灰浆和自由水又流回底面层和基层之间，如此一上一下，如挤筒的吸排水作用，反复冲刷裂缝，使裂缝两侧产生新裂缝及碎裂破坏，并出现以缝为中心的局部下陷形变。当挤出的灰浆数量大时，可能立即产生坑槽；当数量小时，可使路面形成网裂或局部变形，这样路表水更容易渗入基层顶面，并形成恶性循环，最终导致坑槽出现。这类坑槽完全形成后，通常深度都大于10cm，并且绝大多数都出现在车流量较大的行车道上或重载车辆较多的道路上。

（4）刚性组合式路面（含桥面）上产生坑槽

在水泥混凝土板上铺筑薄沥青面层的刚性组合式路面也是沥青路面的一种，为降低噪声和改善雨天行车安全性，铺筑的薄沥青面层的厚度常为3.5～4.0cm；而为了提高路面的平整度及改善行车舒适性时，其铺设厚度一般为5～8cm。沥青面层与水泥混凝土板之间黏附性不太好，若路表水透过沥青面层滞留在耐水性较好的刚性板上，在车辆荷载作用下会产生挤水压力，使两者之间的黏附性变得更差，并出现分层。由于沥青混合料摊铺厚度的不均匀性，沥青面层局部厚度过薄（＜4cm），使面层在车辆荷载的水平推力作用下推移而形成剥落和脱皮，最终产生坑槽。这类坑槽常出现在桥面上，且多数是成片出现。虽然桥梁、通道和立体交叉等构造物的总长度不长，沥青混合料面层铺装面积不大，但其单位面积出现坑槽的数量最多。

沥青路面产生坑槽破损不仅严重影响路面的表面功能和使用性能，而且引发交通安全问题，并造成路面更严重的破损，对沥青路面坑槽进行修补，其最终目的和效果可归纳为四个方面：一是恢复沥青路面的表面功能；二是恢复沥青路面的局部强度和承载能力；三是弥补坑槽破损处原有沥青路面强度和耐水性的不足；四是避免沥青路面引发更严重的破损。

坑槽修补主要是针对坑槽、局部网裂、龟裂等病害的修补和加强，同时，还可以对局部沉陷、拥包及滑移裂缝等病害进行修补。通常沥青路面坑槽修补的施工工艺为：测定破坏部分的范围和深度，按"圆洞方补"原则，画出大致与路中心线平行或垂直的挖槽修补轮廓线（正方形或长方形）。开槽应开凿到稳定部分，槽壁要垂直，并将槽底、槽壁清除干净。在干净的槽底、槽壁薄刷一层黏结沥青，随即填铺备好的沥青混合料；新填补部分应略高于原路面，待行车压实稳定后保持与原路面相平。坑槽修补的方法较多，一般有热补法、喷补法、热再生法三种。

①热补法。首先用破碎工具铲除需补部位旧路面，然后喷洒沥青黏结层，填充新的热拌沥青混合料，并摊平、压实。根据实际情况，部分高速公路在采用热补法之后使用抗裂贴，取得了较好的使用效果。

②喷补法。此方法利用高压喷射方式，将乳化沥青经过喷管与输送来的集料相混合，通过控制喷管上的乳液、集料和压缩空气3个开关，把混合料均匀、高速地喷洒到坑槽中，达到密实的黏结效果，无须碾压，无须沥青混凝土拌和厂配合，且不受气候变化影响。

③热再生法。先将高效热辐射加热板放置到待补区域，使旧沥青路面软化，然后把被软化的沥青旧料，喷洒乳化沥青使旧料现场再生，补充新沥青混合料拌和，并摊铺、压实。这种方法可对旧料进行现场再生利用，减少了环境污染、资源浪费，降低了维修成本，进行修补作业时不受气候变化影响。

除上述几种坑槽修补方法外，还有一些特殊的或新近发展的方法。如采用沥青混合料预制块修补，沥青路面破损处开槽修补的尺寸应等于预制块的倍数，预制块之间的接缝用填缝料填塞。这种坑槽修补方法较为简单，修补料的配比容易控制，密实度能得到保证。

4. 拥包的处置

(1) 由于基层原因引起的较严重拥包，先用挖补方法处理基层，待基层稳定密实后，再重做面层。

(2) 因施工时操作不慎，将沥青漏洒在路基上形成的拥包，将拥包除去即可。

(3) 因面层沥青用量过多或细料集中而产生的较严重拥包，或路面连续多次出现拥包且面积较大，但路面基层仍属稳定，则可用机械或人工将拥包全部除去，并低于路表面约 10 mm。扫尽碎屑、杂物及粉尘后用热沥青混合料重做面层。

(4) 对已趋稳定的轻微拥包，应将拥包用机械刨削或人工挖除。

5. 泛油的处置

(1) 对于泛油路段，先取样做抽提试验，求出油石比，然后确定不同的处置措施：

①严重泛油路段，先撒一层 10～15 mm 粒径或更大的碎石，用压路机强行压入路面，等基本稳定后，再分次撒上 5～10 mm 粒径的碎石，并碾压成型。另外，还可将含油量过高的软层铣刨清除后，重做面层。

②泛油较重路段，根据情况可先撒 5～10 mm 粒径的碎石，用压路机碾压，待稳定后，再撒 3～5 mm 粒径的石屑或粗砂，并用压路机或引导行车碾压。

③轻度泛油路段，可撒 3～5mm 粒径的石屑或粗砂，用压路机或控制行车碾压。

(2) 施工要求：

①处置时间应选择在泛油路段已出现全面泛油的高温季节。

②撒料应顺行车方向撒，先粗后细；做到少撒、薄撒、匀撒，无堆积、无空白。

③禁止使用含有粉粒的细料。

④采用压路机或引导行车碾压，使所撒石料均匀压入路面。

⑤如采用行车碾压，应及时将飞散的粒料扫回，待泛油稳定后，将浮动的多余石料清扫并回收。

6. 啃边的处置

（1）挖出破损边缘，切成纵横规则断面，并适当挖深，采取局部加厚面层边部的办法修复。

（2）改善加固路肩或设硬路肩，使路肩平整坚实，与路基边缘衔接平顺，并保持路肩应有的横坡，以利排水。

（3）在路面边缘设置路缘石，其顶面与路面面层平齐，以防止啃边。

（4）平交道口或曲线半径较小的路基内侧，可适当加宽路面。

7. 脱皮的处置

（1）由于面层与基层之间黏结不良而脱皮者，应先清除脱落和已松动部分的面层，清扫干净，喷洒透层沥青后，重新铺面层。

（2）如沥青面层层间产生脱皮，应将脱落及松动部分清除，在下层沥青面上涂刷黏结沥青，并重做沥青层。

（3）由于面层与上封层之间黏结不好，或初期养护不良而引起脱皮，应先清除脱皮和松动部分，清扫干净后，洒上黏层沥青，重新做上封层。

8. 路面沉陷的处置

因路基不均匀沉降而引起的局部路面沉陷，若土基和基层已经密实稳定，不再继续下沉，可只修补面层，并根据路面的破损状况分别采取下列处置措施：

（1）路面略有下沉，无破损或仅有少量轻微裂缝，可在沉陷处喷洒或涂刷黏层沥青，再用沥青混合料将沉陷部分填补，并压实平整。

（2）因路基沉陷导致路面破损严重，矿料已松动或脱落形成坑槽的，应按坑槽的维修方法处置。

9. 波浪、搓板的处置

（1）因基层强度不足或稳定性差引起波浪时，应挖掉面层、补强基层后，再铺面层。

（2）因面层和基层间有夹层而引起波浪时，应挖除面层、清除不稳定夹层后，喷洒透层沥青，重铺面层。

（3）小面积面层搓板（波浪），也可在波谷内填补沥青混合料找平，但必须黏结牢固，稳定密实；起伏较大者，则铲除波峰部分进行重铺。

（4）严重的大面积波浪或搓板，应将面层全部挖除，重铺面层。

10. 翻浆的处治

（1）因基层水稳定性不良或含水量过大造成的翻浆，应挖去面层及基层全部松软的部分。将基层材料晾晒干，并适当增加新的硬粒料（有条件时应换填透水性良好的砂砾或工业废渣等），分层（每层不超过 15 cm）填补并压实，最后铺筑面层。

（2）低温季节施工的石灰稳定类基层若发生上层翻浆，应挖除到坚硬处，另换新料，修补基层和重铺面层。也可考虑采取短期封闭交通的办法防止翻浆蔓延扩大。

（3）对于因排水不良而造成的翻浆，可加深边沟，增设纵横盲沟，加速路基排水；或使用水稳定性好的垫层、基层，重修面层或增设隔离层。

（四）沥青类路面的预防性养护

沥青路面罩面按其使用功能可分为普通型罩面（简称罩面）、防水型罩面（简称封层）和抗滑层罩面（简称抗滑层）三种。

1. 罩面

（1）适用范围

罩面主要用于消除破损、完全或部分恢复原有路基平整度、改善路基性能等修复工作。

（2）材料要求

① 罩面的结合料宜使用性能较好的黏稠型道路石油沥青、乳化石油沥青、改性乳化沥青或改性沥青。

② 矿料宜选择耐磨、强度高的石料。

③ 高速公路、一级公路宜采用中粒式、细粒式密级配沥青混凝土或沥青玛蹄脂结构；二级及二级以下公路可采用热拌沥青碎石混合料结构；三级及三级以下公路可采用沥青表面处置层结构。

（3）厚度要求

罩面厚度应根据所在路段的交通量、公路等级、路基状况、使用功能等综合考虑确定。

① 当路基状况指数、行驶质量指数为中、良等级，路面仅有轻度网裂时，可采用较薄的罩面层（1～3 cm）。

② 当路基破损、平整度、抗滑三项指标都在中等级以下，又要求恢复到优、良等级时，应采用较厚的罩面层（3～5 cm）。

③ 高速公路、一级公路罩面宜采用4～5 cm的厚度；其他公路可采用较薄的罩面层（1～4 cm）。

④ 各级公路的罩面层厚度不得小于最小施工层厚度。

2. 封层

（1）适用范围

封层主要用于提高原有路面的防水性能、平整度和抗滑性能的修复工作。

(2) 材料要求

① 封层的结合料宜采用乳化石油沥青、改性乳化石油沥青。

② 矿料宜选用耐磨、强度高的石料。

③ 各种材料技术指标应符合有关规范规定。

④ 高速公路、一级公路可采用沥青稀浆封层养护，但宜采用粗粒式改性乳化沥青混合料，其他等级公路可采用乳化沥青混合料。

(3) 厚度要求

① 交通量较大，重型车较多的路段宜采用厚约 1.0 cm 的封层。

② 在中等交通量路段宜采用厚约 0.7 cm 的封层。

③ 在交通量小，重型车少的路段宜采用厚约 0.3 cm 的封层。

3. 抗滑层

(1) 适用范围

抗滑层适用于提高路基抗滑能力的修复工作。

(2) 材料要求

① 选用适合铺筑抗滑表层的材料和沥青混合料。

② 高速公路、一级公路宜选用重交通道路石油沥青、改性石油沥青、改性乳化石油沥青作为结合料。

③ 选用抗滑耐磨的石料，磨光值应大于 42。

④ 所用材料技术指标应符合有关规范要求。

(3) 厚度要求

① 用于高速公路、一级公路时厚度不宜小于 4 cm。

② 二级公路宜采用中粒、细粒式沥青混凝土结构，也可采用热拌沥青碎石或沥青表面处置结构，厚度不得小于最小施工层厚度。

③ 三级、四级公路可采用乳化沥青封层结构，厚度可为 0.5 ~ 1.0 cm。

(4) 施工要求

① 对确定罩面的路段，在罩面前必须完成各种病害的处置修复工作，并清除路面上的泥土杂物。

② 根据施工气温、旧沥青路面状况等因素采取相应施工工艺措施，罩面前必须喷洒黏层沥青，确保新老沥青层的结合。有条件时，洒黏层沥青前最好用机械打毛处理。

③ 当气温低于 10℃或路面潮湿时，不得浇洒黏层沥青，并不得摊铺沥青罩面层。

④ 采用乳化沥青稀浆封层时，必须有固定的专业人员、固定的专业乳液生产和施工(撒布、摊铺)设备、专职的检测试验人员，并按有关规定进行检测和质量控制。

稀浆封层撒布机在使用前，应根据稀浆混合料配合比设计，对集料、乳液、填料、加水量进行认真调试，调试稳定后，方可正式摊铺。

(五) 沥青类路面的补强与加宽

1. 一般要求

当公路的交通量增大或重车增多时，原有路基的宽度、厚度不能满足行车需要时，则应进行路基加宽和加厚。在路基加宽时，根据路基情况可分别采用双侧或单侧加宽，如路基过窄，则应在加宽路基后再加宽路堤。在路堤加宽时，应注意新旧路基的结合，避免不均匀沉陷。在路堑加宽开挖进坡时，必须自上而下进行，严禁采用大爆破，以免边坡失稳。

路基加宽时，一般可按原路基的分层结构、厚度、使用材料和操作方法进行铺筑。当采用单侧加宽时，应将原路基刮松，增做三角垫层，使加宽后的路拱左右对称。

路基加厚时，应通过调查根据设计确定其厚度，但需注意满足最小压实厚度的要求。当厚度大于最大压实厚度时，应分层铺筑。在路基开始加厚的接头处，在纵向可将原路基挖松 5~10m，挖松深度以不小于加厚路基材料的最大粒径为宜，做成缓坡搭接，以保证新旧路基搭接顺适，不致产生推移。

当路基既要加宽又需加厚时，应先进行加宽，再进行加厚。待路基稳定后及时铺筑磨耗层和保护层。

2. 施工要求

加宽接茬一般采用毛茬热接法。施工时应使原路面露出坚硬的边缘，刨切时不使原路基面层与基层的粒料松动，使边缘保持垂直，清除干净后，在接茬处均匀涂一层黏结沥青，然后沿边缘覆盖厚度为 10 cm、宽度为 20 cm 的热沥青混合料（石油沥青混合料 130℃~160℃，煤沥青混合料 90℃~120℃）预热路基边缘，待接茬处的沥青路基软化后，再将预热的混合料按厚度摊平，随即用热夯夯实，并用烙铁熨平，紧接着进行碾压。

如原路基有路缘石，应将路缘石移栽至新加宽（或加厚）路基的外侧，并重新夯实路肩后，在路缘石里侧涂黏结沥青。

补强加厚路基时，原有沥青面层经检验调查并进行技术经济比较后，除需再生利用者外，一般可不铲除。但补强仅需在原有路基上加铺沥青补强层时，当原有沥青面层有不稳定软层时则应予以铲除，或在夏季气温较高时撒布粗矿料（粒径一般为软层厚度的 0.9 倍），用重型压路机强行压入的方法使其稳定，并对原有路基的其他破损应先予以处治，必要时可设平整层。

加厚路基的厚度不大，一般可不调坡。如厚度高差较大，则应统一调坡变更标高，使路基标高提高后的纵坡顺适，并与周围环境相协调。

加宽、加厚同时进行时，宜采用单幅施工、单幅通车的方式，一般不宜中断交通。

（六）沥青类路面的翻修与再生利用

为了节约能源，减少环境污染，合理利用筑路资源，少占筑路废料堆放用地和降低路面工程造价，在沥青路面大修、改善工程中，推广采用旧沥青面层的利用技术，是当前国内外养路部门十分重视的问题。

旧沥青面层的利用，一般可分为两种情况：一是将旧面层的结合料、旧集料进行再生，组配成合格的再生沥青混合料供重新铺筑路面使用，叫作再生利用；二是旧面层在破碎后仅需掺加少量结合料或矿料后使用，叫作重复利用。再生利用按施工温度可分为热拌再生法和冷拌再生法两种。为了改善和提高再生混合料的路用性能，在加入的新沥青中可掺入诸如橡胶热塑性聚合物、硫黄等外掺剂。

不论采用何种利用方法，事先均应进行认真的调查、检测和详细的技术经济分析，因地制宜，量材使用。其利用范围应符合以下规定：

（1）再生利用基本适合各种沥青路基结构的面层。

（2）重复利用仅限于用作面层下嵌锁型基层或联结层；或用作交通量较小路段的面层下层，但表面必须用新的沥青混合料作封层；也可在交通量不大的次要公路上直接用作面层以及用来作为改善高级、次高级路基的路肩或平交道口次要道路的路基和小面积破损的修补。

再生利用时使用的外接剂或软化剂，以及添加新的集料与旧沥青混合料的掺配方法，可按以下步骤进行：

（1）首先应根据原路基的结构、材料情况，分段采样进行混合料的抽提试验，测定其沥青含量（油石比）以及沥青的针入度、软化点、延度、化学组分，有条件和需要时，还应测定沥青的绝对黏度、流变指数、沥青质和软沥青质的溶度参数等指标，并进行集料的筛分试验，以便有针对性地选用再生剂、掺加新的沥青和集料的品种与规格，为再生利用提供翔实、科学的设计依据。

（2）按公路等级、交通量、施工条件等选定再生沥青路面结构类型、使用的层位和相应的沥青针入度指标，即再生沥青所需的针入度。

（3）通过试验确定外掺剂或软化剂的种类和剂量。当旧沥青掺入新沥青及外掺剂或软化剂后，经试验取其针入度、延度和软化点符合要求者，即可作为选定的外掺剂或软化剂及其所需的剂量。

（4）确定新的矿料级配，根据旧矿料级配及其掺配（利用）率、旧矿料细化程度，选择掺配新的粗集料，使其合成级配符合组成要求。

(5) 确定结合料用量可按如下方法确定：再生沥青混合料的结合料用量，应包括旧沥青混合料中已有的旧沥青含量、外掺剂或软化剂含量和新沥青的掺配数量。

(6) 旧沥青面层再生利用的施工方法主要如下：

① 挖揭旧面层，可采用人工或路面铣刨机按面层厚度挖削，应避免破坏基层，并宜在气温较低季节进行。

② 清理、选择旧料，应选用光泽好、不干涩发脆的旧料，并清除附着的黏土、石粉等杂质，收集储运到拌和厂 (场)；堆场地基应平整坚实，排水良好，多雨地区宜设雨棚遮阳避雨，保持干燥、松散，料堆高度一般小于 1.5 m，以不结块为宜。

③ 破碎。有冷破碎法和加热破碎法两种。冷破碎法是在气温较低时采用破碎机械破碎后，用筛分机筛除超规格大颗粒及尘土、石粉，按规格将旧料分别堆存备用；加热破碎法即采用各种热能 (如太阳能、红外线加热器或炒料器) 使沥青旧料热融分解。

④ 制备再生沥青混合料。

A. 掺加再生剂，宜预先将需要掺加的再生剂 (常用的有润滑油、机油、玉米油等) 喷洒掺拌在沥青旧料中，静止数小时或 1～3 d，使再生剂渗入，软化旧料；也可在拌制再生混合料时，将再生剂喷洒入旧料。

B. 施工配料，按再生混合料的组成设计，视再生混合料的拌制方式将旧料、新集料、新沥青及再生剂 (如有需要) 进行配料。若采用人工拌和或间歇式拌和机拌和，可将设计的重量配合比折算成体积比，然后根据每盘 (或每鼓) 的拌和量计算出旧料、新集料的松方体积和新沥青再生剂的掺加剂量，以确保配料的准确度；除自动控制剂量的连续式拌和机拌制外，凡是将旧料、新料分别通过调节传输带的送料速度 (控制料斗出料口大小) 和控制沥青泵阀门开关来控制掺配比例的，应通过标定和熟练技术工人的操作来达到正确掌握掺配比例。

C. 每次掺加新沥青的数量为总沥青量与旧料掺配量中旧沥青含量之差。

D. 再生沥青混合料的拌和，必须准确掌握加热、掺配工艺和剂量，切实控制拌和温度，一般新集料先进入高温区，加热温度可达 160℃～230℃，而旧料宜进入余热区通过热交换和余热升温融化，待新旧集料混合后再加入新沥青拌和至颜色均匀一致出料，出料温度应在 140℃～160℃。

E. 认真做好工地试验，检验再生沥青混合料的沥青含量、物理力学性能等指标，如有不符合设计要求的，则应及时检查原因，修正配合比或工艺，以确保工程质量。

F. 再生沥青路面的摊铺、碾压、初期养护等工艺、质量要求与一般沥青路面施工基本相同。

二、水泥混凝土路面的养护

(一)水泥混凝土路面的养护对策

水泥混凝土路面的养护对策应根据公路等级、交通量及路况评价结果确定。公路养护管理部门可根据公路等级、交通量、路况的评价结果,结合养护资金情况,采取如下维修养护对策。

(1)高速公路及一级公路的路面破损状况等级为优和良,或者二级及二级以下公路的路面破损状况等级为中及中以上时,可采取日常养护和局部或个别板块修补措施。

(2)高速公路及一级公路的路面破损状况等级为中及中以下,或者二级及二级以下公路的路面破损状况等级为次及次以下时,应采取全路段修复或改善措施,包括沥青混合料修补、板块破碎和碾压稳定、铺筑沥青混凝土或水泥混凝土加铺层,以及修建纵向边缘排水设施等。

(3)高速公路及一级公路的路面行驶质量、抗滑能力等级为中及中以下,或者二级及二级以下公路的行驶质量等级为次及次以下时,应采取刻槽、罩面或加铺层等措施改善路面的平整度以提高路表面的抗滑能力。

(4)路面结构承载能力不满足现有交通的要求时,应采取铺筑沥青混凝土或水泥混凝土加铺层措施,以提高其承载能力。

(二)水泥混凝土路面的日常保养

(1)水泥混凝土路面养护工作必须贯彻"预防为主、防治结合"的方针。根据路面实际情况和具体条件,以及水文、地质、气候、交通和公路等级等情况,采取预防性、经常性的保养和相应的修补措施,对于较大范围的路基修理,应安排大、中修或专项工程,使路面处于良好的技术状况。

(2)水泥混凝土路面应以机械养护为主,并积极采用新技术、新材料、新工艺。

(3)水泥混凝土路面养护必须贯彻安全生产的方针,其安全技术、劳动保护等必须符合有关规定,做到安全生产、文明施工、保护环境。

(三)水泥混凝土路面常见病害的原因及处置

水泥混凝土路面损坏可分为面层断裂类、面层竖向位移类、面层接缝类、面层表层损坏类等类型。面层断裂类主要是指纵向、横向、斜向裂缝、交叉裂缝、断裂板等;面层竖向位移类主要是指沉陷、胀起等;面层接缝类主要是指接缝填缝料损坏、纵向裂缝张开、唧泥、板底脱空、错台、接缝碎裂、拱起等；面层表层损坏类主要是指磨损、露骨、纹裂、网裂、起皮、活性集料反映病害、粗集料冻融裂纹、坑洞、修补损坏等。

1. 水泥混凝土面层断裂类病害

纵向裂缝大多出现在路基横向有不均匀沉降的路段。横向或斜向裂缝，通常由于重载反复作用、温度或湿度梯度产生的翘曲应力或者干缩应力等因素单独或综合作用引起。在开放交通前出现的横向或斜向裂缝，主要是施工期间锯切缝的时间安排不当所造成的。角隅断裂通常由于表面水侵入，地基承载力降低，接缝处出现唧泥，板底形成脱空，接缝传荷能力差，重载反复作用等综合作用引起。有裂缝板在基层和路基浸水软化及重载反复作用下进一步断裂，便形成交叉裂缝和破碎板。

根据混凝土路面板的裂缝情况，可以采用如下修理方法分别予以处理：

（1）对宽度小于 3 mm 的轻微裂缝，可采取扩缝灌浆的方法，即顺着裂缝扩宽成 1.5 ~ 2.0 cm 的沟槽，清洁后填入粒径为 0.3 ~ 0.6 cm 的清洁石屑，将灌缝材料灌入扩缝内，养护至达到通车强度。

（2）对贯穿全厚的大于 3mm 小于 15 mm 的中等裂缝，可采用条带罩面进行补缝。其方法为先用销缝机顺裂缝两侧各约 15 cm，并与横缝平行方向锯成两道深为 7 cm 的缝口，凿除两横缝内的混凝土后，沿裂缝两侧 10 cm、每隔 50 cm 钻直径为 1 cm、深为 5 cm 的钯钉孔，洗刷干净、晾干后，在槽壁及其底部涂刷水泥浆或环氧水泥砂浆，并在孔内填满水泥砂浆，把钯钉插入安装孔内，随即浇筑混凝土，进行振捣并整平。喷洒养护剂，锯缝后灌注填缝料。

（3）对宽度大于 15 mm 的严重裂缝可采用全深度补块。全深度补块分为集料嵌锁法、刨挖法和设置传力杆法。

2. 水泥混凝土面层竖向位移类病害

沉陷是路面在局部路段范围内的下沉，主要是由于路基填土或地基的固结沉降或不均气沉降引起的；胀起是混凝土路面板在局部路段范围内的向上隆起，主要是由于路基的冻胀或膨胀土膨胀引起的。

（1）沉陷处理

为使沉陷的混凝土板恢复到原来的位置，可采用预升施工法进行处置。面板顶升的基本要求如下：

① 面板在顶升前，应用水准仪测量下沉板的下沉量，测站距下沉处应大于 50 m，并绘出纵断面，求出升起值。

② 在混凝土面板上钻孔，孔深应略大于板厚 2 cm，板块顶升宜采用起重设备或千斤顶。

③灌注材料可采用水泥砂浆。

④灌注材料压入后，每灌一孔应用木楔堵塞，压浆全部完毕，应拔出木楔，宜用高强水泥砂浆堵孔。

⑤压浆材料的抗压强度达到6MPa时，方可开放交通。

(2) 胀起的处理

当板端胀起但路面完好时，可用锯缝机缓慢地将拱起处两侧板的2~3道横缝加宽、切深，通过释放其应力予以处理；或切开拱起端，将板块恢复原位。然后用填缝料填封接缝。

当板端拱起板块已经发生断裂或破损时，则应根据破损情况分别按前述裂缝修理的方法予以处理。

3. 水泥混凝土面层接缝类病害

(1) 纵向接缝张开病害是由于在纵缝内未按规定要求设置拉杆，相邻车道板块在温度和横向坡度的影响下出现横向位移，使纵缝缝隙逐渐变宽。

(2) 唧泥和脱空病害是指板接(裂)缝或边缘下的基层细粒料被渗入缝下并积滞在板底的有压水从缝中或边缘处唧出，并由此造成板底面向基层顶面出现局部范围的脱空，接缝填封料失效。基层材料不耐冲刷、接缝传荷能力差和重载反复作用是引起唧泥的主要原因。

(3) 唧泥发生和发展过程中，基层顶面受冲刷，细料被有压水冲积在近板底脱空区内，使接缝或裂缝两侧板面出现高程差，形成错台病害。错台的处治方法有磨平法和填补法两种。可根据错台的轻重程度选定。

①高差小于等于10 mm的错台，可采用机械磨平或人工凿平。

②高差大于10 mm的严重错台，可采用沥青砂或水泥混凝土进行处置。

(4) 由于接缝施工不当(包括传力杆设置不当)或者缝隙内进入不可压缩材料，邻近接缝或裂缝约60 cm宽度范围内，出现并未扩展到整个板厚的裂缝，或者混凝土分裂成碎块或碎屑，这种损坏称作接缝碎裂病害。

(5) 拱起是指水泥混凝土路面在气温升高时，因胀缝不能充分发挥作用，造成板体向上隆起的现象。其处治方法同胀起。

4. 水泥混凝土面层破坏类病害

磨损、露骨主要是由于行车荷载的反复作用，以及混凝土的耐磨性差造成的。混凝土面层表面水泥砂浆由于在车轮反复作用下被逐渐磨损，沿轮迹带出现微凹的表面。长期磨损使表层砂浆几乎全部磨去，粗集料外露，并且部分粗集料被磨光。

纹裂或网裂是在混凝土板表面出现的一连串细裂纹；起皮是板上部3~13 mm深的混凝土出现脱落。这类病害主要是由于施工或材料问题造成的。

粗集料冻融裂纹是在混凝土表面接近纵、横向接缝、自由边边缘或裂缝处出现的许多密布的半月形细裂纹，裂纹表面常有氢氧化钙残留物，使裂纹周围变成暗色，并最终导致接缝或裂缝 0.3 ~ 0.6m 范围内的混凝土崩解。这种病害主要是由于某些粗集料的冻融膨胀压力造成的，通常先从板的底部开始崩解。

由于冻融或膨胀，粗集料从混凝土中脱落出来而形成坑洞，其直径为 3 ~ 10 cm。出现个别坑洞，不作为病害。

对于坑洞补修，应根据不同情况采取相应措施。

（1）对个别的坑洞，应清除洞内杂物，用水泥砂浆等材料填充，达到平整密实。

（2）对较多坑洞且连成一片的，应采取薄层修补法进行修补。

①切割面积的图形边线，应与路中心线平行或垂直。

②切割的深度，应在 6 cm 以上，并将切割面内的光滑面凿毛。

③应清除槽内的混凝土碎屑，混凝土拌和物填入槽内，振捣密实，并保持与原混凝土面板齐平。

④喷洒养护剂养护。待混凝土达到通车强度后，方可开放交通。

（3）低等级公路对面积较大、深度在 3 cm 以内、成片的坑洞，可用沥青混凝土进行修补。

①用风镐凿除一个处置区，其图形边线应与路中心线平行或垂直。

②凿除深度以 2 ~ 3 cm 为宜，并清除混凝土碎屑。

③将凿除的槽底面和槽壁洒黏层沥青，其用量为 0.4 ~ 0.6 kg/m²。

④铺筑沥青混凝土并碾压密实平整。待沥青混凝土冷却后恢复通车时，应控制车速。

（4）表面起皮（剥落、露骨）处置，应根据公路等级和表面破损程度，采取不同的材料和施工方法进行，对局部板块的表面起皮（剥落、露骨）的处置，应根据公路等级和表面破损程度，采取不同的材料和施工方法进行。

①一般公路可采用稀浆封层处置。

②高速公路可采用改性沥青稀浆封层或沥青混凝土处置。

③对于较大面积的水泥混凝土面板表面起皮（剥落、露骨），可采取稀浆封层及沥青混凝土罩面措施。

（四）水泥混凝土路面的改善

水泥混凝土路面整条路段出现较大面积的磨损、露骨时，应采取铺设沥青磨耗层的措施，磨耗层可为沥青砂（厚度为 1.0 ~ 1.5 cm）、稀浆封层或改性沥青稀浆封层；对局部路段出现路面磨光，应采取机械刻槽的方法，以恢复水泥混凝土路面的表面平整度和摩擦系数。

对板面裂缝很多，或者表面磨损严重开始剥落的路段，可采取加铺面层的方法，以延长路面的使用寿命。加铺层可采用普通水泥混凝土、钢纤维混凝土、钢筋混凝土或沥青混凝土。

面层加铺的基本要求如下：

（1）加铺水泥混凝土面层之前应对旧混凝土路面病害进行处理。凿除破碎板，铺筑与旧板块等强度的水泥混凝土。

（2）清除干净旧混凝土面板表面杂物尘污，以及旧混凝土面板接缝杂物，灌入接缝材料，铺筑一层隔离层，隔离层根据所用材料不同，可分为沥青混凝土隔离层（厚度为 1.5 ~ 2.5 cm）、土工布隔离层、沥青油毡隔离层等。

（3）铺筑混凝土加铺层，铺筑时应注意以下几点：

① 加铺层厚度应通过计算确定，其计算应符合有关公路路面设计规范的规定。加铺层最小厚度：当采用水泥混凝土、钢筋混凝土时应不小于 18 cm；当采用钢纤维混凝土时可取普通混凝土路基板厚度的 0.65 倍，且不小于 12cm；当采用沥青混凝土时应不小于 7 cm。

② 加铺层的纵、横缝应与旧混凝土面板一致，拆模时必须做好锯缝标记。钢筋混凝土板厚横向缩缝间距宜为 10m，并应设传力杆，其他缝的处理同普通混凝土板。

③ 路面加铺层的施工应符合公路路基有关施工规范的规定。

（五）水泥混凝土路面的翻修

水泥混凝土路面翻修前应根据面积、土基、面层情况、交通量等，分别选用水泥混凝土路面或沥青路面结构。在翻修施工中应注意以下几点：

（1）破碎原路基面时，应以一块路面板为最小单位。

（2）旧板凿除应注意对相邻板块的影响，尽可能保留原有拉杆，并及时清运混凝土碎块。

（3）应清除基层损坏部分，并将基层整平、砸实，对强度达不到的个别板块基层宜用 C15 贫混凝土补强。在混凝土路面板接缝处的基层上涂刷一道宽 20 cm 的沥青带。

（4）在路面排水不良地带翻修路面板时，应在路面板边缘及路肩设置路基纵、横向排水系统，以排除路面积水。

（5）在选用混凝土配合比及相应材料时，应根据路面通车时间的要求选用快速修补材料。

第十章　桥梁养护与维修

第一节　桥梁养护与维修的工作内容及分类

管理单位、养护承包单位应高度重视桥梁养护管理工作，严格执行桥梁养护管理的各项规章制度，采取科学有效的管理手段和技术措施，对所管辖的公路桥梁及时组织实施检查、检测和养护维修，确保公路畅通和桥梁安全。桥梁养护管理应贯彻"预防为主，安全至上"的工作方针，努力提高桥梁结构的耐久性和安全性。

一、桥梁养护与维修的工作内容

（一）实行桥梁养护工程师制度

1. 桥梁养护工程师设置及职责

（1）设置要求

要求养护承包单位设置专职桥梁工程师（三年以上从事桥梁养护管理工作经历，具有工程师及以上技术职称），并保持其人员的相对稳定。

（2）职责

① 负责所辖区域内桥梁的日常检查、巡视，并填写桥梁日常、经常检查记录表；

② 对技术状况为三、四、五类的桥梁，根据桥梁的病害发展程度，制定适宜的观测频率，落实责任人，进行全天候观测，保证桥梁无险。

③ 对需要大修、改建的桥梁提出建议。根据检查结果编制并上报养护维修建议计划，提出须进行特殊检查的桥梁的申请报告。

2. 养护部职能

（1）制订桥梁年度计划；审议、批复桥梁小修施工方案。

（2）按规定负责复核三、四、五类技术状况桥梁的评定工作。

（3）考核桥梁的养护质量，分析桥梁病害原因，及时提出养护、维修、改善方案和措施，并组织指导承包商对辖区内的桥梁（涵洞、隧道）的小修保养和抗灾抢险工作，及时上报辖区的桥梁受自然灾害和其他因素损坏的情况。

（4）提出超重车辆通过的有关技术要求。

（5）加强对承包商的监督与管理，桥梁工程师及技术人员要相对稳定，监督指导承包商桥梁养护工作情况。

（6）加强桥梁检查巡视工作，对承包商的桥梁检查记录认真审核并抽查验证其真实性。

（7）负责安排桥梁定期检查。

① 提出桥梁特检申请报告。

② 提出桥梁大中修工程年度计划。

③ 组织桥梁大中修工程的实施，并负责工程的质量监督。

（8）审核承包商上报的桥梁（涵洞）养护工作计划和统计报表。

（9）参与制订重要桥梁的大、中修和改建工程技术方案和对策措施，并组织审验其科学合理性。

（10）协助实施辖区内桥梁的特殊检查工作和上级领导的工作检查。

（11）负责辖区内桥梁技术档案的补充、完善和保密工作。定期对桥梁技术状况做出综合评价与分析。

（12）协助组织桥梁养护技术人员的培训工作。

（13）积极参与桥梁养护的科技成果工作会议，推广新科技、新成果。

（二）桥梁养护工作方法

1. 养护部门

年底制订下年度桥梁养护工作计划，内容包括：

（1）桥梁日常维护计划（内容要求：旱季重点为桥面系完好情况、上部结构、安全设施、标志等；汛期前后重点为桥面系完好情况，下部结构、基础、防护设施等。汛期加强巡视、排险）。

（2）中小修工程计划。

（3）桥梁定期检查计划。

（4）审议批复小修工程方案，协助制订大中修危桥改造工程方案和设计。

（5）汛期之前做好防汛应急预案的编制及演练工作，检查防汛物资的准备，加强汛期巡视检查，及时通报情况。组织承包商进行汛期前桥梁安全检查，对于严重水毁隐患及时制订加固维修方案，汛期前督促完成全部该类加固工程。

2. 桥梁检查

桥梁检查分为日常检查、经常性检查、定期检查和特殊检查。

（1）桥梁日常检查

由养护技术人员负责，检查方式以直接目测为主，配合简单工具测量，根据桥梁病害程度制定相应的观测频率，进行观测。对桥梁的观测、巡视，要求有详细的观测记录，包括：

① 检查具体时间、人员（按检查人员、记录人员的顺序签名）、观测频率、病害位置、程度、病害位置的照片、负责人的签字认可，检查时间精确到"时"。

② 病害程度要求有详细程度修饰语，如轻微、严重、特别严重等，有病害实际长度或面积。病害照片要求有具体的时间显示。为了便于观测，对桥梁的病害位置应进行标记。

（2）桥梁经常性检查

桥梁经常检查记录以桥梁日常检查和月末最后一次检查记录为准，重点三、四、五类桥梁记录以具体观测次数为准，建立自检抽查制度。日常检查、经常检查的项目和内容包括：

① 桥面是否平整，有无损坏、堵死。

② 桥面泄水孔是否损坏、堵死。

③ 桥面是否清洁，有无杂物堆积、杂草蔓延。

④ 栏杆扶手是否断裂、撞坏、锈蚀、变形。

⑤ 伸缩缝是否堵塞、损坏、失效。

⑥ 护坡、翼墙有无开裂、坍塌、沉陷。

⑦ 交通信号、标志、照明是否完好。

⑧ 上部结构。

A. 梁式结构。主梁支点、跨中、变截面处有无开裂，最大裂缝值；梁底表面有无空间、蜂窝、麻面、剥落、露筋；有无局部渗水；横隔板是否开裂，焊缝是否断裂；钢结构是否锈蚀、变形。

B. 圬工拱桥。主拱圈是否开立、渗水、砂浆松动、脱落、变形；拱脚是否开裂；腹拱是否变形、错位；立墙、立柱有无开裂、脱落；侧墙有无鼓肚、外倾等。

C. 双曲拱桥。拱脚有无压裂；拱肋 1/4 处，3/4 处，顶部是否开裂、破损、露筋、锈蚀；拱坡是否开裂；坡间砂浆是否脱落、松散；横隔联系是否开裂、破损等。

⑨ 支座、位移是否正常；橡胶支座是否老化、变形，钢板滑动制作是否锈蚀、干涩；各种支座固定端是否松动、剪断、开裂等。

⑩ 下部结构：墩身是否开裂，局部外鼓，表面风化、剥落、空洞、露筋；是否有变形、倾斜、沉降、冲刷、冲撞损坏情况等；桥台是否开裂、破损；台背填土是否有裂缝、挤压、受冲刷等情况。

日常检查、经常性检查应如实进行记录，及时要求养护人员进行清洁、保养和小修，当三、四、五类桥梁存在技术状况时，应以文字报告的形式向养护部门进行汇报，并根据其病害程度制定相应的观测频率，责任到人。

(3) 桥梁定期检查

桥梁定期检查是由养护部门统一下达、安排定期检查的范围和工作计划，专职桥梁养护工程师负责组织实施，对桥梁主体结构及其附属构造物的技术状况进行定期跟踪全面检查，评定桥梁技术状况等级。桥梁定期检查主要以目测结合仪器为主，对桥梁各部分构件进行检查，检查时依照桥梁管理系统的评分标准，对各构件进行技术评分，最后填写外业数据评分表格。

① 定期检查的时间。定期检查的时间根据桥梁不同情况规定为：新建桥梁竣工接养一年后；桥梁定期检查主要以目测结合仪器检查方式进行。其检查周期一般不低于每三年一次，特殊结构桥梁应每年一次。在三类以上的桥梁，须安排定期检查，检查频率应根据严重程度由桥梁工程师根据有关规定制定。

② 定期检查的项目和内容。

A. 桥面铺装：是否有坑槽、开裂、车辙、松散、沉陷、桥头跳车等。

B. 人行道、栏杆：人行道有无开裂、断裂、缺损，栏杆有无松动、变形。

C. 伸缩缝：是否破损、结构脱落、淤塞、填料凸凹、跳车、漏水等。

D. 排水设施(防水层)：桥面横坡、纵坡是否顺适，有无积水，泄水管有无损坏、堵塞，泄水能力情况；防水层是否工作正常，有无渗水现象。

E. 上部结构。

a. 梁式结构：主梁支点、跨中、变截面处有无开裂，最大裂缝值；梁底表面有无空间、蜂窝、麻面、剥落、露筋；有无局部渗水；横隔板是否开裂，焊缝是否断裂；钢结构是否锈蚀、变形；

b. 圬工拱桥：主拱圈是否开立、渗水、砂浆松动、脱落、变形；拱脚是否开裂；腹拱是否变形、错位；立墙、立柱有无开裂、脱落；侧墙有无鼓肚、外倾等；

c. 双曲拱桥：拱脚有无压裂；拱肋 1/4 处，3/4 处、顶部是否开裂、破损、露筋、锈蚀；拱坡是否开裂；坡间砂浆是否脱落、松散；横隔联系是否开裂、破损等。

F. 支座、位移是否正常；橡胶支座是否老化、变形，钢板滑动制作是否锈蚀、干涩；各种支座固定端是否松动、剪断、开裂等。

G. 墩身是否开裂，局部外鼓，表面风化、剥落、空洞、露筋；是否有变形、倾斜、沉降、冲刷、冲撞损坏情况等。

H. 桥台是否开裂、破损；台背填土是否有裂缝、挤压、受冲刷等情况。

I. 翼墙：是否开裂，有无前倾、变形等。

（4）桥梁特殊检查

桥梁特殊检查由养护部门在年养护计划中统一安排，并负责组织实施。特殊检查一般在下列情况下进行：

① 在地震、洪水、滑坡、超重车行驶、行船式重大沉浮物撞击之后。

② 决定对单一的桥梁进行改造、加固之前。

③ 桥梁定期检查难以判明的损坏原因、程度和整座桥的技术状况时。

特殊检查是指在特定情况下对桥梁技术状况进行鉴定，以查清桥梁的病害成因、破损程度、承载能力或抗灾能力等。特殊检查需要仪器、设备等技术手段和科学方法分析桥梁病害的确切原因和程度。因此，须由专业公路桥梁检测中心完成桥梁特殊检查的内容项目和方法，视桥梁的技术状况而定。

3. 桥梁档案管理

（1）梁设计图、竣工图、设计文件和竣工验收报告。

（2）工程施工检验报告、材料实验报告、工程质量监理报告。

（3）历次桥梁定期检查报告、《定期检查表》、桥梁技术现况评定表。

（4）历次桥梁大、中修等加固工程设计文件、图纸和验收报告。

（5）历年《桥梁管理系统》运行成果报告。

（6）遭受地震、水毁、滑坡、泥石流、超重车过桥。

4. 桥梁系统维护

养护部桥梁养护工程师负责每年《桥梁管理系统》数据的更新。数据更新工作必须在完成各类统计表、检查表的核实之后进行。

5. 桥梁养护工程管理

桥梁养护工程分为小修保养、中修、大修、改建。对技术状况为一、二类的桥梁应加强小修保养，防止出现明显病害；对技术状况为三类的桥梁应及时进行中修，防止病害加快扩展，影响桥梁安全运营。

桥梁养护工程施工单位应按照相关规定，合理布设施工作业区，设置标志和安全防护设施，保证施工车辆、人员和过往车辆的安全，必要时还应协助有关部门做好交通疏导工作。

6. 技术档案管理

建立健全公路桥梁技术档案管理制度，推广应用公路桥梁管理系统，及时更新桥梁技术数据，保证公路桥梁技术档案真实、完整，实现电子化管理。特别重要的特大型桥梁应建立符合自身特点的电子档案管理系统和养护管理系统。公路桥梁技术档案应包括桥梁基础资料、管理资料、检查资料、养护维修资料、特殊情况资料等。

（1）桥梁基础资料

① 桥梁设计施工图及竣工图，结构计算分析报告。

② 施工过程中的试验检测及科研资料。

③ 工程事故处理资料。

④ 施工全过程的结构位移或变形测试资料。

⑤ 观测或监测点（部件）资料。

⑥ 交（竣）工验收资料。

⑦ 对新建桥梁，接养单位应参与交（竣）工验收。桥梁建设单位应向接养单位移交桥梁基础资料，并协同做好接养工作。

（2）桥梁管理资料

桥梁管理资料包括桥梁管养单位、监管单位及其分管领导、桥梁养护工程师等的基本资料。管理资料中对桥梁养护工程师除应归档个人基本资料外，还应归档其业务考核情况和年度主要工作情况。

（3）桥梁检查资料

桥梁检查资料包括桥梁经常检查、定期检查结果、养护对策建议、特殊检查建议报告、养护建议计划等技术资料，以及检查的时间、实施人员等基本资料。特殊检查还应包括检测（试验）方案、检测（试验）报告、照片及多媒体材料，检测（试验）方的资质证书（复印件）、业绩证明（复印件）及其主要检测人员的资格证书（复印件）等。

（4）桥梁养护维修资料

桥梁养护维修资料包括小修保养工程的实施技术资料和养护质量评定结果，以及工程实施的时间、组织实施人员等；桥梁的中修、大修、改建工程的设计图纸、竣工图纸、施工资料、监理资料、监控（监测）资料、质量事故处理报告、交（竣）工验收等技术资料，以及设计、施工、监理和监控（监测）等各方的资质证书（复印件）、业绩证明（复印件）及其主要检测人员的资格证书（复印件）等。

（5）桥梁特殊情况资料

桥梁特殊情况资料主要包括地质灾害、气象灾害、超限运输等特殊事件的具体情况、损害程度、处治方案等。

基本资料缺失的桥梁，应根据历年检查、养护资料，逐步建立和完善其技术档案。必要时，可专门安排有针对性的检测、试验或特殊检查，补充、完善桥梁技术资料。

二、应急处置管理

桥梁突发事件的处置工作应在各级政府的统一领导下，由各级交通主管部门具体负责，实行条块结合、以块为主。例如，根据北京路政局制定的以预防桥梁坍塌事故为重点的突发事件应急预案，及时进行信息上报、分级响应、交通保障与恢复、事故调查等工作的职责和程序。

接获公路桥梁突发信息后，桥梁管养单位应立即向上级主管部门报告并启动应急预案，及时、有效地进行处置工作。应急处置过程中，要按相关规定向上级主管部门续报有关情况。

（一）发生突发事件

发生以下突发事件，桥梁管养单位应在接获有关信息后立即上报主管部门：
（1）桥梁损毁中断交通的。
（2）大型、特大型桥梁出现严重病害危及桥梁安全的。
（3）车辆或船舶与桥梁设施相撞，造成严重后果的。

（二）监督检查

养护部门应依据有关法律法规的规定，对辖区内公路桥梁的养护管理工作进行监督检查。桥梁管养单位、监管单位应自觉接受有关交通主管部门和公路管理机构依法实施的监督检查，不得以任何理由推诿、拒绝。养护部门对公路桥梁养护管理工作实施监督检查时，应当深入桥梁养护管理工作现场，并采取必要的技术检测手段，不得流于形式。监督检查应包括以下主要内容：
（1）各项规章、制度和技术规范的执行情况。
（2）人员、经费的落实情况。
（3）桥梁检查、评定工作的开展情况。
（4）养护计划执行和养护工程管理情况。
（5）桥梁技术档案和管理信息系统的建设维护情况。
（6）各项应急预案的制定和执行情况。

各级交通主管部门和公路管理机构在监督检查过程中，对发现的问题，有权责令有关单位立即改正。监督检查结束后，应向有关单位反馈书面意见；对桥梁养护管理工作薄弱、技术状况评定不规范、安全隐患突出的单位，应给予严厉批评。造成严重后果的，应按规定追究相关人员的责任。

第二节　桥梁常见的缺陷和病害

一、桥梁常见病害分析

(一) 下部墩台及基础的病害

1. 基础的缺陷和病害
(1) 承载力不足而使基础均匀沉陷。
(2) 基础的滑移和倾斜，以及基底局部冲空。
(3) 基础结构物的异常应力和开裂。

2. 桥墩、桥台缺陷和病害
(1) 水平、竖向和网状裂缝。
(2) 混凝土脱落、空洞、材料老化。
(3) 受外力冲击产生破坏。
(4) 结构变形、位移等。
(5) 钢筋外露和锈蚀。
(6) 结构变形、位移等。

(二) 桥梁上部构造病害

1. 主梁病害
主梁一般是桥梁的主要承重结构，如果其发生病害，一是影响美观，二是影响使用寿命，甚至还会威胁到人们的生命和财产安全。

主梁病害主要有裂缝、腐蚀破坏、主梁挠度过大、对于斜交桥发生梁体横向错位、梁顶死横向晃动及单板受力等。

2. 横隔梁的病害
横隔板开裂，就会产生某一块或多块板梁单独受力的情况。桥梁出现单板受病害后，由于荷载横向分布系数比设计值大，板梁不能共同受力。某块板梁单独承受荷载，加剧单板疲劳破坏，使桥梁上部结构处于极为不利的受力状态。降低了桥梁的耐久性和使用寿命，对行车安全造成了极大隐患。

3. 支座病害类型
支座脱空是支座一个比较常见的病害，对各种不同跨径的桥梁，随着斜交角度的增大，梁板底与支座脱空的百分比明显增大；对各种不同跨径的桥梁，随着桥梁跨径的增大，梁板底与支座脱空的百分比亦明显增大。支座脱空后，使板梁处于三点受力状态，在梁的自重和外力荷载作用下，其受力状态与设计时的受力状态发生了很大的变化，垂直力与水平力由设计时考虑四个支座分配，变成实际上的三个支座受力。支座压应力将会大大提高，有可能超过其容许压应力；支座受力不均匀或脱空，板梁除受弯外还受到扭矩的作用；支座脱空引起梁板之间剪力铰的破坏。

（三）混凝土开裂

梁体开裂是混凝土桥梁中一种常见的现象，这种现象也直接影响着整个桥梁的工程质量，工程技术人员也常常会被这些问题所困扰。混凝土裂缝病害产生的主要原因是由荷载、温度、混凝土收缩、钢筋锈蚀、冻胀和施工的质量引起的。在处理混凝土裂缝病害中，要先分析产生的原因，根据具体情况再进行修复。

1. 桥头跳车

桥头跳车是桥梁正常运行之后普遍存在的病害。正常情况下，台后路面与桥台路面的高差是 2～3cm，但是极个别桥梁达到了 6cm、7cm，这样桥台与台后路面之间便出现了明显的台阶，致使车辆在行驶到桥头时出现跳车现象。

（1）桥头跳车的危害

桥头跳车不仅影响行车的舒适度，还会对桥面产生过大的冲击力，加重病害或诱发其他桥梁病害，同时对桥头伸缩缝的性能产生影响，造成后期伸缩缝频繁维修，影响交通的正常使用。

（2）桥头跳车的主要原因

造成桥头跳车的主要原因是台后填土及路基与桥台间的不均匀沉降，造成不均匀沉降的原因是填土前的原地面承载力不足，填土质量不满足要求，土方碾压不合格等。

2. 桥头沉陷病害

水泥混凝土桥面裂纹有纵横向裂纹、有龟裂、有表面微小裂纹，出现的原因多数是施工造成的非荷载裂纹，主要是混凝土过稀、空气湿度低、风天、气温变化大，防水剂或其他外掺剂拌和不均，钢筋网没有放好等所引起的。预防办法是降低混凝土坍落度、加强浇注振捣、加强养护、覆盖养生、防晒防风、保持湿润等。

3. 桥梁病害成因分析

（1）设计方面的因素

在桥梁出现的问题中，很多都和施工质量比较低有一定的联系，也有些病害通过桥梁设计的改进是可以避免的，因为一些设计人员在进行桥梁设计时，往往只满足于相关的安全规范加强结构的强度，但却忽略了结构、材料、耐久度等因素，或者在设计中出现了人为的错误。

比如计算图式和受力路线比较模糊，造成局部承受的压力过大等，这些问题都会导致桥梁病害的产生。设计方面的问题具体来说主要是设计标准低，不符合当地的具体情况；结构不合理，未考虑桥梁的地质条件、施工方法等；计算和设计不完善，有些仅仅依靠经验，而忽视了计算过程。

（2）施工和管理的因素

在影响桥梁病害的因素中，施工和管理的因素是最重要的，大多数桥梁的病害都是由于施工质量低和后期的管理不到位产生的，有些工程片面地追求建设成本，忽视了桥梁使用寿命和耐久性，给桥梁安全留下了隐患；同时后期的管理及养护和维修不到位也是造成病害的原因。

（3）使用的因素

由于一部分旧桥超寿命负载运营，一部分是实际的通车量超过了最初的设计和车辆违规超载造成了对桥梁的过度使用，使桥梁自身的一些结构发生了改变，降低了其耐久性，威胁到车辆行驶的安全性。

如预应力砼桥梁在超载的情况下可能会产生开裂，裂缝即使能够自行闭合，但其内部结构受到了损伤，构件的开裂弯矩降低、刚度下降，回到了正常的负载水平，原来不该开裂的结构产生裂缝或较小的裂缝成为超出规范允许的裂缝或产生较大的变形，对结构的性能和耐久性产生不利的影响。

（4）人为及自然因素引起结构的损坏

比如超出设计最高水位的洪水、泥石流、浮冰、冰冻、地震、强风、船舶撞击等作用，河道不恰当开挖，桥梁基础下存在岩溶、矿山坑道等，引起桥梁结构的局部损坏。

（四）桥台

1. 原因分析

自基础向上发展至台身的裂缝，下宽上窄的原因分析：基础松软或者沉降不均。

2. 处置建议

轻微的裂缝用表面修补法进行防护；严重的需要进行地基处理，对裂缝进行灌浆、镶缝封堵进行处理。

3. 台身的水平裂缝

（1）原因分析

桥台的横向裂缝是由于荷载的重复作用导致的，伸缩缝的堵塞使桥面将车辆的荷载不加缓冲地直接传给承重构件。这样，沿道路前进方向的车辆荷载力对桥台造成了直接的损坏，长期的作用使作用效果的累积超过了混凝土的疲劳强度，于是与道路垂直的方向会出现裂缝，并且裂缝的移动方向是行车的方向；同时地质地基的不稳定也是造成桥台损坏的主要因素。

（2）处置建议

若裂缝较细较浅，可以采用表面修补法，若裂缝宽度深度较大，可以先进行封闭处理，然后粘贴碳纤维布防止裂缝继续扩大。

4. 台身前墙竖向贯通裂缝

（1）原因分析

一般是由于基础松软或者沉降不均引起的。

（2）处置建议

轻微的裂缝用表面修补法进行防护；严重的需要进行地基处理，然后对裂缝进行灌浆、镶缝封堵处理。

5. 挡块裂缝

（1）原因分析

在车辆长期荷载的作用下引起桥梁向横坡方向偏移，以致挤压挡块使挡块产生裂缝。

（2）处置建议

挡块所产生的裂缝应该立即维修，以免危及桥梁梁片的稳固，需要采用灌浆、嵌缝封堵法。它利用压力设备将胶结材料压入混凝土的裂缝中，胶结材料硬化后与混凝土形成一个整体，从而达到封堵加固的目的。常用的胶结材料有水泥浆、环氧树脂、甲基丙烯酸酯、聚氨酯等化学材料。嵌缝法是裂缝封堵中最常用的一种方法，它通常是沿裂缝凿槽，在槽中嵌填塑性或刚性止水材料，以达到封闭裂缝的目的。常用的塑性材料有聚氯乙烯胶泥、塑料油膏、丁基橡胶等；常用的刚性止水材料为聚合物水泥砂浆。

（五）墩台帽梁

1. 自上而下的竖向裂缝及顶部的纵向裂缝

（1）原因分析

这是由地基地质沉陷，基础竖向不均匀沉降或水平方向位移，加上长期车辆荷载所受的剪切力及材质缺陷等原因造成。由于基础竖向不均匀沉降或水平方向位移，使结构中产生附加应力，超出了混凝土结构的抗拉能力，导致结构开裂。

（2）处置建议

若病害情况不严重，则可以运用表面修补法；若情况严重，危及桥梁的正常运营，则需要进行地基处理，然后进行封堵处理。

2. 自下而上的竖向裂缝及底部的纵向裂缝

（1）原因分析

上部受压下部受拉，引起下部混凝土的张拉裂缝，是钢筋抗拉强度不足导致的。

（2）处置建议

应该立即维修，以免危及桥梁梁片的稳固。可以在裂缝的表面涂抹水泥浆、环氧胶泥或在混凝土表面涂刷油漆、沥青等防腐材料，在防护的同时防止混凝土受各种作用的影响继续开裂，通常可以采用在裂缝的表面粘贴玻璃纤维布等措施。裂缝较宽，或有发展趋势等采用灌浆、嵌缝封堵法。

3. 保护层过薄引起的表层开裂

（1）原因分析

保护层过薄引起混凝土的表层裂缝。

（2）处置建议

由于此病害对结构稳定性和结构承载能力没有影响，可以采用表面修补法，在裂缝的表面涂抹水泥浆、环氧胶泥或在混凝土表面涂刷油漆、沥青等防腐材料。

4. 自垫石向下发展的裂缝

（1）原因分析

由于墩帽在支承垫石下未布置钢筋或受到过大的冲击力导致。

（2）处置方法

若病害不严重则可采用表面修补法，若裂缝宽度深度较大，则可以先进行封闭处理，然后粘贴碳纤维布防止裂缝继续扩大。

（六）翼墙、耳墙

1. 位移、倾斜

（1）原因分析

一般是高填土的涵洞或者通道，由于受过大的土压力产生的位移；还有一些是因为地基的不均匀沉降引起翼墙的竖向位移。

（2）处置建议

若位移、倾斜不严重，则可以暂不处理，观察其发展情况；若其位移倾斜严重，则需要加设支撑架，或者打锚杆进行加固，防止其进一步发展。

2. 裂缝

沉降裂缝造成硬性损坏，所以一定要进行维修。建议将护坡的浆砌片石挖开，在里面填上灰土，或者回填材料并夯实，之后向里面灌水泥浆，饱和后将浆砌片石再砌好。

（七）沥青混凝土桥面铺装

1. 车辙

（1）原因分析

由于长期重车及高温作用而导致的病害现象。

（2）处置建议

一般可采用沥青混合料覆盖车辙并加铺沥青混合料薄层罩面的方法。如条件允许，则可用加热切副法（使用铣刨机或加热切削整平机）铣刨或切削。

2. 波浪拥包

（1）原因分析

沥青材料高温稳定性差，或者是设计配合比有问题。

（2）处置建议

一般可采用沥青混合料覆盖车辙并加铺沥青混合料薄层罩面的方法。如条件允许，则可用加热切副法（使用铣刨机或加热切削整平机）铣刨或切削。

3. 桥头跳车

（1）原因分析

桥头跳车是由于桥台与其后路基沉降不均匀造成了桥台和路基顶面的沉降差而产生的。当沉降差超过2cm以上时，将使此处的路面断裂，从而使行车产生明显的颠簸和不适。分析形成沉降断裂的原因，主要是由于高等级公路桥台基础一般采用桩基础，桩尖落到持力层，其沉降量甚小，设计控制施工后的沉降量一般为2～3cm，而其后的台背回填因地基沉降和台后填料本身的压缩变形，从而使桥台和路基产生不均匀沉降，造成路面和桥台的高程突变，形成桥头跳车。

（2）处置建议

对沉降路基段桩孔注浆，让其不再发生沉降，然后采用沥青混合料直接加铺。

4. 裂缝

（1）原因分析

裂缝形式有纵缝、横缝或网裂，主要是由沥青老化或桥面板本身出现损坏破裂引起的。

（2）处置建议

情况不严重的话，用沥青料进行封闭处理；若情况严重，则需要铣刨重新铺装沥青层。

5. 松散露骨

(1)原因分析

当面层材料组合不当或施工质量差，结合料含量太少或黏结力不足，就会使面层混合料中的集料失去黏结而成片散开。若松散材料被车轮轧过后的真空吸力或风和雨水带离路面，或者是龟裂及其他裂缝的进一步发展，使松动碎块脱离面层，便会形成大小不等的坑槽。

(2)处置建议

情况不严重的话，可以暂时不处理；若病害发展，有恶化趋势，产生坑槽，则需要铣刨重新铺装沥青层。

(八)伸缩缝

1. 防水材料老化、脱落

(1)原因分析

防水材料老化。

(2)处置建议

对止水带橡胶进行更换。

2. 锚固区混凝土开裂、破损

(1)原因分析

这是一种常见病害，是由于锚固区混凝土和桥面接头的不平整，车辆对其不断冲击造成的。

(2)处置建议

采用新鲜混凝土进行修补，用于修补的混凝土，要级配良好，并且特别注意保证具有良好的和易性，以减少捣实工作的困难。混凝土的修补可以采用直接浇筑法。

3. 堵塞、卡死

(1)原因分析

因为长时间通车导致的普遍病害现象。

(2)处置建议

伸缩缝应及时清理。

(九)栏杆裂缝

1. 原因分析

护栏的裂缝是横向力不断累积的结果，路面传来的汽车的作用力传到护栏上并逐渐累积，当达到护栏的疲劳强度时，就会使护栏产生裂缝。

2. 处置建议

暂时不危及桥梁的整体结构，建议用环氧砂浆或者环氧树脂将裂缝堵住，防止病害处进一步腐蚀即可。

（十）防排水系统

1. 泄水管破损

（1）原因分析

泄水管出现的破损现象是由于其材料本身强度不够，在长时间使用下自然损坏造成的。

（2）处置建议

更换泄水管。

2. 泄水管缺失

（1）原因分析

人为偷盗泄水管，或者是质量不好的泄水管掉落。

（2）处置建议

应及时进行补齐，以免排水不畅，引起构件侵蚀、地基冲刷等水害，并且采取防范措施，加强监管力度。例如，可以采用不可回收材料的排水管，加强法制教育宣传等。

3. 泄水管堵塞

（1）原因分析

泄水管堵塞是由于长时间没人清理，雨水使泥土、垃圾堆积在泄水孔附近，久而久之堵塞泄水管造成的。

（2）处置建议

建议定期派专人清理、疏通，防止路面积水长时间浸泡造成桥面铺装腐蚀，进而造成对承重构件梁的破坏。

（十一）裂缝修补方法

1. 裂缝缝宽较细采用表面修补法

（1）适应范围

它主要适用于稳定和对结构承载能力没有影响的表面裂缝及深进裂缝的处理。

（2）处理措施

通常的处理措施是在裂缝的表面涂抹水泥浆、环氧胶泥或在混凝土表面涂刷油漆、沥青等防腐材料，在防护的同时为了防止混凝土受各种作用的影响继续开裂，通常可以采用在裂缝的表面粘贴玻璃纤维布等措施。

2.灌浆、嵌缝封堵法

裂缝较宽，或有发展趋势等采用灌浆、嵌缝封堵法。

（1）适应范围

灌浆法主要适用于对结构整体性有影响或有防渗要求的混凝土裂缝的修补，它是利用压力设备将胶结材料压入混凝土的裂缝中，胶结材料硬化后与混凝土形成一个整体，从而达到封堵加固的目的。常用的胶结材料有水泥浆、环氧树脂、甲基丙烯酸酯、聚氨酯等化学材料。

（2）处理措施

嵌缝法是裂缝封堵中最常用的一种方法，它通常是沿裂缝凿槽，在槽中嵌填塑性或刚性止水材料，以达到封闭裂缝的目的。常用的塑性材料有聚氯乙烯胶泥、塑料油膏、丁基橡胶等；常用的刚性止水材料为聚合物水泥砂浆。

3.混凝土置换法

对待裂缝非常严重，填缝已经不能解决问题的情况，可以采用混凝土置换法。混凝土置换法是处理严重损坏混凝土的一种有效方法，此方法是先将损坏的混凝土剔除，然后再置换入新的混凝土或其他材料。常用的置换材料有普通混凝土或水泥砂浆、聚合物或改性聚合物混凝土或砂浆。

二、桥梁病害的应对措施

（一）重视桥梁防水

桥梁常见病害多与水有关，而这些常见病害如果不能及时进行治理，将直接影响桥梁使用寿命，造成经济损失。由于在20世纪90年代修建桥梁时，对桥梁防水没有特别的要求，因而桥梁病害维修工作完成后，在整个桥梁表面涂刷防水密封剂，并重新铺设防水层，对提高桥梁耐久性和延长桥梁使用寿命很有意义。

对桥梁防水可以降低钢筋锈蚀速度，涂刷防水密封剂还可减少氧气的渗透，减缓混凝土碳化反应的进程。但是，仅仅对病害处进行维修而不采取必要的保护措施对整个结构进行保护，是不能彻底解决混凝土的病害问题的。要想延长混凝土桥梁的使用寿命，延长维修周期，节省维修成本，必要的保护措施是必不可少的。

（二）新建桥梁的养护管理

桥梁设计应引入新的设计理念，充分考虑养护管理等日常工作的正常开展，如设置变形观测点；支座留有检修通道和检修口；吊杆锚头应便于检查、保养。

建设单位在桥梁投入使用前应组织检测评估，将测试资料、桥梁自振频率及完整的设计技术资料、施工竣工资料移交桥梁管理部门，以便于桥梁使用过程中检测数据的比对，做到预防为主，维修及时。

（三）建立城市桥梁信息管理系统

目前，我国大部分城市对城市桥梁基础资料的管理还采用传统的方式，使得对城市桥梁的动态数据掌握不准确，不全面。为了保证桥梁的安全，及时在桥梁巡查工作中发现病害，应建立城市桥梁信息管理系统，对城市桥梁进行监控。在这方面，北京、上海等桥梁管养水平发达的地区具有很强的优势，作为欠发达地区，应该主动去学习经验，避免走弯路，也可以委托专业单位或者依托自身实力编制出适合本地区的桥梁管理软件，加强对桥梁的动态管理，以便在今后桥梁管养工作中能及时发现问题，及时采取相应的解决措施。同时依据这些信息资料，编制桥梁养护维修中长期计划和年度计划，加强对桥梁的长效管理。

任何一座桥梁，从交付运营时起，或多或少带有一定程度的病害，如不加以处理，病害将越来越严重，最终危及桥梁的安全。对桥梁病害必须进行维修处理，但更重要的是从设计、施工中去预防病害的发生，降低后期的维修保养费用。

第三节　桥梁日常养护与维修

公路桥梁是最重要的基础设施，随着经济的发展，交通量的增加，桥梁的安全变得尤其重要，而桥梁养护的好坏直接关系到公路交通的安全和畅通。加强桥梁的养护管理、维修加固、检测和改建，提高旧桥承载能力和安全性，延长服务年限成为急需解决的问题。

一、桥梁日常养护

桥梁是公路的重要组成部分，桥梁的安全状况直接影响道路的畅通与否，进而影响整个区域经济的发展，因此，桥梁养护工作十分重要。公路运输对公路桥梁的通行能力和承载能力的要求越来越高，对桥梁的养护维修和加固工作的要求也越来越高，因此桥梁养护必须得到加强。现结合实际情况，作如下介绍。

（一）领导重视，认识到位

近年来，随着养护事业的发展，一些新的养护理念和思路逐渐被桥梁养护工作者所接受，并且应用于日常养护工作中。

1. 改变旧的思想与观念

领导高度重视桥梁养护，彻底改变以往养护中"养路不养桥""重建设，轻养护""重路轻桥"等养护工作中的老思想、老观念，逐步开始认识到桥梁在公路中的地位，桥梁事故给人们的生命和财产安全带来的巨大损失，同时也认识到桥梁养护工作的重要性。

2. 认识到位

只有桥梁养护工作的管理到位，措施得当，技术先进，材料过关，工艺严格，施工精细才能保证桥梁养护的有效性。随着养护市场化的到来，全寿命养护周期成本最低理念，预防性养护，精细化管理等养护新观念、新思路的出现，也迫使我们紧跟时代的步伐，为能在将来的养护市场化中占有一席之地，应从养护经费、人员投入、仪器设备、教育培训等多方面向桥梁养护倾斜，确保桥梁养护及时到位。

（二）建设专业的队伍

随着公路交通的迅速发展，对公路桥梁的养护管理工作必然要求有专业的桥梁养护工程师队伍进行技术指导，同时要求有专业的养护队伍负责实施。认真落实《公路桥梁养护管理工作制度》，根据所养护里程、辖区内桥梁数量设立专职桥梁养护工程师，并保证其工作性质的相对稳定。在工作中明确专职桥梁养护工程师的职责，桥梁养护工程师负责制定、安排桥梁养护的定期检查，提交检查报告，通报三、四类级危险桥梁的病害状况。

（三）严格落实养护管理制度，认真执行养护规范

随着国家对桥梁养护工作重视程度的进一步提高，先后出台了《公路桥梁养护管理工作制度》《公路桥涵养护规范》（JTG 5120—2021）等多项制度和规范，各省市也结合实际要求，出台了相应的制度、指导性意见及地方性规定来规范桥梁的养护管理工作，使桥梁养护工作得到了进一步加强。

1. 养护力度加大

养护力度进一步加大，使得养护管理工作进一步标准化、统一化、规范化，使桥梁养护更加行之有效，从而避免了桥梁失养、工作局面混乱等情况的出现。

2. 桥梁日常养护应严格执行

桥梁日常养护工作应严格按照有关要求，对桥梁进行日常巡查、经常检查、汛前隐患排查等，及时发现桥梁病害，将病害与隐患处置在萌芽状态，确保桥梁的运营安全。

3. 进行桥梁技术状况的评定

开展定期检查，进行桥梁技术状况的评定，编制年度桥梁维修计划，开展养护标准示范桥创建与巩固活动，及时总结经验，撰写总结报告，最终形成文字材料，予以归档形成档案文件，为将来的养护提供依据。

（四）措施到位

在日常养护中，要按照桥梁养护相关制度、要求，组建专业化养护队伍，在以往养护管理工作经验的基础上，对桥梁进行养护。

1. 建立桥梁数据库

首先，建立桥梁数据库，对辖区内的桥梁做到心中有数。其次，定期开展桥梁经常检查和定期检查，将出现的病害及确定的病害成因一起记录在案，分门别类进行归纳总结，按照成熟的处置方案对同一类型的病害进行统一处置，既提高了效率，又提高了处置质量。

2. 养护单位进行基础理论培训

养护单位应利用业务培训、冬训等，进行基础理论培训，重点讲清操作要求和坚决不允许的操作，使养护职工在理论上形成概念并应用在日常养护中。经过技术培训，职工在认识水平上有了明显提高，同时在维修中提高了修补质量，避免了许多不必要的浪费。

二、四新技术的应用

随着公路事业的发展，养护市场化已经成为大势所趋，对桥梁养护的要求也进一步提高。为了满足养护市场化的需要，在以后的市场竞争中能够立于不败之地，养护单位应积极探索，加大资金投入力度，积极将四新技术应用在桥梁的日常养护中，为桥梁养护技术的提升打下良好的基础。

（一）新技术的投入

近年来，我国先后投入了大量的资金为桥梁的检测和维修购买了读数式回弹仪、精密水准仪、裂缝宽度测量仪、读数放大镜等检测工具对病害桥梁检测，提高了检测精度，用数据说话，同时也提高了检测水平。

(二) 聘请专家对技术人员培训

聘请专家对技术人员培训，购买各类技术规范及专业书籍，提高技术人员的业务水平，对桥梁病害的认定更加准确。在实际养护中，为了提高修补质量，要舍得投入、大胆探索，技术人员采用了灌缝胶、封口胶、环氧树脂砂浆、碳纤维布粘贴、粘钢胶等新技术新工艺对桥梁墩、台、空心板裂缝、梁板铰缝脱落、梁体加固、横隔板连接键脱落等各类桥梁病害进行处治，取得了良好的效果，使桥梁养护质量有了显著提高。

(三) 新技术的发展

随着交通事业的蓬勃发展，一批科技含量高、技术复杂、施工难度大的特大跨径桥梁将在我国建成或即将建成。也就是说，我国桥梁建造技术已进入世界先进水平的行列，随之而来对桥梁养护也提出了更高的要求。养护单位要进一步提高认识，从贯彻落实科学发展观的高度重视桥梁的养护管理工作，提高安全意识，全面贯彻执行《公路桥梁养护管理工作制度》，坚持"预防为主，防治结合"的方针，切实采取有效措施，确保公路桥梁的安全畅通。

三、积极开展养护活动的途径

由于我国道路事业发展顺畅，经济发展取得了显著成就。而桥梁作为道路中一个关键的构成要素，若其存在一些不利现象将严重影响使用。怎样积极地对其开展养护活动，对其进行加固和维护，提升其使用时间成了目前相关机构和人员要认真关注的事项。

(一) 关于桥梁平时的维护活动

1. 全方位地检测和分析

对桥梁开展全方位地检测和分析，明确其技术状态，以及问题的发生区域，结合实际状况选择养护的方法，所有的维护活动都要以做好检测活动为前提。

2. 及早察觉不利现象

经由检测和分析，明确桥梁相关的工艺特点，进而及早察觉出存在的不利现象，了解通行的具体情况，禁止不合理的现象发生，管控好超重问题，对于那些特殊车辆，要做好防护措施，以免受到影响。对于那些或许会受到台风等干扰的桥梁，要提前做好应急准备及防护工作。

3. 实行交通管制

对通过检验，需进行限载、限速或停止交通的桥梁，应及时办理审批手续并进行交通管制。对桥梁各部分经常保养，检查发现的缺陷、损坏处应及时维修，检验不能维持原设计载重等级要求的，应有计划地进行维修加固。

（二）常用的检测措施

1. 平时的检查活动

（1）检测方法

关键是桥面的装置，上方的构造、下方的构造及配套的一些项目的技术体系的检测。一般是用眼睛观看，或者是使用一些非常简单的设备来测试，而且要在场地之中填写相关的检测信息资料，要将存在的问题种类描述清楚，明确问题的区域和养护的事项，进而指出一些应对方法。

（2）检测要素

该项检测的要素很多，一般是经由眼看就可以得知问题的出处，进而对其开展定性的分析。比如，查看其外在是否干净，其伸缩是否被堵死，其底座是否存在显著的不利现象等。

（3）开展多次检测

在检测的时候，要严谨细致，避免发生遗漏。一般检测的时间是一月开展一次，当遇到洪汛时，要多开展几次检测活动。

2. 在规定时间内开展检测活动

该项活动最久也要控制在三年之中。对于一些新的项目，当其使用大约一年之后，就要开展一次综合化的检测，对于那些暂时性的项目一年中要开展超过一次检测。在平时的检测中假如察觉关键位置的问题已经很严重，就必须开展定期的检测。该项活动一般是用肉眼观看，并且搭配设备，要认真地分析其存在的不利现象；要由那些技术优秀的人员来开展，结合检测的具体状态和过去活动中的状态进行比对，认真填写相关资料。针对那些无法判别的，要进行深入分析。

3. 特殊检查

特殊检查应根据桥梁的破损状况和性质，采用仪器设备进行现场测试、荷载试验及其他辅助试验，针对桥梁现状进行检算分析，形成鉴定结论。特殊检查应委托有相应资质和能力的单位承担。发生以下五种情况时，应做专门检查：

（1）定期检查中难以判明损坏原因及程度的桥梁。

（2）桥梁技术状况为四、五类者。

（3）拟通过加固手段提高荷载等级的桥梁。

（4）条件许可时。

（5）特殊重要的桥梁在正常使用期间可周期性进行荷载试验。

（三）桥梁的常见病害及维修

1. 桥梁的常见病害

（1）表层缺陷，桥梁的表层缺陷主要有：蜂窝、漏筋、麻面、空洞、磨损、锈蚀、老化、表层成块脱落等类型。

（2）结构裂缝，砼结构裂缝的成因复杂而繁多，甚至是多种因素相互影响，桥梁结构裂缝主要有以下几种：网状裂缝、下缘受拉区的裂缝、腹板竖向裂缝、腹板斜向裂缝、梁侧水平裂缝、梁底纵向裂缝。

2. 常见病害的维修方法

（1）使用较多的维修措施

针对梁板中的孔隙和表层的风化问题等，要先把松散的区域处理好，进而结合具体的状态来选取材料进行填补。如果梁体发生了漏筋或者是保护层不完全等问题，要先把该层去除，而且将其中的锈迹处理好，假如规模不是非常大，可以结合环氧砂浆来处理；假如区域较为宽泛，可以使用那些标号高的泥浆来处理。

（2）钢筋砼简支梁产生裂缝的处理方法

① 当裂缝宽度大于限值规定时，应采用压力灌浆法灌注环氧树脂胶。

② 如裂缝发展严重，则应查明原因，按照不同情况采取加固措施，并加强观测。

第四节 桥梁突发事件处置方案

一、高速公路桥梁突发事件预防和应急处置

（一）预案制订

1. 工作原则

预防为主，科学防治。建立健全高速公路桥梁管理防护机制，加大桥梁检评力度和科学含量，以最大限度地减轻桥梁突发事件带来的损失为出发点和落脚点。统一领导，分工协作；各司其职，密切配合；强化责任意识，保证突发事件快速处置，控制其危害范围的扩大。

2. 编制依据

《中华人民共和国安全生产法》《中华人民共和国公路法》《中华人民共和国道路交通安全法》《公路桥梁养护管理工作制度》等法律法规。

3. 适用范围

适用于高速公路的桥梁养护维修、检测，使用过程中出现突发事件，可能造成桥梁坍塌、交通中断和人员伤亡的应急救援。

4. 领导组织体系及职责

成立管理处高速公路桥梁应急领导组，负责指导、协调高速公路桥梁突发事件应急处置工作。领导组下设办公室，办公室设在养护办公室，具体负责组织桥梁突发事件的应急处置和监督检查及上报工作。

5. 办公室主要职责

（1）负责公路桥梁应急预案体系的建立、健全。

（2）协助领导组启动桥梁突发事件应急预案。

（3）组织桥梁突发事件的预防及应对处置工作，及时组织开展并监督应急检修、抢险、排险、快速修复和恢复重修等工作。

（4）调查、上报突发事件的发生原因。

（5）收集、上报突发事件情况，抢险过程、修复方案及措施，为应急领导组提供决策依据。

（6）根据遭受天气影响的范围、持续时间，迅速分析并安排指导桥梁保通应急工作。

（7）居安思危、预防为主。

桥梁安全工作应贯彻落实"安全第一、预防为主"的方针，坚持预防与应急相结合，以预防为主，充分做好应对突发安全事件的各项准备工作。平时要加强培训和演练，采用科学的预测、预防和应急处置技术，提高预测预防水平。

（8）快速反应、协调应对。预警、预防和应急处置工作应快速反应、运转高效。要充分与属地有关部门密切协作，建立联动协调机制，发挥社会公众在应急处置中的重要支持作用。

（9）分工协作、属地负责、各司其职、密切配合。运营公路桥梁重大事故应急处置实行属地负责制。事发地管养单位是处置事故的主体，有关部门、单位要各司其职，密切配合，动员社会力量，有组织地参与事故处置活动，采取有力措施，将事故的危害控制在最小范围。

6. 成立桥梁突发事件应急工作组

养护办应根据实际情况成立桥梁突发事件应急工作组，工作组职责如下：

（1）养护办桥梁突发事件应急工作组负责全线公路桥梁应急预案体系的建立、健全。

（2）负责桥梁突发事件应急预案的启动；现场指挥桥梁突发事件的预防及应对处置工作。

（3）负责制定并落实突发事件的预防措施。

（4）储备应急物资、检修机械设备；负责公路桥梁抢修工程决算、加固方案、修复设计、预算的上报和修复工程的实施。

（二）桥梁突发事件的预防措施

1. 桥梁检查

按照《公路桥涵养护规范》（JTG 5210—2021）的要求对桥梁进行日常巡查、经常检查、定期检查和特殊检查。突发事件发生时，汛期、雨雾天应增加检查频率，并建立完整的检查技术档案。

（1）日常巡查

日常巡查是指对桥梁及附属构造物进行的巡视和检查。日常巡查由养护办养护管理人员结合路况日常巡查，每日不少于一次。其目的是及时发现桥梁及其附属构造物的病害及损坏情况，及时养护。

（2）经常检查

经常检查是指对桥面设施、上部结构、下部结构和附属构造物的技术状况进行的检查。经常检查由养护办技术人员实施，每月不少于一次，汛期应增加检查频率。

（3）定期检查

定期检查是对桥梁主体结构及其附属构造物的技术状况进行的全面检查。定期检查由运城高速公路公司养护工程部组织实施，委托有资质检测单位检测，最长不超过三年，特大桥、大桥和特殊结构桥梁每年一次；经常检查中发现重要部（构）件缺陷明显达到三类及以上技术状况和新建桥梁交付使用一年后，应立即进行定期检查。定期检查的目的是为评定桥梁使用功能，制订桥梁管理养护计划提供基本数据。特大桥、大桥和特殊结构桥梁应设立永久性观测点。

（4）特殊检查

特殊检查是指为查清桥梁病害原因、破损程度、承载能力、抗灾能力等进行的专门检查或应急检查。特殊检查应委托有相应资质和能力的单位承担，周期为一、二类桥每五年至少特殊检查一次，三类桥每三年至少特殊检查一次，四、五类桥应立即安排特殊检查。

2. 桥梁评定

（1）一般评定

桥梁一般评定是依据桥梁定期检查资料，通过对桥梁各部件技术状况的综合评定，确定桥梁的技术状况等级，提出各类桥梁的养护措施。一般评定由养护工程部负责。桥梁技术状况等级评定分为一类、二类、三类、四类、五类。

（2）适应性评定

桥梁适应性评定是依据桥梁定期及特殊检查资料，结合试验和结构受力分析，评定桥梁的实际承载能力、通行能力、抗洪能力，提出桥梁养护、改造方案。评定周期为三到六年。适应性评定应委托有相应资质和能力的单位承担。

3. 桥梁养护工程管理

高速公路桥梁养护工程分为小修保养、中修、大修、改建和专项（抢修、修复）工程五类。养护工程部将加强高速公路桥梁养护管理，力争消除三类桥，坚决杜绝四、五类桥梁。桥梁养护对策如下：

一类桥：进行正常保养。

二类桥：需进行小修。

三类桥：需进行中修，酌情进行交通管制。

四类桥：需进行大修或改建，及时进行交通管制。

五类桥：需进行改建或重建，及时关闭交通。

4. 桥梁养护公示牌

按照《公路桥梁养护管理工作制度》的要求，逐一明确高速公路桥梁的养护管理责任和监管单位，并在桥梁明显位置予以公示，一旦出现垮桥事故，将依法追究相关部门和个人的责任。

二、桥梁突发事件处置应急响应

（一）突发事件分级

按照高速公路桥梁的损坏程度和突发事件性质分为一级突发事件、二级突发事件、三级突发事件三个级别。

1. 一级突发事件

高速公路桥梁损毁中断交通的。

2. 二级突发事件

（1）高速公路大型、特大型桥梁出现严重病害危及桥梁安全的。

（2）车辆与高速公路桥梁设施相撞，造成严重后果的。

3. 三级突发事件

（1）由于交通突发事件或车辆故障导致大型超重车辆长时间滞留桥面影响桥梁安全的。

（2）桥梁技术状况评定等级为三类以下的。

（二）响应程度

获得高速公路桥梁突发事件信息后，养护工程部应负责立即启动应急预案，逐级上报，并与路政及高速交警部门联系，及时、有效地开展应急处置工作。

1. 应急处置

（1）先期处置

桥梁突发事件发生后，高速公路应急工作组及养护办在上报信息的同时，迅速派出应急工作小组，作为第一支响应队伍先行到达现场开展应急工作，及时控制局面，减少伤亡和损失，防止事态进一步扩大。

（2）基本应急

① 作出响应。当确认桥梁突发事件即将或已经发生时，应急工作组立即作出响应，按照"统一指挥、属地为主、专业处置"的要求，成立现场指挥部，确定联系人和通信方式，协调当地有关单位和指挥本单位应急队、医疗急救队等部门先期开展救援行动，组织、动员和帮助职工群众开展应急救援工作，控制事态。

② 维护好秩序。现场指挥部应维护好事发地公共秩序，做好交通保障、人员疏散、群众安置等各项工作，尽全力防止紧急事态的进一步扩大；及时掌握事件进展情况，随时向局桥梁突发事件应急指挥部和应急办报告；同时结合现场实际情况，尽快研究确定现场应急事件处置方案。

③ 赶赴现场。参与桥梁突发事件处置的各相关单位和部门，应立即调动有关人员和处置队伍赶赴现场，在现场指挥部的统一指挥下，按照桥梁突发事件应急预案分工和事件处置规程要求，相互配合、密切协作，共同开展应急处置和救援工作。

④ 进行分析判断。应急领导组应根据上报和收集掌握的情况，对整个事件进行分析判断和事态评估，研究并提出应急救援的处置措施，为现场指挥部提供决策咨询。

⑤ 跟踪进展情况。现场指挥部应随时跟踪事态的进展情况，一旦发现事态有进一步扩大的趋势，有可能超出自身的控制能力时，应立即向局桥梁突发事件应急指挥部和应急办发出请求。

⑥ 提供应急处置的基础资料。与桥梁突发事件有关的各单位和部门，应主动向现场指挥部提供与应急处置有关的基础资料，尽全力为实施应急处置、开展救援等工作提供各种便利条件。

2. 扩大应急

当桥梁突发事件已经波及绝大部分地区，造成的危害程度已十分严重，超出高速公路自身的控制能力，需要交通厅提供援助和支持时，分离应急组应将情况立即上报交通厅，请求省管局和交通厅处置公路局桥梁突发事件应急委员会，由省直接指挥，统一协调、调动全区各方面应急资源共同参与事件的处置工作。

3. 预警预防机制

(1) 预警机制

预测预警是对自然灾害（冰雹、暴雨、雪等恶劣气象天气及地震、山体崩塌、滑坡、泥石流等不良地质）、施工管理，以及其他可能导致安全事件发生的信息进行风险分析，推测可能造成安全事件的风险程度，发布预警信息。

根据桥梁危险源分析论证后作出相应预警，做到早发现、早报告、早处置。应急机制的建立和资源准备应与日常工作相结合，以提高应急反应速度和处置水平。

(2) 预防机制

按照交通主管部门得到的自然灾害预测预警信息，及时向所管辖范围发布预警信息，采取相应措施进行预防，必要时提前进行人员培训和预案演练，增设安全防护设施，做好各项预防工作。

在桥梁日常管理中，要按有关规定要求，结合所辖桥梁的实际，定期对桥梁进行检查、检测，并建立桥梁信息管理系统和技术档案。必须摸清危险桥梁的确切状况，并加以跟踪、监测、监控和预警，变事故处理为事故预防，随时发现隐患，随时排除，把事故消灭在萌芽状态，达到保障安全的目的。

(3) 隐患报告

建立事故隐患报告和奖励机制，对及时发现桥梁险情避免恶性事故的人员给予奖励。接报后，要迅速查明情况，及时排除隐患，防患于未然。

4. 应急保障

(1) 通信保障

利用公用通信网、无线电话及电台与相关部门和单位保持相互联络，以便通报突发事件情况和处置情况。

(2) 现场救援和工程抢险装备保障

各单位根据自身应急救援业务需求，采取平战结合的原则，配备现场救援和工程抢险装备和器材，建立相应的维护、保养和调用等制度，保障桥梁突发事件应急抢险和救援。按照统一格式标准建立救援和抢险装备信息数据库并及时维护更新，保障应急指挥调度的准确和高效。

（3）应急队伍保障

① 应急队伍组建。在职职工、养护人员和医疗急救人员等是基本的应急队伍。

② 应急队伍调动。桥梁突发事件发生时，由分离应急组桥梁突发事件应急指挥部和养护工区桥梁突发事件应急工作组按照预案统一调动所属应急队伍进行处置。

（4）医疗卫生保障

根据"分级救治"原则，发生特别重大或重大桥梁突发事件后，各单位应快速组织应急医疗队伍进入救灾现场，对伤员进行救治。及时检查、监测灾区的食品、饮用水源的安全情况。

（5）治安保障

桥梁突发事件发生后，做好现场控制、交通管制、疏散救助群众、维护公共秩序等工作。

重大以上桥梁突发事件发生后，如现场有起火、存有易燃易爆危险品、漏电、漏水、漏气等情况发生，现场先期处置人员要立即通知有关主管部门实施灭火、排爆、断电、断水、断气等措施，清除现场危险品，避免次生危害的出现。

（6）物资保障

建立应急救援物资储备制度。各单位要根据不同危机事件和灾害种类，确定本单位救灾物资生产、储存、调拨体系和方案。加强对储备物资的管理，防止储备物资被盗用、挪用、流失和失效，对各类物资及时予以补充和更新；建立与其他单位的物资调剂供应渠道，以备本单位物资短缺时，可迅速调入。应急救援物资的调用由各单位统一协调，并负责本单位物资保障应急方案的实施、落实应急货源渠道和供应网络。

（7）人员防护保障

各单位应认真分析事件处置过程中对人员造成危害的可能性和所有危害种类，制定切实可行的防范措施和救援程序，配备符合要求的安全防护设备。在应急处置过程中，确保人员安全。各单位应根据本单位总体规划，在职工生活、工作地点周围规划、建设和维护应急避难场所，保障在紧急情况下为职工提供疏散、临时生活的安全场所。应急避难场所内应设置应急指挥部、应急宿区、应急供水、应急照明用电、通信、物资供应、广播、卫生防疫和应急厕所等必需的预留位置和基本保障设施。

桥梁突发事件应急处置工作结束后，应将情况及时通知参与事件处置的各相关单位和部门，必要时还应通过公路信息和公路网站同时向局系统发布应急结束消息。

（三）事故发生后预案

1. 事故调查

在桥梁突发事故调查过程中，要认真分析事故原因，从规划、设计、施工、养护维修、管理等方面提出改进建议。公路桥梁突发事件调查应严格遵守国家有关规定进行。

2. 总结报告

桥梁事故应急机构按职责划分为整理和审查应急记录及文件等资料；总结和评价应急状态的事故情况和在应急期间采取的主要行动。并向省上级交通主管部门作出书面总结报告，总结报告包括以下内容：

（1）发生事故的桥梁基本情况。

（2）调查中查明的事实。

（3）事故原因分析及主要依据。

（4）发展过程及造成的后果（包括人员伤亡、经济损失）分析、评价。

（5）采取的主要应急响应措施及其有效性。

（6）事故结论。

（7）事故责任人及其处理。

（8）各种必要的附件。

（9）调查中尚未解决的问题。

（10）经验教训和相关建议。

3. 信息发布

运营公路桥梁事故的应急处置和抢险救援过程中信息和新闻的发布，由相关交通局及相应层极人民政府实行统一管理。以确保信息正确、及时传递，并根据国家有关法律法规的规定向社会公布。

4. 后期处置

（1）事故的现场抢险救援结束后，要做好伤亡人员救治、慰问及善后处理，及时清理现场，迅速抢修受损设施，恢复生产秩序，并消除次生、衍生事故隐患。

（2）及时向上级交通主管部门报告，并通知公众，采取有效措施，消除事故影响。

（3）对抢险过程和应急救援能力进行评估。

（4）必要时对运营公路桥梁突发事件应急预案进行修订和完善。

（四）恢复与重建

1. 善后处置

桥梁突发事件应急工作组负责组织桥梁突发事件的善后处置，全面开展桥梁突发事件损害核定工作，及时收集、清理和处理污染物，对事件情况、人员补偿、征用物资补偿、重建能力、可利用资源等作出评估，制订补偿标准和事后恢复计划，并迅速实施。

2. 恢复重建

根据实际情况组织实施恢复重建工作。

3. 培训和演习

（1）在职人员的培训

桥梁突发事件应急指挥部和应急办负责组织协调各单位开展面向在职人员的应对桥梁突发事件相关知识培训。将桥梁突发事件预防、应急指挥、综合协调等作为重要内容，以增加在职人员应对桥梁突发事件的知识和能力。

（2）演习

养护办根据预案，定期组织专业性和综合性的应急演习，做好跨地区、跨部门之间的协调配合及通信联络，确保各种紧急状态下的有效沟通和统一指挥；组织本区域单位和群众应对桥梁突发事件的分项演练。应急演习包括准备、实施和总结三个阶段。通过应急演习，培训应急队伍，落实岗位责任，熟悉应急工作的指挥机制、决策、协调和处置的程序，识别资源需求，评价应急准备状态，检验预案的可行性和改进应急预案。

4. 责任与奖惩

桥梁突发事件应急处置工作实行责任追究制。对桥梁突发事件应急管理工作中做出突出贡献的先进集体和个人要给予表彰和奖励。对迟报、谎报、瞒报和漏报桥梁突发事件重要情况或者应急管理工作中有其他失职、渎职行为的，依法对有关责任人给予行政处分；构成犯罪的，依法追究刑事责任。

5. 附则

养护办要根据本预案和所担负的应急任务，立即组织制订本单位的应急预案，当有重大情况变化时，要适时对各类应急预案进行修订。养护办要根据应急预案的要求，定期检查本部门应急人员、设施、装备等资源的落实情况，并制定相应奖惩制度。

第十一章　公路其他养护工程

第一节　隧道养护技术

一、隧道常见病害及原因分析

(一) 隧道水害

1. 水害的种类及其危害

(1) 隧道漏水

隧道衬砌的漏水现象一般表现为渗、滴、淌、涌四种。这四种漏水现象，由于其出露部位与水量的不同，会对隧道产生不同的危害。

① 对电力牵引区段和电力配线，使电绝缘失效，发生短路、跳闸等事故，危及行车安全。

② 洞内空气潮湿，影响养护人员身体健康，使洞内设备 (通信、照明、钢轨等) 锈蚀。

③ 混凝土衬砌风化、腐蚀、剥落，造成衬砌结构破坏。

④ 涌水病害造成衬砌破坏，隧底积水造成道床基底被软化或掏空，使道床翻浆冒泥或下沉开裂，中断行车。

⑤ 有冻害地段的隧道漏水会造成衬砌挂冰侵限和冻融破坏。

(2) 衬砌周围积水

衬砌周围积水主要是指运营隧道中地表水或地下水向隧道周围渗流汇集。如果不能迅速排走而引起的病害有：

① 水压较大时会导致衬砌破裂。

② 使原本完好的围岩及围岩的结构面软弱夹层因浸水而软化或泥化，失去承载力，对衬砌压力增大而导致衬砌破裂。

③ 使膨胀性围岩体积膨胀，导致衬砌破裂。

④ 在寒冷地区发生冰胀和围岩冻胀，快速导致衬砌破裂。

（3）潜流冲刷

潜流冲刷主要是指由于地下水渗流和流动而产生的冲刷和溶蚀作用。其危害有：

① 衬砌基础下沉，边墙开裂或者仰拱、整体道床下沉开裂。

② 围岩滑移错动导致衬砌变形开裂。

③ 对超挖回填不密实或未全部回填者，引起围岩坍塌，导致衬砌破坏。

④ 侵蚀性水对衬砌的侵蚀。

2. 水害产生的原因

（1）勘测与设计

在防水设计之前，设计人员对工程地质和水文地质情况就了解得不够仔细，对衬砌周围地下水源、水量、流向及水质情况等因素掌握不准导致了隧道的防排水设计很难在隧道的使用期内完全满足防排水的要求。

（2）施工

施工不当也可产生水害，施工单位一味追求施工速度，忽视二次衬砌质量，由于对排水设施不按施工规范要求操作等，使地下水丰富地区的隧道造成严重的渗漏水。

（3）材料

如果所选用的防水材料达不到国家质量标准，会导致隧道的渗漏水病害。

（4）监理

监理工程师应对防水材料的选择和使用、铺设基层的处理、铺设工艺等进行跟踪检查，确保防水质量。

（5）验收

工程竣工后，从衬砌表面往往看不出什么问题，由于管理单位缺乏检验手段，有时又接近运营期限，往往对交验前的渗水情况缺乏进一步查验，只好按竣工报告及施工总结勉强验收，导致运营后渗漏水逐渐严重。

（6）匹配

防水技术的匹配就是指防水设计、防水材料和防水施工工艺与防水工程相适应的问题。

（二）衬砌裂损

1. 衬砌裂损的类型

（1）衬砌变形

衬砌变形有横向变形和纵向变形两种，其中横向变形是主要变形。衬砌横向变形是指衬砌由于受力原因而引起拱轴形状的改变。

（2）衬砌移动

衬砌移动是指衬砌整体或其中一部分出现转动（倾斜）、平移和下沉（或上抬）等变化，也有纵向与横向移动之分。

（3）衬砌开裂

衬砌开裂是指衬砌表面出现裂纹（或龟裂）和裂缝（宽度较大）或贯通衬砌全部厚度的裂纹的总称。衬砌开裂包括张裂、压溃和错台三种。

① 张裂

张裂是指由弯曲受拉和偏心受拉引起的裂损。其特征是裂纹、裂面与应力方向正交，缝宽由表及里逐渐变窄。

② 压溃

压溃是指由弯曲或偏心受压引起的衬砌裂损。裂纹边缘呈压碎状，严重时受压区表面产生鱼鳞状碎片（中间厚，四周薄）剥落、掉块等现象。

③ 错台

错台是指由剪切力引起的裂缝。裂缝宽度在表面至深处大致相同，衬砌在裂缝两侧沿剪切方向有错动，即形成错台。

2. 衬砌裂损的特点

（1）裂损的自然发展过程

衬砌结构受力（轻微变形、移动）→局部出现少量裂纹（变形范围、变形量增大；移动部位、移动量增大）→裂纹宽度、密度增大，隧道净空变小（严重变形，移动显著增大）→隧道净空严重缩小、衬砌破碎、失去承载能力→局部掉块、失稳，甚至拱坍墙倒。

（2）裂损发展的主要规律

衬砌的裂损发展一般有缓慢变化、急剧变化、相对稳定等三个不同的阶段，往往是交替呈周期性地出现。

（3）裂损的分布特点

了解和掌握衬砌裂损的分布特点，就能及早发现病害，及时采取对策。衬砌裂损的分布一般有以下特点。

① 按纵向节段分布

A. 洞口与洞口段，特别是斜交洞门有偏压或边、仰坡不稳固的洞口段。

B. 设有大型洞室的节段或各种洞室的接头处。

C. 洞身穿过断层、构造破碎带、接触变质带、滑坡带等山体压力大且岩体不稳定的节段。

D. 洞身穿过软弱围岩的节段。

E. 偏压隧道没有采用加强衬砌或偏压衬砌的节段。

F. 寒冷地区围岩有冻胀现象的节段。

G. 衬砌实际厚度不足或圬工强度过低的节段。

H. 施工中超挖过大没有回填或回填不密实，以及施工中发生大塌方的节段。

I. 施工中已经发生裂损的节段。

② 按横断面分布

A. 洞口附近及傍山隧道靠山侧裂损多，靠河侧少。靠山侧以拱腰、墙腰内缘张裂多，靠河侧墙顶压劈或墙脚张裂较多。

B. 衬砌断面对称，实际荷载分布不对称的变形、移动和裂损的部位也不对称。

C. 衬砌的变形、移动和裂损多沿施工期间出现过的裂缝和施工缝发展。

D. 若衬砌背后存在没有回填或回填不密实处则该部位易出现较大的移动和外鼓。

E. 衬砌背后临时支撑未能全部拆除的，在支撑部位会出现较大的集中荷载，此处衬砌内缘易出现张裂和错台。

F. 采用三心圆尖拱衬砌的隧道，易在拱腰墙腰产生内鼓开裂、拱顶内缘压碎。

G. 由于各种原因（如坍方、拱架下沉、施工困难等）造成衬砌厚度不足，此处衬砌容易发生变形和裂损。

(三) 衬砌侵蚀

衬砌侵蚀的种类主要有水蚀、烟蚀、冻蚀、骨料溶胀等。

1. 水蚀

水蚀主要是指衬砌受到地下水的作用而产生的腐蚀。一般发生在隧道的拱部、边墙、仰拱、排水沟和电缆槽等各部位。水蚀主要包括溶出型侵蚀、硫酸盐侵蚀、镁盐和氨化物的侵蚀。

2. 烟蚀

烟蚀主要是指在蒸汽机车牵引的区段，其产生的"烟雾"对衬砌混凝土产生的侵蚀，可分为化学性侵蚀和机械性侵蚀。

3. 冻蚀

冻蚀是指在严寒地区的隧道、混凝土衬砌由于冻融交替产生的侵蚀。

4. 骨料溶胀

骨料溶胀是指衬砌混凝土中的粗、细骨料中含有遇水溶解和膨胀的材料而造成对衬砌的侵蚀。

（四）隧道冻害

1.冻害的种类及其危害

（1）冰柱、冰溜子、冰塞子

① 渗漏的地下水通过混凝土裂缝逐渐渗出，在渗出点出口处受低温影响积成冰柱，尤其在施工接缝处渗水点多，结晶明显，累积十到几十厘米厚的冰溜子（又称为挂冰）。如不清理，冰溜子越积越大，侵入限界，会危及行车安全。

② 拱部渗漏逐渐形成冰柱子（冰葫芦），一般地区仅仅是影响限界。

③ 隧道排水沟槽设施因保温不良引起的冰冻称为冰塞子。水沟地下排水困难，因结冰堵塞，使水沟（管或槽）冻裂破损，地下水不易排走，衬砌周边因水结冰而冻胀，致使隧道内各种冻害接踵而来。

（2）衬砌发生冰楔

隧道砌筑一般在围岩良好地段，一旦衬砌壁后有空隙，渗透岩层的地下水在排水不通畅时水就积在衬砌与壁后围岩间，结冰冻胀产生冰冻压力，传递给衬砌。

（3）围岩冻胀破坏

① 隧道拱部衬砌发生变形与开裂。

② 隧道边墙变形严重。

③ 隧道内线路冻害。

④ 衬砌材料冻融破坏。

⑤ 隧底冻胀和融沉。

2.冻害的成因

（1）寒冷气温的作用

隧道冻害与所在的地区气温（低于0℃或正负交替）有直接关系。

（2）季节冻结圈的形成

沿衬砌周围最大冻结深度连成一个圈叫作季节冻结圈。隧道的排水设备如埋在冻结圈内，冬季易发生冰塞。在冻结圈范围内的岩土，由于受强烈频繁的冻融破坏，风化破碎程度与日俱增，也是冻害成因之一。

（3）围岩的岩性对冻胀的影响。

（4）隧道设计和施工的影响。

二、日常保养技术

(一) 隧道养护总体要求

(1) 保持隧道外观整洁，隧道内路面平整，衬砌完整无明显开裂和剥落。

(2) 标志标线清晰醒目，排水系统良好。

(3) 对结构物及其附属设施 (照明、通风等) 进行预防性维护和修复，保持良好的技术状况。

(二) 隧道养护基本内容

(1) 清洗隧道内路面，检查通道、排水设施、标志标线等。

(2) 清除洞口、洞身松动岩石和危石，修补洞内衬砌。

(3) 修复隧道内外排水设施及其他附属设施，保持其良好的技术状况。

(4) 日常巡查内容：查看隧道内路面有无破损，排水、照明、通风等功能是否正常；衬砌是否开裂和剥落；洞口有无损坏及危岩，边坡有无积雪、积冰等。

(5) 日常巡查要求：县道每周不少于一次，乡、村道每月不少于两次；特殊路段或遇有恶劣天气、重大节日活动等特殊情况应适当加大巡查频率。

(6) 日常巡查处置：发现病害、缺陷的应及时修复；不能及时修复的，应及时上报上级管理机构处理。

(三) 洞口养护

(1) 及时清除洞口边仰坡上的危石、浮土。

(2) 及时清除洞口积雪、挂冰。

(3) 保持洞口边沟、边仰坡上截水沟、排水沟等排水设施的完好、畅通，若发现堵塞应及时疏通。

(4) 修复洞口挡土墙、护坡、排水设施、减光设施等结构物的轻微损坏。

(四) 洞身养护

(1) 无衬砌隧道出现的碎裂、松动岩石和危石，可采用的措施如下。

① 发现危石应及时清除，若因清除会牵动周围大片岩石的，可通过喷浆或压浆方法加以稳固处理。

② 对不宜清除的小面积碎裂，可抹水泥砂浆稳固。

③ 碎裂范围较大时，根据病害严重程度和范围，可采用喷射混凝土、锚喷混凝

土或挂网锚喷混凝土等措施加以稳固。

（2）无衬砌隧道围岩渗漏水，应开设泄水孔接引水管，将水导入边沟排出。

（3）有衬砌隧道出现衬砌起层、剥离，应及时加以清除或加固。

（4）衬砌出现渗漏水时，应以"疏导为主，防、排、截、堵相结合，刚柔并举，综合治理，因地制宜"的原则对渗漏水进行及时处置。

（5）冬季应及时清除隧道洞顶挂冰、冰柱等。

（五）隧道路面养护

（1）及时清除隧道内外路面上的塌（散）落物。

（2）及时修复、更换损坏的窨井盖或其他设施的盖板。

（3）保持隧道内部路面干燥，及时处理隧道路面渗漏水，并将水引入边沟排出。

（4）保持洞口附近路面干燥，及时清除隧道洞口附近路面积水、积雪。

（5）及时对隧道路面裂缝、坑槽、脱空、错台、破碎板等病害进行处置。

① 路面板局部纵、横向裂缝：清缝、灌缝、封缝等。

② 板底脱空：水泥注浆、高聚物注浆、破碎压稳等。

③ 断板、破碎板：换板、注浆稳固等。

④ 错台：机械磨平等。

⑤ 抗滑性能补强：刻槽、浅层铣刨、抗滑路面材料超薄罩面等。

⑥ 大面积坑槽、沉陷、网裂等：局部挖除重铺、换板等。

（六）排水设施养护

（1）及时疏通排水管，保持排水设施的畅通，防止其堵塞。

（2）维护隧道内外排水设施的完好，若发现破损、缺失应及时修复、补充，不能修复的应及时更换。

（3）若排水管堵塞，可用高压水或压缩空气疏通。

（七）人行道或检修道养护

（1）及时清除人行道或检修道道面塌（散）落物。

（2）及时维护人行道或检修道完好、畅通。

（3）及时修复、补充破损、缺失的道板、井盖。

（4）定期保养护栏，防止其锈蚀、损坏。

（八）交通标志、标线养护

（1）定期清洁、维护标志标线，保持外观清洁、清晰、醒目、完整。

（2）保持隧道交通标志位置、高度、角度适当。

（3）确保交通标志信息传递无误。

（4）及时修补变形、破损的标牌，修复弯曲、倾斜支柱，紧固松动的连接构件等。

（5）及时更换锈蚀损坏、老化失效的标志，及时补充缺失部分。

（6）清除突起路标脏污、杂物，及时紧固松动路标，修复、补换损坏或丢失部分。

三、隧道维修

（一）衬砌裂损及整治措施

1. 衬砌裂损的整治措施

（1）衬砌裂损的整治原则

整治衬砌裂损病害首先要消灭已有的衬砌裂损带来的对结构及运营的一切危害，并防止再加大裂损。其次是采取以稳固围岩为主，稳固围岩与加固衬砌相结合的综合治理措施。

（2）稳固岩体的工程措施

①治水稳固岩体。地下水的浸泡与活动对各种围岩的稳定性削弱最大。通过疏干围岩含水，坚决地采取治水措施是稳固岩体的根本措施之一。

②锚杆加固岩体。对较好的岩体（小于 V 级），自衬砌内侧向围岩内打入一定数量和深度（3~5m）的金属锚杆、砂浆锚杆，可以把不稳定的岩块固定在稳定的岩体上，提高破碎围岩的黏结力。

③注浆加固岩体。通过向破碎松动的岩体压入水泥浆液和其他化学浆液（如铬木素、聚氨酯等），以加固围岩。

④支挡加固岩体。对靠山、沿河偏压隧道或滑坡地带，除治水稳固山体外，尚可采用支挡措施，包括设支挡墙、锚固沉井、锚固钻（挖）孔桩等来预防山体失稳与滑坡。这种工程措施只能用于洞外整治。

⑤回填与换填。如果衬砌外周围存在着各种大小空隙（如超挖而没有回填等），要采取回填措施，用砂浆或混凝土将围岩空隙回填密实；如果隧底存在厚度不大的、软弱不稳定的岩体或有不稳定的充填物，可以采取换填办法处理。

（3）衬砌更换与加固

① 压浆加固

A.圬工体内压浆加固：衬砌裂损发展非常缓慢或者已呈稳定状态，可以进行圬工体内压浆，一般以压环氧树脂浆为主，并选择无水季节施工。

B.衬砌背后压浆加固：主要是针对衬砌的外鼓和整体侧移。在拱后压浆增加拱的约束可以起到提高衬砌刚度和稳定性的作用，因此一般可以局部应用，主要应用在发生外鼓变形的部位。

② 嵌补加固。对已呈稳定暂不发展的裂缝，如果不能采取压浆加固者则采用嵌补加固。

③ 喷锚加固。裂损衬砌的所有内鼓变形和向内移动的裂损部位，采用（预应力）锚杆加固岩体，可将衬砌与岩体嵌固在一起，形成一个均匀压缩带，以增强围岩的稳定性。

④ 套拱加固。如果混凝土质量差、厚度不够，或受机车煤烟侵蚀，掉块剥落严重，并且拱顶净空有富余时，可对衬砌拱部加筑套拱或全断面加筑套拱。

⑤ 更换衬砌。拱部衬砌破坏严重，已丧失承载能力，用其他整治补强手段难以保证结构稳定，或者衬砌严重侵入限界，采用其他整治措施有困难时，要采用全拱更换方法，彻底根除病害。

⑥ 其他加固手段。当仅有墙脚内移而不下沉和隧底岩土隆起时，可在墙基处增设混凝土支撑以扩大基础。隧底围岩软弱下沉或隧底填充上鼓时，可加设仰拱。

（二）衬砌侵蚀及整治措施

1.混凝土侵蚀的整治措施

（1）防侵蚀原则

在各类侵蚀病害中，除了烟的机械侵蚀外，水是主要的致害媒介，因此，防蚀必先治水。环境水对混凝土和水泥砂浆的侵蚀作用主要可归纳为三种：溶出性侵蚀（非结晶性侵蚀）、结晶性侵蚀和复合性侵蚀（溶出性和结晶性两种侵蚀同时作用或交替作用）。

（2）防侵蚀的方法

① 采用抗侵蚀混凝土。包括抗侵蚀水泥材料的选择；采用外加剂。

② 采用防蚀层。防蚀层铺设面的确定；制作防蚀层；伸缩缝、变形缝防蚀；已腐蚀衬砌的加固与翻修。

2.冻害的整治措施

(1)综合治水。

(2)更换土壤。

(3)保温防冻:① 在隧道内加筑保温层;② 降低水的冰点;③ 供热防冻。

(4)防止融塌。

(5)结构加强:① 加大侧向拱度,使拱轴线能更好地抵抗侧向冻胀;② 拱部衬砌厚度增加,一般加厚 10cm 左右;③ 提高衬砌混凝土标号或采用钢筋混凝土;④ 隧底增设混凝土支撑。

第二节　交通安全设施养护技术

一、交通安全设施养护总体要求

(1)相关设施应保持完整、齐全和良好的工作状态,满足外观质量、安装质量、技术性能等各项质量要求。

(2)交通安全设施的养护质量参照现行《公路技术状况评定标准》(JTG 5210—2018)进行评定。

(3)交通安全设施养护基本内容:

① 对相关设施进行检查、保养维护和更新改造。

② 各种设施应及时维修和更换损坏部件,设施不全或设施设置不合理的,应根据公路性质、技术等级和使用要求,有计划、有步骤地补充和完善。

③ 因交通事故、自然灾害或其他原因造成的设施损坏应及时进行修复或更新改造。

(4)日常巡查内容:检查路侧各类设施有无缺少或损坏,各种交通标志标线有无残缺、变形、歪斜、污染,颜色版面是否清晰,可变信息板有无故障,里程碑(牌)、百米桩(牌)、轮廓标、防撞桶等设施有无缺损、褪色、剥落和污染等情况。

(5)日常巡查要求:县道每周不少于一次,乡、村道每月不少于两次;特殊路段或遇有恶劣天气、重大节日活动等特殊情况应适当加大巡查频率。

(6)日常巡查处置:发现病害、缺陷的应及时修复;不能及时修复的,应及时上报上级管理机构处理。

二、交通标志养护

（一）标志类型

（1）警告标志：警告车辆、行人注意道路交通的标志。

（2）禁令标志：禁止或限制车辆、行人交通行为的标志。

（3）指示标志：指示车辆、行人应遵循的标志。

（4）指路标志：传递道路方向、地点、距离信息的标志。

（5）旅游区标志：提供旅游景点方向、距离的标志。

（6）作业区标志：告知道路作业区通行的标志。

（7）告示标志：告知路外设施、安全行驶信息及其他信息的标志。

（二）标志养护目标要求

交通标志应设置合理、结构安全、版面内容整洁、清晰；标志板、支柱、连接件、基础等标志应完整、无缺损且功能正常；标志应无明显歪斜、变形，钢构件无明显剥落、锈蚀；标志面应平整，无明显褪色、污损、起泡、起皱、裂纹、剥落等病害；标志的图案、字体、颜色等应符合相关标准要求；反光交通标志应保护良好的夜间视认性。

（三）标志日常养护

（1）清洁标志板面，去除黏附在其上的灰尘、污秽，保持标志版面内容整洁、清晰。

（2）清理标志周围的杂草杂物；清除影响标志视认的树木等遮挡物，或在规定范围内挪动标志位置。

（3）防锈漆剥落后应给予补刷；构件防腐层剥落严重的，应重新进行防腐处理。

（4）修复变形、弯曲、倾斜的标志板和支柱。

（5）基础受损时应及时进行加固。

（6）标志件缺损时应进行及时增补，严重受损时应进行更换。

三、交通标线养护

（一）标线类型

交通标线按功能划分可分为指示标线、禁止标线、警告标线；按设置方式划分可分为纵向标线、横向标线和其他标线；按形态划分可分为线条、字符、突起路标及轮廓标。

（二）标线日常养护

（1）标线污秽、影响美观及使用功能时，应及时进行清洁或补画。

（2）标线反光不均匀或反光效果差，应铲除后重新画线。

（3）标线磨损严重或脱落，影响使用功能时应重新画线或修复。

（4）标线表面不得出现网状裂缝、断裂裂缝及起泡、露黑现象，标线局部缺损或被覆盖，应在路面修复完工后予以重新画线。

四、护栏类型及养护要求

（一）护栏类型

护栏类型包括波形梁护栏、水泥混凝土护栏、缆索护栏等。

（二）养护要求

（1）表面整洁干净。

（2）护栏线形顺畅，无明显变形、扭转、倾斜，无明显裂缝、掉角、破损等缺陷。

（3）护栏结构性能正常。

（三）护栏日常养护

（1）清洁防护栏表面，保持防护栏可视性。

（2）对材料不符合要求的护栏进行修复。

（3）对有缺陷或部件受损的防护栏进行修补或更换。

（4）对结构性能发生变化或达不到防护目的的护栏进行更换或重新安装。

五、示警柱、道口标柱养护

（1）经常检查标柱有无歪斜、变形、缺少、损坏及油漆褪色、剥落等现象。及时扶正歪斜的标柱，及时修复、更换已变形或损坏的标柱。

（2）保证标柱位置准确，对标柱缺损的路段应及时补设。

（3）及时修补油漆褪色、剥落的标柱，保持其颜色鲜明、醒目。

（4）反光镜日常养护。

①及时清除反光镜周围树枝、杂草等遮蔽物，保持镜面的清洁和反射能力。

②定期检查反光镜方向和角度是否正确。

③支柱有无倾斜和损坏。

④镜面有无污垢和损坏，已损坏的应及时维修或更换。

第三节　公路绿化养护

一、公路绿化养护内容及要求

（一）公路绿化养护内容

公路绿化是绿化国土的重要组成部分，也是公路建设的组成部分。绿化的目的是稳固路基、保护路面、美化路容、改善环境、减小噪声、舒适旅行、诱导行车视线，也是防沙、防雪、防水害的主要措施之一。

所有公路养护管理部门，都应配备专职人员负责公路绿化工作，合理地利用公路两侧边坡、分隔带和沿线空地等一切可绿化的公路用地范围，种植乔木、灌木、草皮、花卉和营造小型园林等。

公路绿化按其栽植位置、作用和性质，主要划分为防护林带、风景林和美化沿线景观的小型园林、花圃、草坪等。进行公路绿化时应根据公路等级及对绿化的功能要求、所在区域的环境、气候条件及沿线地形、土质等情况，进行栽培设计，选择绿化植物种类，做好乔木与灌木、针叶与阔叶、常青与落叶、木本与草本花卉的结合，并结合沿线自然景观，布设景点，达到防护与观赏相结合的目的，增加公路绿化美化效果，以丰富公路景观。

在山区，应发展具有防护效能的绿化工程，如防护林带、灌木、草皮护坡等，以储蓄水分，滞缓地表径流，减轻水土流失，起到固土防坍的作用。

在平原区，应配合农田水利建设和园林化的总体规划要求，一般可栽植2~3行防护林带，以减轻或消除风、沙、雪、水等危害；在平交路口、桥梁、立交、环岛及分隔带、服务设施区等地，应配植观赏灌木、矮林、花木或多年生宿根物，以美化路容。

在草原区，应在线路两侧，栽植以防风、防雪为主的防护林带，以阻挡风、雪侵蚀危害公路。

在风沙危害地区，应选择固沙耐干旱根系发达的树种，以营造公路防风、固沙林带为主。

在盐碱区，应选择耐盐碱、耐水湿的乔木、灌木树种，配植行数较多的林带，以降低地下水位，改善土的结构。

在旅游区，如通往名胜古迹、风景疗养区及重要港口、水库、机场等的公路，应以美化为主，营造风景林带，配植有观赏价值的果树、常绿树、灌木、花卉绿树等绿化、美化设施，创建常年有花、四季常青的优美舒适环境。

养护基层单位(公路段、道班等)的庭院应以方便生活、便于工作、利于生产的原则进行绿化；公路沿线的广场、分隔带、立交桥等附近空地及停车场、休息区等地，应根据环境条件，借助自然山水、地形、地貌，设置绿篱、凉亭、池塘、花坛、草坪等，以更好地绿化、美化公路。

(二) 公路绿化养护要求

公路绿化对于保持景观效果、发挥生态效能、保障行车安全等具有重要作用。由于公路特定的环境条件，栽植的各种花草树木要实现正常生长，体现绿化效果，必须加强养护管理工作。否则不论选种、栽植多好，也达不到美化效果。因此，在公路绿化越来越受到重视的情况下，进一步重视和研究绿化养护的管理技术，从而建立一整套行之有效的措施，显得十分必要。

1. 水分管理

目前，公路绿化带尤其是中央分隔带的绿化养护管理，由于战线长、数量多，又无自然喷灌系统设施，土壤持水量小，土质多为修建公路时遗留的杂质土，中央分隔带的花草树木所需水分主要靠人工补给。

在日常养护中，浇水次数多少，根据天气状况和旱情而定，以能保证各种植物正常生长为原则。在自然降雨量少的情况下，特别容易出现旱情，必须掌握好生长期的浇水，即4—10月的浇水次数，休眠期的浇水，即11月上、中旬的封冻水，2月中、下旬至3月上旬的解冻水，每次灌水量水深15~20 cm，单株植每穴灌水0.15~0.20 m，如因坑小水量不足可连浇两次，不可水量过小，也不能只浇表皮。

浇水应依次进行，以防漏浇。浇水必须适时，不能等旱情特严重时才进行。在有条件的情况下，浇水后要适时松土除草，既减少土壤水分蒸发，又减少杂草与树木争水争肥，以利于保墒、通气和根系发达。院落、立交草坪应见干即浇，而中央分隔带的草皮一般随浇树时进行。

2. 养分管理

在水分正常供应的情况下，要保证植物的正常生长发育，必须有相应的营养元素和养分物质的供应。对于中央分隔带，由于树木数量多、战线长，若用农家肥，其用料量太大，最好施用叶面肥。院落、立交匝道、广场等面积集中，土质较好，施肥量及次数可相应减少。

基肥一般在深秋和初冬进行，此时树木从根茎以上部分均处于休眠期，而地下部分还处于高峰期，有利于根伤愈合，而且增加土壤孔隙度，有利于保墒。

施肥的季节应根据植物的生长特点决定，由于公路里程较长，施肥的次数一年以两次为宜，最好与灌溉工作有机结合。施肥的时间一般在4—6月底前进行，不宜太晚，否则易引起树木抽条，不利越冬。肥料成分应以N、P、K为主，施肥后最好跟上浇水，以免肥效散失。

3. 整形修剪

公路上行车速度快，空间封闭，必须确保绿化植物不能影响司机的行车安全，因此，要及时对中央绿化带、边坡、立交等区域的绿化植物进行定期修剪。

花灌木在修剪时间上应注意，凡先开花后出叶的，如榆叶梅、紫荆等，应在春季开花后压缩修剪老枝，适当疏剪弱枝，以促发壮枝，利于次年开花。对乔、灌木的修剪主要是为了提高成活率和培养树形，同时减少自然伤害。因此，应在树冠不影响美观的前提下适当重剪，其生长期修剪一般在5—6月，休眠期修剪一般在10—11月。但注意中央分隔带的刺柏、龙柏类由于生长相对比较缓慢，一般每年10—11月修剪一次；黄杨每年在生长期和休眠期均要修剪。

立交区、院落、收费广场等树木的整形修剪，要本着"造型各异，美观大方"的原则，根据环境中的建筑物、地形地貌确定方法，还应保持原有设计图案形状，描绘出不同风格的园林艺术图案，修剪时尽可能添枝着色。

4. 病虫害防治

由于公路绿化战线长、面积大，养护管理难度大，所以病虫害应以防为主，防治结合。要经常巡视，发现病虫害应及时防治，若不及时防治就会迅速蔓延。

在设计上注重绿地植物配置的合理性，设计时应注重混交，防止因配置不当而造成病虫害的发生。平时做好测报工作，做到早发现早治疗。这样能收到事半功倍的效果。

预防性打药在每年的3月、10月各进行1次。喷药时间应在晴天、无风的早晨或下午进行；使用农药时要"巧、准、狠"；不能长期使用某一种农药；要对症下药，不能盲目用药；使用农药时的浓度要适度；喷药时要从叶上部和背部均匀喷洒，不得有遗漏。在实际工作中，要合理选用生物农药和化学农药，扬长避短，充分发挥农药的优越性；秋季在地面至1m左右高的树干上涂刷一次细石灰浆，这样不仅可以防止菌染腐烂，还可以增加美观效果。

二、公路树木的栽植与管护

(一) 公路树木的栽植

公路植树位置，要按规定栽植，在公路路肩上不得植树。

公路上植树，乔木及灌木的株行距一般要根据不同树种和冠帽大小来确定：速生乔木，株距 4～5 m，行距 3～4 m；冠大慢生的株距 8～10 m，行距以 4～6 m 为宜；灌木的株行距以 1 m 为宜，灌木球的株距以 6～8 m 为宜。

各类树木的行间，应以品字形交错栽植，同一树种的路段不宜过长。具体的栽植横断面可按规范选取。

行道树、防护林及风景林等，不宜全线（段）采用单一树种，要视情况有计划地配置适宜树种，分段轮换栽植（每段至少 1 km）。

栽植公路树木，应按公路绿化工程设计及任务大小，合理安排和组织劳力，做好整地、画线、定点、挖坑；及时选苗、起苗、运苗，在春秋适当时期进行栽植。

行道树和风景林，一般用明坑栽植；属于无性繁殖的树种，可埋干栽植。

防护林的栽植，应按因地制宜、因害设防的原则进行。一般防洪、防雪林带应密植；防风、防沙林带，应留有适当通风空隙；防护路基边坡的灌木丛、经济林，一般应密植或与乔木混栽。

选苗工作，应适合当地土壤、气候，选择速生和经济价值较高的树种及健壮优良的树苗。树苗要发育正常，有良好顶芽；根系发达，有较多的须根；苗茎、苗根未受虫害或有影响生长的机械损伤等。坑栽树木，挖坑坑径应比根幅大 5 cm 以上，坑深比根长 5 cm 以上，以使苗根充分舒展。

移栽树木，应带原土栽植，土球直径一般为树木底径的 8～12 倍，尽量将土球削剪整齐，以保成活。

(二) 公路树木的管护

公路树木的管护是绿化工作中的一项重要工作，也是实现公路绿化成败的关键。检验公路绿化的指标有三项：成活率、保存率和修剪管护状况。成活率是指栽植后发芽、长叶至少在一个生长季节以上的苗木占总栽植量的百分数；保存率是指成活两年以上树木占总栽植量的百分数；修剪管护状况是指修剪整齐美观，病虫害及时防治。

要做好公路树木的管护，应着重做好以下几项工作：

第一，幼树要加强抚育管理，应及时检查、灌溉、除草、松土、施肥、修剪、防治病虫害和补植等。

第二，成林要及时修剪、抚育，以促进树木发育健壮，树形优美，透光通气，减少病虫害发生，适时开花结果。修剪应在秋季落叶后、春季萌芽前进行。修剪主要是把乔木、灌木的枯枝、病枝、弯曲畸形枝、过密的分枝以及侵入公路净空，遮挡交通标志，影响视距的树枝，及时剪除。

第三，交通比较繁忙及风景游览区的行道树或风景林带，要根据不同树种及特性进行修剪，使树木冠形相同，整齐美观。

第四，每年秋季或春季，可在树干上距地面 1.0 ~ 1.5 m 处，涂刷稀石灰浆、石灰硫黄浆或黏土硫黄浆，以防菌染腐烂并增加美观。

第五，在靠近村镇、风景游览区和风沙较大路段的各种新植树木，应设置支撑架、杆、护栏架和包扎树干等，防止人畜损坏，以保证成活率和保存率。但要注意所采用的各种保护措施，都应与环境协调。

第六，防治树木病虫害，应以预防为主，开展生物化学防治与营林措施相结合的综合防治方法，要严格检疫制度，保持林地卫生，消灭越冬虫卵、蛹，烧毁落叶虫婴、虫茧，及时清除衰弱木、病虫木等。

1. 植物管护的一般方法

（1）植物灌溉

水是植物各种器官的重要组成部分，也是植物生长发育过程中必不可少的物质。依据园林植物在一年中各个物候期的需水特点、气候特点和土壤的含水量等情况，采用适宜的水源适时适量灌溉，是植物正常生长发育的重要保证措施。灌溉的主要内容包括：灌溉时期、灌溉量、灌溉次数、灌溉方式与方法及灌溉用水。

① 灌溉时期

A. 早春季灌溉。随着气温的升高，植物进入萌芽期、展叶期、抽枝期，即新梢迅速生长期，此时北方一些地区干旱少雨多风，及时灌溉就显得相当重要。早春季灌溉不但能补充土壤中水分的不足，使植物地上部分与地下部分的水分保持平衡，也能防止春寒及晚霜对树木造成的危害。

B. 夏季灌溉。夏季气温较高，植物生长处于旺盛时期，开花、花芽分化、结幼果都需要消耗大量的水分和养分，因此，应结合植物生长阶段的特点及本地同期的降水量，决定是否进行灌溉。对于一些进行花芽分化的花灌木要适当控水，以抑制枝叶生长，从而保证花芽的质量。灌溉时间应选在清晨和傍晚时进行，此时水温与地温相近，对根系生长活动影响较小。

C. 秋季灌溉。随着气温的下降，植物的生长逐渐减慢，要控制浇水以促进植物组织生长充实和枝梢充分木质化，加强抗寒锻炼。但对于结果植物，在果实膨大时，要加强灌溉。

D. 冬季灌溉。我国北方地区冬季严寒多风，为了防止植物受冻害或因植物过度失水而枯梢，在入冬前，即土壤冻结前应进行适当灌溉（俗称灌"冻水"）。随着气温的下降土壤冻结，土壤中的水分结冰放出潜热从而使土壤温度、近地面的气温有所回升，植物的越冬能力也相应提高。灌溉时间应在中午前后进行。

另外，植株移植、定植后的灌溉与成活关系较大。因移植、定植后根系尚未与土壤充分接触，移植又使一部分根系受损，吸水力减弱，此时如不及时灌水，植株会因干旱使生长受阻，甚至死亡。一般来说，在少雨季节移植后应间隔数日连灌2～3次水。但对大树、大苗的栽植应注意：不能灌水过多，否则新根未萌，老根吸水能力差，易导致烂根。

② 灌溉量

木本植物相对于草本植物较耐旱，灌溉量要小。植物生长旺盛期，如新梢迅速生长期、果实膨大期，灌水量应大些。质地轻的土壤如沙地，其保水保肥性差，宜少量多次灌溉，以防止土壤中的营养物质随灌水流失而使土壤更加贫瘠。黏重的土壤，其通气性和排水性不良，对根系的生长不利，灌水量要适当多些；盐碱地灌溉量每次不宜过多，以防返碱或返盐。

根据植物需水期的大气状况来确定灌溉量。春季干旱少雨时期，应加大灌溉量；夏季降雨集中时期，应少浇或不浇。

掌握灌溉量大小的一个基本原则是保证植物根系集中分布层处于湿润状态，即根系分布范围内的土壤湿度达到田间最大持水量的70%左右。

③ 灌溉次数

一、二年生草本花卉及球根花卉（如凤仙花、大花三色堇、郁金香、仙客来、马蹄莲等）容易干旱，灌溉次数应较宿根花卉和木本花卉（如万年青、大花君子兰、荷苞牡丹、茉莉、变叶木等）为多。

北方地区露地栽培的花木，入冬土壤封冻前要浇一次透水，以防止冬寒及春旱，春夏季植物生长旺盛期，一般每月浇水2～3次，阴雨或雨量充沛的天气要少浇或不浇，秋季要减少浇水量，如遇天气干燥时，每月应浇水1～2次。

疏松的土质如沙土，灌溉的次数应比黏重的土质多。晴天风大时应比阴天无风时浇水次数多。原则是只要水分不足就要立即灌溉。

④ 灌溉方式与方法

一般根据植物的栽植方式来选择。灌溉的方式与方法多种多样，在园林绿地中常用的有以下几种：

A. 单株灌溉。对于露地栽植的单株乔、灌木，如行道树、庭荫树等，先开堰，利用橡胶管、水车或其他工具，对每株树木进行灌溉。灌水应使水面与堰埂相齐，待水慢慢渗下后，及时封堰与松土。

B.漫灌。适用于在地势平坦的地方群植、林植的植物。这种灌溉方法耗水较多，容易造成土壤板结，注意灌水后及时松土保墒。

C.沟灌。在列植的植物如绿篱等旁边开沟灌溉，使水沿沟底流动浸润土壤，直至水分渗入周围土壤为止。

D.喷灌。用移动喷灌装置或安装好的固定喷头对草坪、花坛等用人工或自动控制方式进行灌溉。这种灌溉方法基本不产生深层渗漏和地表径流，省水、省工、效率高，且能减免低温、高温、干热风对植物的危害，提高了植物的绿化效果。

⑤ 灌溉用水

以软水为宜，避免使用硬水。自来水、不含碱质的井水、河水、湖水、池塘水都可用来浇灌植物。在灌溉过程中，应注意灌溉用水的酸碱度对植物的生长是否适宜。北方地区的水质一般偏碱性，对某些要求土壤中偏性酸或酸性的植物种类来说，容易出现缺铁现象。

(2) 植物施肥

① 施肥方式与方法

A.环状沟施肥法。在树冠外围稍远处挖 30~40 cm 宽环状沟，沟深视树龄、树势及根系的分布深度而定，一般深 20~50 cm，将肥料均匀地施入沟内，覆土填平灌水。随树冠的扩大，环状沟每年外移，每年的扩展沟与上年沟之间不要留隔墙。此法多用于幼树施基肥。

B.放射沟施肥法。以树干为中心，从距树干 60~80 cm 的地方开始，在树冠四周等距离地向外开挖 6~8 条由浅渐深的沟，沟宽 30~40 cm，沟长视树冠大小而定，一般沟长的 1/2 在冠内，1/2 在冠外，沟深一般为 20~50 cm，将充分腐熟的有机肥与表土混匀后施入沟中，封沟灌水。下次施肥时，调换位置开沟，开沟时要注意避免伤大根。此法适用于中壮龄树木。

C.穴施法。在有机肥不足的情况下，基肥以集中穴施最好，即在树冠投影外缘和树盘中，开挖深 40 cm、直径 50 cm 左右的穴，其数量视树木的大小、肥量而定，施肥入穴，填土平沟灌水。此法适用于中壮龄树木。

D.全面撒施法。把肥料均匀地撒在树冠投影内外的地面上，再翻入土中。此法适用于群植、林植的乔、灌木及草本植物。

E.灌溉式施肥。结合喷灌、滴灌等形式进行施肥，此法供肥及时，肥分分布均匀，不伤根，不破坏耕作层的土壤结构，劳动生产率高。

F.根外施肥。又称叶面追肥，指根据植物生长需要将各种速效肥水溶液，喷洒在叶片、枝条及果实上的追肥方法，是一种临时性的辅助追肥措施。叶面喷肥，简单易行，用肥量小，发挥作用快，可及时满足植物的需要，同时，也能避免某些肥料元素在土壤中的固定作用。尤其在缺水季节、缺水地区和不便施肥的地方，都可采用此法。叶面喷肥主要通过叶片上的气孔和角质层进入叶片，而后运送到植株体内和各个器官，一般幼叶比老叶吸收快，叶背比叶面吸收快。喷肥时一定要把叶背喷匀，叶片吸收的强度和速率与溶液浓度、气温、湿度、风速等有关。一般根外追肥最适温度为18℃~25℃，湿度较大些效果好，因此，最好的时间应选择无风天气的10：00以前和16：00以后。

②施肥深度和范围

施肥主要是为了满足植物根系对生长发育所需各种营养元素的吸收和利用。只有把肥料施在距根系集中分布层稍深、稍远的部位，才利于根系向更深、更广的方向扩展，以便形成强大的根系，扩大吸收面积，提高吸收能力。因此，从某种角度来看，施肥深度和范围对施肥效果来说显得很重要。

施肥深度和范围要根据植物种类、年龄、土质、肥料性质等而定。木花卉、小灌木如茉莉、米兰、连翘、丁香、黄栌等和高大的乔木相比，施肥相对要浅，范围要小。幼树根系浅，分布范围小，一般施肥较中、壮龄树浅、范围小。沙地、坡地和多雨地区，养分易流失，宜在植物需要时深施基肥。

氮肥在土壤中的移动较强，浅施也可渗透到根系分布层，从而被树木所吸收；钾肥的移动性较差，磷肥的移动性更差，因此应深施到根系分布最多处。由于磷在土壤中易被固定，为了充分发挥肥效，施过磷酸钙和骨粉时，应与厩肥、圈肥、人粪尿等混合均匀，堆积腐熟后作为基肥施用，效果更好。

③施肥量

施肥量受植物的种类、土壤的状况、肥料的种类及各物候期需肥状况等多方面影响。施肥量根据不同的植物种类及大小确定，喜肥的多施，如梓树、梧桐、牡丹等；耐瘠薄的可少施，如刺槐、悬铃木、山杏等。开花结果多的大树较开花结果少的小树多施；一般胸径8~10 cm的树木，每株施堆肥25~50 kg或浓粪尿12~25 kg；10 cm以上的树木，每株施浓粪尿25~50 kg；花灌木可酌情减少。

（3）植物除草松土

除草松土一般同时进行。在植物的生长期内，一般要做到见草就除，除草即松土。

除草松土的次数要根据气候、植物种类、土壤等而定。如乔木、大灌木可两年一次，草本植物则一年多次。具体的除草松土时间可以安排在天气晴朗或雨后、土壤不过干和不过湿时，以获得最大的除草保墒效果。

除草松土时应避免碰伤植物的树皮、顶梢等。生长在地表的浅根可适当削断。松土的深度和范围应视植物种类及植物当时根系的生长状况而定，一般树木范围在树冠投影半径的1/2以外至树冠投影外1 m以内的环状范围内，深度6~10 cm；对于灌木、草本植物，深度可在5 cm左右。

(4) 露地植物越冬

① 覆盖法。在霜冻到来前，覆盖干草、落叶、草席、牛粪等，直至翌年春天晚霜过后去除。此法常用于两年生花卉、宿根花卉，以及可露地越冬的球根花卉和木本植物幼苗。

② 灌水法。北方一些地区，在土壤冻结前，利用水热容量大的特点进行冬灌来提高地面的温度，以保护植物不受冻害。

③ 培土法。结合灌冻水，在植物根茎处培土堆或壅埋、开沟覆土压埋植物的茎部来进行防寒，待春季萌芽前扒开培土即可。此法多用于花灌木、宿根花卉、藤本植物等。

④ 涂白或喷白。用石灰加石硫合剂对树干涂白，不但可减少树干的水分蒸腾，还可防止因昼夜温差大引起对植物的危害，并兼有防治病虫害的作用。对一些树干怕日灼和不能埋土防寒的落叶乔木适用此法。

⑤ 包扎法。对一些大型的观赏植物，在气温很低的时候或地方，用稻草绳密密地缠绕树干来防寒，晚霜过后应及时拆除。

⑥ 设风障。对一些耐寒能力较强，但怕寒风的观赏植物，在来风的方向用高粱秆、玉米秆等材料捆编成的篱设风障防寒，也可用编织袋和竹竿、木棍搭成风障。

(5) 园林绿地养护管理措施：

一月，矮灌木配合冬剪，剪去病枯枝。

二月，是草坪早春管理的月份，检查草坪萌芽返青情况。

三月，全面检查草坪土壤的平整情况，如低洼处适当增添薄层土，铺平后浇水、镇压，对成片空秃或返青较差的部位及时补种。随气温回升，一些害虫开始活动，及时施药，做好对蚜虫、地老虎等害虫的防治。加施春肥，促进花蕾的形成和发育，对树木进行返青后的浇灌。

四月，绿地进入复苏阶段，要防止踩踏。根据草坪高度，进行第一次剪草。本月是防治害虫的关键时期，应密切关注并有针对性地施药、灭虫、浇水。

五月，是植物旺盛生长期，要及时修剪并进行防旱浇水，苗木扶正。应对早春开花的灌木进行整形修剪。

六月，地被进入夏季养护管理阶段，应加强对春花植物施花后肥。注意蚜虫和红蜘蛛等害虫的防治，及时打药灭虫，并做好防大风和防汛准备工作。

七月，重点进行常规修剪，使用除草剂对草坪的杂草进行剔除外，继续防治蚜虫、红蜘蛛等植物病虫害。

八月，草坪、地被、乔木管理同七月。

九月，草坪、地被、乔木管理同七月，对秋花地被进行施肥。

十月，提升草高度，对地被进行整理，去掉长枝、竖向枝。做好植物防寒越冬准备。

十一月，施加冬肥、浇灌越冬水。对苗木进行整形修剪，清除杂草、落叶、枯枝，继续加强植物防寒越冬准备。

十二月，养护管理同十一月。

2. 园林树木的修剪与整形

(1) 园林树木修剪与整形的意义。狭义的修剪是指对树木的某些器官 (如枝、叶、花、果等) 加以疏除或短截，以达到调节生长、开花结实的目的；广义的修剪包括整形。所谓整形，是指用剪、锯、捆扎等手段，使树木长成栽培者所期望的特定形状。现习惯将二者统称为"整形修剪"。

① 整形修剪的意义

A. 促进生长。剪去不需要的部分，使养分、水分集中供应留下枝芽，促使局部的生长，但若修剪过重，则对整体又有削弱作用，这被称为"修剪的双重作用"。

B. 培养树形，调节矛盾，因园林艺术上的需要，将树整修成规则或不规则的特种形体。一些企业设施复杂，常与树木发生矛盾。例如，上有架空线，下有管道、电缆等，有些树触挂电线，这就要靠修剪来解决。

C. 减少伤害。通过修剪可以剪去生长位置不当的密生枝、徒长枝及带有病虫的枝条，以保证树冠内部通风、透光，也可避免相互摩擦而造成的损伤。

D. 促使开花结果。对于观花、观果或结合花、果生产的花树种，可以通过修剪，调节营养生长与花芽分化，促使其提早开花结果，获得稳定的花果产品或提高观赏效果。

② 整形修剪的原则

园林树木整形修剪受树木自身和周围环境等许多因素的制约，是一项理论与实践结合性很强的工作。整形修剪首先要"符合自然规律原则"，适应树木的自然树形及其分枝习性，其次要符合"艺术原则"，使树木的姿态、形状符合园林景观的需要。

(2) 园林树木修剪整形的方法及注意事项。

① 时期

修剪分为休眠期修剪与生长期修剪。休眠期修剪应在树液流动前进行。除常绿树和不宜冬剪树木外，都应在休眠期内进行一次整形修剪。其中有伤流的树应避开伤流期。抗寒力差的，宜在早春修剪。易流胶的树种，如桃、槭等，不宜在生长季修剪。

②方法及注意事项

A. 剥芽。在树木萌芽的生长初期，徒手剥去树干无用的芽叫剥芽（又叫抹芽、摘芽）。剥芽时，应注意选留分布和方向合适的芽。对有用的芽进行保护，不可损伤。为了防止留下的芽受到意外的损伤，影响以后发枝，每枝条应多保留 1~3 个后备芽，待发芽后，再次选择疏剪。

B. 去蘖。除去主干或根部萌发的无用枝条叫去蘖。在蘖枝比较幼嫩时，可徒手去蘖。已经木质化的，则应用剪子剪或平铲铲除，但要防止撕裂树皮或是留枯桩。去蘖应尽早。

C. 疏枝。把无用的枝条齐着生部位剪去，称疏枝。乔木疏枝，剪口应与着生枝干平齐，不留残桩；丛生灌木疏枝应与地面平齐。簇生枝及轮生枝需全部疏去者，应分次进行，即间隔先疏去其中的一部分，待伤口愈合后，再疏去其他的枝条，以免伤口过大影响树木生长。

D. 短截。截去枝条先端的一部分或大部分，保留基部枝段的剪法叫“短截”。剪去的部分与保留部分比例，根据不同需要而定，剪口的位置应选择在适合的芽上约 0.5 cm 处，空气干燥地区应适当长留；湿润地区可短留。剪口应成斜面并要平齐光滑。选择的剪口芽一定要注意新发枝条适合的方式。剪口下第一芽发枝弱，而剪口下第二芽发枝强，以后芽发枝依次减弱。在树木生长时期，除去枝条先端嫩梢，称“摘心”，也属于短截范围。

E. 锯截大枝。对于比较粗大的枝干，进行短截或疏枝时，多用锯进行，锯口应平齐，不劈不裂。在建筑及架空线附近，截除大枝时，应先用绳索，将被截大枝捆吊在其他生长牢固的枝干上，待截断后，慢慢松绳放下，以免砸伤他人。基部突然加粗的大枝，锯口不要与着生枝平齐，而应稍向外斜，以免锯口过大。较大的截口，应抹防腐剂保护，以防水分蒸发或病虫及腐朽滋生。

F. 抹头更新。对一些无主轴的乔木，如柳、槐等，若发现其树冠已经衰老、病虫严重，或因其他损伤已无发展前途，而主干仍很健壮者，可将树冠自分枝点以上全部截除，使之重新发枝，叫“抹头更新”。此方法不适用于萌发力弱的树种。

（3）园林树木修剪整形的时间

花灌木整形必须根据树木花芽分化类型或开花类别、观赏要求来进行。

春季在隔年生枝条上开花的灌木（分夏秋分化型），如梅花、樱花、迎春、海棠、丁香、榆叶梅等，其花芽在上年夏秋分化，经一定累积的低温期于今春开花，应在开花后 1~2 周内适度修剪；果树多在休眠期修剪；观花兼观果灌木，如枸骨应在休眠期轻剪。

夏秋在当年生枝条上开花的灌木，如紫薇、绣球、木槿、玫瑰、月季等。其花芽当年分化，当年开花，应于休眠期（花前）重剪，有利于促发枝条，促使当年花芽分化，并开好花。

（4）树木整形的形式

① 自然形修剪

自然形能体现园林的自然美。以树木分枝习性、自然生长形成的冠形为基础，进行的修剪叫自然形修剪。一般只对扰乱树形的枝条、病虫枝、枯枝、过密的枝做些修剪，适合松柏类树种。

② 造型修剪

为了达到造园的某种特殊目的，不使树木按自然形态生长，而是人为地将树木修剪成各种特定的形态，称为造型修剪。修剪形式有悬挂式、棚架式、圆球式，剪成各种整齐的几何形体（正方形、球形、圆锥体等）或不规则的人工形体，如鸟、兽等动物造型。

（5）松柏类植物的修剪整形

松柏类大多孤植于草坪，或用作行道树。而为使树干形成上下完整圆满的树体，对下部枝条一般不进行修剪，只对一些病虫枝、枯死枝及影响树形的枝条进行修剪。对于主干明显，有中央领导枝的单轴分枝树木，修剪时应注意保护顶芽，防止偏顶而破坏冠形；如果作为灌木培养，则应在距离地面 30 cm 处去尖修剪。

对自然铺地生长的沙地柏、鹿角松、爬地柏等采用匍匐式修剪方法。

（6）行道树的修剪整形

行道树以道路遮阴为主要功能，所处的环境比较复杂，首先多与车辆交通有关系；有的与地下管线、架空线有矛盾，在所选树种合适的前提下，必须通过修剪来解决这些矛盾，达到冠大荫浓等功能效果。

为便利车辆行驶，行道树分枝点一般应在 2.5 ~ 3.5 m 之上。其上有电线者，为保持适当距离，其分枝点最低不得低于 2 m，主枝应是斜上生长，下垂枝一定要保持在 2.5 m 以上，以防树枝刮坏车辆。同一条街的行道树分枝点要整齐一致；相近树木间的差距不要太大。

为解决狭窄街道、高层建筑及地下管线等造成的行道树倾斜、偏冠，遇大风雨易倒伏造成危险的问题，应尽早对倾斜方向枝条适当重剪；而对另一方向枝条，只要不与电线、建筑有矛盾，就应轻剪，以调节生长势，使倾斜度得到一定的纠正。

总之，行道树通过修剪，应做到：叶茂形美遮阴大，侧不堵窗，不扫瓦，不妨碍车人行路，不妨碍碰架空线。

（7）花灌木的修剪整形

① 新栽花灌木的修剪整形

花灌木一般都采用裸树移植，为保证成活，一般应重剪。一些带土球移植的珍贵灌木树种可适当轻剪。移植后的当年，如果开花太多，则消耗养分，影响成活和生长，故要在开花前尽量剪除花芽。有主干的灌木或小乔木，如榆叶梅修剪时应保留较短主干，选留方向合适的主枝3~5个，其余的应疏去，保留的主枝短截1/2左右，较大的主枝上如有侧枝，也应疏去2/3左右的弱枝，留下的也应短截。修剪时应注意树冠枝条分布均匀，以便形成圆满的冠形。无主干的灌木如玫瑰、黄刺梅、连翘，常自地下长出很多粗细相近的枝条，应选留4~5个分布均匀、生长正常的丛生枝，其余全部疏去，保留的枝条一般短截1/2左右，并剪成内膛高、外缘低的圆头形。

② 灌木养护修剪

A. 应使丛生枝均衡生长，使植株保持内高外低、自然丰满的圆球形。对灌丛中央枝上的外枝应疏剪，外边丛生枝及其外枝应短截，促使多生斜生枝。

B. 定植时间较长的灌木，当灌丛中老枝过多时，应有计划地分批疏除老枝，培养新枝，使之生长繁茂。

C. 经常短截凸出灌丛外的徒长枝，使灌丛保持整齐均衡，但对一些具拱形枝的树种（如连翘）所萌生长枝条则例外。

D. 植株上不作留种用的残花、废果应及时剪去。

3. 树体的保护与修补

（1）树体的保护与修补原则

树体的保护必须贯彻以"预防为主"和"治早、治小、治了"的原则，采取慎重的科学态度，对症下药，综合防治，以保证树木不受或少受病虫害。

（2）树干伤口及树洞的处理

树干伤口，多是碰撞、鼠害、虫咬造成的，对于这些伤口多用塑料薄膜扎好伤口，以防风干，促进愈合。

一些古树干上会发生空洞，特别是古槐最为常见，树洞内藏污纳垢，不但影响树木生长发育，而且对于观瞻和游人安全都会产生妨碍。所以发现树木空洞，除有观赏价值外，一般应及时填补，时间最好在愈合组织迅速活动之前进行。填补树洞的材料主要是由麻刀灰砌补。先清除已腐朽的部分，并利用利刀刮净空洞的内壁涂以防腐剂，太深的洞，里面可以填砌砖石，但对腐朽严重的应改内钉木等，外抹麻刀灰，最外抹青灰或水泥。

（3）大树的支撑保护

有些大树树姿奇特，枝干横生。但由于树冠生长不平衡，容易引起根部负荷不平衡，发生倾斜或倒伏的问题；因此，对生长不均衡的树木主干，延伸较长的枝杈，都应加设立支柱或在树干适当部位打桩，以防风折。

参考文献

[1] 杜操，徐桂华，王运华 . 道路桥梁标准化施工管理 [M]. 北京：中国建材工业出版社，2021.

[2] 王成军，程雷 . 道路桥梁设计与施工技术研究 [M]. 天津：天津科学技术出版社，2021.

[3] 张小成，黄文理，黄洪发 . 道路桥梁与城市交通建设研究 [M]. 长春：吉林科学技术出版社，2021.

[4] 王渭峰，何有强，吴晶 . 道路与桥梁工程试验检测技术 [M]. 长春：吉林科学技术出版社，2021.

[5] 黄煜镔 . 道路与桥梁工程试验检测技术 [M]. 重庆：重庆大学出版社，2021.

[6] 杭争强，张运山，刘小飞 . 道路桥梁工程施工与养护维修技术 / 工程建设理论与实践丛书 [M]. 武汉：华中科技大学出版社，2021.

[7] 杨寿君，刘建强，张建新 . 城市道路桥梁建设与工程项目管理 [M]. 长春：吉林科学技术出版社，2021.

[8] 侯相琛，孟祥海 . 道路桥梁与渡河工程专业导论 [M]. 北京：人民交通出版社，2021.

[9] 刘志浩，樊永强，刘文忠 . 土木工程与道路桥梁水利建设 [M]. 北京：中国石化出版社，2021.

[10] 黄晓明，许崇法 . 道路与桥梁工程概论（第 3 版）[M]. 北京：人民交通出版社股份有限公司，2021.

[11] 王国福，赵永刚，武晋峰 . 道路与桥梁工程 [M]. 长春：吉林科学技术出版社，2020.

[12] 王修山 . 道路与桥梁工程概论 [M]. 北京：机械工业出版社，2020.

[13] 江斗，刘成，熊文斌 . 道路桥梁和工程建设 [M]. 北京：中国石化出版社，2020.

[14] 郝身彪，曹传国，范小虎 . 道路桥梁施工技术与管理 [M]. 长春：吉林科学技术出版社，2020.

[15] 晏农芳 . 城市道路桥梁施工技术与管理研究 [M]. 延吉：延边大学出版社，2020.

[16] 吴留星 . 公路桥梁与维修养护 [M]. 北京：中国纺织出版社，2020.

[17] 贾晓东，彭义雯 .BIM 建筑与桥梁建模技术 [M]. 成都：西南交通大学出版社，2020.

[18] 刘勇，郑鹏，王庆 . 水利工程与公路桥梁施工管理 [M]. 长春：吉林科学技术出版社，2020.

[19] 崔艳梅 . 道路桥梁工程概预算（第 2 版）[M]. 重庆：重庆大学出版社，2012.

[20] 于洪江 . 道路桥梁检测技术 [M]. 郑州：黄河水利出版社，2019.

[21] 王焕东，胡义良，刘印 . 道路桥梁与交通工程 [M]. 长春：吉林科学技术出版社，2019.

[22] 张忠 . 道路与桥梁工程施工技术 [M]. 北京：中国建材工业出版社，2019.

[23] 彭彦彬，张银峰 . 道路桥梁工程概论（第 2 版）[M]. 郑州：黄河水利出版社，2019.

[24] 肖光斌，冯丽霞 . 道路桥梁与隧道施工技术 [M]. 西安：西安出版社，2019.

[25] 马运朝 . 道路桥梁养护决策与管理体系研究 [M]. 哈尔滨：黑龙江人民出版社，2019.

[26] 麻文燕，肖念婷，陈永峰 . 桥梁工程 [M]. 天津：天津科学技术出版社，2019.

[27] 潘永祥 . 公路桥梁与改扩建新技术 [M]. 昆明：云南大学出版社，2019.

[28] 王晓飞，胡铁钢，何方君 . 高速公路改扩建工程交通组织及安全保通技术与实践 [M]. 广州：华南理工大学出版社，2019.

[29] 郑培居，刘旷华，符锌砂 . 高速公路改扩建工程设计标准及安全优化理论与工程实践 [M]. 广州：华南理工大学出版社，2019.

[30] 林同立 . 高速公路改扩建工程交通组织设计与管理 [M]. 北京：人民交通出版社，2019.